Derecho e historia en la sociedad clásica

Memoria y reconstrucción

J. Muñiz Coello

BAR International Series 1640
2007

Published in 2019 by
BAR Publishing, Oxford

BAR International Series 1640

Derecho e historia en la sociedad clásica

ISBN 9781407300634 paperback
ISBN 9781407331102 e-book

DOI https://doi.org/10.30861/9781407300634

A catalogue record for this book is available from the British Library

This book is available at www.barpublishing.com

BAR Publishing is the trading name of British Archaeological Reports (Oxford) Ltd. British Archaeological Reports was first incorporated in 1974 to publish the BAR Series, International and British. In 1992 Hadrian Books Ltd became part of the BAR group. This volume was originally published by Archaeopress in conjunction with British Archaeological Reports (Oxford) Ltd / Hadrian Books Ltd, the Series principal publisher, in 2007. This present volume is published by BAR Publishing, 2019.

BAR

PUBLISHING

BAR titles are available from:

BAR Publishing
122 Banbury Rd, Oxford, OX2 7BP, UK
EMAIL info@barpublishing.com
PHONE +44 (0)1865 310431
FAX +44 (0)1865 316916
www.barpublishing.com

A Joaquin y Marco, *grata et rara posteritas*

Ius summum saepe summa malitia est,
Terencio, *Heautont.* 796.

leges sine moribus vanae proficiunt,
Horacio, *carm*. iii.24. 35/36.

Prólogo

Desde varias perspectivas, el libro que presentamos es un ensayo, entendido éste no sólo por nuestra intención con relación a un estilo literario determinado, que entendíamos que debía ser directo, diáfano – en la medida en que tal calidad puede aplicarse a los asuntos tratados – y reflexivo, sin ser su objetivo la exhaustividad, por lo demás imposible en un título de la envergadura del presente trabajo. Es un estudio que busca la reflexión tanto del autor, expuesta en sus páginas, como de ese lector experto en aspectos concretos de la sociedad clásica, que hace un alto en la investigación, se abstrae de su labor cotidiana y, desde la objetividad que supone la atalaya externa, dedica una mirada amplia y sosegada a esa sociedad clásica, por uno de cuyos productos específicos, la ley y el Derecho, se interesa. Desde la visión heterodoxa del historiador que la contempla.

Pero este libro es también ensayo para el autor, en el sentido pleno del término, como nueva experiencia en su quehacer como historiador de la antigüedad, interesado en los aspectos sociales y políticos de la República Romana y su relación con las ciudades griegas de aquel entorno geopolítico cerrado en que se convirtió el Mediterráneo. Un *mare nostrum* que más que patrimonio de sus teóricos dominadores, a nosotros, y con la cautela que cualquier simplificación requiere, nos parece hoy un pionero "ensayo" de globalización, que funcionó al menos durante medio milenio, si se nos permite la extrapolación.

Este libro es también ensayo, decíamos, porque lleva a la práctica algunas de las convenciones aceptadas por la comunidad científica contemporánea. Porque entendemos que de nada sirve suscribir convenciones libremente aceptadas por los especialistas, como a continuación veremos, si el tiempo muestra que no hay en realidad intención alguna de ponerlas en práctica. Cualquier estudio relativo al concepto, fines y métodos de una ciencia, sea ésta la Historia, la Literatura, la Antropología o el Derecho, por citar algunas, incorpora entre sus apartados teóricos iniciales la benéfica interconexión de todas las áreas de conocimientos, la inexistencia de ámbitos de investigación estancos, o fronteras infranqueables entre la diversidad de campos de estudio. Y ello, en perfecta armonía con la necesidad de fijar ámbitos de estudio que faciliten al especialista la delimitación de sus objetivos.

Se da por sabido el beneficio que supone para cualquier esfera de trabajo, el contar con una multiplicidad de ángulos de enfoques para los temas abordados, el enriquecimiento que para una ciencia supone ampliar las caras del prisma a través del cual una sociedad, por ejemplo como la romana, puede ser investigada, ampliando el número de vías y de canales informativos disponibles desde los que operar sin perder de vista el objetivo de partida. Desde la perspectiva de cada área de conocimiento, son las ciencias llamadas "auxiliares", término no muy afortunado por cuanto el peso de su otra acepción, la de "subordinadas" o "subsidiarias", inquieta a quienes desde ellas se sienten aludidos, centrando todo un huero e infértil debate en probar la independencia y el carácter fundamental de sus contenidos. De esta forma, agraviados por tan inmerecido calificativo, una vez reivindicada una esencialidad, que nunca se cuestionó, impermeabilizan sus campos científicos. Pero siendo esta actitud irrelevante en su planteamiento, por lo demás sólo tácito y no formulado en documento alguno, no pueden calificarse de la misma forma las consecuencias que de ella se derivan. Así, pese a la declaración sobre la necesidad de conectar todos los ámbitos de conocimientos, la realidad es el "encastillamiento" del investigador en su nicho de estudio o compartimiento, la férrea ligadura del estudioso a sus "individualizados" proyectos de trabajo, dentro siempre de su área de conocimiento, en el específico campo en que desarrolla y aplica su reflexión, y desarrolla su método.

Se trata de una investigación ajena a otras materias, inflexible y de rígido planteamiento, aún cuando en ella se observa que la sociedad, o el período histórico que es objeto de su estudio, por ejemplo en el campo que nos ocupa, se presentan como una mezcolanza de elementos y asuntos diversos, ajenos a cualquier clase de simplificaciones o exclusiones. Manifestando un cuadro humano en el que la demografía, la política, el derecho, la economía, la sociología, la religión o el folklore, por citar algunos enfoques, serían fuentes de partida del estudio que pretendiera la articulación de una imagen más completa de ese pasado que abordamos. En definitiva, argüimos la libertad e independencia de método y enfoque en el investigador, que todos suscribimos, pero tácitamente asumimos esa libertad de acción encorsetada y ejercitada en los límites marcados por la ortodoxia de quienes, en su día, fijaron los respectivos campos de su conocimiento.

Somos conscientes de esas carencias, y del estancamiento relativo que el modelo tradicional supone para el progreso del conocimiento. En este sentido, este trabajo es un ensayo que asume el significado desde una doble perspectiva. Por un lado, abordamos un campo de estudio que tradicionalmente "pertenecería" a los especialistas del Derecho, o al menos, de la Historia del Derecho, con especial implicación de los romanistas. Vamos a dar una visión de la ley y de los legisladores, del derecho y las nociones que sustenta, de la recepción de la ley en la sociedad griega y de la República Romana, y el papel de pre-derecho que, no sin base, para algunos jugó la costumbre. Todo ello desde la perspectiva del historiador de las instituciones y de los pueblos que las sustentaron. Hablaremos del sentido de la ley y el derecho en el estado arcaico, con referencias significativas a otros marcos estatales y culturales, diferentes a los de Grecia y Roma por la distancia espacial y temporal en la que evolucionaron. Una parcela tradicional de la investigación romanista observada desde el prisma del historiador de la sociedad antigua.

Y en un segundo plano, este libro es un ensayo igualmente en cuanto al método. Porque además del análisis de la documentación literaria tradicional, que es la fuente básica para el período temporal en el que el estudio se inscribe, nos abrimos, desde la cautela y una moderada valoración, a las ideas y nociones más sugerentes y enriquecedoras que, en un primer acercamiento a la bibliografía, pueden extraerse de entornos tan diferentes, pero a nuestro juicio – que es también nuestro riesgo – tan esclarecedores y expresivos como el de la Etnografía y la Psicología Social. Y si más arriba afirmamos la certeza de la necesidad de abrir el enfoque tradicional, debemos ser más modestos en cuanto a los frutos finales de esta experiencia, de la que nosotros no somos jueces, sino que tal papel corresponde a los lectores que se aventuren a conocer nuestras reflexiones.

No puedo concluir estas líneas sin expresar mi profundo agradecimiento al colega y amigo Dr. Toni Ñaco del Hoyo, investigador del Programa Ramón y Cajal, área de Historia Antigua, de la Universidad Autónoma de Barcelona, que leyó, sugirió y corrigió, con paciencia sobrehumana, el manuscrito de este libro. De él son innumerables mejoras añadidas al texto. Nuestros son los errores tanto de ese texto, como del pretexto con el que justificamos las páginas que siguen.

J.M.C.
Marzo, 2007

INDICE

I
Introducción. Egipto y Mesopotamia.

1. Las fuentes literarias: problemas historiográficos.

El derecho romano clásico fue un armazón minucioso, acabado y perfecto, pero que tuvo poco que ver con el derecho de los tiempos primitivos y republicanos. Los juristas recrearon el derecho, lo sustituyeron y finalmente legitimaron sus actos enraizándose con la autoridad que emanaba de lo antiguo, porque pese el desinterés que alejó a los expertos de los tiempos clásicos de la indagación del legado más antiguo, sumaban réditos de fiabilidad y rigor las alusiones a un derecho cargado de años[1].

El estado romano, en realidad podríamos decir que cualquier estado, tuvo vocación, estuvo llamado a controlar las conductas, y cuando chocó con las costumbres, primero trató de interpretarlas, luego canalizarlas y después, convertirlas en ley, al ponerlas por escrito, lo que suponía su anulación al sustituirlas por algo que, proclamándose como costumbre escrita, en realidad poco tenía que ver con ella. Podría decirse que el Derecho nace, o sería más acertado decir que se establece y se desarrolla en la sociedad no sin perjuicio sobre la misma, sino a costa de otras fórmulas de intervención sobre los conflictos como fueron las reguladas por las costumbres, que aunque imperfectas e imprevisibles, colmaban las expectativas del pueblo al que pertenecían.

De las leyes, como del Derecho, consagraban los autores clásicos comentarios agradables a la sensibilidad de cualquier oído cultivado, en un alarde retórico que parecía estar a mitad de camino entre el deseo y las realidades. "El espíritu, el alma y la sabiduría de un pueblo reside en sus leyes", decía Cicerón, que aporta probablemente el mayor número de reflexiones formales de este tipo. "La ley debe ser honesta, justa, posible, conforme con la naturaleza y la costumbre, adecuada al tiempo y al lugar, necesaria, útil, clara y servidora del provecho común de los ciudadanos", abogaba Isidoro de Sevilla varios siglos más tarde. Pero por encima de todo ello, la realidad era que no se esperaba de las leyes que el pueblo las leyera o entendiera cabalmente y, en consecuencia, las asumiera, ya que era minoría los que en la antigüedad se manejaban con la lectura y escritura. Las leyes se sacralizaban para obtener por vía secundaria el respeto que ellas, por sí mismas, debieran inspirar a una población en su mayor parte analfabeta. Se impregnaban así, desde el mismo formato en que se efectuaba su exposición pública, - la estela, la *tabula*, la columna, el muro - de una hálito de autoridad que generaba un respetuoso temor y sumisión, en evocación análoga a la que debía inspirar la estatua del dios frente a sus fieles[2].

Nuestro libro es un *libellus,* en el sentido en que Cicerón usaba el término. Una reflexión prolongada sobre la ley y el derecho en la sociedad clásica primitiva. Un ensayo, nada exhaustivo, sobre el estado, las instituciones, la ley y sus destinatarios, desde la perspectiva de un historiador de la Antigüedad, no desde la perspectiva del

[1] "Lo viejo es tenido siempre por ley", *vetustas semper pro lege habetur*, Paulo 1, 2, pr. *Dig.* de aqua, 39.3.

[2] Cic. *Clu.* 53.146; Isid. *Etym.* ii.10.6.

Derecho. Nace pues este libro de un sentimiento o de una necesidad similar, desprovista de cualquier orgullo o soberbia, desde la humildad y el deseo de suplir lo que echamos en falta, desde nuestra percepción, en los estudios que se realizan desde el ámbito de muchos historiadores del derecho romano, sobre todo en cuantos ven la luz en castellano. Nos anima un cierto rigor crítico, que no eximirá al autor de caer en excesos, de los que de antemano me inculpo y pido comprensión, pues confesamos lo arduo que a veces nos resulta mantener un juicio templado y sereno, tras el fragor al que el debate historiográfico nos induce.

Pero acaso sea nuestro modo de análisis, poco habitual entre los historiadores del derecho, una muestra de nuestra permanente vocación de actuar desde una objetividad escrupulosa y la total disponibilidad para asumir, con palabras y hechos, la provisionalidad y falibilidad de nuestras conclusiones y de nuestros argumentos. Del análisis historiográfico se deduce que acostumbramos a hacer pura sinécdoque de nuestras fuentes documentales, desde los autores greco-latinos a las grandes obras del derecho que llaman postclásico, los grandes códigos de los siglos V y VI, sin asumir la inestable, parcial y relativa validez de los resultados. Si no interponemos cierta distancia entre nuestros prejuicios y los textos,difícilmente extraeremos unas conclusiones distintas a las que los propios clásicos nos dejaron en sus discursos. Debemos dejar de analizar la oratoria clásica desde nuestros parámetros actuales, como una técnica de exclusiva utilidad para la declamación y el discurso, y asumir que no es posible entender mucho del acontecer político de la sociedad clásica sin ver a oradores y políticos como términos sinónimos.

El comediógrafo Plauto escribía en la primera mitad de siglo II a.C. para un público amplio, de escasa cultura e igual nivel social y económico, poco documentado e implicado en los entresijos del sistema político en el que vivía. Los temas y asuntos de sus obras, la mayoría tomados del argumentario que proporcionaban autores griegos como Menandro o Filemón, representantes de la llamada Comedia Nueva que floreció en los dos últimos decenios del siglo IV, interesaron y divirtieron tanto a los ciudadanos atenienses que habitaban populosos barrios como el Cerámico, donde laboraban los alfareros, extramuros de Atenas, o en el Velabro, entre el Capitolio y el Palatino, o la Subura, al norte de Roma, una ciudad que en el siglo II a.C. crecía ya desordenadamente. Ciudadanos todos ellos inscritos en las tribus urbanas, de significado social específico[3]. Las obras del latino hablan de los amorios, adulterios, engaños y decepciones, los enredos originados por las dobles conductas y los malentendidos, que provocan situaciones jocosas, la descripción de caracteres y personajes, galería de vicios y virtudes, desde el avaro al trágala, el fanfarrón, el esclavo astuto, charlatán embrollador por vocación y necesidad, que no es más que un fiel espejo de las dificultades cotidianas con que había de enfrentarse el elemento más numerosos pero al tiempo más débil y sufrido de una sociedad, en la que exceptuando su elite, en realidad todos eran supervivientes.

En ese panorama de costumbres y sucesos cotidianos, que Plauto adereza como nadie para provocar la sonrisa, sino la carcajada, desde un humor entre socarrón, ordinario y eficaz sin necesidad de grandes "entendederas", en tal panorama las situaciones eran

[3] Un plano rápido de la Ciudad, en Plaut. *Curc.* v. 467/486.

aquellas con las que los espectadores estaban familiarizados, aquellas que en algún momento y en algunas de sus formas habían vivido de cerca o indirectamente. Porque no es novedad recordar que buena parte de la clave del éxito de una representación de ese tipo, dirigida a esa clase de audiencia, estaba en escenificar asuntos con los que el público se identificara, tanto en la estética de los personajes como en el lenguaje con el que se comunicara. En ese contexto de presentación, en tales escenarios, no hubo apenas lugar para las referencias a los poderes públicos establecidos. En la obra de Plauto son mínimas las referencias a las instituciones que encarnaban el poder del estado, fuesen las individuales o personales, o las colectivas, y las que se detectan, lo son siempre como vagas alusiones que parecen reflejar, con su imprecisión, la lejanía real que los ciudadanos mantenían de ellas.

Tampoco hay en Plauto referencias a leyes concretas, que podamos distinguir por su asunto o por el nombre de su promotor, ni desde luego nada tan elevado por abstracto como un cuerpo superior de normas legales, que se intuyese como base o espíritu sobre el que descansase el sistema. Ninguno de estos puntos formaba parte de la vida cotidiana del ciudadano medio/bajo de la Roma del siglo II a.C., la misma Roma en la que escribió Polibio, si bien éste ajeno a aquellas miserias, desde la privilegiada posición de su pertenencia al círculo de los Escipiones, de cuyo patrocinio se beneficiaba. No hay en Plauto alusión al entramado legal y político con el que se manejaba el gobierno de turno, porque para los espectadores tales elementos resultaban tan incomprensibles como ajenos y distantes. La relación de esos espectadores con la política y la ley era la que correspondía a la del sujeto paciente. Son ciudadanos que conocen de las leyes en tanto infractores y reos del inmediato castigo, desde la multa, al barrrunto de la cercanía de los *bruttiani*, con sus varas, al servicio del triunviro, o peor aún, las lúgubres campanillas que tintinean de madrugada por las calles, anunciando el paso de las comitivas de los condenados a muerte. Pero no hay referencia a códigos de leyes, o bien porque no formaban éstos parte del cada día del ciudadano que acudía a las representaciones escénicas, o bien porque no existieran.

No hay noticia alguna sobre las Tablas en Polibio, aunque reservemos la cautela de valorar que el libro sexto de su Historia Universal, aquel en el que precisamente trataba de la constitución romana, nos ha llegado incompleto. Pudieron en efecto haber sido tratadas en alguna de las partes desaparecidas de su obra, pero de igual forma debemos anotar hipótesis sobre circunstancias que equilibran esta visión optimista. Por un lado, es un hecho que el historiador latino Tito Livio, que hace suya la narración de Polibio sobre la Segunda Guerra Púnica, ciñéndose casi literalmente a los pormenores de ese relato, conocía por tanto la obra del megalopolitano. Al cual no menciona para nada, y deducimos por tanto que no utiliza, cuando Livio escribe los episodios sobre los decenviros y las Doce Tablas. Considerado por el latino como buena fuente para los siglos III y II a.C., no lo era para los tiempos arcaicos, acaso porque aquellos capítulos no fueron tratados por Polibio. La circunstancia siguiente se conecta con la primera.

Polibio pudo no interesarse por este tema, al menos en la medida alcanzada por autores posteriores, porque él mismo difería de la visión común a muchos escritores, sobre la constitución romana. Esta visión imaginaba una evolución de la sociedad y el estado a base del impulso de los grandes hombres, de individuos y personajes relevantes, que merced a su genialidad y valía, lograban el éxito y la grandeza para su pueblo. Era una corriente de pensamiento presente en una parte de los escritores griegos desde el helenismo, admiradores de los Licurgo, Carondas, Zaleuco o Solón, al igual que en la analística de los dos últimos siglos de la República, de la mano del primero de todos ellos, Fabio Pictor. Para Polibio la constitución romana no fue el resultado del carisma o la capacidad inusitada de ningún gran personaje, sino de un proceso continuado y sostenido en el tiempo, de cuyos felices resultados pensaba dar cuenta en su obra. Textualmente sus palabras eran las siguientes: "Mientras que Esparta había alcanzado su estabilidad y desarrollo político gracias a un individuo, Licurgo, en Roma la perfección se ha alcanzado tras la superación de muchos conflictos y dificultades, y optando siempre por la mejor vía a la luz de la experiencia sacada de los desastres". En ese contexto, difícilmente tenía cabida la inserción de un episodio como el de los decenviros y las Tablas, en los términos en que se predicaba de ellos, y de los que fueron un reflejo los datos que un siglo y medio más tarde nos transmitirían las obras de Livio y Dionisio de Halicarnasos, entre otros[4].

A mediados del siglo I a.C. el abogado de Arpino Marco Cicerón escribía para una elite selecta, formada por otros abogados y juristas, hombres cultos y bien respaldados por una madura carrera política, plena de honores y sinecuras, individuos cultivados en las artes y lecturas que alternaban su *otium* entre el trato con la extensa red que suponían sus *familiares,* o el intercambio de ideas, conocimientos y proyectos, fuese de sí mismos o de otros, en animadas tertulias y cenáculos que celebraban en sus villas. Los tratados de Cicerón sobre la República y sobre las leyes no iban dirigidos al pueblo, sino a estos círculos de allegados y conocidos, para los que cualquier evocación o referencia a tiempos anteriores, siempre oscuros y heroicos – y en tal valoración se insertaba la Roma anterior al 200 -, suscitaba la curiosidad e interés de lo desconocido, campo por lo demás abierto a toda clase de conjeturas. En este contexto, cualquier obra que pretendiera confirmar y asumir la idoneidad del sistema político en el que casi todos los contertulios o correspondientes de Cicerón habían consolidados sus carreras de honores, no podía excluir del argumento la base legal del sistema, y de ésta era obligado el comentario o referencia a la noticia que la tradición había transmitido sobre las Doce Tablas.

Pero el bagaje documental con el que Cicerón contaba, vasto y diverso en referencias hacia la literatura griega y latina, era exiguo a la hora de entrar en los contenidos de aquel cuerpo de leyes, que todos celebraban, elogiaban y refrendaban desde siempre, como genuino producto de la perfección y sabiduría que cabía esperar del pueblo romano. Y ello, aunque ninguno pudiese demostrar en sus escritos haber tenido acceso al contenido de alguna copia completa, o al menos extensa, que permitiera el estudio y comentario amplio, a la altura del interés y valor que se otorgaba a tal pieza maestra.

Para el historiador actual resulta espinoso opinar de forma contraria al sentir mayoritario de la historiografía, por la carga negativa que cualquier desmitificación supone, por lo demás tan expuesta a error como la proposición que se esgrime como cierta. Pero no está de más recordar que es consustancial al comportamiento humano

[4] Pol. VI.10.14; vi.11.1: "A partir de esta fecha, treinta años después de la invasión de Grecia por Jerjes, la organización de los diversos elementos del régimen se perfeccionó continuamente y alcanzó su culminación, su cúspide, en los tiempos de Aníbal, en los que hemos iniciado nuestra digresión".

asumir como piezas de autoridad y conocimiento, todo aquello que nos viene por los canales asentados por la ortodoxia. Este aval de certeza y confianza que se otorga, simplifica la tarea del investigador por cuanto se siente liberado de proceder a confirmar la veracidad, con nuevos análisis de las conclusiones que la bibliografía consultada le suministra. Lo cual es tan efectivo y necesario para el progreso continuo de la investigación como lleno de riesgos, si las conclusiones asumidas en origen fueron precipitadas, pues estaremos haciendo nuestros los errores ajenos, y colaborando a perpetuar una contrastada y recia ignorancia que el tiempo arraigará en la historiografía.

Parece ser que de aquella pieza monumental del Derecho Romano, a fines de la República sólo se contaba con la noticia de unos *commentarii* que había realizado un tal Sexto Elio Peto, que fue cónsul en el 198 a.C., casi siglo y medio antes de que Cicerón ultimara su tratado sobre las leyes. Y con tal referencia, única preservada anterior al siglo I a.C., que habla de una obra en tres partes, dedicada a las Tablas, ilustra Cicerón la erudición de sus tratados políticos. Aunque a continuación reconozca en otro lugar, la superficialidad de sus datos sobre aquel código, cuando pese a toda la enjundia atribuida a la obra de Elio, confirma que en realidad sus conocimientos sobre las Tablas los obtuvo de aquel *libellus* o librillo que tanto él como otros romanos de su tiempo, memorizaban y recitaban de niños en las escuelas. Librillo que, viendo los títulos de sus diferentes partes y capítulos, fue a su juicio insuperable a cualquier tratado de los filósofos por su utilidad y el peso de su autoridad[5].

La familiaridad que Cicerón muestra con la literatura griega le permite constatar la analogía entre normas que la tradición latina incluía en las Tablas, y normas que se documentaban vigentes al menos desde la Atenas de Solón. Se trataba de las referidas a las costumbres funerarias en relación con el contexto general, público y privado. Y es sobre este aspecto, que podía haber conocido a través de la obra de Demetrio de Fáleron, de Platón o acaso Aristóteles, con el que se extiende y culmina el libro segundo de su tratado sobre las leyes, soslayando cualquier otro comentario sobre el resto de aquel cuerpo de leyes. En cualquier caso, la idea de aquel ilustre republicano del siglo I a.C. sobre el proceso de configuración de las instituciones romanas y con ellas, las leyes, no es el de un estado que se configura a golpe de grandes hombres y grandes hitos jurídicos, por más que subraye el peso singular de ilustres individuos, de los grandes militares y los mejores oradores, en la gloria acumulada por aquellas mismas instituciones. Cicerón hace suya la tesis de Polibio, que debía ser la tesis más compartida en su tiempo, cuando escribía que "en cambio, nuestra República no se debe al ingenio de un solo hombre, sino de muchos hombres, y no se formó en una sola generación, sino en varios siglos de continuidad"[6].

Livio es nuestra mejor fuente literaria para el marco histórico en que supuestamente se desarrollaron los hechos que llevaron a la elaboración de las Doce Tablas. Decir que es nuestra mejor fuente, en una valoración similar a la que podríamos dar a Dionisio de Halicarnasos, cuyo relato difiere poco en términos generales de aquel del historiador latino, no significa que sea igual de idóneo. Simplemente, Livio es el más completo de

---

[5] Cic. *de orat.* i. 195, *me hercule omnium philosophorum unus mihi videtur xii tabularum libellus, si quis legum fontis et capita viderit, et auctoritatis pondere et utilitatis ubertate superare.*

[6] Cic. *rep.* ii.1.3; ii.37. En realidad, el orador hace suya una reflexión de M. Porcio Catón.

los que disponemos, lo que no otorga ninguna calificación de excelencia. No es de este lugar la crítica al sistema de escribir la historia que de Livio, por otro lado exhaustivamente tratado en la bibliografía, pero sí recordar algunas notas que no por obvias, deben figurar siempre presentes en el investigador que se enfrenta a sus textos. Al comenzar el libro vi, tras concluir el relato de los tiempos de la Roma Arcaica que él lleva hasta el asalto de los galos a la Ciudad, y su posterior salida y derrota a cargo del dictador Camilo, Livio cree necesario advertirnos de algunas circunstancias. En primer lugar, que todo cuanto acababa de narrar en los cinco libros anteriores, "fueron asuntos que se desarrollaron en la oscuridad, en razón de su gran antigüedad, de modo que eran unos sucesos que resultaban tan lejanos que apenas podían ser descritos con dificultad, y porque los registros que contenían el recuerdo de aquellos eventos eran escasos y raros, se contenían en los anales de los pontífices y en los archivos públicos y privados, casi todos ellos quemados en el saco de la Ciudad"[7].

Junto a esta limitación material, de la cantidad de los datos, otra limitación, ahora de la calidad, o al menos, relativa al tipo de análisis, al método de depuración de las noticias que podemos esperar del autor, referido aquí a un solo criterio. La credulidad de Livio en relación con lo sobrenatural. Hace referencia a ello en uno de sus pasajes. "No se me pasa desapercibido que como resultado del escepticismo que lleva hoy en día a los hombres a creer que los dioses nada tienen que decir, no se da cuenta de ningún prodigio o portento ni oficialmente ni en los anales. Pero a mí, cuando escribo sobre sucesos antiguos, me vuelve por una parte cierta identificación de mi espíritu con lo antiguo, y por otra me constriñe un cierto escrúpulo a la hora de considerar que no merecen figura en los anales las cosas que aquellos hombres llenos de sabiduría consideraron dignas de ser tomadas oficialmente en cuenta"

Esta ambigua confesión muestra su alcance real a lo largo de toda la obra conservada. En ella se recogen más de doscientos prodigios y portentos, que van desde la lluvia de trozos de carne que, interceptados por gran número de pájaros, aconteció en la Ciudad, completándose el prodigio con la conservación durante varios días sin pudrirse de las piezas que lograron alcanzar el suelo, hasta la vaca que rompió a hablar en Anagnia – animal cuyo alimento decidieron asumir las autoridades públicas -, la lluvia de piedras en la sabina Reate, o la estatua de Apolo de la ciudad de Cumas que estuvo llorando durante tres días con sus noches. Y con esto, historias y episodios como el del nacimiento de los gemelos, la providencial loba nutricia, la apoteosis de Rómulo, los encuentros de Numa con la ninfa Egeria, la heroica castidad de Lucrecia, a fines de la monarquía, no menos que la de la joven Verginia, etc... Sin olvidar que, ya desde el prefacio Livio nos recordaba que "se otorga a la Antigüedad la licencia de ennoblecer los primeros tiempos de la ciudades mezclando lo humano con lo divino", lo que obliga a redoblar nuestras cautelas, por más que ello suponga en algunos casos, reducir aún más el valor informativo de alguno de los sucesos. Y sin que el relato de Dionisio de Halicarnasos apunte a caminos distintos de los comentados[8].

---

[7] Livio vi.1.1/3.

[8] Livio, xliii.13.1/2; 13.3/4; iii.10.6; Desde P.G. Walsh, (1961); G. Miles, (1995); G. Forsythe, (1999), a S.P. Oakley, (1997 *et alii).*

El mismo Tácito, por lo demás bien reconocido como de entre los más cualificados, transmite un par de sucesos, de los que no sabemos si la concisión y asepsia con que nos informa de ello, supone cierto grado de distanciamiento o cautela del escritor, o el mero deseo por nuestra parte de seguir situando al autor entre los más serios. Así, se hace eco de que el árbol Ruminal, que se suponía de los tiempos de Rómulo, se secó durante el reinado de Nerón, prodigio que se interpretó como del peor agüero, aunque si bien fue una falsa alarma, ya que al poco, reverdeció de nuevo. Y en otro pasaje, por los mismos años, informa de que una mujer parió una serpiente y otra fue fulminada por una rayo, cuando yacía con su marido[9].

Tácito alude al tema de las Tablas en dos ocasiones, al hablar sobre la fijación de la usura. No se citan éstas, ni los decenviros, en Veleyo Patérculo, Silio Itálico, Valerio Máximo, Polibio o Estrabón. Una vez aparece en Diodoro, y en Dión Casio, éste a través del monje epitomizador Zonaras, del siglo xii, y es expresiva su ausencia en Plutarco. Al de Queronea se le adjudican doscientas cincuenta obras ciertas, y una decena más con incertidumbres, del total de las cuales conservamos ochenta y tres. No hay noticia sobre aquel texto arcaico, aunque desde luego no podemos despreciar la posibilidad de que las Tablas figuraran en el resto. Es más, en su biografía de Publícola justifica el hecho de que éste personaje fuera enterrado dentro de la ciudad de Roma, por su calidad de héroe, citando la noticia como suministrada por un autor griego para nosotros desconocido, pero no alude a las Tablas y ni siquiera a Solón. Como tampoco encontramos referencia en Aristóteles, en Apiano, César, Virgilio, Enio, Terencio y otros autores de los que nos han llegado obras[10].

Parece probable que la fuente de Plinio el Viejo para las noticias sobre las Tablas sea Varrón, autor que aparece siempre entre los autores utilizados en cada uno de los libros – 11, 16, 21, 28 y 34 - donde el tema se trata. De Sexto Pomponio, que está activo en tiempos de Adriano y los Antoninos, sabemos que con probabilidad fue ajeno al poder, no tuvo cargos públicos, por lo tanto sin *ius respondendi,* se ganó la vida acaso enseñando, y escribió mucho, más de 300 *libri*, que eran compilaciones de material y autores anteriores. Dedicó 150 de ellos a comentar el Edicto Perpetuo, del que el Digesto sólo conservó un pasaje del libro 83. Escribió sobre *ius civile*, sobre los juristas Q. Mucio Escévola, del último siglo republicano, y sobre Masurio Sabino, de la primera mitad del siglo I d.C., y algunos tratados sobre senadoconsultos, *stipulationes* y *fideicomissa.*

No hay duda de que Gelio constituye una fuente importante sobre las Tablas, si no es, entre las literarias, la más importante, incluso por encima de los escritores tradicionales, Cicerón, Livio o Dionisio de Halicarnasos. No debería ser imprudente esperar que, entre las fuentes utilizadas por el comentaristas del siglo II d.C. se encontraran Livio, Dionisio o incluso Polibio, pero no es así, ninguno de ellos figura en la nómina de los consultados, y sí en cambio Plinio el Viejo, de nuevo el indefectible Varrón y el jurista Masurio Sabino.

---

[9] Tac. *Ann.* xiii.5.8; xiv.12.

[10] Tac. *Ann.* iii.27 y vi.16; Diodoro, xii.26.1; Zon. vii.18; Plut. *mor.* 282F/283 A

Este Masurio Sabino pasa por ser el mejor jurista de su época, que es la de los Julio-Claudios. Discípulo de un tal C. Ateyo Capitón, jefe de la escuela de los sabinianos - de Celio Sabino, el fundador -, Masurio escribió sobre el Derecho ya maduro, en tiempos de Nerón, citándose de él tres libros sobre *ius civile*, en los que al parecer trató el tema de las Doce Tablas con un rigor que le consagró como fuente inexcusable para cualquier estudio sobre las mismas. Desconocemos cualquier otra referencia sobre contenidos pero un dato transmitido en Aulo Gelio ilustra cuanto menos, la versátil noción que sobre realidad y fantasía podía mantener sin menoscabo del crédito entre sus contemporáneos. Gelio escribe que Masurio Sabino dedicó esfuerzos a dilucidar cierta noticia - puro infundio, por lo demás - transmitida por el analista Valerio de Antium, en relación con los tiempos de la fundación de la Ciudad. Según afirmaba éste la prostituta Acca Larentia al morir dejó a Rómulo mucho dinero, pero Masurio Sabino, en sus *Memoralia*, corrigió al analista y aclaró que en realidad esta Acca había sido nodriza de Rómulo, ya que habiendo aquella tenido doce hijos, como se le muriese uno, Rómulo ocupó su lugar, pasando a considera a los otros once como hermanos, *fratres*, de donde procede en recuerdo de tal suceso el *collegium* sacerdotal de los doce *fratres arvales,* de ceremonias extremadamente antiguas[11].

Volviendo a Pomponio, tiene éste un folleto u opúsculo llamado *liber singularis enchiridii*, que es un compendio o manual breve de historia de las fuentes del Derecho, las leyes y las magistraturas, que se remonta a los orígenes y llega hasta su tiempo. El Digesto extracta una parte del mismo y lo incluye como texto, lo que le ha otorgado gran popularidad entre los romanistas actuales, que lo utilizan como fuente exclusiva para las introducciones históricas, los preámbulos a las monografías sobre la historia del derecho romano y cuantas obras se plantean con un encuadre histórico inicial en relación con el estudio del Derecho. En él Pomponio aseveraba que los reyes habían sido expulsados finalmente de Roma, por la ley tribunicia, y que tras esta expulsión, la Ciudad se había regido por un derecho incierto, y por la costumbre, tolerando esto por casi veinte años, hasta que fueron constituidos los decenviros. Este conciso repaso a los tiempos arcaicos además de sumar una nueva versión sobre los tiempos oscuros, a las ya existentes, aporta la novedad de la cronología, pues, suponiendo que para el jurista el comienzo de la República se datase en el 509, salvo error del copista, el proceso de elaboración de las Tablas comenzó en el 489, y su culminación, por deducción tres años después, en el 486. Salvo que la monarquía de Sabino se extinguiera en el 471, y los veinte años que siguieron nos llevaran al 451 que la tradición literaria propone y casi toda la romanística acepta[12].

Unas líneas más adelante, Pomponio aborda el asunto de Cneo Flavio, el escriba de Apio Claudio el Ciego, y la divulgación de ciertas fórmulas y procedimientos del derecho. Indica el jurista que este Cneo Flavio, hijo de liberto, entregó al pueblo el

---

[11] Gell. vii.7.5/8, *Sed Acca Larentia corpus in uulgus dabat pecuniamque emeruerat ex eo quaestu uberem. Ea testamento, ut in Antiatis historia scriptum est, Romulum regem, ut quidam autem alii tradiderunt, populum Romanum bonis suis heredem fecit. Ob id meritum a flamine Quirinali sacrificium ei publice fit et dies e nomine eius in fastos additus. Sed Sabinus Masurius in primo memorialium secutus quosdam historiae scriptores Accam Larentiam Romuli nutricem fuisse dicit. 'Ea' inquit 'mulier ex duodecim filiis maribus unum morte amisit. In illius locum Romulus Accae sese filium dedit seque et ceteros eius filios "fratres aruales" appellauit. Ex eo tempore collegium mansit fratrum arualium numero duodecim, cuius sacerdotii insigne est spicea corona et albae infulae.'*

[12] *Ius incertus, ... consuetudo, ... prope vigintis annis passus est, ... decem viros constitui, Dig.* i.2.2.3/4.

libro con las fórmulas y *actiones* de ley que había robado, y tan grato le fue a éste tal regalo, que le hizo tribuno de la plebe, senador y edil curul, por este orden. Finalmente, no mucho tiempo después, Sexto Elio compuso otras *actiones* y entregó igualmente al pueblo el libro, que se llamó derecho eliano. El compendio continúa la narración hasta el Imperio, a lo largo de cuarenta y siete epígrafes, sin alterar esta línea explicativa[13].

A fines de la República, el conocimiento de las obras escritas y su circulación era posible gracias a la elaboración de versiones sintetizadas que por su formato reducido, abarataban los costes de elaboración, facilitaban su manipulación y transporte, y en definitiva, conseguían llegar a más lugares y lectores, acercando los nuevos conocimientos y la cultura literaria a un grupo de curiosos más amplio que el de los eruditos y estudiosos que desde antaño, y siempre desde una desahogada posición económica, venían monopolizando el estudio y la ciencia desde su posición de elite. Naturalmente, la proliferación de este tipo de obras, o mejor diríamos, síntesis, opúsculos, *libelli* de los latinos, que se presentaban como resúmenes o copias de originales, a veces ya perdidos u olvidados, siempre más extensos y voluminosos, se presentaba bajo aquellos calificativos que aludían al carácter técnico o formal de sus contenidos.

De esta manera, quienes lograban hacerse con algún ejemplar de cualquiera de estas obras, se sabía advertido de estar ante *epítomai, commentarii, excerpta, breviaria, collectiones, summaria* y otras denominaciones, en realidad extractos de obras enteras, que hacían posible la extensión de los nuevos conocimientos, aunque fuese ello en perjuicio, por incompletos, de los contenidos. Y junto a la desnaturalización que suponía la equiparación imposible de varios volúmenes a unos pocos folios, en los que se confiaba encontrar los puntos esenciales de la obra original, había que descontar el factor del error en el proceso de transmisión, desde la lectura al dictado, copia y fijación final de los textos, no pocas veces sujeto a imperativos de espacio, economía y tiempo, tan ajenos al autor del original como al comprador de la copia o resumen. Estos eran los tiempos y los medios con los que la sociedad romana, como antes la de Atenas, accedía, progresaba y difundía los frutos de su reflexión, sus descubrimientos y en general su cultura literaria al resto de los pueblos. Con unos resultados que valorados desde la perspectiva del investigador actual, transcurridos más de dos milenios, no podemos dejar de calificar de excelentes, en la medida en que fructificaron en ese erial de dificultades que era el entorno social, económico y político de la Roma del final de la República.

En el ángulo opuesto, produce cierta perplejidad que en los tiempos que corren, en los que es ocioso aludir a las posibilidades de transmisión, circulación y acceso a la cultura escrita – omito la que ahora es accesible a través de la red -, con una producción para el campo de la romanística de miles de trabajos anuales, sea en formato de libro, sea como artículo de revista, y la posibilidad añadida de acceder a lo escrito sobre la misma materia al menos en los últimos ciento cincuenta años, pese a todo ello, decimos que sorprende la escasa presencia de posiciones críticas entre los historiadores nacionales del Derecho Romano. Y en estas circunstancias, encontramos que siguen siendo aquellos resúmenes y *excerpta* de nuestros clásicos, antes citados, la base de las

---

[13] *Surreptum librum populo tradidit, ut tribunus plebis fieret, et senator, et aedilis currulis* (sic), ... *non post multum temporis spatium, Dig.* i.2.2.7.

exposiciones. Nivel de partida que podría ser muy mejorado, cuando en cualquier biblioteca de cualquier universidad española se dispone de las obras conservadas de nuestros clásicos griegos y latinos, traducidas además a cualquiera de las lenguas con las que suelen estar familiarizados quienes se dedican a estos temas, castellano incluido.

Este libro no pretende cuestionar el modelo de investigación que observamos en una buena parte de los estudios de la historia del Derecho Romano y de sus fuentes. Nada más lejos de nuestra intención la idea de desmontar lo asentado, de probada validez en la mayoría de los casos como ampliación de los conocimientos. No nos compete poner en duda las certezas asumidas sin reservas por una pléyade de expertos, y confirmadas por opiniones y razonamientos más autorizados que los de quien desde área de investigación vecina, observa el panorama, entre curioso y escéptico. Pero ninguna de estas prevenciones anula la libre expresión que acompaña al estudiosos de cualquier materia, y por ende, la eventualidad de abrir, participar o salirse de cualquier debate. No podemos soslayar el hecho de que, si tuviéramos que señalar algún motivo en la elección del estudio que ahora proponemos, tendríamos que aludir no tanto al fondo, al objeto que orienta la investigación de una parte de la actividad romanística, como al método seguido en los procesos de análisis de los datos observados.

Pero esta libertad de método, que debe presidir la actividad del investigador en cualquier campo de estudio que abordemos, damos por hecho que sobreentiende un uso correcto o al menos aceptable, en la medida de las posibilidades de autor, de las técnicas y los medios que cada uno libremente elija. No vale plantearnos un proyecto de investigación concreto usando como sistema de análisis cualquier medio, pues es obvio que, al menos en el campo de conocimientos que tratamos, que en esto no difiere del que ocupa al historiador de la Antigüedad, la validez de los resultados finales que se obtienen depende en grado no irrelevante, tanto del material documental disponible como del método o sistema utilizado en el análisis del mismo.

Es ocioso recordar que, en cualquier investigación no empírica, como podemos calificar al estudio de la sociedades antiguas, en cualquiera de sus vertientes, sea la economía, la política o el Derecho, el acceso incorrecto a unas fuentes documentales, que además ya se nos presentan con las dificultades de su escasez, fragmentación, vicios de transmisión y cuantos males se nos ocurran sobre las ignotas intenciones de los autores, el contacto con las fuentes, insistimos, sin el rigor, la seriedad y la objetividad que la documentación sobre la que vamos a cimentar nuestras conclusiones demanda, sólo conduce a la esterilidad del esfuerzo y la difusión de un seudoconocimiento que, en el peor de los casos, si hace fortuna, puede constituirse en pilares de nuevos y más errados artificios teóricos, que distorsionen aún más la percepción de nuestras certezas sobre la materia de la que se trate.

Hablábamos más arriba sobre la causa que nos movió, como acicate, a exponer en un trabajo como el presente nuestras ideas y reflexiones sobre las leyes, su significado y manipulación, desde el ámbito de la sociedad clásica. Y acabamos de aludir a la forma o método de trabajo que, en razón de nuestro propio campo habitual de estudios, la sociedad romana de la República, hemos venido observando a lo largo de los años, en nuestras habituales y regulares consultas a la obra de la romanística europea. De ella, subrayamos en especial la que se consolida con autoridad reconocida en las universidades españolas, una parte de la cual creemos se ajusta a las reflexiones anteriores. En este sentido, y sin que deba intuirse petulancia o vano engreimiento por nuestra parte, pues no es nuestra intención sentar plaza de juez, o parafraseando a los latinos, oficiar de *corrector morum*, vemos cierta analogía de nuestra opinión con un pasaje clásico, tan elocuente para nosotros que entendemos nos libera de un mayor comentario.

Cuenta Plutarco, en su biografía de Catón el Menor, que pese a que eran muchos los ciudadanos que le pedían que optara a una plaza de tribuno de la plebe, éste lo rechazaba argumentando que pese a que reconocía la eficacia y utilidad de tal magistratura, no entraba en sus planes consumir su tiempo en negocios que consideraba de poca entidad. A continuación emprendió viaje a Lucania, al sur de la península itálica, donde poseía una villa, en la que esperaba descansar, y al mismo tiempo ampliar su formación literaria. Pero en el camino se cruzo con otra comitiva, e indagando sobre la identidad del viajero, le indicaron que se trataba de Q. Cecilio Metelo Nepote, individuo que para Catón sólo sobresalía por su necedad y locura, el cual marchaba a Roma para concurrir a las elecciones de tribuno de la plebe para el año 62. Perplejo y ensimismado, dice la fuente, Catón decidió tras unos momentos revisar sus planes de descanso. E inmediatamente dio la orden de regresar a Roma, decidido a presentarse a aquellas elecciones, para tratar de impedir que Metelo obtuviera plaza o al menos, de ganarla, neutralizar sus actos, convencido de que con Metelo de tribuno, no era posible el recreo ni el descanso, pues cual rayo que fulmina, no dudaba de hasta que punto el gobierno de la República vería trastocados sus actos[14].

* * * *

Junto a un llamativo uso de expresiones, cuando menos chirriantes para un oído no acostumbrado, constatamos en los estudios consultados casos de etnocentrismo, probablemente inconscientes, respecto de los métodos de análisis aplicados. Se interpretan ciertas instituciones de la Roma Primitiva según las de nuestro entorno, con las que se equiparan, en virtud de la analogía de conceptos y significados. A veces los criterios que el autor elige para el análisis de los datos, dejan perplejos, hemos de confesarlo, al investigador del área aneja. Para algún autor la pertenencia a cada una de las cinco clases servianas, "gradúa el montante de lo que debe pagarse en concepto de contribución, al estado". En otro estudio se asegura que "creemos que todo estudio serio de las diversas instituciones políticas y jurídicas de Roma debe realizarse a la luz de su religión, creencias, principios o espíritu, pues sólo así se hace posible, a nuestro entender, el verdadero y profundo significado de dichas instituciones", en tanto que otro tergiversa el dato por un uso inapropiado de los términos, y así, "la redacción de las XII Tablas no se llevó a cabo de una sola vez, sino que fueron el resultado de un largo y lento desarrollo". Pero estos, llamémosles desajustes, pudieran ser banales si pasamos al terreno de los contenidos globales de las obras y repasamos el argumento que se mantiene a lo largo de las mismas[15].

---

[14] Plut. *Ca. Mi.* 20.1/3. Metelo no sólo obtuvo plaza de tribuno sino que alcanzaría el consulado en el 57 a.C.

[15] R. Domingo, ed., (2004), habla de "premurió", 92, o de "individuó", 95; J. Iglesias, (1965) 14, J. Salgado (1988) 1627, M. Marcos Celestino, (2000) 362.

Con una frecuencia superior a lo que cualquier ciencia aceptaría como manifestación de teorías divergentes, las obras asumen sin crítica, literalmente, o con crítica muy atenuada los contenidos del relato tradicional suministrados por las fuentes literarias al uso. Se da como cierto el cuadro histórico y social transmitido por la analística, en parte porque tal cuadro se acomoda a nuestras propuestas e intereses, en parte porque ello nos evita entrar a dilucidar las contradicciones e inexactitudes que, a poco que se analicen, nos presentan los textos. No pocas veces los autores sucumben y supeditan cualquier argumento probatorio al plano de sus creencias religiosas y preferencias personales, llegando en algún caso a asumir el valor de un mito en su íntegra literalidad, por más que la propia fuente advirtiera de la naturaleza del mismo. "Las tensiones sociales estuvieron jalonadas de enfrentamientos: la secesión del Monte Sacro (493 a.C.), la sublevación de Coriolano (492 a.C.), el movimiento agrario encabezado por Espurio Casio (486 a.C.) o la promulgación de la Lex Ilicia (456 a.C.) ... cualquiera que sea el valor histórico o legendario de tales acontecimientos, lo que no cabe duda es que revelan el grado de crispación con que en la conciencia de los historiadores antiguos se vivió en Roma la primera mitad del siglo V.", ... primeras líneas del trabajo: "La promulgación del código de las Leyes de las XII Tablas suele ser presentada como uno de los primeros logros del pueblo romano en su lucha por la igualdad de derechos entre los ciudadanos: *aequare leges omnibus"*.

Otro autor escribe, "en torno al 300 a.C. el escriba Gneo Flavio (edil en 304 a.C.) publicó el libro de acciones de Apio Claudio el Ciego (Pomponio, D. i.2.2.7), que vino a llamarse "derecho civil flaviano", (*ius civile flavianum*), al parecer, a semejanza del citado *ius papirianum*", el mismo que anteriormente escribía que "también el pueblo israelita, (había sido) elegido por Dios para preparar el advenimiento de su hijo Jesucristo", y resumía el cuadro del derecho helénico, asegurando que "la tradición legislativa se remonta a Licurgo (s.ix a.C.) que nunca quiso hacer uso, de intento, de leyes escritas (Plutarco, Licurgo, 3.4)", y en la misma página, "la tradición legislativa se remonta a Minos, rey mítico de Creta, hijo de Zeus y Europa (Homero, Iliada i4.322), autor de la celebérrima constitución cretense". Aunque no falta quien aconseja alguna cautela sobre todos estos sucesos de los tiempos primitivos, cuando desde un rigor de método probado que combina con un sano escepticismo, finalmente acepta el relato de las Doce Tablas, la comisión decenviral y las fechas, aunque con la enigmática advertencia de, "dentro de los límites en que se puede aceptar la cronología de los antiguos"(?)[16].

Pero el seguimiento del canon marcado por Livio, Pomponio y en menor medida Dionisio de Halicarnasos, no presupone en algunos autores la transcripción veraz y rigurosa de las informaciones transmitidas, sobre todo en las cronologías correspondientes, sin que ello responda a motivos de duda o falta de unanimidad en la historiografía actual sobre la fijación en el tiempo de sucesos bien establecidos. "La primera gran crisis tiene lugar con las guerras púnicas, (264-166 a.C.)", con alguna variante, "en política exterior fueron decisivas la conquista de Italia y las guerras púnicas (264-201 a.C.)", se escribe, o simplemente se copia mal el dato, como cuando

---

[16] M. Marcos Celestino, (2000) 253, 355/356; R. Domingo, (2004) 84, 86, 91, sigue fielmente lo que escribe Pomponio sobre la historia arcaica de Roma. O sea, la mejor fuente para la historia de los siglos primitivos con relación al derecho, es Pomponio; V. Arangio Ruiz, (1980) 72, O sea, lo acepta de manera condicionada (?); J. Iglesias, (1965) 13, habla de un Servio Tulio, "de espíritu liberal y popular".

“Triboniano recibe el encargo de recopilar todo el derecho antiguo, acumulado en mil quinientos años, en cincuenta libros (*Deo auctore*, 5)", cuando el texto latino habla de mil cuatrocientos años, *per millesimum et quadrigentesimum paene annum*.. O “M. Porcius Cato. Verosímilmente muere en el año 152 a.C. Hijo de Catón el Censor, escribió unos extensos comentarios de derecho civil (*iuris civilis commentarii*), en no menos de 5 libros, los cuales eran conocidos por Cicerón (Cic. *de orat.* II.32. 144; ii.55.224)”. En otros autores leemos que "la fase del *ius civile* ... se inicia con la fundación de la *civitas* en 754 a.C. y termina en el momento coincidente con el final de la Segunda Guerra Púnica, 201 a.C. ... en ella el estado se erige en grupo político supremo, comenzando la obra demoledora de los grupos menores. Las gentes llegarán a desaparecer en los tiempos de la República". Sitúan a "Sextus Aelius Petus Catus, a fines del siglo II a.C.”, o no transcriben fielmente la datación tradicional de aquel famoso texto, pues "hay que tener en cuenta que las Doce Tablas son, a partir de su aprobación - en el 451 a.C., dice en la página anterior, la número 83 - derecho vigente, derecho objetivo, compuesto por una serie de disposiciones abstractas, generales"[17].

Encontramos en estas obras comentarios que hacen sospechar un conocimiento muy superficial de la historia de los tiempos primitivos, o al menos de los principales sucesos en que se articula el pasado de la sociedad romana. La fragilidad de ciertos análisis alcanza también a conceptos y nociones, de mención frecuente en las instituciones sociales de aquella comunidad. Y esta insuficiencia de la información literaria no parece compensarse con la consulta de cualquiera de las solventes monografías, con las que desde hace décadas contamos, y que ofrecen una información completa y suficiente como base cualquier análisis de la ley y el derecho en los primeros tiempos de la Ciudad. Por lo demás, en algunos casos parece ignorarse la presencia habitual del fenómeno de retroproyección de las realidades del presente, frecuente en los escritores habitualmente utilizados. Por boca de otros, de los tratadistas del Derecho Romano actuales leemos pasajes como los que siguen. "(...)Formaron el patriciado los etruscos, que después de conquistar las siete primitivas aldeas, habitadas por los plebeyos, que eran los que en ellas vivían y cuantos llegaron después, conquistaron aquellas aldeas y erigieron la ciudad de Roma”. “(...)La monarquía etrusca tiene tres representantes, Tarquinio el Antiguo, Servio Tulio y Tarquinio el Soberbio”, “(...)otro importante aporte migratorio lo constituyeron los griegos que, alrededor del siglo IX a.de C., se asentaron en Italia meridional, en la costa de Campania, en donde estaba situada la poderosa Cumas, que alcanzó gran prestigio al convertirse en el centro más avanzado del helenismo", y el último pasaje, "quizás el nombre de Servio (del rey Servio Tulio) derive de *servus,* que haría referencia a su antigua condición de esclavo liberado, lo que explicaría - no sabemos cómo - el reconocimiento y la especial atención que los historiadores dedican a su periodo de gobierno, en el que creó los comicios centuriados y sustituyó la base étnica de las antiguas tribus por una base territorial".

---

[17] L. R. Argüello, (1993) 24; R. Domingo, *op.cit.* 108; Dig. *Deo auctore,* v.26; A. Ortega Carrillo de Albornoz, (2002) 17; J. Iglesias, (1965) 38; la personal visión de este autor sobre la Historia de Roma, en J. Iglesias, (1992) 93/116; J. Arias Ramos, (1968) 40; A. Fernández de Buján, (2005) 84; J. de Churruca, (1994) 19, acaso un *lapsus* en un libro por lo demás riguroso y ajeno a los modelos que describimos, en línea que observamos en autores rigurosos como J. Miquel, (1995), o C. Rascón García, (1996).

En relación con las primeras acuñaciones romanas, se escribe que "las monedas de plata más antiguas que la sociedad romana conoció o acuñó datan de la época de los decenviros, es decir de una fecha aproximada al año 450 a.C". Debemos reseñar conclusiones como que "las Doce Tablas (fueron) redactadas con un estilo sobrio heredado por la jurisprudencia posterior", o la aclaración de los orígenes de ciertas instituciones, cuando se escribe que "los plebeyos, para llevar a cabo sus reivindicaciones, crean un cuerpo autónomo (los *comitia curiata*)". Se aporta el supuesto significado de algunos conceptos, cuando se escribe que "el gesto que las XII Tablas registran para manifestar el requerimiento de una persona ante los tribunales era echarle la mano encima (art.2, 1: *manum endo iacito*)". El pasaje de las Tablas que alude a la *patria potestas* encuentra su explicación cuando un autor aclara que "para romper el fuerte vínculo de la *patria potestas* las XII Tablas preceptuaban que el *paterfamilias* debía vender tres veces al hijo". Aquel otro pasaje que versaba sobre las fórmulas mágicas, tiene su interpretación, al concluir que "junto a los delitos privados figuran otros extraños delitos, fuertemente castigados (quizás con la muerte), propios de una mentalidad primitiva: pronunciar fórmulas mágicas contra alguien para procurar su muerte (*malum carmern incantare*), o contra las cosechas ajenas".

Ciertos conceptos de significado complejo encuentran igualmente una definición errónea, cuando se indica que "los decenviros, en tres años, se encargaron de sistematizar los *mores maiorum*", *mores* cuyo significado se enriquece cuando se escribe que "estos *mores maiorum* - que acaba de datar en el siglo VI a.C. - son como la constitución no escrita de un pueblo, por lo que propiamente nunca fueron derogados, aunque sí adaptados a los nuevos modos de vida", o que "los usos sociales, costumbres de los antepasados – *mores maiorum* – constituyeron la primera fuente del derecho romano y la primera gran manifestación legislativa, las XII tablas – 450 a.C. – fueron, en su mayor parte, compendio de estos usos", determinando sin lugar a duda que "conceptos como *ius naturale*, *natura rerum, aequitas* y *mores maiorum* son algunas de las grandes aportaciones de la cultura griega al derecho romano"[18].

Se asumen las ideas brillantes de autores consagrados, y se hace uso de ellas, aunque de la lectura de los pasajes en los que hipotéticamente tal idea es aplicable no podemos deducir que aquella fuese entendida correctamente. A veces se utilizan datos testimoniados en los textos para deducir hechos no contrastados en el mismo texto, como un *liber actionum*, a partir del episodio de Cn. Flavio. Se califica de "concentración histórica" episodios como el de Verginia, en relación con el de Lucrecia, del final de la monarquía, al tiempo que no se expresan dudas sobre su falsedad o su invención. No hay obra que no incluya una periodización de la historia del derecho, en segmentos temporales, con apostilla del tipo de, "hay tres periodos de duración en la historia del derecho Romano. El primero, desde las XII tablas (451 a.C.)

[18] Según Arangio Ruiz, dice L. R. Argüello, (1993) 36, 45 y 47, A. Fernández de Buján, (2005) 70; "esta ley (Las Doce tablas) fue dada por un colegio de magistrados (pre-republicanos) con encargo legislativo: los *decemviri legibus scribundis* (451 a 449 a.C.) y por eso llamados a la de las Doce Tablas, la ley decenviral, A. D'Ors, (1977) 16; E. Lozano Corbí, (2000) 571, éste artículo es difícil de describir; R. Domingo, (2004) 90; Cita a Coriolano como Marcio Cayo Coriolano, A. Viñas, (1988) 1080/1090; M. Marcos Celestino, (2000) 356; 363; J. Paricio, (1988) 53; 55; F. Betancourt, (1995) 40; R. Domingo, (2004) 90; 89; R. Panero Gutierrez, (2000) 37, cf.50, las Tablas, compendio de los *mores maiorum*.

hasta Cicerón (106-43 a.C.), en el que la ignorancia del pueblo romano obstaculiza la formación de la jurisprudencia"[19].

La escasez de fuentes manejadas en la descripción de la sociedad arcaica, aquella en la que la tradición inscribe la elaboración de las Doce Tablas, facilita la creación de un cuadro simplista y acabado, que además se desbroza de cualquier aspecto dudoso o complejo de asimilar, mediante su transcripción a sinopsis o esquemas bien compartimentados, claramente definidos y bien delimitados cronológicamente en el tiempo. Cuadros en los que las fases, periodos, etapas y desarrollos, aportan luz y exactitud a unos tiempos en los que, por lo que conocemos, siguen hoy los especialistas en la Roma Primitiva debatiendo si que podamos siquiera confirmar que nuestras certezas superen a nuestras dudas y desconocimientos. Veamos algunos de ellos.

La simplificación del esquema histórico que artificiosamente se elabora, conduce a veces a un reduccionismo en el que todo se mueve en un campo de pocas opciones, incluso sólo dos opciones, A y B, que finalmente se presentan como lo positivo y su contrario, y este binomio a su vez presentado desde la versión moral de lo bueno frente a lo malo. "Aunque muy superiores a los romanos en filosofía, política y tantas otras ciencias y artes, tampoco consiguieron los griegos elaborar un derecho científico. En verdad, no resulta posible hablar en sentido estricto de un "derecho griego", ya que no existió un sistema jurídico común para todas o, al menos, la mayor parte de las ciudades-estado griegas", idea que más adelante el autor consolida cuando afirma que "el derecho griego, aunque inferior al romano, como hemos dicho, a causa del panhelenismo imperante, en distintos momentos históricos, ofreció al derecho romano términos aceptados por los jurisprudentes". Esta tradición viene de antiguo y probablemente encuentra buen caldo de cultivo en afirmaciones del tipo de "en relación con la influencia griega en las XII Tablas, a pesar de aparentes semejanzas, esta influencia es poco menos que nula", argumentación tan sólida como la que se expresa para restar validez a la noticia de Sexto Elio como autor de una obra sobre las Tablas. "Esta es una opinión absurda al presuponer en plena época histórica, en un periodo de civilización avanzada, un público inverosímilmente dispuesto a aceptar como buenas las chanzas y burlas del primer llegado sobre cosas de inmenso alcance histórico y práctico"[20].

Los dos siglos y medios de la monarquía romana ocupan apenas seis páginas en la obra de F. Betancourt, que resume en el siguiente esquema, que copiamos textualmente "1. Forma política de gobierno monárquica (754 a.C. - 509 a.C.). Según la tradición, el gobierno de *reges* en Roma se extendió desde la fundación de Roma en 754 a.C. hasta el 509 a.C.. No se trataba de una verdadera monarquía dinástica - como la monarquía medieval - sino de una persona (el *rex*) intérprete de la voluntad de los dioses y que,

[19] En todos los autores ha calado hondo el fenómeno denominado "concentración histórica", que V. Arangio Ruiz, (1957) 3, expresó con fortuna, A. Torrent, (2002) 122; L. R., Argüello, (1993) 22; "es el código de Hammurabi el que tuvo una mayor influencia, pues se aplicó, territorialmente, más allá de los confines de Babilonia, y temporalmente, más allá de la primera dinastía babilónica", R. Domingo, (2004) 83; el *liber actionum* o compilación de fórmulas conocida con el nombre de *ius flavianum* es robada por Cneo Flavio, escriba de Apio Claudio el Ciego, y comunicada al pueblo, J. Iglesias, (1965) 51.

[20] R. Domingo, (2004) 86 y 89; J. Ellul, (1970) 217; V. Arangio Ruiz, (1980) 74.

paulatinamente pudo haber devenido en un poder militar y político absoluto que se hizo odioso al pueblo romano, hasta que el último *rex* - Tarquinio el Soberbio - y su familia fueron expulsados de Roma"[21]. Citando una autoridad reconocida, otro autor presentaba su esquema de los hechos. "El sistema jurídico romano puede dividirse en dos grandes periodos antagónicos, el primero que va desde las XII tablas hasta el siglo VII (*sic)* de la ciudad (fines de la República) ... y el segundo desde el siglo VII hasta Justiniano *(sic*)"[22].

Tras una larga exposición sobre los tiempos primitivos, no exenta de crítica a las fuentes, que el documenta con aparato bibliográfico suficiente, el siguiente autor retoma la ortodoxia romanística y pasa a considerar "indudable la existencia de dos fases en la monarquía romana": así, habla de una "fase latino-sabina, representada por Rómulo, Numa Pompilio, Tulo Ostilio (*sic*) y Anco marzio (*sic*), y una fase etrusca representada por los últimos reyes Tarquinio Prisco, Servio Tulio y Tarquinio el Soberbio"[23]. Para otro autor, "la Antropología, con relación al poblamiento de Italia, habla de *homo europeus*, *homo alpinus* y *homo meridionalis*", y nos advierte además que "parcelar aún más las obscuras zonas de la historia del Derecho Romano" - el autor acaba de estructurar en tres fases los casi trece siglos que van desde los orígenes a Justiniano, según la cronología tradicional, - "nos aboca al riesgo de incapacitarnos para toda visión general, para toda ancha perspectiva que nos diga algo sobre lo mejor, sobre lo más castizo del espíritu jurídico romano"[24].

Finalmente, nos sentimos incapaces de entender los métodos usados por algunos autores en sus investigaciones, para depurar conclusiones y aseverar propuestas que se mueven en la línea de las siguientes. "Con las Tablas, se otorga seguridad jurídica al *civis* y, en suma, se logra la *isonomía*, es decir, la igualdad, en la situación, de todos los ciudadanos ante la ley". Una bella afirmación más próxima a los deseos e ideales que a las realidades, incluidas las que los propios clásicos nos transmiten. De ellos, dos citas pudieran ilustrar la dirección de los acontecimientos. Polibio en primer lugar, cuando escribía que la constitución era un espectáculo hermoso, pero casi desconocido hasta ahora - su tiempo, el siglo II a.C., no el III, como inadvertidamente afirma el autor más adelante -, por culpa de los historiadores, incompetentes unos, y otros, por su exposición confusa y totalmente inútil. Luego, el senador de Arpino, Cicerón, poco dado a sincerarse sobre sus proyectos ni aún con sus íntimos, cuando confiesa a Ático

---

[21] F. Betancourt, (1995) 38; R. Domingo, (2004). Éste dedica las setenta primeras páginas a prólogos, introducción, nómina de colaboradores, cada cual más insigne que el anterior, que asoma como valladar insuperable a cualquier crítica de lo que viene, y finalmente agradecimientos y propósitos, tras lo cual el autor "se extiende" a lo largo de seis páginas en un epígrafe que titula Derecho Griego y Oriental. La obra completa, en cuatro volúmenes, alcanza dos mil ochocientas sesenta y cuatro páginas. Todo un 0.2%. En pág. 84, escribe lo siguiente: "el Imperio Hitita tuvo dos momentos de esplendor: uno a partir de su primer rey, entre los siglos XVIII y XVI, del que tenemos muy poca información, y otro, desde mediados del siglo XV hasta comienzos del siglo XII a.C.".

[22] L. R. Argüello, (1993) 25.

[23] A. Torrent, (2002) 66. Mas adelante, p. 122, el autor, que al margen de la línea tradicional de una buena parte de sus colegas, parece conocer el estado de la cuestión en la historiografía, no defrauda a los más ortodoxos cuando concluye que "con las XII Tablas los plebeyos lograron una mayor certeza del derecho, con normas escritas comunes para ambas clases, que ponían un límite al arbitrio patricio-pontifical en la interpretación de los *mores maiorum*, y desde ese punto de vista las XII tablas representan uno de los primeros objetivos conseguidos en la lucha de clases",

[24] J. Iglesias, (1965) 10; 41.

que pasa todo el tiempo reflexionando sobre el carácter del político "ideal" que "está claramente esbozado en mi libro sobre la República", y finalmente, no es de este espacio señalar hasta qué punto aquella *isonomia* no pasó de ser una entelequia, si incluimos en la consideración al conjunto de todos los ciudadanos. Más allá de solemnes declaraciones y énfasis acerca de *provocationes* y garantías legales y penales para toda la *civitas* sin distinción[25].

Pero no deseamos acabar esta introducción sin recordar de nuevo a Plinio el naturalista, ahora por boca de su sobrino Plinio el Joven. En carta a Bebio Macro, se extendía éste sobre la prolífica actividad literaria de su tío, y tras perorar sobre la inconmensurable afición y amor que éste tenía por los libros, por cualquier clase de libro, evocaba sus propias palabras cuando le oía decir que "no había libro tan malo que no se pudiera sacar nada útil de él". Sírvanos de referente esta alusión, de la que por supuesto, tampoco nos excluimos[26].

2. La ley y el "maat". El Egipto de Diodoro de Sicilia.

Pese a los pocos documentos con los que se cuenta, se acepta sin discusión que el derecho egipcio es el sistema legal más antiguo que conocemos. Los testimonios más tempranos muestran un complejo entramado de prácticas jurídicas y legales en un estado maduro y avanzado, no acorde con lo que la lógica de la historiografía nos haría esperar de una sociedad que transitaba por las primeras fases de su historia. En palabras de Erwin Seidl, a quien seguimos es estas reflexiones, el derecho egipcio podía aspirar a ser homologado en sus desarrollo al antiguo derecho griego[27].

En la monarquía egipcia, la ley es el resultado de la expresión de la voluntad divina, que invariablemente se manifiesta por boca del faraón, en tanto dios mismo, hijo del dios, o el ser humano más amado del dios, según la posición institucional que el monarca asumiera en cada época. El proceso de comunicación entre el faraón y la divinidad no solía emplear el oráculo, cauce que era habitual en otros ámbitos culturales como el griego, al menos hasta el Imperio Nuevo, tiempo a partir del cual se nos documenta en más ocasiones que la vía de conexión hasta ahora habitual, la de la comunicación directa. Los resultados de estas interlocuciones se materializaban como edictos reales, en cuya redacción se incluía la información suficiente sobre la naturaleza de la responsabilidad divina de cuanto allí se ordenaba[28].

---

[25] R. Panero Gutierrez, (2000) *Derecho Romano*, 2° ed., Valencia, 50; la fecha de Polibio en el s. iii, en p. 57; Pol. i.64.3/4; Cic. *Att.* viii.11.1, febrero del 49. Las realidades cotidianas para el común de los ciudadanos, en relación con la justicia, es una síntesis, J. Muñiz Coello, (2004), 109/126. De nuevo nos sorprende R. Domingo, (2004) 89, cuando escribe que "paradójicamente los romanos no se caracterizan como legisladores".

[26] *Nullum esse librum tam malum ut non aliqua parte prodesset*, Plin. *NH* iii.5.10. Aunque tampoco es inútil el consejo de Séneca, cuando escribe que "La multitud de obras cansa al que estudia y no le instruye: te será mucho más provechoso consagrarte a unos pocos autores, que andar perdido entre muchos", Sen., *de tranq.* 9.

[27] Diodorus Siculus, *On Egypt*, Edwin Murphy, trans., 1985; E. Seidl, (1950) 304; v*id.* A. Théodoridès, (1971) 291/322; ; A. de Buck, (1937) 152; R. VerSteeg, (1994) 37; J. Pirenne, (1932/1935); N. Shupak, (1992) 1; J. Pirenne & A. Theodorides, (1966).

[28] El uso del oráculo sólo se constata a partir del Thutmés III y Hatshepshut, y se suele explicar su ausencia por considerarlo una costumbre extranjera, J. Cêrny, (1962) 35/48; A. M. Blackman, (1925) 249; J. A. Wilson, (1948) 129. A partir de la Dinastía XXI la intervención del clero, como intérprete de la religión, en los asuntos políticos del país se manifiesta así mismo en los oráculos y en consecuencia en

De esta forma, las resoluciones faraónicas en materia judicial o como mera actividad de gobierno eran ley, en tanto revelación que los dioses transmitían a su selecta persona en exclusiva, y de ese mismo reflejo de autoridad se revestían los jueces que en su nombre administraban la justicia por todo el territorio egipcio. El resultado de aplicar tal revelación no podía ser otro que la restauración de la equidad, la estabilidad y el orden que supuestamente un conflicto desatado había quebrado. Se reponía así la situación benéfica y positiva anterior cuyo patrocinio y amparo, se adjudicaba a una divinidad conocida como *maat,* identificable como la Justicia, en una personificación femenina, de la que encontramos paralelos con sus sinónimas de otras culturas[29].

La génesis de tal precepto tuvo la misma vigencia que la institución faraónica, es decir, se mantuvo inalterable en líneas generales a lo largo de toda la historia del país, configurando un cuerpo legislativo muy coherente, sin más inflexiones o alteraciones en la línea evolutiva que aquellas que reflejaban una personalidad más acusada en el gobernante correspondiente. Así, en el siglo I a.C. Diodoro de Sicilia, familiarizado con el modelo de relato al uso sobre legisladores y legislaciones griegas, abordaba las leyes egipcias del milenio que transcurría entre el 2500 y el 1500, como el fruto de la intervención de media docena de reyes reformadores y excepcionales, para él artífices sin duda de la estabilidad alcanzada por aquel pueblo[30].

Diodoro habla de los reyes egipcios porque estuvo en Egipto hacia el 59 a. C., donde pudo tomar notas de la tradición existente sobre algunos faraones, que le sirvieron para sostener sus opiniones sobre los legisladores griegos. En relación con las actividades de los primeros reyes egipcios, Diodoro dice haber obtenido su información del clero del país, que al igual que en la sociedad romana, emerge aquí como la fuente de información más segura para los tiempos más antiguos. Para Diodoro los reyes son ante todo legisladores, y el buen gobierno es sinónimo de buenas leyes y viceversa. Eran reyes buenos los que dieron buenas leyes, y como tales fueron recordados. Y esta bondad de gobernantes era reflejo o continuación de su bondad y virtudes como personas. En estas crónicas de su *Biblioteke* se afirmaba que en Egipto tras el gobierno de los dioses, el primer rey humano fue un tal Menas, probablemente el Menes de otros textos, luego sincretizado con el Narmer/Aha de la egiptología, y del que se predicaban erráticas decisiones que, como en el caso de un Numa Pompilio, contribuyen a que permanezcan arraigados al mito[31].

---

las leyes y el gobierno de la nación, lo que se interpreta como una decadencia del poder faraónico, G. Husson y D. Valbelle, (1998) 43. La ley y la divinidad, C. Carmichael, (2001) 27/44; J. Ellul, (1974) 188.

[29] A través de los tiempos, la sociedad antigua ha atribuido la autoridad de la ley a los dioses, a la Ciudad o al Príncipe. En Egipto la autoridad de la ley se considera expresión de la voluntad divina. Así, las sentencias de los jueces no son sino revelaciones hechas al soberano y éste a aquellos. En las primeras dinastías, el faraón se confunde con Horus. Después, son hijos del dios sol Ra. Un orden superior reina en el Universo, que impone un cierto orden social, personalizado en la justicia, *Maat,* J. Gaudemet, (1979) 88; A. Moret, (1940) 1/14; A. Théodoridès, (1967) 109; R. Anthes, (1952). La ausencia de auténticos códigos fechables antes del último milenio, no indica que no se hicieran, simplemente, no han llegado a nosotros, de momento, G. Husson y D. Valbelle, (1998) 43.

[30] Diod. i.94/95, cita a seis, G. Husson/D. Valbelle, (1998) 122; S. Allam, (1978) 1/6.

[31] "Enseñó al pueblo el culto a los dioses y a ofrecer sacrificios, a alimentarse con platos costosos y a usar lujosas camas, en una palabra, fue el que introdujo el lujo y la extravagancia en las costumbres", Diod. i. 45.1; J.Baines, (1983) 572/597.

En el esquema del progreso humano que preside la información del historiador griego, las principales herramientas de la cultura se consideran logros debidos a personajes de una grandeza y valía personal equiparable al segmento de progreso que se le atribuye. La vida de pueblos y civilizaciones se ordena y reconstruye en torno a esas grandes figuras, autores de todos los elementos que dan sentido a sus sociedades. Desde la óptica del narrador, se trata de transmitir el conocimiento del pasado a través de la vía que se confía será más fácilmente asumida por los oyentes o lectores de los textos, aquella que mejor refleja una analogía con las propias experiencias. De este modo, y como en el argumentario que los griegos habían cristalizado sobre su pasado, en Egipto, como en las demás naciones, estos héroes no pueden ser más que sus reyes, para los que el calificativo de legisladores sólo transcribe una noción de excelencia de arraigo probado en el ámbito helénico.

En la descripción de Diodoro el segundo de estos legisladores fue el faraón Sasychis, identificado con Shepseskaf, de la IV Dinastía, hombre de inteligencia inusual, del que se indicaba que realizó diversas adiciones a las leyes existentes y en particular, a la liturgia ceremonial en honor a los dioses. Se le consideró el inventor de la geometría y el primero que enseñó a sus paisanos a especular sobre las estrellas y a observarlas. Tras él, se cita al rey Sesoösis, presumiblemente Sesostris, aquí, como figura arquetipo y legendaria, no identificable con ninguno en concreto de los que llevan este nombre, un monarca que fue famoso tanto por sus gestas militares como por haber regulado todos los aspectos de la vida castrense. Del rey Boccoris, cuarto legislador, de la Dinastía XXV, hac. 720 a.C., hombre sabio, conspicuo y astuto, se cita como primer codificador de las normas de sus antecesores, y como autor de leyes que regularon los contratos, las deudas y la protección de los humildes, a los que libró de la servidumbre personal. Medidas que aún se recordaban en tiempos del narrador que lo recoge.

Y pese a que el monarca egipcio era nominalmente el propietario de todo el país, ello no era obstáculo para el desarrollo de un complejo sistema de derecho privado, en el que toda transacción, pacto o acuerdo del tipo que fuera, creaba una obligación a las partes que se sancionaba bajo la fórmula de un juramento, fórmula de compromiso que está presente en todas las obligaciones de individuos y colectividades. Y tras Boccoris, un siglo después - 569-520 a.C. - el rey Amasis, legislador de la vida administrativa y de todo lo concerniente a los nomarcas, rey igualmente nombrado como sabio, virtuosos y justo, motivos suficiente para que Diodoro justificara que el pueblo egipcio le hiciera rey, pese a que era ajeno a la línea dinástica[32].

Para el historiador sículo todas las leyes egipcias de aquel milenio se conservaban en ocho volúmenes y yacían delante de los jueces, siendo la costumbre en las causas, indicaba el griego, que una vez presentadas las acusaciones y defensas por escrito, los jueces emitieran su opinión, y el jefe de ellos pusiera la imagen de la Verdad sobre los litigantes. Esa escena es análoga a otra que encontramos en un ambiente de la XVIII Dinastía, en la que aparece el visir Rekhmiré y ante él 40 rollos de piel que a tenor de

[32] Diod. i.79; 94.3/5; 95.1; Asychis, de Herod. ii.136; H. R. Hall, (1932) 127; J.H. Breasted, (1925) 189; E. Seidl, (1950) 305/6; G. Husson y D. Valbelle, (1998) 141. En relación con el juramento, presente en todas las obligaciones, Herod. i 29.1, indica que los atenienses también habían hecho el juramento de observar las leyes que Solón promulgara al menos durante diez años. Solón se autoexilió de Atenas para no tener que ver cómo las incumplían, concluye el historiador.

la escena que componen, parecen contener un cuerpo de leyes, un código de normas, que de esta forma se pone a disposición de la necesidad del alto dignatario. Los volúmenes de Diodoro, además de leyes, debían contener la experiencia de infinidad de juicios anteriores, una casuística necesaria para su labor, a modo de jurisprudencia, que los jueces podían consultar en caso de que se produjese un conflicto entre el caso real que se estuviese dirimiendo y lo juzgado en la tradición. De hecho, según las leyes que Diodoro cita de esos volúmenes, no había grandes divergencias entre estas normas egipcias y los contenidos de los llamados códigos mesopotámicos, y aún podríamos extender la analogía a parte de lo que se nos ha transmitido como correspondiente a las Doce Tablas[33].

Junto a la codificación de Bocoris disponemos de una segunda recopilación en el llamado Código de Hermópolis, del siglo III a.C., descubierto en 1938 en un papiro escrito en demótico y consistente en una recopilación probablemente de origen sacerdotal, de prácticas jurídicas de los habitantes de la *chora*, con disposiciones que parecían ir destinadas a notarios y jueces. Se considera que podía ser una especie de manual de estudios prácticos, un compendio de reglas para la práctica jurídica y los litigios[34].

Volviendo a la noción de Justicia, originariamente, *maat* expresaba el modelo de orden que regulaba la organización del mundo y la sociedad humana. Suponía una forma de cohesión que se juzgaba indispensable para mantener sabiamente conjugadas la estructura del universo y la realidad del quehacer humano. Aunque la función judicial en Egipto no fue oficio desempeñado a tiempo completo, se conocen cierta variedad de títulos que se conectaban claramente con el ejercicio de tal profesión. Ciudades importantes como Heliópolis, Tebas y Menfis tenían un cuerpo de diez jueces cada uno - la Casa del Juicio -, elegidos de entre los mejores hombres, *aristoi andres*, de esas ciudades. Desde mediada la V Dinastía los directores de la Gran Corte de Justicia portaban el título de "Profetas de Maat", manifestando la asociación material de la diosa al ejercicio de la justicia.

Con las debidas cautelas de la distancia cultural y crónica, la posición central que el *maat* tenía entre los egipcios podría compararse con la idea del *logos* entre los griegos. Sin embargo, *maat* no era sólo verdad y conocimiento, sino también una forma de expresión moral, la calificación positiva que recibían los actos humanos que se consideraban honestos, buenos y, por ende, justos. *Maat* era por tanto asimilable a "lo bueno", la cualificación ética que ha de esperarse de cualquier ser humano a lo largo de

---

[33] Diod. i.77.2/7, "muerte para los perjuros, para quien mate a propósito a un hombre libre o esclavo, para los que deniegan auilio al que es agredido, y para quien declare a los magistrados falsos medios de vida, así como que los calumniadores sufran la pena del crimen que denunciaron" (ley del talión). La escena de la Tumba del visir Rekhmiré, de la XVIII Dinastía, en "*Tomb of Rekmire*", in J. H. Breasted, (1935); S. Allam, (1984) 447/452, interpreta como el primer código egipcio de leyes documentado. En el protocolo de la tumba de ese visir se dice que a él le llevaban cada cuatro meses toda la documentación que se producía en su jurisdicción, G. Husson y D. Valbelle, (1998) 147; W.C. Hayes, (1973) 357, y puede ilustrar un interés desde el poder por preservar físicamente la expresión de aquellas decisiones.

[34] Desconocemos las codificaciones anteriores al Imperio Nuevo, aunque es probable que hubiera, B.G. Trigger *et alii,* (1985) 114; del Código de Hermópolis hay varias versiones, una de las cuales es la contenida en el *Papyr.Oxy*. 3285, del 150 a.C, G. Mattha y G. R. Hugues, (1975); R. Ventura, (1983) 271; N.J. Reich, (1933) 178/182; J. Pirenne, (1957) 2/31.

su vida, por tanto presente en casi todas las expresiones de la voluntad de los difuntos, según vemos de las estelas funerarias, y que en el faraón alcanzaba el valor de pauta de conducta para todo el pueblo[35].

Sabemos que en el Imperio Nuevo egipcio los tribunales consistían en reuniones de dignatarios locales bajo la presidencia de un funcionario, que era quien dirigía la causa, aunque en el ámbito local y en el seno de la comunidad campesina la justicia siguió rigiéndose por las fórmulas tradicionales, y no es prudente imaginar que la estructura de organización que reflejaban las titulaturas conservadas, extendiera su brazo más allá de la corte y las ciudades donde residieran los altos dignatarios, portadores de aquellos títulos. Los litigios eran juzgados en aplicación de la ley escrita o la propia costumbre, actuando de jueces individuos o colectivos, éstos en forma de comités o consejos, probablemente creados *ad hoc,* para la situación planteada. Abierto el juicio, parece que no eran admitidos argumentos orales, pero también sabemos que en la medida de lo posible los jueces actuaban como árbitros con ánmo de reconciliar a las partes y evitar la apertura de la causa, en una iniciativa que se conciliaba más con el respeto a las costumbres que con la expresión de un poder delegado por el hombre más poderoso del país. [36].

3. Los códigos mesopotámicos.

Desde hace más de un siglo las sociedades antiguas de Oriente Próximo han venido suministrando repertorios de normas y prescripciones, que desde su transcripción, traducción y estudio fueron catalogadas en un primer momento como el equivalente a lo que se entendía en la sociedad moderna como códigos de leyes. Hoy, transcurrido el tiempo necesario para sedimentar análisis más serenos, son ya minoría los que mantienen aquel calificativo, si nos atenemos a lo que realmente definimos como leye y códigos. El material arqueológico recogido estaba constituído por colecciones de mandatos que se presentaban como recapitulaciones y en su caso, recopilaciones y actualizaciones de materiales de contenido similar. En su inmensa mayoría tal tipo de material no fue compuesto al tiempo de su publicación, sino que estaba disponible desde tiempos anteriores, y en la voluntad de quienes ordenaron su redacción y final inscripción en piedra o arcilla, no hubo ánimo de exhaustividad en la presentación de los contenidos. Como productos que reflejaban el hondo deseo de los gobernantes de lograr una inserción en la posteridad, estos códigos - cedemos por comodidad, a la inercia del término – solían ser una especie de testamento vital a modo de colofón de

---

[35] G. Husson/D. Valbelle, (1998) 131; los textos autobiográficos de las tumbas declaran que *maat* es 'el bien': y hacer el *maat* consiste en hacer actos de honestidad, justicia, y benevolencia, J. A. Wilson, (1954) 2. Practicar la justicia (*maat*) incluía el socorrer al necesitado, y ser compasivo con el débil era una forma particular de practicar el *maat*. "Yo hice lo que la gente quiere y los dioses aprecian: di pan al hambriento, vestido al desnudo; escuché las quejas de la viuda, di casa al huérfano". Según esta afirmación, ayudar al desamparado es parte del orden que los dioses quieren y que, de acuerdo al consentimiento de la gente, el gobernante debe incluir en su práctica del *maat*. El ideal de una justicia humanitaria es destacado también por los grafitos de las tumbas de esta época. Diod. i.75.3. B.G. Trigger *et alii,* (1985) 113; E. Hornung, (1996) 135; J. Assmann, (1999); V. Tobin , (1987) 113; J. Gwyn Griffiths, (1994).

[36] B.G. Trigger *et alii,* (1985) 113 y 407; se valoraba como muestra de habilidad de un juez su capacidad para persuadir a las partes en disputa a arreglar sus diferencias antes de dictarse sentencia, E. Seidl, (1950) 312, 314 y 320; durante la ocupación persa, se habla de jueces bajo la autoridad del gobernador, jueces bajo la autoridad del sátrapa y jueces bajo la autoridad del rey, P. Briant, (1996) 527.

una labor de gobierno, que se inscribía en el marco de la propaganda y la apolgía del régimen, lo que en la sociedad mesopotámica se identificaba en la figura del monarca. Al ser editados como testimonio final de un reinado, a iniciativa del rey firmante, el documento no pretendía beneficiarse del orden social y la justicia que se habrían derivado del establecimiento de tales preceptos, ya que de haber existido tal intención, su promulgación, como en el caso del edicto del pretor romano, habría sido prólogo a su posterior labor de gobierno[37].

3.1. Características y contenidos.

Los códigos de las ciudades mesopotámicas eran un conglomerado de prescripciones y recomendaciones a la ley común de la región donde se elaboraban. Mandatos redactados y dispuestos en forma literaria de casuística, que no pretendían ser ley general sobre castigos y penas, ni especie de guía de actuación práctica para jueces y jurados, sino una manifestación de la moralidad o de la oferta moral de un rey que, por definición, se autoproclamaba como el más justo, e incluso, en mi opinión, un reflejo de la moral de una determinada clase social, según podemos ver a partir de las materias sobre las que se pronuncia. El modelo de expresión de los mandatos, que adopta un formato similar en todos los casos de códigos conocidos, condensaba recomendaciones e instrucciones a través de sentencias breves, de contenidos lacónicos, que sacrificaban el mínimo adorno literario al impacto resultante de una idea transmitida con el menor número de términos. De directa percepción y fácil recuerdo para quienes lo leyeran, aquellos compendios de preceptos se homologan en su forma a otras recopilaciones de ámbitos culturales y geográficos diferentes.

Los llamados códigos mesopotámicos no fueron una compilación de *misharum*, término que nombraba en la transcripción acadia todo aquello que se consideraba justo, lo bueno y equitativo, lo más parecido al objetivo que se perseguía en las leyes efectivas, aquellas que se daban para casos y situaciones concretas y eran promulgadas como normas temporales. Al igual que en Egipto, en la sociedad mesopotámica el poder del rey era de origen divino y por lo tanto, su voluntad era la expresión de la voluntad de la divinidad, lo que naturalmente se manifestaba de manera inequívoca y extensa en el preámbulo de los textos jurídicos[38].

Por lo demás, la índle de los asuntos recogidos en aquellos sumarios suponía una absoluta mezcolanza de temas y asuntos de carácter público y privado, conjugando toda clase de delitos, faltas e infracciones con relación a la familia, sus bienes, la economía, el comercio, los contratos, etc., y su catálogo de penas variadas, hasta el punto de promover la sensación de que estuviese en la intención del gobernante que ordenaba la publicación, que ningún ámbito de la vida de sus súbditos quedara fuera de su autoridad y de la correspondiente inspección moralizante. Hasta donde nuestra

---

[37] J. Klíma, (1966); J.N. Postgate, (1992) 275/291; A. Goetze, (1949) 115; J. Sanmartín, (1999) 42; R. Sealey, (1994) 31; R. Westbrook, (1995) 496; E.A. Speiser, (1963) 536; E. Szlechter, (1965) 55/62; R. Westbrook, (1994); J. J. Finkelstein, (1968); M. Roth, (1995); G.R. Driver and J.C. Miles, (1952/1955); R. Westbrook, (1989) 201/222.

[38] Sealey, (1994) 32/33; G.R. Driver & J.C. Miles, (1952/1955) vol.1, 41; J. Gaudemet, (1979) 89. La conexión entre la difusión de la escritura y la elaboración de los primeros códigos, fue puesta de manifiesto por H. Maine, (1972) cap.1; E. Szlechter, (1962); E. Szlechter, (1970) 81/115; P. Michalowski, (1949); V. Korosec, (1968) 267/284; J.J. Finkelstein, (1965) 233/246.

información llega, la historiografía actual ha asumido esta realidad como una muestra de la peculiaridad de aquellos contextos étnicos y culturales tan distantes, sin que los estudio que han venido publicándose sobre los contenidos de aquellos códigos se hayn visto estorbados o comprometidos por la dificultad de elaborar interpretaciones verosímiles[39].

Al estudiar la ley en la sociedad primitiva, el profesor E.S. Hartland hacía unas anotaciones a nuestro juicio sugerentes sobre el tema. Según el antropólogo, la percepción que el hombre primitivo tiene del mundo real y de las cosas en general es diferente a la del hombre actual. Para el salvaje el modo de actuar de una tribu es único e indivisible. No considera grotesco ni incongruente publicar en nombre de Dios un código que combina prescripciones relativas a la liturgia relativa a sus creencias sobrenaturales, a la moral o ética de sus actos, con reglas sobre el modo de practicar la agricultura y la medicina, pongamos por caso, mientras que nosotros siempre separaríamos la religión de la magi y la magia de la medicina. Para los miembros de la comunidad primitiva tales distinciones resultarían innecesarias[40].

3.2. Obligaciones y acuerdos.

La relativa rápida maduración de los mecanismos económicos de la sociedad mesopotámica se pone de manifiesto en el número de normas que sobre estos asuntos aparecen en los códigos. El antropólogo de los antiguos griegos Louis Gernet al comenzar el estudio del derecho en la sociedad clásica, subrayaba el precoz desarrollo del llamado derecho de obligaciones. Surgía este derecho, decía el francés, como instrumento de refuerzo y salvaguarda de la viabilidad de cuantos pactos y acuerdos eran concertados particularmente por los individuos, en el marco de las relaciones cotidianas que se generaban espontáneamente en virtud de la producción de bienes y el mercado de los mismos. Este llamado derecho de obligaciones suponía una asunción de los roles correspondientes a los acreedores y los deudores, las dos vertientes en las que básicamente tal situación jurídica se resumía[41].

En una economía de mecanismos rudimentarios como era la mesopotámica, las dificultades creadas por las deudas no pagadas y los problemas sociales derivados del modo de ocupación de la tierra, fueron materia de buen número de normas, y subrayan por un lado la nula capacidad de la autoridad no ya de controlar o dirigir las relaciones mercantiles, sino siquiera de prever la más mínima consecuencia del libre juego de las transacciones entre particulares. Problema éste de las deudas y de las tierras, que será endémico en Mesopotamia y también en las sociedades que se desarrollaron a lo largo del último milenio en la cuenca del Mediterráneo, como se refleja en la literatura que es fuente para su estudio. Pero de la misma forma que recordamos la histórica ausencia de soluciones a este viejo problema, debemos así mismo resaltar que más allá de los

---

[39] En la sociedad primitiva eran delitos privados el impago de deudas, el asesinato, el robo, el adulterio, las lesiones, pero estaban sujetos a la reprobación moral como acciones antisociales, A.E. Radcliffe-Brown, (1996) 243.

[40] E. S. Hartland, (1924) 139; 213/214; *vid.* A.S, Diamond, (1935). En relación con la magia negra, ordinariamente, se piensa que actúa como una auténtica fuerza jurídica, ya que se emplea para hacer cumplir las reglas de la ley tribal, prevenir la violencia y restablecer el equilibrio perturbado, B. Malinowski, (1926) 105. La magia, en C. Faraone, (1993) 60.

[41] Se trata del derecho del acreedor sobre la cosa que se adeuda, el *debitum,* y el deber del deudor, la *obligatio*, el compromiso por parte del obligado, L.Gernet, (1984) 156, n.10, y 157.

estallidos puntuales de revueltas y los desórdenes públicos pasajeros, el hecho de que los desfavorecidos de cada sociedad, fuese del Próximo Oriente o del ámbito mediterráneo, sufrieran por las deudas y la falta de tierra, no supuso ningún peligro real para el mantenimiento de la autoridad y el poder de quienes lo poseían y venían poseyéndolo desde siempre[42].

Una vez que mrieron los reyes que los decretaron y publicaron, los códigos orientales sirvieron como modelos literarios para aprendizaje en las escuelas de escribas, por lo que fueron copiados muchas veces en soportes más ligeros y versátiles como eran las tablillas, lo que facilitó su conservación y transmisión a tiempos posteriores, incluso siglos después de su promulgación originaria, y gracias a esta reutilización, sucedánea de los fines para los que fueron concebidos y promulgados en origen, sabemos de la existencia de alguno de ellos[43].

3.3. Los códigos conservados.

En la ciudad de Lagash, su rey Urukagina - hac. 2355 a.C. – promueve una reforma social que se justifica en la deteriorada situación por la que, se nos dice, pasaba la ciudad a la llegada al trono del nuevo onarca. El decreto real que la contiene habla de los abusos cometidos por su antecesor en el gobierno, Lugallanda, opresor de campesinos y sacerdotes, y "por mandato del dios Ningirsu...", el monarca asume la misión - por tanto divina - de restaurar el orden y la equidad entre los súbditos, a base de suprimir los abusos fiscales en los divorcios y entierros, reducir impuestos en los perfumes, expulsar de la ciudad a los delincuentes, y poner fin a la opresión ejercida sobre los más débiles, como huérfanos y viudas, argumento de cita constante de otras legislaciones posteriores[44].

Este tipo de preámbulos, en los que el mandato divino aparece justificado por la maldad del antecesor, y la necesidad de reponer la equidad o la justicia perdida en una sociedad en desorden, es corriente en todos los textos orientales de lees, desde el presente decreto hasta las leyes babilónicas que comentamos, donde no falta la "justificación de motivos" y similares preámbulos, pasando por los fragmentos del llamado Código de Urnamu, los mandamientos hebreos, Lipitishtar, en leyes de Eshnuna, o el código de Ammisaduqa, y llegando al último milenio y al Mediterráneo, con Licurgo, Zaleuco, Carondas, Solón o las Doce Tablas, en este último caso con argumento prestado por sus comentaristas posteriores, como medida para acabar con las injusticias que hasta ese momento sufrían los plebeyos. En definitiva, leyes que se

[42] W. Eder, (1986) 247; sobre el modo de ocupación de la tierra, J. M. Renger, (1995) 269; I.J.Gelb *et alii*, (1989); N. Yoffee, (1988) 119; R.C. Ellickson & Ch.D. Thorland, (1995) 321.

[43] Sealey, (1994) 32. Como por ejemplo, una tablilla del siglo VIII a.C. de Nínive, que recoge terminología listada de contratos y otros documentos legales, en acadio y sumerio, que era aprendida en los colegios para los escribas, K. Veenhof, (1972) 345.

[44] J. Gaudemet, (1979) 89; J. Bottéro, (1961) 113/164; G.R. Driver & J.C. Miles, (1952/1955) 96; Korasec, (1968) 270; Un siglo antes, Entemena, un compatriota suyo, había también promulgado normas de las que nos han legado fragmentos, que trataban sobre cómo llegar a ser propietarios de esclavos y sobre la exención de pagos de préstamos por la compra de cereales. Préstamos e interés en la Biblia, H. Gamoran, (1971) 127.

justifican, como no podría ser de otra manera, como fórmulas necesarias para dar solución a los problemas del momento[45].

En Ur, el rey Urnamu, de la III Dinastía, 2112-2094 a.C., o acaso su hijo Shulgi, decreta otro código del que nos han llegado veinticuatro leyes, en las que de nuevo el monarca, representante del dios en la tierra, aparece como protector de huérfanos y viudas, y procede a castigar los abusos del rico sobre el pobre, devuelve el esclavo huido a su amo, compensa económicamente las lesiones y utiliza las ordalías para hacer que la verdad y la justicia emergiera en los conflictos[46].

De Lipitishtar, rey amorreo de Isin, 1934-1924 a.C., conservamos un tercio de un código, que constaba de prólogo, cuarenta y tres artículos y un epílogo. De nuevo el dios ha elegido en su persona al rey para gobernar y establecer la equidad y la justicia. Para ello se promulga el código en donde se tratan asuntos tan dispares como las tarifas de alquiler de barcas, al trato debido a los esclavos, los impuestos, la compra y alquiler de bueyes, el matrimonio y las diversas compensaciones por lesiones. Como en el caso de Urnamu, tampoco aquí hay ley del talión, pues parece ser espíritu de aquellas prescripciones no tanto castigar a eventuales delincuentes, de sancionar sus conductas, como de restablecer la equidad perdida, el *misharum* de otros textos, que definíamos como aquello que debe hacerse, lo que era conveniente en cada situación concreta[47].

Y con no poca ingenuidad, acorde al nivel de pensamiento abstracto de sus autores y lectores, se enumera una casuística de posibles situaciones. Así, es evidente que no es pena o sanción por delito, el establecer el precio de los alquileres de barcas o de bueyes, sino una orden o mandamiento de que se apliquen tales tarifas a esas transacciones, que son las que se consideraban justas, evitando los abusos que supondrían otras tarifas superiores. Se deduce de ello que un precio distinto puede romper el equilibrio social y generar tensiones, por lo que el soberano entiende que es su deber fijar lo que él considera equitativo. Es éste un planteamiento tan simple e ingenuo como el que justificaba el Edicto de Precios de Diocleciano, del 301 d.C., que parece estar inspirado en las mismos planteamientos, aunque desde la valorción

---

[45] Son expresiones convencionales del poder, en las que se aprovecha para enumerar los problemas sociales y económicos de la sociedad en concreto de que se trataba. Problemas que son los mismos de otras sociedades antiguas, que siempre se daban y que cualquier legislación o simple medida aislada de gobierno que se promulgara, contaba de antemano con la vigencia de su crónica constatación y el beneficio inmediato de sus efectos iniciales. De ahí que las leyes, en realidad cualquier ley que se promulgase era presentada como necesaria - ¿qué ley no lo pretende? -, como justas y buenas, y a ello puede contribuir el enunciado previo de los males que aquejan a la sociedad a la que se dirige. Pero no debemos olvidar que para la capacidad de leer y escribir la época, cualquier justificación que usara de conceptos abstractos resultaba ciertamente incomprensible tanto para gobernantes como para gobernados, por lo que la noción del concepto "acabar con el mal" y su esperada secuela, "reponer la justicia", podía encontrar su expresión mediante la enumeración de situaciones y hechos concretos, cercanos y cotidianos, y como tales, comprensibles para el individuo. Véase el uso de símiles y parábolas en los poemas homéricos y en el Nuevo Testamento, por citar modelos literarios arcaicos en sus ámbitos respectivos. Sobre Ammisaduqa, J.J. Finkelstein, (1961) 91; F.R. Kraus (1958);

[46] J. Gaudemet, (1979) 89; F.C. Fensham, (1962) 132/134: el Código de Urnamu, J.J. Finkelstein, (1969) 66; S.N. Krammer (1954) 40. Sobre el procedimiento de ordalía, G.R. Driver & J.C. Miles, (1940) 132/138; V. Korosec, (1970) 413/418.

[47] El Código de Lipit-Ishtar, F. R. Steele, (1948) 425; E. Szlechter, (1957) 177/196; el talión, A.S. Diamond, (1957) 151/155.

general de una economía ciertamente más compleja pero igualmente ignorante respecto de sus mecanismos de funcionamiento. La realidad de las cosas fijaba la vigencia de este modelo de textos, que desde luego eran relegados a la llegada al trono del sucesor, que establecía su propio texto[48].

En el siglo XVIII a.C. Hammurabi, rey de Babilonia, abre su código con una explicación extensa de los motivos que le han llevado a promulgar todo el conjunto de normas que sigue a continuación, en la que no falta la conexión con los dioses - Anu, Enlil, Bel, Marduk, etc. -, para a continuación extenderse largamente sobre las credenciales de su autoridad y sobre todo, los poderes que como monarca posee, simbolizados en los títulos que enumera, como garantía de su eficacia. A continuación se expone la lista de mandatos, que llega a un total de 282 artículos, y en el epílogo, más extenso aún que el preámbulo, de nuevo se insertan una multitud de sentencias e imprecaciones que implican a todos los dioses, enumerando los castigos, conjuros y maldiciones que deberán sufrir quienes no observen los mandatos citados[49].

El Código de Hammurabi no fue en realidad ni código ni ley, si por tal entendemos una regla imperativa de conducta, dictada e impuesta por una autoridad legítima. Sus proposiciones no eran universales ni generales y tampoco pretendía recoger toda la casuística de situaciones posibles, ni siquiera era exhaustiva en las más cotidianas. El contenido de aquel compendio era compatible con el resultado de algunas decisiones y consejos reales, con las sentencias de los tribunales, depuradas las circunstancias de cada caso, pero sin pretender una eliminación de reiteraciones ni contradicciones dentro del articulado[50].

Tampoco poseemos prueba alguna de que el Código de Hammurabi fuera citado en los juicios, de los que poseemos algunos conservados en tablillas, ni alguna indicación de que los jueces debieran en el futuro decidir de acuerdo a sus artículs. Los canales jurídicos cotidianos de la sociedad de Hammurabi transcurrían por otros derroteros, la justicia se aplicaba en diversas instancias, la más efectiva de las cuales era el mismo ámbito familiar o del clan; el tribunal del rey estaba lejos y era más ceremonial que procesal, por lo que las leyes realmente aplicadas eran las consuetudinarias, que los cabezas de familia y los jueces de barrio conocían bien y aplicaban sin tener necesidad de consultar estelas o tablillas, y ello suponiendo que estuvieran capacitados para leerlas. Es evidente además que los aproximadamente doscientos ochenta y dos

---

[48] Las leyes de Eshnnuna, promulgadas por el rey Bilalama, hac. 1950, o acaso, por Dadusha, 1790 a.C, fijaban igualmente precios, salarios, arriendos, depósitos financieros, sociedades comerciales, robos, hurtos, esclavos, lesiones corporales, daños producidos por animales, homicidios. Los asuntos de otras leyes de la región son muy similares, obligaciones del propietario y arrendatarios, relaciones entre mercaderes y empleados, por escrito, para evitar robos, pago de pastos consumidos por ganado en campo ajeno, W. Muss/Arnolt, (1904) 445/447, fragmentos jurídicos de entre el 2250/550 a.C.; A. Goetze, (1956); R. Yaron, (1988); B. L. Eichler, (1987).

[49] Asuntos tratados en el Código de Hammurabi, recuerdan bastante los contenidos por ejemplo, de las Doce Tablas: maleficios lanzados injustamente, falsos testimonios, atentados contra la propiedad de las casas, agricultura, préstamos a interés, tabernas, acreedores, depósitos. Entrega personal por apremio de deudas (117/119); esposos, hijos, castigos, daños corporales, honorarios profesionales, alquiler de bueyes, daños causados por bueyes, pastores, obreros agrícolas, tarifas de alquileres, esclavos. Epílogo.

[50] J. Bottéro, (1982) , 416, 417 y 423; J. Bottéro, (1993) 156/69; Th. J. Meek, (1955); S.A. Cook, (1903); C. Gordon, (1957); M.T. Roth, (1995) 13; 179/184; B. S. Jackson, (1972) 161; D.J. Wiseman, (1962) 161; F. Lara Peinado, ed. (1986).

párrafos recogidos por los redactores aúlicos no pretendían agotar las posibilidades de la casuística.

No fue un código a consultar, sino un espejo, un producto de la noma ética del monarca, como los templos lo eran de la norma estética y de la religiosidad de los dirigentes. Era una pieza literaria con un marcado carácter simbólico, que no pretendía regular en modo alguno el funcionamiento de los tribunales del imperio de aquel monarca babilónico, algo que por otro lado hubiera rebasado con mucho las posibilidades del aparato coercitivo del estado babilónico de la época. Su valor fue el de la propia glorificación del monarca, y muerto éste, lo encontramos incluso más de un milenio después de su promulgación como modelo para instrucción en escuelas de escribas, en un mundo en el que este arte nunca dejó de ser de minorías[51].

4. Otras codificaciones orientales.

En Susa, la capital del reino del Elam, durante el segundo milenio n hubo leyes escritas y todo el derecho y el funcionamiento de la justicia reposaba en la oralidad, al menos hasta que importó desde Babilonia un sistema escrito, lo que no fue óbice para que aquella sociedad alcanzase un alto grado de desarrollo en materias tan sensibles como las económicas. Fue corriente atribuir algunas normas sobre temas completamente laicos a dioses concretos, como Ishme-Karab o In-Shushinak, y aún hacerlos participar como testigos u oyentes en los conflictos que se suscitaban entre los ciudadanos. Estos conflictos entre particulares venían a ser resueltos con la intervención directa en la causa de toda la comunidad, representada por sus miembros más conspicuos, entre los que figuraba el gobernador, el canciller y otros ciudadanos ilustres, hasta un total de veintitrés participantes, incluidos dos dioses[52].

Poseemos una extensa obra nombrada como Código Hitita, que resume la aportación conocida hasta hoy de ese pueblo anatólico a su percepción del derecho. Se piensa que fue pieza literaria producto de una evolución a través de varias fases históricas, manifestadas por la severidad mayor o menor de sus penas, y que su autor hubiera podido ser Hattusil I o bien Telepinu, de hacia el 1650-1500 a.C. El contenido de la obra, distribuida en tres tablillas, se asemeja en la forma a un compilatorio de sentencias sobre casos concretos, una colección de fórmulas judiciales, debidas a la mano de varios juristas, todos ellos de la misma época. Fue recopilado por escribas y no se conoce que jamás fuera promulgado con carácter general para conocimiento de todo el pueblo[53].

---

[51] J. Sanmartín, ed. (1999) 83/84 y 89; R. Westbrook, (1995) 499; Sobre las leyes asirias del Imperio Medio, 1450/1250 a.C., como compilación con valor literario, para que los escribas aprendieran su oficio, Sealey, (1994) 34; G. Cardascia, (1969).

[52] Se testimonian hasta tres fórmulas para garantizar los préstamos: los bienes muebles, la venta de la tierra dada como aval, y el usufructo de los bienes por parte del acreedor, Así lo vemos en un litigio conservado entre dos hermanos por una tierra, en tiempos de Temti-Agum II, hac. 1600/1580 a.C., en Susa, W. Hinz, (1997), 271/274 y 284.

[53] Son homicidio, lesiones, rapto, huida de siervos,contaminación del agua, derecho de familias, homicidios no castigados, obligaciones feudales, homicidios accidentales, posesión de la tierra y deberes feudales, hallazgos, robos de ganado, otros delitos relacionados con el ganado, otra clase de robos, incendios provocados, robos y daños en viñas y huertas y en diversas propiedades, irregularidades en ventas o alquileres, tarifas por servicios, delitos sobre la conducción del agua, actos religiosos en relación con la posesión de la tierra, hechicería, desafíos de la autoridad, delitos sexuales, matrimonio,

En el código hitita el soberano es investido de poder por la diosa del Sol, que de nuevo ratifica la conexión de la iniciativa civil con el elemento divino. La disposición de los asuntos tratados no difiere de la ya conocida para los repertorios mesopoámicos: sintácticamente la estructura se repite en cada caso. Consiste en una condicional que inicia la frase, y que explica el posible delito, y una segunda parte de la proposición que expresa la pena correspondiente. Como apódosis a veces se introduce una fórmula, por la que el ofendido comprueba que el castigado dispone de medios para pagar la pena impuesta. La compilación hitita es una obra civil en la que lo religioso aparece en delitos muy concretos, pero está ausente en la formulación del código. Frente a la conexión divina de las tablas hebreas de Moises o del babilonio Hammurabi, el llamado código hitita es una muestra laica de un modelo de justicia. No abusa de los castigos duros, de la muerte y la mutilación, a diferencia de otros códigos orientales, y la pena no persigue tanto el castigo del culpable, como el resarcimiento de la víctima. Lamuerte sólo se aplica en contados casos, para delitos de bestialismo o de desafío a la autoridad[54].

El Código Hitita sólo era accesible a una minoría, la elite de escribas y altos funcionarios de palacio, la única porción del cuerpo social capaz de leer y escribir los textos que se producían, de modo que el resto de la población, no instruida, o bien simplemente lo desconocía, o en última instancia conocía de su contenido a través de una versión oral que en algún momento se elaborase a partir de la versión escrita[55].

4. 1. El pueblo hebreo y las leyes.

Las sociedades que explican el origen de sus principales creencias y leyes como resultado de la gestión de individuos excepcionales, profetas o legisladores, suelen ser sociedades en las que, para el momento en que tal acto se inscribe, la escritura y la lectura eran inexistentes o de uso y extensión muy limitadas. El cuerpo de reglas que resultaba de la labor de estos próceres, podía ser entendido como una simple recepción del mandato divino, del cual aquellos se convertían en meros intermediarios, o como una colección de normas que si bien se anunciaban como elaboradas bajo los auspicios de la divinidad, no extralimitaban sus mandatos de la esfera laica comunitaria. Finalmente podían ser reglas que surgían del ámbito de los hombres, dirigidas a los

---

tarifas de precios, F. Imparati, (1964) 6/9; A. Bernabé & J.A. Álvarez Pedrosa, eds., (2000) 167/168; J. Gaudemet, (1979) 89. De este código hay muchísimas copias. Compilaciones de particulares, no juristas, pero con conocimiento y experiencia legales, que se servían de ellas para asistir a administradores, jueces, o personas que tramitaban asuntos legales, Sealey, (1994) 36; K.K. Riemschneider,(1977) 114; E. M. Good, (1967) 947; O.R. Gurney, (1990).

[54] H. G. Güterbock, (1954) 22; A. Bernabé/J.A. Alvarez Pedrosa, (2000) 178. La evolución de la sociedad oriental, muy marcada por la presencia entrelazada de los ámbitos religiosos y laicos manifiesta a veces persistentes realidades. La justicia patrocinada por la divinidad es siempre más rígida y severa que la laica, o para hablar con propiedad, la justicia que el poder sustrae a la sanción social y adscribe o transfiere a la voluntad de los dioses, aquella cuya responsabilidad y dureza transfiere a lo intangible, a la decisión de los seres del más allá, alcanza cualquier cuota de severidad y dureza, en función del interés de sus eventuales intérpretes interesados. Intérpretes siempre ajenos al papel de la norma como estabilizador de los desequilibrios.

[55] A. Bernabé & J.A. Álvarez Pedrosa, eds., (2000) 167/166; L.M. Mascheroni, (1979) 29/39; H.A.Hoffner, (1997); A. Goetze, (1950); H.G. Guterbock, (1954) 16. En general, los textos más antiguos, como los de los vedas, fueron transmitidos oralmente, M. Liverani, (1995) 23/24.

hombres y con vocación por tanto, de proporcionar un marco que colmara las aspiraciones de la sociedad de la que surgía y a la que iba destinada[56].

La presencia de legisladores o profetas míticos suele asociarse a los momentos de cambio que afectan a la evolución temporal de los pueblos. En ese modelo de evolución, que en su descripción suele parangonarse con la evolución natural de los seres vivos, las fases más antiguas y primitivas suponen etapas de desarrollo, similares a las que en el hombre preceden a la fase adulta y de madurez. Son fases asumidas como de formación, de desarrollo, de escasa valoración en sus contenidos, desde la perspectiva de los narradores antiguos, pero necesarias e insoslayables para que el pueblo, la nación que las ostenta, culmine con éxito su trayectoria y entre por fin en la madurez, en la fase adulta como pueblo. Tal cambio específico, por más que resulte consecuente y natural en su planteamiento, se refuerza y sanciona con sucesos que simbolizan la entrada en esa etapa nueva. Al modo de los ritos de pasaje con que la sociedad primitiva jalona los segmentos en que distribuye la vida del individuo, la evolución de la sociedad, intuida como un organismo vivo, advierte del paso de unas fases a otras mediante sucesos cuya simbología conecta adecuadamente con las mentalidades de la época. Así, el decálogo que Moisés recibe se vincula a los comienzos del pueblo judío y subraya un nivel primitivo y preestatal, que se prepara a sobrepasar con la ayuda de estos mandatos. Las Tablas del Sinaí supondrán las bases necesarias para el inminente establecimiento del pueblo judío y la configuración del Estado de Israel[57].

Volviendo al punto anterior, para aquellos casos de pautas religiosas en los que la revelación ha jugado un papel primordial en la conformación del pasado del pueblo, los antropólogos han acuñado el concepto de "religiones del Libro", término que nosotros hacemos extensible a documentos no religiosos pero de origen y función similar en su campo. En esta situación, los profesionales vinculados a la administración de los asuntos religiosos, los sacerdotes, estuvieron en la mejor posición para convertirse en intérpretes de aquellos contenidos, en su capacidad de hacerlos inteligibles y adaptables al paso del tiempo y a las nuevas realidades. Estos sacerdotes,

---

[56] A mediados del XIX un antropólogo de la ley como Sir H. Maine, aceptando sin más el relato histórico, subrayaba la raíz laica de los códigos occidentales – Grecia, Sur de Italia, Roma -, fruto de lo que juzgaba como una consecuencia de la movilización de la plebe o elemento popular en cada estado para asaltar con éxito el monopolio de la oligarquía, frente al trasfondo de los que surgían en las sociedades orientales, cuyas aristocracias fueron más religiosas que militares o políticas, y no sólo no perdieron el poder sino que lo aumentaron, H. Maine, (1972) chap. 1. Sobre el pensamiento de éste clásico, R. Cocks, (1988); C. Landauer, (2004); K. Mantena, (2004); estudios generales sonre las leyes hebreas, D. Daube, (1947); D. Daube, (1981); Ze'ev W. Falk, (1964).

[57] Antes de que Moisés bajara de la montaña sagrada con el decálogo, se esperaba que los israelitas se mantuvieran puros en su espera, recreando la pureza de la primera pareja, Adan y Eva, antes de comer la fruta del árbol del bien y del mal. La entrega del decálogo, para C. Carmichael, (2000) 28, simboliza un nuevo comienzo, un nuevo origen, como la primitiva del paraíso. Sobre los mandamientos, M. Walzer, (1992) 335; R. Westbrook, (1994); B. S. Jackson, (1995) 1745; C.F. Whitley, (1963) 37. Licurgo, todos los legisladores del Occidente griego, Solón, e incluso las Doce Tablas de la tradición romana se enmarcan en momentos críticos, de los que unas veces son consecuencias, y otras, causa de las reformas que siguieron. En el esquema de Lucrecio, *natura*, V. 1145/1150, en el orígen estuvieron los pactos entre grupos consanguíneos, luego la autoridad basada en el prestigio personal, y finalmente, la autoridad basada en la fuerza, lo que obligó a crear un orden regulado por las leyes y el rigor de la justicia. De esta forma se respondía a una vida llena de violencia.

en virtud del dominio de la escritura y la lectura, además de su familiaridad con los asuntos religiosos, tuvieron ante sí una vía de consolidación de su posición dominante frente a los seglares[58].

Con estos planteamientos de fondo, apenas un esbozo de las circunstancias que rodearon la elaboración, contenido y transmisión de la principal fuente de conocimiento institucional del pueblo hebreo, se configura el derecho tradicional de este pueblo. Un derecho que reposa sobre la ley que los judíos babilónicos incluyeron en el Pentateuco, y la interpretación que de esa ley escrita se ha venido haciendo durante siglos, y que conocemos a partir de la transmisión oral que de esas noticias nos ha llegado[59].

En la sociedad hebrea el dios Yahui ó Yahvé es quien da las leyes al pueblo hebreo. Éstas son por tanto una prescripción divina, una alianza expresada por un tratado de vasallaje del pueblo con el dios, el cual hace entrega de todo ello mediante un elegido, en este caso Moisés[60].

El discurso religioso impregna todos los actos del individuo y patrocina el devenir de la comunidad, orientando la moral privada y las leyes comunitarias, en una confusa mezcla de normas laicas y mandatos divinos. En la tradición del pueblo hebreo se admitía sin ambages que las leyes procedían de la divinidad, origen de toda clase de bienes, idea que fue común en otros pueblos, como vemos en el ario a través del transmisor elegido, Zathraustes, que atribuía al buen espíritu – *agazos daimon* – la autoría de las leyes, o entre los getas, su profeta Zalmoxis, que dice haberlas recibido de la diosa Hestia. Todos pensaban así porque se daba por hecho de que sólo la acción divina podía ser garantía de que se generase un extenso beneficio para la humanidad, o acaso por aspiraciones menos altruistas pero más realistas, como que el solemne

[58] J. Goody, (1990) 37. Moisés reencarna los valores convencionales del legislador: recibe y transmite el decálogo de normas desde el cielo, morada del dios, entrega a su pueblo poco antes de morir las leyes del Deuteronomio, que completan las iniciales, y en definitiva, esta figura legendaria desde su presente juzga y corrige el pasado de su pueblo, dándoles los instrumentos para afrontar su futuro, C. Carmichael, (2001) 30. Ley y justicia hebrea, en H. J. Boecker, (1980).

[59] Ch. Leben, (1998) 113/114. Advertía ya J.G. Frazer, (1907/1918) 473, "que la ley mosaica registraba e imponía costumbres e instituciones ceremoniales, muchas de las cuales y entre ellas, las más fundamentales, fueron sin género de dudas bastante anteriores a la época en que se dio al Pentateuco su forma final, cosa que ocurrió en el siglo V a.C." Derecho hebreo = ley escrita del Pentateuco + la interpretación de esa ley escrita durante siglos, como por ejemplo, la "copia de la ley" de Maimónides, *Michneh Torah*, hac. 1177, o deuteronomio, no es sino el mismo proceso que afecta a las grandes compilaciones, como el Digesto romano. Así, lo que conocemos de las Doce Tablas en realidad eran los restos conservados de un supuesto documento original y todo cuanto sobre él se había escrito y teorizado durante siglos. En relación con las codificaciones del Lejano Oriente, los mandarines chinos las llevaron a cabo intermitentemente, como acto de soberanía y con un elevado nivel técnico que incluía el trabajo de comisiones nombradas al efecto. El resultado de todo ellos fueron códigos concebidos como repertorios de sanciones penales, que venían definidas por una exhaustiva enumeración de posibles delitos, M. Bastid-Bruguiére, (1998) 131/132; 139. Sobre la ley en la India de los brahmanes trató hace siglo y medio H. Maine, (1972).

[60] *"Quiero darte las tablas de piedra y la ley, dijo Jehová a Moisés", Ex.* xxiv.12; cf. xx.3/18; *Deuteron.* xvii.14/18; "la ley de Jehová es perfecta", *Salm.* xix.7; por otro lado, una ley divina sólo puede ser abrogada por una ley de *status* similar, R. Gleave, (2001) 145; R. R. Wilson, (1993).

patrocinio del dios podía constituir la única seguridad de acatamiento de los mandatos por la masa[61].

II
Los griegos y las leyes. Del mito al *lógos.*

1. Justicia y orden universal. *Themis* y *Fas.*

Entre los griegos la noción más antigua sobre la justicia está conectada al ámbito de la divinidad. Cuando un rey sentenciaba una disputa, se asumía que tal sentencia era resultado de la inspiración divina. El agente de esta inspiración era *Themis, y themistes,* plural de *Themis*, los consejos que la divinidad transmitía en concreto al monarca que actuaba como juez. En el mito, *Themis* era la diosa del Derecho y la Justicia, hija de Uranos y Gea, la Tierra, era una de las esposas de Zeus, a quien asesoraba, siendo *Dike* una de sus hijas, junto con *Eunomia,* el orden, el gobierno de la ley, e *Eirené*, la paz. Ambas, *Dike* y *Themis*, eran *paredroi* de Zeus, y ésta última, la diosa de las leyes eternas. Para el autor trágico Esquilo la diosa *Themis* era la madre de Prometeo, y para otros, la madre de Evandro de Arcadia, de nombre Carmenta, diosa del nacimiento en la tradición romana. Era la *Themis* griega quien inventaba los oráculos, los ritos y las leyes, y quien enseñaba a Apolo las artes adivinatorias[62].

Themis compartía templo con diversas advocaciones de su padre Zeus, en la mayoría de las ciudades griegas. En Tebas, era invocada junto a Zeus Agrarios, en Egina, con Zeus Xenios, en Atenas tenía un templo en la Acrópolis, junto al de Asclepios, y en Corinto se la honraba en compañía del dios Helios. Su personificación era la de una joven de aspecto vivo y temible, con mirada penetrante y algo de tristeza y dignidad, aunque sin dureza. En algunas monedas se representaba con el cuerno de la abundancia, símbolo de la prosperidad que ella repartía entre las naciones, y a su lado figuraba la balanza cuyo fiel equidistante reflejaba la justicia. En Roma esa abundancia identificaba a *Themis* con *Moneta,* lo que aporta alguna novedad en relación con la homérica, la humanización de lo sobrenatural, al suponer una recompensa para quien respetara sus designios, como veremos, en la que no hay premios, sino tan sólo castigos para los infractores[63].

Themis era *panderkes,* la fuerza que penetraba en todos los secretos, una diosa que indicaba a los hombres cuál era el derecho divino, identificándose ella misma con ese

---

[61] R. de Vaux, (1967) vol. 1, 227. Por ejemplo, la alianza del Sinaí para el Decálogo, Exodo xx. 2/17, y el Deuteronomio, Éxodo, v.6/21. No hay por tanto distinción entre normas de religión, moralidad y la ley, Z.W. Falk, (1964) 19. Dio i. 94.2. La comunicación entre el dios y los hombres suele hacerse con intermediarios, como Moisés. Las comunicaciones directas son escasas, como cuando entrega el decálogo, o cuando establece qué es lícito comer y qué no lo es, o cuando regula el homicidio, tras el diluvio, C. Carmichael, (2001) 28; Entre los musulmanes es característico el discurso legal de que el Corán representa la comunicación legal de Dios con la humanidad. El proceso es mediante una revelación que Dios hace hace a los hombres a través de su profeta Mahoma, R. Gleave, (2001) 145.

[62] Hes. *Teog.* 135; 901; Diod. v.66; Apd. *Bibl.* i.1.3; Erat. *Cat.* 9; Eur. *Hipol.* 742; Esq. *Prom.* 18; 209; Plut. *mor.* 56; 278 b; 781 b; Dion. i.31; H. Maine, (1972) chapter 1. *Vid.* R.Parker, (2005) 61/81.

[63] Paus. i.22; ix.25.4; Pind. *Ol.* viii.20; *Nem.* ix.8; Plut. *mor.* 208 B; Gell. xiv.4; *Moneta,* CIL ii 1570; iv 1206 b, 1233 c, 1380 b. Sobre *Themis,* R. Hirzel, (1907); J.E. Harrison, (1912); M.S. Ruipérez, (1960) 99/132; C. Gioffredi, (1962) 69/78; G. Vlachos, (1974) 317/338; M. Corsano, (1988); D.R. Kelly, (1996) 417/442;

derecho. Llamada *euboulos, orzoboulos, boulaia, swteira* e *ikesia,* su sabiduría era incluso superior a la de Zeus y los demás dioses, sus oráculos y normas se imponían a las de los otros dioses y a los de los hombres, y sus actos se ejercían tanto en un mundo físico como en el mundo moral. Esta concepción mitológica de *Themis* penetraba en el lenguaje común de los griegos, como noción de justicia, y se intuía como la idea de un orden o de una defensa emanada de los dioses o de las leyes eternas que los mismos dioses obedecían y no podían ignorar. De la misma forma, se acuñó el término de *athemiston* para expresar la ausencia de cualquier clase de justicia[64].

Para Homero el hombre justo era aquel que rendía a cada cual lo que le era debido, aquello que le correspondía. Tal clase de hombre era un hombre *dikaios.* La sociedad de la Iliada conocía el hecho moral, el hábito, la costumbre, el hado y el hecho fortuito, algo que era inherente a las cosas. La justicia por tanto, dar a cada uno lo suyo, era una balanza siempre equilibrada, que al no decantarse a lado alguno hacía innecesarias los castigos. En Homero *themis* englobaba nociones como *dikai,* fórmulas del derecho primitivo fundadas en la costumbre, una parte de las cuales correspondía a las *themistes*, cánones de origen celestial con carácter obligatorio, y otra parte a las *dótinai*, dones voluntarios con los que los subordinados testimoniaban su deferencia a las hijas de la Tierra[65].

Themis se oponía a *Hybris,* la desmesura o el sobrederecho, insolente impiedad sobre el derecho del prójimo, e iba a la par con Némesis y las Moiras, que eran la expresión de este derecho. La trasgresión del *ethos* recibía una severa advertencia de *Themis*, y eventualmente, el castigo divino, de la misma forma que se castigaba al transgresor de las convenciones internacionales, como cuando se violentaba al heraldo, el *kerykon ethon,* en cualquiera de sus actuaciones. *Themistes* y *dikai* eran elementos propios de una sociedad bien ordenada. En la sociedad de los cíclopes, citada en la Odisea, "sin asambleas para consultas ni *themistes*", no se conocía ninguna de esas acepciones de *themis,* por lo que los calificativos de impíos y salvajes que se otorgaban a aquellos personajes estaban justificados[66].

Junto al desarrollo teórico del concepto en el ámbito religioso, *themis* encuentra acomodo en el mundo laico del derecho privado, siendo símbolo inequívoco del ámbito de lo justo, de aquello que es asumido por todos como lo recto, frente a las

---

[64] Pind. *Isthm*.viii. 6ª; *Ol.* viii.28*: páredros* de Zeus; xiii.11; Aesch. *Prom.* 18; *suppl.* 360; Plut. *mor.* 802 B; Soph. *Antig.* 880; Archil. *lyr. grae..* frag. 88 Bergk; es el oráculo propiamente dicho, L. Gernet, (1984) 212. Quint. *Smyrn.* xiii. 299; Festus, p, 106: *quae praeciperet hominibus id petere quod fas esset, eamque id esse ... quod et fas est;* Lycophr. *alex.*129; Herod. VII.33; VIII.443.

[65] Hom. *Il.* IX.96; *Ody.* iii.244; xix.43; xxiv.255; xiv.59.; ix. 112; 215; Pind. *Pyth.* iv.271. La justicia homérica, R.J. Bonner, (1911) 12/36; (1912) 17/23; (1938); H. Lloyd/Jones, (1971). Sobre *Dike*, M. Gagarin, (1973) 81/94; M. Gagarin, (1974) 186/197; L. Gernet, (1948/1949) 21/119; E. Cantarella, (1984) 75/81; (1987) 149/181; H. van Effenterre, (1985) 3/7; E. Cantarella, (1979).

[66] L. Gernet, (1984) 163; J. Gaudemet, (1979) 90; *Themis* convoca los consejos públicos, en el cielo o en la tierra, o los consejos deliberativos que concluyen los decretos que son el fundamento del derecho, Hom. *Il.* xv. 87; 95; xx.4*; Odys.* ii. 68; Los cíclopes de la Odisea carecen de *themis*: viene a ser un don de los dioses, una prueba de vida civilizada, la buena costumbre, orden social, procedimiento justo o, simplemente, lo que los dioses quieren, M. I. Finley, (1954) 93, n.3. *Themis* es lo bueno, lo justo, que a su vez es lo que los dioses quieren. Lo justo es avalado por los dioses y los dioses avalan lo justo; Dión de Prusa, del siglo II d.C., elogia el *ethos,* en contraposición al *nomos*, *vid.* Dion de Prusa, discursos 76.4, y *Discursos*, 75; 76.1; 2; 5. Arist. *Ética a Nicómaco*, 1180 a 34b.3.

desviaciones de las conductas. Es *themis* el juicio que se da, o mejor, que se debe dar sobre un conflicto, juicio que debe seguir la costumbre, término igualmente confuso que sugiere una práctica general que se considera correcta. Pero mientras que *themis* suponía una referencia a parámetros universales, y no se desvinculaba del patrocinio sobrenatural, la práctica obligó a servirse de reglas más próximas y efectivas, las *nomoi,* que englobaba las normas no escritas, orales, y las leyes escritas[67].

De igual forma comprobamos que en la Roma Primitiva un derecho sagrado precedió a la aparición del derecho civil, o de otra forma, desde la madurez jurídica del cuerpo social, la fase primitiva de ese derecho se observaba igualmente conectado al mundo de los sobrenatural. Y esta idea que la literatura griega y romana nos transmite, la de que todos los derechos antiguos estuvieron marcados por el sello de la religión, y por tanto presentaban numerosas analogías, ha sido asumida por una parte de la romanística e historiografía moderna, que se limita a dar cuenta de ello con mayor o menor acierto[68].

Los romanos personalizan vagamente a la *themis* en su *fas*, concepto que tiene su raíz en *faino*, aparecer, o en *femi,* decir, latino *fari*, ambos en correlación, mostrar y decir, con su contrario *nefas,* algo impío, inapropiado, y con *ius*, el derecho de los hombres. La noción *fas* aparece personificada en Minerva, una de sus advocaciones, como guardiana del derecho, y mucho antes como *Carmentis*, en lengua nativa, Carmenta, una ninfa local madre de Evandro de Arcadia, ya citada *supra*, héroe éste vinculado a la fundación de la Ciudad, según mantuvo una parte de la tradición acerca de los orígenes. Según esta tradición, fue *Themis* quien informó a Evandro de su destino predeterminado, en el cual dirigiría la colonia de navegantes hacia las bocas del Tiber, donde escogerían una colina para erigir un primer templo, dedicado a Pan Liceo, – pues Pan es el dios más antiguo venerado por los arcadios – lugar que indica Dionisio de Halicarnasos que en su tiempo estaba más o menos en medio de la Ciudad[69]

Entre los griegos, como en la mayoría de las sociedades orientales, ley y religión estaban muy conectadas, por lo que todas sus leyes, fuesen escritas u orales, incorporaban la parte más significativa del legado de costumbres y tradición, sin discriminación de sus contenidos religiosos y laicos, ya que el conservadurismo religioso prevenía de cualquier innovación. Para Platón, recogiendo la tradición desde Homero, no cabe duda de que los artífices de las legislaciones primitivas de las principales sociedades de su tiempo, la cretense, la espartana y la ateniense, eran obra

---

[67] Platón, *leyes*, 838 A/B, referido al incesto, dice que estar prohibido entre los atenienses por unas leyes no escritas. En las Leyes de Gortina, Creta, elaboradas en el siglo V pero cuyo texto podría remontarse al siglo VII, la compensación se llama *themis.* S.C. Humphreys, (1997) 543; K. N. Llewellyn,/ E. Adamson Hoebel, (1954) 22,

[68] Es éste un mecanismo compensatorio, de reducción de la incertidumbre, por el cual, como se observa en el relato sobre los primeros gobernantes de las *poleis,* el desconocimiento se suple con el recurso a la acción y al espacio divino, lo que evita engorrosas explicaciones. P. Noailles, (1948) 91/146; 147/169; 182/186; L. Gernet, (1984) 153. Y así, fueron las leyes divinas las que precedieron a las humanas, de la misma forma que antes de los reyes gobernaron los héroes y antes de ellos, los mismos dioses. Para H. Lévy/Bruhl, (1949) 601, es el rito el que crea el derecho en la época arcaica.

[69] La Justicia es igualmente *Dike*, bajo la influencia helénica Ovid. *fast.* v.22 ss.; Virg. *Aen.* vi.264 ss; Juv. *Sat.* i. 115 ss.; Cic. *Att.* i.16.6; ix.2a 1; R. Orestano, (1939) 584; sobre *fas,* Livio i.32; viii.5; Sen. *Herc. Fur.* 662. Ausonio, p. 199, *Fas,* la *Themis* griega; Dionisio i.31.2/3; 32.3; .40.2; H. van den Brink, (1968); (1970) 140/176.

de los dioses, si bien podían admitirse versiones diferentes del modo en que tales normas fueron entregadas al pueblo a través de los mediadores elegidos[70].

En el mundo homérico las ideas acerca del derecho eran mágicas y religiosas. El discurso afirmaba que los dioses reinaban sobre los seres humanos, con Zeus a la cabeza, y todo el panteón a su vez estaba sometido al poder del destino. El rey de la Época Oscura, era sabio y justo en tanto que recibía las revelaciones divinas de Zeus (=*Themistes*) y hacía de ellas el fundamento de sus decisiones (*dike).* Por esta razón, el cretense rey Minos visitaba a Zeus cada nueve años, de la misma forma que cada nueve años los éforos de Esparta examinaban la bóveda celeste para buscar signos sobre la opinión de los dioses acerca del buen o mal gobierno de los reyes.

La insubordinación contra el orden cósmico era objeto de castigo por los dioses y el destino. Zeus era el guardián del derecho, y con su hija *Dike* a su lado, castigaba a los trasgresores. Estamos pues, ante un Zeus protector y defensor de un orden armónico en el que la comunidad justa era aquella que observaba la *Themis*, o sea, aquello que los dioses querían, la voluntad de lo sobrenatural, un concepto tan vago como complejo que naturalmente necesitaba ser interpretado por aquellos a los que la divinidad comunicaba sus deseos, que eran los *aristoi.* El ideario del orden homérico venía por tanto a sancionar los valores de los *aristoi* y a jugar su papel como instrumento de consolidación de su poder de clase[71].

En *Los trabajos y los Días* (vv. 225-248), Hesíodo mostraba los frutos dorados que aguardaban al pueblo cuyo rey observara el mandato de los dioses, así como los desastres que caerían sobre aquel en el que el rey, cegado por la arrogancia, actuara en contra de la voluntad divina. El Zeus de Hesiodo era un dios juez que podía castigar a los poderosos si eran injustos, lo que presuponía la confirmación del origen sobrenatural del poder de los gobernantes.

La constitución política ateniense inspiraba a los tratadistas griegos discursos favorables o en contra, que se remontaban a los orígenes y desarrollos de sus principales instituciones. En su diálogo *Timeo*, al referirse a la Atlántida, Platón refiere que aquella inmensa isla se hallaba gobernada por diez reyes, que periódicamente se reunían para deliberar sobre asuntos comunes. En pleno siglo IV para Platón el

---

[70] Comienza el diálogo en el que hablan un cretense, un ateniense, que es el propio Platón, y un lacedemonio, con esta interrogante: "¿Es un dios o algún hombre el reputado como ordenador de vuestras leyes?. Un dios, huésped, un dios, si hemos de hablar con entera justicia: entre nosotros, Zeus; entre los lacedemonios, de donde éste procede, creo que ellos mismos dicen que fue Apolo, ¿no es así?. … ¿sostienes pues, siguiendo a Homero, que Minos, yendo una y otra vez a conferenciar con su padre cada noveno año, puso leyes a vuestras ciudades conforme a las revelaciones de aquel?", *Leyes,* 624 a; Minos, que reinaba en Cnossos, era cada nueve años confidente de Zeus, según Homero, *Odys.* xix.178 ss.; W. Eder, (1986) 245; E.A. Havelock, (1978); D. Roebuck, (2001).

[71] A. Ross, (1994) 223. Como en la mayoría de las sociedades orientales, en las que el peso de lo divino sobrepasó cualquier planteamiento humano, la sacralización de la ley fue una forma de preservarla. En sociedades más laicas, o simplemente en las que lo humano y lo divino no se entremezclaron, o mantuvieron fórmulas mutuas de respeto, una forma de preservar la costumbre y los usos primitivos, en tanto portadores de privilegios, frente al riesgo de su derogación o sustitución desde el poder laico, fue, primero, arrogarse el derecho de interpretar la ley, y segundo, volver a redefinirla, reforzando su justificación en lo sagrado y con aquellas partes de la tradición que todos respetaban. Así, antiguos privilegios de clase pasan a formar parte del acerbo de valores que todos respetan.

referente del modelo de gobierno con autoridad para guiar los destinos de la *polis*, no es ya la fallida experiencia democrática ateniense, sino el gobierno de unos pocos, el consejo de nobles, el grupo aristocrático, y tal modelo lo encuentra en Homero, en este caso en la Odisea, cuando el poema habla de los trece reyes de los feacios, que eran cabezas de sus respectivos clanes. En las monarquías helenísticas se perpetúa y aún consolida la identificación del príncipe con la expresión de la ley, *vomos emxijos,* lo que la tradición literaria romana asumía igualmente para los tiempos de la monarquía y materializaba en unas llamadas *leges regiae*, de las que merece destacar no tanto esas mismas leyes, que probablemente no existieron, como el convencimiento de los autores romanos de que la realeza fuera fuente de ley y del derecho[72].

En efecto, la literatura describe al monarca antiguo como fuente de ley, bien fuera como una vía de justificación, mediante la comparación de situaciones contrapuestas – realeza, aristocracia -, de la propia situación que los mismos escritores experimentaban, o bien como arraigo de esta tradición en las propias convicciones. Para Virgilio, el poeta augústeo por excelencia, Homero era buena referencia para sancionar el principado, y en su *Eneida* subrayaba cómo antes de que se hablara de leyes y códigos, de cortes de justicia y de jueces regulares, el rey Príamo era ya un rey que emitía su juicio según la costumbre de los de su clase, *more,* esto es, supuestamente según su sentir en relación con lo que es justo, o acaso más probablemente y ajustado al entorno, según el sentir de la clase privilegiada, de la que aquel monarca era un miembro más. A su vez, este proceder era escenificado ante este pueblo, investido con los símbolos de su poder, la tiara, el báculo, etc., cuya presencia y asentimiento al acto venía a corroborar la autoridad y potestad del rey para hacerlo[73].

2. La visión del filósofo. El hombre frente a sus actos.

Naturalmente esta sesgada e interesada visión de la sociedad tuvo sus detractores desde el mismo momento en que se predicaba, aunque como era de esperar, el volumen de noticias en contra que nos ha llegado sobre ello es muy inferior al que aboga por el modelo vigente. En el siglo VI el filósofo Jenófanes supone una oferta de pragmatismo y racionalidad en el modelo de explicación de las cosas. Frente a una justificación que transfería el control del destino humano a lo sobrenatural, a los dioses, el pensador de Colofón pide "que estas cosas sean conjeturadas de modo que se asemejen a las verdaderas", y en otro de los fragmentos conservados de sus escritos, sobre la visión transmitida en los poemas, afirmaba que "Homero y Hesiodo atribuyeron a los dioses todo cuanto era vergüenza e injuria entre los hombres".

Para Jenófanes no era válida la posición de quienes se referían a la sociedad de los orígenes, la sociedad del principio, en los términos de las primeras fases de la biología humana, modelo al que aludimos en líneas anteriores. Orígenes que suponían la infancia del hombre, en la que la libre decisión o la responsabilidad sobre los actos propios apenas se resolvía en la confortable seguridad y protección del grupo de consanguíneos entre los que se insertaba. "Pues los dioses no revelaron desde un comienzo todas las cosas a los mortales, sino que éstos, buscando con el tiempo, descubrían lo mejor", escribe el griego en otro lugar. El hombre era por tanto, el único

---

[72] Hom. *Odys.* viii.390/392; Plat. *Crit.* 119D; reyes como Macareo, de Lesbos, daban leyes muy útiles para la comunidad, según Diod. v.82.4; J. Gaudemet,(1979) 95.

[73] Verg. *Aen.* vii.247; Hom. *Il.* i.279; Hesiodo, *Op.* 38/40, M.F. Williams, (2003) 214.

responsable de sus actos, no valían otras interpretaciones líricas, y frente al modelo de sociedad primitiva de los poetas, Jenófanes reivindicaba la plena responsabilidad del hombre sobre sus actuaciones[74].

En el siglo V este espíritu crítico fue recogido por Heráclito, que parecía sustentar la hipótesis de que, siendo las únicas leyes válidas las de inspiración divina, éstas no podían estar monopolizadas por la minoría gobernante, sino por la mayoría del pueblo, que debía luchar para que fueran estas leyes las que sustentaran a la *polis*. Entre los sofistas de ese tiempo, Protágoras de Abdera supone un paso decisivo al negar la existencia de leyes universales y de origen divino. Para él las leyes eran obras del hombre, basadas en convenciones establecidas por los individuos y por el poder. Para los sofistas más jóvenes, las leyes eran corporeizaciones del poder arbitrario de los gobernantes, de forma que las leyes que se promulgaban serían siempre aquellas que aseguraban el beneficio de sus promotores. A partir de ahí sería justo, como la ley, todo aquello que sirviera a sus propios intereses. Esta visión se resumía en la certeza de que el gobernante sólo hacía las leyes que le aprovechaban y llamaba justo a todo aquello que servía a sus propios intereses. Para algunos avisados sofistas esta doctrina de la justicia inherente a las leyes no fue otra cosa que una capa artera que encubrió el predominio de la fuerza de los gobernantes sobre el resto del cuerpo social (así lo transmiten Trasímaco, Calicles y Critias)[75].

En el siglo IV la filosofía atenúa la implacable supeditación del orden natural a la voluntad de los dioses, situación de asimilación difícil en una sociedad de plenitud democrática, y amplía la gama de responsables, hasta difuminar el peso de la tradición, que ahora debe compartir influencias con nuevos y no menos poderosos reguladores sociales. Así, en Platón se distinguía entre una Ley, con mayúscula, que regía la génesis de los hechos y era responsable de la sucesión de acontecimientos, Ley que el hombre no controlaba, sino que tan sólo asumía sus efectos, y la ley que el mismo el hombre fabricaba para resolver los conflictos cotidianos. El filósofo decía de aquella que era origen de los sucesos que nos afectaban, escapando a su dominio y sobrepasando su capacidad para regularlas y encauzar sus secuelas. En su dominio entraban sucesos como las guerras, la pobreza, las epidemias o los malos años que se suceden en larga serie, los azares y sucesos de todas clases que acaecen de mil maneras, acontecimientos que venían regidos por Dios, la Fortuna y la ocasión (*Zeus, Tike* y *Cairos*) y a los que debíamos añadir el arte, *tecnes*.. En Aristóteles razón, dios y ley eran tres nociones que marchaban unidas, y quien defendía una de las partes, estaba asumiendo a las otras dos, pues no podía haber razón sin ley ni dios, ni ley sin razón ni dios[76].

---

[74] Ataque a los dioses de Homero, H. Diels &W. Kranz, (1951) A 1, B 10/12, 14. Jenófanes de Colofón, 589/490, influyente en Magna Grecia, donde viajó hac. el 540, huyendo de los persas. S.E. *adv.math.* ix.193; i. 289 (=frag. 21 B 11/12); Plut. *mor.* 746b.; Estob. *Ecl.* i.8.2 (= frag. 21b 18).

[75] "Para todos los humanos las leyes estan sustentadas por la divinidad que es sólo una", frag. 114, "El pueblo debe luchar por la ley como único objetivo u objetivo principal", Heráclito, frag. 44; hacia el 500 a.C.; Los lacedemonios siempre recababan un oráculo de Delfos, del santuario de Hamón o de Dodona, para los asuntos de mayor importancia, Cic. *de div.* i. 96; 1.3; A. Ross, (1994) 228.

[76] "El que defiende el gobierno de la ley defiende el gobierno exclusivo de la divinidad y la razón. La ley es por tanto razón sin apetito", Arist. *Pol.* 1286 b. Siglos más tarde, en Séneca, el modelo de evolución social, desde la plenitud de la justicia y el orden social a la corrupción de la sociedad, conjuga a Platón, Posidonio y Cicerón. El papel de los legisladores está bien definido, así como su razón de ser. La

3. Los legisladores arcaicos. La tradición.

Las noticias más antiguas sobre codificaciones son al menos dos siglos posteriores a las mismas, y en ese tiempo intermedio hubo desastres de alcance como la toma de la Acrópolis por los persas o la de Roma por los galos, que supusieron un espeso tamiz que dificultó aún más la transmisión de las noticias sobre aquellos sucesos. Incluso algunas leyes que los oradores griegos atribuían a legislaciones muy antiguas, eran en realidad de fecha más tardía, pues siempre hubo tendencia a revestir de autoridad a la norma adscribiéndola a tiempos anteriores a los que realmente le correspondían. Por otra parte, resulta vano a cualquier iniciativa investigadora el intento de recopilar todas las leyes que tienen que ver con la historia más antigua de una nación, o dicho de otra forma, los códigos primitivos no fueron nunca recopilaciones exhaustivas de las leyes originales de un pueblo, ni probablemente sus evocadores más cercanos en el tiempo, los mismos griegos y romanos de siglos posteriores, participaron de esta idea[77].

Los legisladores griegos tradicionales se conectaron con leyes constitucionales, y dejaron a un lado las leyes de familia, los contratos y la ley criminal, que siguieron siendo sustituidas por la costumbre. Deseaban crear un sistema constitucional estable, no cambiar las leyes por las que se venía rigiendo la sociedad en cuestión. Es obvio que lo que se nos transmitió como Constitución de Licurgo, o leyes de Zaleuco, de Carondas, etc.., no fueron más que un atisbo, un esbozo de las leyes que rigieron los destinos del pueblo o *polis* correspondiente durante un periodo de tiempo. Cuestiones como si en él ámbito temporal de esos legisladores citados hubo leyes escritas, códigos en el sentido que nosotros damos a este término, si todas las leyes que se les atribuyeron fueron realmente promulgadas para ese pueblo y en ese tiempo, siendo irrelevante si fueron ellos o no los autores de esos textos que la tradición les adjudica, todas estas cuestiones siguen sin estar resueltas. Sin olvidar que para los clásicos la antigüedad era valor que otorgaba autoridad a cuanto elemento acompañara. De ahí que, como ya antesrecalcamos, se usaran normas primitivas para dar autoridad a las normas de la sociedad en la que el autor escribía[78].

---

sociedad primitiva era una sociedad natural, que no precisaba de leyes, pues era regida por los sabios. Luego la gobernaron los reyes buenos, igualmente sin leyes, y a continuación los reyes tiranos, que ocasionaron la necesidad de leyes, que dieron hombres sabios, como Licurgo, Solón, Carondas o Zaleuco, Sen. *ep*. xc. 4/6. Tarquinio el Soberbio es típico paradigma de mal gobernante, del rey malo. Al encarnar el fin de un sistema, la sustitución del mismo debe motivarse con argumentos que justifiquen la radicalidad del cambio, sin lugar a la duda sobre la necesidad del mismo. Tarquinio fue malo porque derogó las cosas buenas que instituyó el rey Tulio. Es más, ni siquiera dejó las tablas en las que las normas de Tulio estaban escritas sino que ordenó que fueran descolgadas del foro y destruidas. Dionisio iv.43.1, que es quien nos informa al respecto, refuerza el argumento con esta última medida, cargada de símbolos. El rey que quiebra las leyes, no podía seguir gobernando. Bien era cierto que la constitución republicana de la última centuria, aquella en la que vivieron la mayoría de los intelectuales que nos informan, era bien diferente a una constitución monárquica. Las obras de aquellos testimonian el cambio constitucional sin fórmula de transición o extensión en el tiempo. Todo ocurre en breve tiempo, hasta el punto de que los protagonistas del último acto de la monarquía son igualmente los protagonistas del primer acto de la República. Sólo Polibio, un siglo antes, intuyó que los cambios no podían ser de este modo; Platón, *leyes,* 709 a-c.

[77] Las leyes arcaicas griegas, U.E. Paoli, (1958) 163 ss.; J. Imbert, (1962) 13/23; D. M. MacDowell, (1978); S.C. Humphreys, (1988) 465/493; N. Duxbury, (1989) 241; A. Maffi, (1990) 61/70.

[78] Andokides i. 95/96; Demost. xx.89/90; W. Eder, (1986) 242; C. Carmichael, (2001) 29 M.F. Williams, (2003) 213. Sobre legisladores griegos en general, F.E. Adcock, (1927) 95/109; G. Camassa, (1987) 619/656; J. Gaudemet, (1988) 309/327; T.E. Rihll, (1989) 277/286; K./J/ Hölkeskamp, (1992) 49/81; J. Gaudemet, (1996) 3/16; B. Liou/Gille, (2000) 171/190.

En la reconstrucción de un pasado del que se carecía de toda memoria, el escritor clásico superaba el desconocimiento asignando el papel de la responsabilidad original a los dioses. Así, todo comenzaba cuando la divinidad decidió ordenar y regular la sociedad de los hombres y conectó con ellos, a través de un individuo afortunado, aquel que más tarde alcanzará la calificación de héroe, que recibió las leyes que regirían a partir de ese momento los comportamientos, y que serían responsables del tipo de sociedad que siglos después estaba vigente. Los primeros legisladores griegos, como Carondas o Licurgo, personajes probablemente históricos aunque difuminados por la leyenda, aparecían como legisladores inspirados por los dioses. La identificación individual del gestor de los cambios sociales, políticos y económicos de los estados suponía trabajar en el campo de los hechos concretos, acercar estos hechos a los individuos a los que iba a afectar y otorgar la credibilidad de lo próximo y cercano al argumento que se predicaba. Suponía situar el relato de los sucesos en la esfera de lo tangible. La "presencia" de un legislador, falso o real, confería la credibilidad de lo próximo y reforzaba la idea de que las leyes, su obra, eran un cuerpo unificado de normas de autoridad[79].

Pero resultaba arduo aceptar que prácticas, creencias y hábitos de otras épocas, aquellas que englobamos como tiempos primitivos, fueran los antecedentes claros de normas de derecho posteriores. De otra manera, que ese derecho ya maduro, acabado y vigente en la época del escritor, pudiera estar ya en vigor bajo aquellas formas primitivas, cuando en realidad éstas constituían un conjunto cerrado en sí mismo, sin relación inteligible con el estado de derecho que se le adjudicaba, a modo de legado o secuela fruto de la evolución de aquellas. Es más, podría inferirse de ello que esta desconexión entre aquellos tiempos primitivos y el presente, ya resultó manifiesta para los romanos de los tiempos del principado. En consecuencia, a la hora de configurar las bases del legado jurídico primitivo sobre el que se sustentaba el ingente patrimonio legal del llamado, por la romanística actual, periodo clásico, se daban las circunstancias idóneas para una "recreación" de este patrimonio, a base de suplir con la ficción y el supuesto ideal – el "cómo debía haber sido" - lo inexistente. A partir de un entramado jurídico bien articulado y de peso como el que se disponía, se confeccionaba el modelo jurídico primitivo, concebido y organizado para respaldar la coherencia del modelo vigente, ya consolidado, sin que fuese decisivo que ese "modelo primitivo" fuese el reflejo fiel de los vestigios, o modelo de unas fuentes historiográficas en su mayoría, tardías, inexactas, cuando no definitivamente perdidas[80].

En la Roma del siglo I a.C. la teoría sobre las constituciones primitivas hablaba de un equilibrio mantenido por los reyes, como garantes del orden social. El deterioro de esta

---

[79] Para Platón, *Leyes*, 624 A, las leyes de los cretenses fueron dadas por Zeus y las de los lacedemonios, por Apolo, si bien eligieron a humanos como intermediarios, J. Gaudemet, (1979) 90; M. Gagarin, (1986) 92. La idea del gran legislador griego, como construcción del siglo IV a.C., es idea que apoya en su libro K./J. Hölkeskamp, (1999).

[80] L. Gernet, (1984) 154; En la época clásica los griegos atribuían numerosas leyes, escritas o no escritas, a legisladores del pasado. La intención era preservar las leyes que aprobaban de los avatares políticos inmediatos, mediante su reubicación en tiempos anteriores, que además conferían el valor de lo trascendente, S.C. Humphreys, (1997) 544. En la tradición ese código aparece como una obra de futuro, que sus creadores realizaron siempre de cara al futuro, pero un futuro que a veces roza la eternidad, de vigencia sin fin, como escribe M. Humbert, (1998) 88, mirando al cielo, llenos de optimismo e ilusión.

institución, así como las de aquellas a las que dio lugar, por los abusos y excesos de quienes las desempeñaron, motivó la creación de las leyes, que se definían como remedios imperfectos que intentaban reconstruir el orden natural quebrantado. Así, el formato justificativo del nexo monarca/pueblo, era el mismo que el historiador Dionisio de Halicarnasos mostraba para justificar la relación patrono/cliente. El rey, como patrono de su pueblo, era un personaje necesario para evitar que los nobles abusaran de los ciudadanos, que como los clientes de los tiempos primitivos, eran débiles por naturaleza con relación al Derecho. Y la ley surgía, gracias al soberano, cuando el gobierno de la oligarquía fracasaba por el egoísmo de sus miembros. Las leyes, eran por tanto, un mal menor, que se tornaba necesario cuando el orden natural había sido suplantado, y surgían de la experiencia y sabiduría de quienes estaban preparados naturalmente para elaborarlas, los reyes y más tarde, la elite, la aristocracia, compuesta de los mejores individuos de aquellas sociedades[81].

El relato historiográfico sobre las antiguas codificaciones puede analizarse desde múltiples aspectos, todos los cuales responden a un esquema que se desarrolla en varias fases. Desde el aspecto de la justificación política y social de la legislación, la sociedad clásica distingue tres etapas: una primera, en la que la comunidad ha entrado en una crisis próxima a la anarquía, *anomia,* una segunda en la que se elige un árbitro, un hombre de virtud, educación y experiencias excepcionales, para que haga posible el regreso a la norma, recopilando las leyes, y una tercera en la que asegurada la vigencia de un compendio de estas leyes, un código, el legislador abandona sus funciones, y se retira de la política activa, dejando tras él su legado, lo verdaderamente valioso, la ley codificada.

Se da por supuesto que a partir de ese momento, la situación general de la sociedad se estabiliza por la alta calidad de aquellas leyes, reinstaurándose la *eunomia.* Este esquema es muy similar al que desarrollaron los códigos orientales, pero en algunos casos, la función divina deja paso a la iniciativa humana, lo que responde al grado de desarrollo político disfrutado por la comunidad a la que se atribuye el proceso compilador. En el relato clásico el progreso de la sociedad no puede entenderse sin la obra de las grandes personalidades, lo que además de subrayar el valor fáctico de la individualidad como protagonista en el proceso histórico, recalca la minoración del papel de la colectividad, una concepción que suele adscribirse a los valores de la aristocracia. Se es "legislador" bien por una especial vinculación con lo sobrenatural, bien por la pertenencia a ciertos linajes, por riqueza o por cualidades militares excepcionales, todo lo cual confiere una disposición específica, unas virtudes insólitas y en definitiva, el carisma suficientemente explícito como para que nadie llegue a cuestionar la legitimidad y la eficacia de su obra. Pese a todo, en contra de lo que se esperaba, - en la justificación de motivos, los débiles son los perjudicados - las codificaciones no beneficiaron a las clases bajas, el poder siguió perteneciendo a

[81] Cic. *off.* ii.12. Después, tras cuatro siglos de gobiernos monárquicos, poco quedaba del modelo platónico sobre el soberano y las leyes. En él la tensión entre leyes y gobernantes se resolvía a favor de los segundos. El modelo que subyace en los discursos de Juliano, *Discursos, a Constancio*, III, 85D y ss., siglo IV d.C., es el de un soberano nominalmente al servicio de la ley, opuesto a aquel monarca del tratado sobre la *República* o la *Carta* vii.8, en la que un Platón ya anciano afirmaba que no creía que en una ciudad, bien o mal gobernada, el verdadero legislador debiera ocuparse de leyes y reglamentos semejantes; en la primera eran inútiles y nada se ganaba con ellos; en la segunda, estaban al alcance de cualquiera y se desprendían en una buena parte de las costumbres tradicionales.

quienes lo venían monopolizando desde mucho antes, y no siempre la codificación fue una reacción o incluso una exigencia de la mayoría, como algunas fuentes describen, sino más bien de la minoría, esa oligarquía que deseaba preservar y perpetuar su poder todo el tiempo que fuera posible[82] .

Vemos en Platón, cuando interpreta ciertos sucesos trasmitidos por la tradición, un mecanismo intelectual en el que el pasado y el presente son argumentos a disposición de la correcta articulación de un relato convincente. Para el filósofo del siglo IV a.C. la guerra de Troya duró diez años, y al regresar a su patria los dinastas, de gentilicio "aqueos", pero ahora llamados "dorios" por ser un tal Dorieo quien les guiaba, se encontraron con el rechazo y la fuerte oposición de quienes habían asumido el control de las ciudades y no deseaban renunciar a ello. Trajo este rechazo muchas desgracias, y saltó la chispa de los conflictos y la guerra interna, con la que volvieron los degüellos, destierros y muertes sin fin en las que debían ser patrias de acogida. Ulises tuvo problemas similares para lograr ser de nuevo aceptado en su misma patria, y no es improbable que Platón conociera esa parte de la Odisea, aunque ambos en realidad, Platón y antes de él, la tradición que cristalizó en el poema y que hablaba de tiempos de guerras y conflictos internos, sólo estuvieran haciéndose eco de una fuente de transmisión más antigua que hablaba de luchas civiles y gran inestabilidad en las ciudades a consecuencia de las guerras exteriores[83].

En Esparta esas guerras exteriores se identifican con las Guerras Mesenias, que provocan la aparición de los *parthenioi,* los espartanos ilegítimos que tendrán que emigrar a Occidente y fundar Tarento. De este artificioso relato Platón asumía dos hechos que daba como ciertos sin lugar a la duda. El primero, que el pueblo dorio formaba parte de los griegos autóctonos, o sea, que para un griego del siglo IV e ilustrado como él, se percibía a los dorios como uno de los pueblos que siempre habían estado habitando diversas partes de la Hélade. El segundo era que en tiempos anteriores a Solón y otros legisladores aún más antiguos, los griegos habían mantenido guerras por causas inespecíficas - al menos para Platón -, y por tiempo no delimitado. El relato surgía cuando se necesitaba explicar la relación de los dorios con las guerras, y la explicación debía presentarse de manera que quedara eliminada cualquier duda. Esto se logró evitando en la narración, en lo posible, toda abstracción de ideas y personificando los sucesos en individuos y hechos concretos. Así, los dorios debían luchar por su propia tierra, porque pese a ser nativos de ella, la perdieron al ausentarse durante largo tiempo a causa de las guerras. Esta ausencia desencadenó una revolución interior, pero finalmente, los dorios recuperaron el poder y su país con las armas[84].

---

[82] A. Szegedy/Maszak, (1978) 109/209; W. Eder, (1986) 240, 241, 253 y 464.

[83] Platón, *leyes*, 682 d; cf. Tucid.i.12; J. Chanteur, (1980) 137/146.

[84] Un ejemplo más. En el relato fundacional sobre Cirene se recogen algunos aspectos similares a los descritos. De la Isla de Thera, partió con dos pentecóntoros, a fundar Cirene un tal Bato, hijo de Polimnesto, hacia 640/630, siguiendo un oráculo del Apolo délfico, según Diodoro. Por su parte Herodoto dice que vuelto atrás sin fundar nada, los de Tera le impidieron que arribara, de modo que Bato no tuvo más remedio que volver a intentar la fundación. Fundó primero Platea, en una isla frente a la costa, que luego daría orígen a Cirene. En suma, en las sociedades del siglo V y IV, en las que escribieron los autores cuyos relatos nos han llegado, al menos en parte, la refriega política, la confrontación social y los conflictos militares con vecinos, guerras de corto o limitado alcance, fueron realidades cotidianas. Golpes de estado, exilios, crisis económicas, etc.., fueron episodios corrientes en las *poleis* clásicas, y no cabe duda, sirvieron como pautas explicativas aceptables para articular el relato

Como aludíamos al hablar de las leyes mesopotámicas, las leyes griegas arcaicas eran elaboradas en respuesta a determinadas crisis sociales y problemas concretos. Eran una reacción a un problema contemporáneo urgente, y también la constatación de un cambio en la conducta social, que todavía no había sido asumido por la comunidad como algo dado, pero que realmente existía y por tanto no puede ser achacado como novedad de la iniciativa personal del legislador. Las leyes estaban limitadas a las exigencias del presente, eran leyes para litigios concretos, leyes para solucionar conflictos y restablecer la paz social, como las de Solón, leyes *ad hoc*, que la tradición posterior descontextualizaba y reelaboraba para dar vida y consagrar interesadamente ciertos marcos sociales en sus relatos historiográficos. En ese contexto emergía la figura del supuesto artífice de todas las leyes, individuo de cualidades indiscutibles cuya labor devolvería la estabilidad al sistema, por lo que su biografía será objeto de una apología que el tiempo convertirá en lugar común entre autores que compartieron valores similares a los del sistema político a que dio lugar[85].

Las recopilaciones de leyes y normas que se producían en la Antigüedad y que se han venido nombrando como códigos, no fueron en realidad codificaciones, en el sentido que nosotros damos al término, y en la Europa anterior al siglo XVIII es difícil encontrar piezas escritas que más o menos respondan a esos moldes. No es posible por tanto hablar de códigos o codificaciones para los tiempos primitivos de las sociedades griega y romana. Según hoy entendemos su definición, una codificación es sobre todo obra de técnicos, aquí los juristas, puesto que el derecho del que ha de tratar requiere precisión y certidumbre. Una codificación aspira a ser conocida por el pueblo para el que se promulga, o al menos para sus eventuales usuarios, de modo que su expresión debe ser, en la medida de lo posible, inteligible para el común de los individuos[86].

Una codificación responde a las exigencias de nuevas pautas de comportamiento, es paso obligado en cualquier clase de sociedad grande y compleja, responde a una situación nueva, debe atenuar las tensiones sociales, reducir los antagonismos y pacificar los espíritus. Por definición, un código es una empresa ambiciosa, racional, con pretensiones de exhaustividad, de abarcar la totalidad del derecho en vigor, o al menos de intentar el reagrupamiento de reglas que cubran un dominio coherente en su composición. Debe ser sistemático, comprensible y de contenidos homogéneos. Es un

---

confuso de los tiempos más remotos. El regreso de los vencedores, héroes en Troya, sigue el patrón que se conocía para algunas de las empresas colonizadoras de los siglos VII/VI a.C.; Diod. viii.29.1; Herod. iv.150; 156.

[85] S. C. Humphreys, (1997) 544; cf. W. Eder, (1986) 245; K./J. Hölkeskamp, (1992) 87 ss.; no creo que los tiranos arcaicos puedan ser considerados como legisladores extraordinarios, como opina J. Gaudemet, (1979b) 7. El legislador tiene competencias en música, educación y hasta en la procreación y las relaciones sexuales, Arist. *Pol.* 1377b; 1335b/1336 a. En su tarea de "humanización" de los grandes legisladores Aristóteles se hace eco de los vínculos intelectuales que unían a todos ellos, como si de una gran estirpe de sabios se tratara, lo que probablemente facilitaba la aceptación de sus méritos. Así, Arist. *Pol.* 1274 a, dice que Licurgo y Zaleuco fueron discípulos de Tales, distinto al matemático, y Carondas de Catania, discípulo de Zaleuco, lo que el estagirita rechazaba sólo por problemas de cronología.

[86] M. Humbert, (1998) 87; J. Gaudemet, (1988) 315; A.L. Diamond, (1971) 53; G. Camassa, (1992), 130/155; algunos parecen colecciones de juicios; otros parecen declaraciones de lo que la ley debe ser más que de lo que es, y otros son lo que Henry Maine sugirió, meras recopilaciones de costumbres existentes, ya que la escritura transforma de varias maneras todo lo que toca, por ejemplo, al establecer penas fijas donde prevalecían penas variables. Sobre codificaciones, F. Pringsheim, (1957) 301/311; (1957b) 546/554.

texto completo y reglado, organizado con un plan lógico y claro, que se emprende con legitimidad y autoridad suficiente, y sobre todo, que responde al objetivo explícito de querer llevarlo a cabo. El código debe aspirar a suprimir todo el derecho que amenace su soberanía, simplificando la masa de documentos jurídicos existentes; de hecho puede ésta ser una de sus principales justificaciones. En las codificaciones antiguas, que no tienen por qué seguir todas éstas pautas actuales de lógica, la costumbre, y la ambigüedad de aquello que no está escrito, es sustituida por una ley uniforme y publicada, de manera que esas fuentes orales y dispersas del derecho pasan a ser ley[87].

La codificación es un acto político que manifiesta la pujanza del soberano o de la clase dirigente que lo patrocina. En ausencia de un estado fuerte, como vemos en la historia del pueblo hebreo, o cuando la inestabilidad sitúa a éste en momentos de grave riesgo, la codificación surge como una estrategia de supervivencia. Pero también puede inscribirse en un contexto de crisis social, en la que en un esfuerzo más o menos sangriento, el derecho codificado, se piensa, se justifica como conquista arrancada a la clase gobernante, y de esta forma, las nuevas reglas de juego contribuyen a reducir los antagonismos. En el pueblo hebreo, sus exégetas han escrito que la codificación del derecho supuso un movimiento de cohesión, un acto de reafirmación nacional, un elemento aglutinante de una sociedad que luchaba por no desintegrarse, lo que conecta bien con la situación de los judíos deportados a Babilonia, aunque nosotros no estamos seguros de que en esa visión y conclusiones no pese en exceso el conocimiento *a posteriori* de la historia completa del "pueblo elegido". Se codifica, se reúnen los relatos en torno a los orígenes y evolución de un pueblo, como manera de conservar y aún difundir las señas de identidad de ese pueblo, que ha sido desarraigado de su entorno, o sea, de sus territorios originales, y desprovistos de sus instituciones. Y el relato sobre la propia nación sirve para mantener vivos los sentimientos de patriotismo, unidad y solidaridad cuando éstos se debilitan[88].

4. Creta y Esparta.

De los textos epigráficos y literarios disponibles, se extrae la conclusión de que en la mayoría de las ciudades griegas el derecho era una mezcla de leyes escritas y no escritas sin sistematicidad ninguna. Escritura y oralidad, asuntos que más adelante trataremos, convivieron en la *polis,* cada una en su espacio, con escasas interferencias, pues no era posible que una técnica de reciente adquisición, poco conocida aún y lejos de estar generalizada, como la escritura, aspirara a suplir las instituciones naturales de un pueblo.

La distribución de piezas de contenido jurídico conservado para todo el mundo helénico, además de reducida, presenta ciertas paradojas en relación con la información

[87] C. R. Ember y M. Ember, (1997) 315; en J. Gaudemet, (1988) 314, se indica que las codificaciones deben ir en ayuda de los menos favorecidos, de los parias de la ciudad que luchan por ver reconocidos su derechos, lo que en mi opinión es sólo predicable de un tipo determinado de código, cuyo modelo literario justifica las Doce Tablas, el autor asume sin crítica; M. Humbert, (1998) 87/88; Ch. Leben, (1998) 119 y 121; K./J. Hölkeskamp, (2005) 283 y 284; I. Twersky, (1980); N. Rakover, (1987).

[88] En efecto, una parte de las compilaciones catalogadas como códigos en realidad no se hicieron para uso cotidiano sino para manifestación del poder y la autoridad de los gobernantes, A.K. Bowman y G. Woolf, (1999) 12; F. Gschnitzer, (1981) 75; J. Gaudemet, (1988) 313; Leben, 117; *vid.* H. Van Effenterre et F. Fruzé, (1994) 81. Hay una estrecha relación entre conflictos sociales y abundancia de leyes, W. Eder, (2005) 246.

que las fuentes escritas nos dan sobre ese contexto. Tenemos una relativa abundancia de leyes en piedra aparecidas en la isla de Creta, unas pocas más en bronce procedentes de Olimpia/Elis y la Argólida, especialmente de Argos, y tan sólo unos fragmentos de piezas encontradas en Tebas, Catania, Esparta, Atenas y Locri, ciudades a las que por el contrario, la tradición atribuye afamados legisladores autores de extensas obras legislativas. La primera impresión que ello nos produce es que el ciudadano común de la época no leía las leyes, no se sentía inmiscuido en el conocimiento de las normas generales que periódicamente se aprobaban y promulgaban a instancias de sus gobiernos locales. Volveremos a este asunto más adelante[89].

En muchas ciudades de la Grecia del siglo IV se pensaba que sus leyes habían sido establecidas hacía mucho tiempo por legisladores cuyos nombres se recordaban. Por ejemplo, era idea común que las leyes de Creta habían sido obra de los hermanos Minos y Rhadamanthys. Este fenómeno que aquí señalamos, pero que en realidad afectaba al modo de trasmisión de casi todas las formas de conocimiento, se refiere al fenómeno de personalización o individualización de los actos colectivos y difusos, sistema de transmisión de hechos que, como *supra* ya dijimos, se suponía mejoraba su comprensión por parte de los destinatarios. En una sociedad en la que la instrucción elemental era mayoritaria, la personalización o singularización de los sucesos ya advertimos que dotaba de certeza y credibilidad a cualquier relato[90].

En relación con Creta, Platón recordaba a los habitantes de aquella isla su obligación de acatar sin cuestionamiento toda su legislación primitiva, como normas que se consideraban dictadas por los dioses, siendo el único testimonio literario de ley concreta que nos ha llegado aquel que prohibía beber hasta emborracharse. Un fragmento aparecido en Dreros, al este de la isla, y fechado a fines del siglo VI, de lo que parece que fue una ley constitucional - "la ley sagrada de Dreros"-, regulaba las condiciones del desempeño de su magistratura superior, el *kosmos*, a fin de evitar que nadie se perpetuara en el cargo más allá de lo que la ley marcaba[91].

Las llamadas leyes del Gortina, en la llanura de Messara, en el centro de la isla, era un código para algunos, o una simple recopilación de normas anteriores y actuales para

---

[89] R.Thomas, (2005) 44 y 47; sobre esas leyes, J. Whitley, (1997) 311/332; L. Gernet, (1955) 51/59; M. Lemosse, (1957) 131/137; R.F. Willets, (1973) 12/13; M. Gagarin, (1982) 129/146; J.K.Davies, (1996); M. Bile, (1993) 23/28; I. Calero Secall, (1997); J. Davies, (2005) 305/327.

[90] R. Sealey, (1994) 25. Símiles, comparaciones, parábolas son fórmulas muy abundantes en la Biblia, la Iliada, la Odisea y en multitud de relatos antiguos. Las analogías y paralelismos conservan toda su fuerza de sugerencia o de confirmación, Gernet, (1984) 156.

[91] Platón, *Leyes*, 624 a/b; 634d-e: "Para vosotros – los cretenses - ... una de las leyes mas convenientes será sin duda aquella que no permite a ninguno de los jóvenes investigar cual de las leyes está bien sino que obliga a todos a reconocer con una sola boca y una sola voz que están bien todas, como dictadas por los dioses, y a no sufrir en absoluto que nadie en su presencia diga otra cosa; y dispone, además, que si a algún anciano entre vosotros se le ocurre algo sobre ello, trate del particular con el magistrado o con otro de su edad, sin que haya delante joven alguno"; *Min.* 318 c-d; 320 a-c.; "esto ha sido decidido por la *polis*: cuando un hombre ha sido *kosmos,* no podrá volver a serlo durante diez años, y si actúa como *kosmos,* deberá el doble en relación con las sentencias que dé, y perderá su derecho a este oficio para el resto de su vida, y cuanto haya juzgado como *kosmos* será nulo", (*kosmos*, se traduce como magistrado supremo, para este caso concreto) K.A. Raaflaub, (2000) 44; J.Puhvel, (1976) 154/176. R. Thomas, (2005) 46; *vid.* M. Lang, (1967) 243/249. Cosmópolis era era el máximo magistrado de Lócride, citado en las leyes de Zaleuco, Polibio, xii.16.6.

otros, grabadas en un muro a mediados del siglo V, y fueron la culminación de una larga tradición local, que probablemente se remontaría al siglo VII. Del contenido de esas leyes se deduce que buena parte de sus enunciados conectaban con un sistema legal más antiguo, que una transmisión oral sin interrupciones de importancia, preservó hasta el siglo V, momento en que pasaron a ser fijadas por escrito e incluidas en la recopilación que se publicó en el muro. Este hecho, la fijación literaria de postulados de plena vigencia social, conservados oralmente, es muy frecuente desde esa centuria, o de manera más explícita, desde que la escritura adquiere el peso específico necesario como instrumento básico en la práctica cotidiana del estado. La llamada Estela de los Fundadores, de la isla de Thera, o las leyes de Dracón, son ejemplos de ello[92].

No requiere comentario adicional el hecho de que sin el dominio del arte de la escritura, lo que supone un nivel superior al de su mero conocimiento, la publicidad extendida de las leyes quedaba fuera de cualquier proyecto. En consecuencia, la fijación por escrito de normas primitivas pero vigentes decenas de años, e incluso siglos después, sólo puede adscribirse a tiempos en que el manejo de la escritura fue un hecho, al menos en el ámbito del gobierno local de la *polis*. No está de más esta obviedad, porque nuestra opinión es que, aceptado que el documento que nos ha llegado fue documento inspirado en otro primitivo, pero no escrito, cabe pensar que entre éste y aquel, separados por más de un siglo, pudo existir un primer texto escrito, una especie de borrador simple y conciso de la misma ley que se promulgaba, cuyo cometido o cuya función era la de preservar la esencia de la ley, el meollo de lo aprobado de manera documental, de forma que quedara ajena a los problemas de su olvido.

Las leyes de Gortina fueron un texto fijado en material perecedero, que los sucesivos gobiernos reemplazarían con mayor o menor diligencia, sujeto como estaba a todos los avatares políticos y sociales del paso del tiempo. Un texto, finalmente, cuyos vicios de transmisión y copias sucesivas quedarían reflejados en el documento final, aquel que se nos conservó en el siglo V, sin que podamos desde el análisis de éste evaluar el perjuicio sufrido, sino tan sólo tener en cuenta su más que probable acción en el documento. Aquel texto arcaico estuvo en manos de su autores materiales, los individuos que dentro de la comunidad primitiva recibieron el encargo de fijarlo materialmente, porque dominaban tanto aquel incipiente y novedoso arte de la escritura como su interpretación y lectura, un arte de reciente adquisición del mundo fenicio. El texto legal así elaborado estaba pensado para ser leído, no necesariamente en su totalidad, sino en las partes que se precisaran en cada momento, de ahí que en Gortina cada artículo o apartado se concibiera como cuerpos independientes, de comprensión como unidad completa y sin necesidad de una referencias a los anteriores[93].

---

[92] Dracón, de fines del s. VII, por escrito a fines del V, pese a Arist. *AP*, XLI.2, que aseguraba que las había puesto por escrito el mismo Dracón; la estela del *oikistes* Batto, del s.VII, escrita en el IV; R.F. Willetts, (1955) 5; S.C. Humphreys, (1997) 543; no son un código, para R. Thomas, (1992) 67 y 97; I. Calero Secall, (1997) 12 y 13; un código en sentido amplio, M. Gagarin, (1982) 129.

[93] Frente a esta hipótesis, puede así mismo considerarse que los resabios y vestigios arcaizantes que puedan detectarse en un documento, pueden ser explicados sin que necesariamente haya que referirlos a un documento anterior y original, que sería referencia para el más moderno. Pero los datos relativos a lectura y otros sobre la oralidad que más adelante veremos, nos inclinan a sostener la primera de nuestras hipótesis. Sobre la interpretación de las leyes en la Antigüedad, J. Gaudemet, (1970) 235/249.

En efecto, los temas tratados en Gortina tienen una escasa relación unos con otros, salvo que todos ellos se engloban en los llamados conflictos de familia. No hay temas de interés público o político, parece como si fuera intención de la ciudad ofrecer un marco de actuación, una pauta de conducta en relación con los conflictos que más habitualmente se solían plantear en el seno de las familias y los grupos sociales, una especie de panel de posibilidades de actuación para una selección de casos que, en la opinión del legislador, son los que la experiencia había demostrado como los más frecuentes y cotidianos. En esa situación, el papel del poder público se reservaba para un presunto arbitraje, cuando las partes en conflicto, incapaces de ultimar acuerdo alguno, decidieran recurrir a su concurso[94].

Pero lo que llama la atención del texto cretense, es la selección de penas y castigos no excesivamente duros para las infracciones, la mesurada severidad de las sanciones que se regulan, aún para delitos graves que en otros documentos legales, en otros códigos antiguos hubieran acarreado la muerte o castigos corporales ciertamente más drásticos que los aludidos. En Gortina, cuando un hombre es sorprendido en adulterio, se le conduce ante los magistrados, y tras haberle convencido de su falta, se le cubre con un paño de lana, que identifica a los hombres suaves o débiles, porque es propio ese paño de las mujeres. Después se le condena públicamente a una multa de 50 estáteras. Se le despoja de todos los derechos y privilegios sociales, y queda como un infame. Pero no se le condena a muerte, la ley no da al marido ofendido derecho a eliminarle, como en otros códigos, y la reparación del daño se hace con dinero. Y este tono de reparación y compensación, adquiere mayor relieve cuando además se asume que la filosofía que transmite es reflejo de los tiempos más primitivos, de los tiempos del prederecho, más suaves y reparadores, en los que, a juzgar por el documento que tratamos, no se busca tanto el escarmiento ante la comunidad espectadora como reponer el honor y reparar el daño causado al ofendido.

La compensación económica como solución a los conflictos, es fórmula habitual en las sociedades primitivas, aquellas en las que el estado o no existe o las mantiene ajenas a sus interferencias. Este tipo de sanciones revela una idea moral menos lesiva en relación con las sanciones que implican derramamiento de sangre o las de privación de libertad, penas ciertamente más duras que sólo son posibles en sociedades en las que la institución pública es muy fuerte y posee por tanto, la necesaria fuerza coercitiva para imponerlas y asegurar su cumplimiento. Las leyes de Gortina por tanto reflejan aún el modelo legal vigente en la sociedad de la época en que se promulgó, siglo VII a.C., una sociedad en la que la resolución de los conflictos buscaba el acuerdo entre las partes afectadas, mediante la fijación de compensaciones, y acaso el recurso a árbitros independientes en caso de no llegarse a acuerdos[95].

---

[94] El texto habla de rapto, sexo con esclavo, seducción, adulterio, divorcio, separación, pagos especiales a esposas, separación de esclavos, niños de mujeres divorciadas, exposición o abandono de niños, no retroactividad de la ley sobre regalos a mujeres y herencia, regalos a hija, venta e hipoteca de propiedad, rescate de prisioneros, matrimonio de esclavo y mujer libre, hijos como garantías, contratos de negocios, regalos de hombres a mujeres, adopción, J. Davies, (2005) 308.

[95] Aelian. *var. hist.* xii.12, recoge E. Lerminier, (1974) 82; I. Calero Secall, (1997) 15; en Etolia se citan como legisladores nombrados para reformar la constitución, Dorímaco y Scopas, de fines del siglo III a.C., Polibio xiii.1.2.

Desde el siglo V a.C. evocar a Licurgo era nombrar al autor del modelo de constitución política y de orden social que los espartanos tenían establecido desde siempre. Para Heródoto, el lacedemonio, que era tomado más como un dios que como un hombre, fue regente de Esparta durante la minoría de un sobrino, de nombre Leóbontes, situación que al dejarle libre de las tareas de gobierno, le permitió reorganizar todo el país empezando por cambiar todas sus leyes. El Licurgo de Aristóteles es un personaje que, como Solón, da leyes y constituciones, pero sin que éstas fueran escritas, salvo para los tratados internacionales, costumbre que se mantuvo hasta tiempos muy avanzados, si creemos al estagirita cuando critica el que los éforos siguieran juzgando sin atenerse a leyes fijadas por escrito[96].

Al describir los primeros pasos de las comunidades, Platón decía que aquellas se formaron por agregación de familias, donde mandaría el individuo más viejo, por haber recibido la autoridad del padre, estando dedicadas al cultivo del campo, y cada familia o grupo tendría su jefe y sus peculiares costumbres o leyes particulares, *idious nomous*. En cierto momento, sigue el pensador griego, los así reunidos vieron la necesidad de elegir unos hombres que fueran de utilidad para el común, de modo que observando las prácticas de todos, pusieran ante los ojos de los jefes y rectores de los pueblos, las costumbres o leyes particulares que les agradaban más, y las sometieran a su aceptación. Esos hombres, continúa el filósofo, fueron llamados legisladores, y estableciendo a éstos otros como gobernantes, hicieron de aquella pluralidad de jefaturas una aristocracia, o tal vez una realeza. Y continuaba diciendo que la misión de todo legislador era redactar las leyes con la mayor perfección y minuciosidad de la que fuera capaz, y después, cuando al transcurrir el tiempo sometiese a la prueba de los hechos lo que a él le pareció bien, debería inevitablemente seguir atendiendo esas leyes, pues se encontraría que por el correr de los tiempos, muchas cosas habrían quedado omitidas, teniendo que retocarlas para que la sociedad no volviera a peor, de forma que se mejorara constantemente el régimen y la ordenación de la ciudad fundada por él[97].

En ese mismo siglo IV decía Jenofonte que las leyes atribuidas a Licurgo seguían siendo muy respetadas, a pesar de su antigüedad y precisamente por ello, ya que para el historiador debían remontarse al tiempo de los heráclidas, de quien la tradición decía que aquel personaje descendía. Leyes muy veneradas pero que nadie quería ya imitar, añadía no sin sarcasmo, para más adelante agregar cómo los principios morales que aquellas leyes arcaicas, que tanto elogio motivaba entre sus contemporáneos, eran ahora objeto de escarnio y desprecio generalizado entre los espartanos de su tiempo. Para este historiador Licurgo pasaba por haber sido el hombre más sabio de todos los tiempos, y sus mandatos, respaldados por el dios Apolo en Delfos, estando presentes como testigos de esta relación los hombres más influyentes de la ciudadanía, que le acompañaban, los mejores en su género, muy superiores a los que se adoptaron en

---

[96] Herod. i.65.2/5; Jenof. *Lac. pol.* 1/2; Arist. *Pol.* i. 1270a7; 1271b25; 1273b33; iv. 1296a20; Arist. *Pol.* 1273b; Aristóteles, *Pol.* 1270b 28; R. Thomas, (1992) 136. Sobre la *rethra*, F.R. Adrados, (1954) 271/277; A.H.M. Jones, (1966) 165/176; E, Levy, (1977) 85/103; J. T. Hooker, (1988) 340/345;C.O. Pavese, (1992) 260/285; A.Maffi, (2002) 195/236.

[97] Platón, *leyes*, 681 a-c. "Corresponde a los aristócratas, a los que han sido elegidos por los jefes de las familias para dirigir al grupo, de entre todas las costumbres y leyes existentes, elegir las que les agrade más y someterlas a su aceptación como cuerpo de ley". O sea, Para el ateniense no resultan válidas todas las costumbres y leyes, sino sólo las mejores, a juicio de los gobernantes.; l*eyes*, 769 d/e.

otras *poleis*, pese que no pocas veces fueron contrarios a las decisiones tomadas por la mayoría[98].

Dos siglos más tarde, para Polibio, el éxito de la constitución romana no era presentado como obra de un solo individuo, sino como el resultado de aplicar a las dificultades la experiencia de muchos a los largo del tiempo. Cicerón parece haber conocido esta reflexión del griego, pues citaba a Catón el Censor, que solía decir que la república romana no se debió al ingenio de un solo hombre, sino al de muchos, y que no se formó en una generación, sino en varios siglos de continuidad, desde la monarquía. Por el contrario y como venimos diciendo, en otros lugares la autoría de las leyes recaía en ciertos personajes, como Minos en Creta, Licurgo en Esparta, Teseo, Dracón, Solón y Clístenes e incluso Demetrio de Fáleron en Atenas. Para Catón el Censor, la tradición sobre los reyes carecía de peso como explicación del proceso de construcción del estado romano. Esta tradición había de ser valorada en su conjunto, más allá de su valor como documento útil para el orgullo nacional y el sentimiento patriótico. En Roma no hubo un padre de la constitución del tipo de Licurgo o Solón el ateniense, por más que Plutarco siglos más tarde lo buscara en la figura del rey Numa, cuando escribe su biografía paralela a la del lacedemonio, sino que obras como las Doce Tablas encajaban mejor en la reflexión, ciertamente imprecisa, que acabamos de señalar del megalopolitano[99].

Para Cicerón, como para Plutarco dos siglos más tarde, mucho antes que los legisladores, hombres extraordinarios pero al fin y al cabo humanos, existieron las leyes de los dioses y estas leyes se manifestaron desde el primer momento mediante la creencia de los hombres hacia los mismos. La organización social más antigua estuvo configurada por el sentimiento religioso hacia esta creencia, mezcla de esperanzas y miedos, de modo que eran estos dioses los que configuraban el orden social, naturalmente dando a conocer sus deseos e intenciones a través de sus intérpretes, para los romanos los sacerdotes, que se convertían así en pieza fundamental de ese orden. En efecto, antes que las obras laicas, que los autores enumeran, los habitantes de las ciudades veían que lo más antiguo era siempre los templos, y que las cosas que se vinculaban con la religión nunca faltaban en las ciudades, a diferencia de la obra laica[100].

---

[98] Jenof. *La República*, x.8; "Si alguien me pregunta si yo creo que las leyes de Licurgo permanecen inmutables aún hoy, por Zeus!, ya no podría afirmarlo con seguridad ... antes preferían vivir solos que gobernar ciudades y ser víctimas de la corrupción; antes temían ser vistos con oro, ahora se pavonean de tenerlo, antes se expulsaban extranjeros, pues no se permitía que el ciudadano saliera al exterior y se contaminara con la molicie de los extranjeros, ahora ser esfuerzan en ser gobernadores en el extranjero; Jenof. *La República*,i.2; viii.5; valor político de la religión, como pone de manifiesto M. A. Levi, (1968) 68 y 148.

[99] "Mientras que Esparta había alcanzado su estabilidad y desarrollo político gracias a un individuo, Licurgo, en Roma la perfección se ha alcanzado tras la superación de muchos conflictos y dificultades y optando siempre por la mejor vía a la luz de la experiencia sacada de los desastres", Pol. vi.10.14; Cic. *rep*. ii.1.3; ii.37; "En cambio, nuestra república no se debe al ingenio de un solo hombre, sino de muchos, y no se formó en una generación, sino en varios siglos de continuidad". Piensa J. Gaudemet, (1979c) 149, que Polibio inspiró a Cicerón su idea de la constitución romana, por boca de Escipión Emiliano. Para Pol. v.46.5, las constituciones de Creta y Esparta eran completamente distintas. T. J. Cornell, (2001) 51/52.

[100] "Lo primero de las leyes es la creencia en los dioses: con ello hizo Licurgo más puros y virtuosas a los lacedemonios, Numa a los romanos, el antiguo Ion a los atenienses y Deucalión a casi todos los

El conocimiento que Cicerón manifiesta sobre Licurgo no parece sustentado en una fuente griega mejor que la que los autores ya citados tuvieron a mano. Para el orador romano Licurgo representa algo muy cercano al ideal del viejo republicano, el hombre duro, de sólidos principios e inalterables convicciones. Conoce la tradición sobre el lacedemonio y sobre todo, la autoridad que aún destila toda obra humana que se vincule, no ya a su directa actividad, sino incluso a su espíritu. Como en otras ocasiones, el arpinate saca provecho de su defensa de los valores aristocráticos cuando alaba a Licurgo y subraya que, al fin y al cabo, este griego legisló que gobernaran los ricos, sirviéndose del trabajo de los más pobres, que Cicerón nombra como la plebe[101].

Para el senador la idea de que la historia de los estados era obra de grandes personalidades, se reforzaba en tanto pudiera estar bien definida y concretada en el tiempo, pues el dato, la fecha precisa era notorio que suponía un plus de autenticidad, señalando que había mucho invento admitido como auténtico en el estudio de la antigüedad, a veces incluso, inventos muy toscos, para añadir que en su tiempo, el siglo I a.C, eso sería ya imposible de hacer. En este contexto, Cicerón aporta datos cronológicos precisos sobre Licurgo, que probablemente no tomó de fuentes griegas, sino acaso de la obra que su amigo Ático debía haber terminado recientemente. Se trata del libro que titula *liber annalis*, obra con la que el banquero esperaba poner orden en el marasmo de fechas que a su juicio envolvía buena parte de la historia pasada. Según esta cronología, Licurgo había promulgado sus leyes en el 884 a. C. y Homero sería 30 años más viejo, por lo que sale el 924 a.C. para el rapsodo griego[102].

Plutarco, cuya biografía de Licurgo se considera tomada de *La República de los Lacedemones,* de Jenofonte, advierte desde el principio de su relato de que todo cuanto se diga de Licurgo está sujeto a dudas, y expone algunas de éstas en relación con la fecha de nacimiento, e incluso sobre la existencia de otros personajes del mismo nombre que reivindicaron la gloria del lacedemón. Desmiente la tradición de que diera leyes escritas, algo que contrasta con el abundante material sobre leyes, reales y ficticias, con las que los escritores clásicos trazan los perfiles de legisladores posteriores. Así, la tradición sobre el personaje se manifiesta imprecisa en datos y sumergida en una nebulosa de opiniones, que tratan más de justificar su incompleto perfil que construir su biografía en el contexto histórico en que se supone que había actuado.

---

griegos (Deucalión, hijo de Prometeo y padre de Helen, epónimo de Helenos, Ión, nieto de Helen, epónimo de jonios) utilizando sus esperanzas a la vez que sus miedos para inculcarles por medio de las plegarias, juramentos, oráculos y augurios, un profundo sentimiento religiosos ... si viajas por el mundo podrás ver ciudades sin murallas, sin casas, escrituras, riquezas, moneda, teatro o gimnasio, pero no verás nunca una ciudad sin templos ni dioses, que no recurra a plegarias, juramentos, oráculos, sacrificios por los bienes recibidos y ritos para conjurar los males. Es más fácil fundar una ciudad sin suelo, que una ciudad cuyo gobierno perdure sin creencias en dioses", Cic. *deor.* i.2; cf. Plut. *mor.* 1125 D/E.

[101] Cic. *Att.* i.13.3; *rep.* iii.16: "Licurgo, el famoso inventor de leyes óptimas y de un derecho justísimo, hizo que la plebe cultivara como sierva las fincas de los ricos". Cicerón y las leyes griegas, E. Balogh, (1948) 1/27.

[102] "La primera Olimpiada se coloca 108 años después de que Licurgo hiciera escribir sus leyes, y a Homero se le antepone por lo menos 30 años respecto a la edad de Licurgo, ... la Antigüedad admitió leyendas inventadas, incluso a veces, muy rudamente, pero esta otra época ya cultivada rechaza todo lo que no es posible", Cic *rep.* ii.10,

A Licurgo se le hace viajar y ponerse en relación con los portadores del saber de su tiempo. Así, vive en Creta unos años, porque a los ojos de la tradición el modelo de gobierno de los cretenses, resultaba muy parecido al espartano, y además, al ser aquel más antiguo, podía ser presentado como escuela de la formación del legislador lacedemonio, una garantía del éxito de su posterior actividad reformadora. Al igual que los decenviros de la república romana primitiva, que antes de recopilar sus leyes, viajaron a aquellos lugares de los que se sabía que las tenían maduradas de antaño. Al mismo tiempo, con esta ficción se encauza al héroe en los parámetros de la realidad, se le "humaniza" y se le inserta en la cotidianeidad, desde la dimensión sobrenatural y sagrada con la que se inicia su biografía.

De la isla se le hará viajar a Asia, donde tiene la oportunidad de conocer y comparar el régimen de los jonios, de costumbres profusas y ostentosas, con el austero y moderado de los dorios. Allí descubre a Homero, cuyos poemas tuvo ocasión de conocer, acaso en Samos, puesto que su propietario era un tal Creófilo, del que la tradición dice que fue huésped. Copió Licurgo los poemas y se los llevó consigo. Igualmente los egipcios afirman que fueron visitados por el lacedemonio, y que de ellos tomó Licurgo su administración militar, y aún viajó a Libia y la Península Ibérica, y se asegura que recorrió la India, viajes todos ellos, que sirvieron para enriquecer con las aportaciones de pueblos y regiones el modelo de sociedad que implantó entre los dorios[103].

Coetáneo de un hijo de Heracles, héroe a imitar por la nobleza de sus actos, la calidad de la obra de Licurgo, como de cualquier otro personaje de rango excepcional, viene garantizada por su conexión con los dioses o sus derivados, los héroes. Como un Moisés lacedemonio, Licurgo es inspirado por la divinidad, aquí a través del oráculo de Apolo en Delfos, donde la Phytia le anuncia lo que el dios había decidido transmitirle para devolver a Laconia el buen gobierno. Así, con este mensaje, reunió a los principales y les comunicó la noticia [104].

El Licurgo de Plutarco no dio leyes escritas, sino consejos, mandatos. El lacedemonio habló a los ciudadanos, tras el oráculo de Apolo, pues ése es el significado de *rethra,* palabras, aquello que se dice, la mera expresión del discurso. Plutarco resaltaba el perjuicio que ocasionaba la escritura como congelación imposible de una realidad que era viva por esencia, y ponía en boca del legislador dorio el consejo de no adquirir dominio de los signos del alfabeto más que en su forma más elemental y práctica, es más, una de sus *rethrai* prohibía expresamente tener leyes escritas, y añadía "y puesto que la virtud y la felicidad de los ciudadanos estaba cimentada en la costumbre y los usos ... creyó que los asuntos de entidad menor era mejor no circunscribirlos a la

---

[103] Licurgo en Creta, Herod. i.65; Plut. *Lic.*iv.1; Egipto, cuya cultura milenaria todos refieren, se convierte en parada obligada para Licurgo, Solón, Pitágoras y el mismo Platón, en Diod.i.98.1/2

[104] Descendía Licurgo de Patrocles, Soo, Eurytion, Prytanis, Eunomos, y de éste último a su vez descendían Polidectes y Lycurgo de Dianasa, siendo nuestro legislador undécimo desde Heracles, Plu. *Lic.* 1; *mor.* 226 A/B; Plut. *Lic.* 5. Dice Cic. *de div.* i.95/96, que cada uno de los reyes espartanos tenía dos *pythioi* - como los dos *páredroi* que había por arconte -, especie de augures, que actuaban como mediadores entre los reyes de Esparta y el oráculo de Delfos. Como Tarquinio Prisco y su augur Attus Navus.

naturaleza invariable que supone la escritura dejarlos para que los juzgaran según las circunstancias, que añaden o quitan"[105].

La construcción de la figura de un gran legislador, como Licurgo o Solón, participa de esquemas en los que invariablemente se reproducen actuaciones similares para contextos semejantes. Licurgo impone la justicia, que se basa en la igualdad y el reparto equitativo de los bienes, tradición que parece venir de la revolución impulsada por el rey Agis IV de Esparta, siglo III a.C., que para algunos era el modelo tomado por Plutarco para construir esa parte concreta de la biografía de Licurgo. Como Licurgo, o quizás al revés, Agis dio una *rethra* por la que los deudores quedaban libres de deudas, el territorio se dividiría en 4.500 lotes, - frente a los 100 *espartiates* que ahora tenían lotes – para los ciudadanos, y el resto del territorio en 15.000 lotes para los periecos. Pero de Agis se dice que era joven y codicioso de fama, él mismo decía querer imitar a Licurgo, por lo que su reforma fue impedida y finalmente, condenado a muerte por su colega Leónidas y los éforos[106].

Licurgo suprimió las deudas y se propuso repartir a partes iguales todo lo que había en las casas para hacer desaparecer la desigualdad. Como los ciudadanos no lo aceptaban, dejó sin valor las monedas de oro y plata, y decretó sólo el uso del hierro, con un peso de una mina de Egina, con valor de 4 bronces, e hizo desaparecer la injusticia, el robo, el soborno, pues no había nada que valiese para vender ni para comprar, ni atesorar. La prescripción de todo lo superfluo, el lujo en funerales, y los comportamientos en los mismos, presentes en Solón, en las Doce Tablas y en otras legislaciones y personajes – como Catón el Censor -, es tarea asignada igualmente a Licurgo, por una tradición que subrayaba así los rasgos de quien era presentado como erradicador de cuantos vicios y costumbres perniciosas atenazaban a la sociedad de su tiempo. Mercaderes, sofistas, adivinos, mendigos y artistas, todos ellos tuvieron vedada la entrada en Esparta.[107].

5. Los legisladores de Occidente.

La información de Diodoro, que era natural de la región, sobre las leyes siracusanas se enmarca en el ámbito de la gestión política de gobernantes que se sucedieron en el tiempo. Frente a cualquier tradición que situase en los orígenes de Siracusa al legislador único habitual, las fuentes que el historiador siciliano utiliza parecen estar

[105] "Unos dicen que fue coetáneo de Ífito, hijo de Hércules, ... según Eratóstenes y Apolodoro, fue pocos años anterior a la primera Olimpiada ... Timeo sospecha que hubo dos Licurgos en Esparta, en tiempos distintos, y los actos de ambos el tiempo los confundió en uno sólo, siendo el más antiguo de los tiempos de Homero, Plut. *Lic.*1; 13. 1/3; 5; 9.1, 10.1; cuando preguntaron a Cárilo, rey de Esparta, hac. 874/811 a.C por qué Licurgo había establecido tan pocas leyes, respondió que a los que usan pocas palabras no les hace falta muchas leyes, Plut. *mor*. 189 F. En otro pasaje, de nuevo al preguntarle a Licurgo por qué no usaba de las leyes escritas, este dijo: "quienes se educan e instruyen en la disciplina debida deciden lo idóneo en cada ocasión", *mor.* 227 B; leyes no escritas atribuídas a Licurgo, S.C. Humphreys, (1997) 543.

[106] Plut. *Agis,* 8; 18;19; *mor*. 226 B.

[107] "Extirpó toda la superstición en torno a los entierros, permitiendo enterrar a los muertos en la ciudad, prohibió las inscripciones en las tumbas, estableció un tratamiento igual para todos, e impidió enterrar cosa alguna junto al cadáver. Hizo desaparecer el luto y las lamentaciones", Plut. *mor*. 226 D; 238 D; *Lic.* 9.1, 10.1; 13.1, 3;5; xvi.10; De hecho, en *mor.* 225 F, el modelo de conducta típico espartano, promovido por Licurgo, supone un cambio hacia la moderación y la austeridad respecto de una etapa anterior. Se decía que los espartanos no acudían ni a comedias ni a tragedias, para no oir ni en serio ni en broma a quienes hablaban en contra de las leyes, Plut. *mor.* 226 C. 239 B, cf. Platón, *Leyes,* 816 D.

mejor informadas sobre el pasado de aquella ciudad. Por el contrario, sus leyes fueron producto de una labor desarrollada a los largo de más de dos siglos, desde fines del siglo V a fines del III a.C., labor en la que se recuerda a un tal Diokles, a un tal Kephalos, de tiempos de Timoleón, 345-337, y a Polydoros, de tiempos de Hierón, 265?-215 a.C. Sobre ese Diokles, sin relación con al político del mismo nombre de esa misma centuria, hay una fuerte tradición como legislador en ciudades como Corinto, Megara, Eleusis y Tebas, donde gozó de la consideración de héroe, lo que hace probable que dicha tradición se trasladase a Siracusa con los primeros colonos dorios de esas villas, de manera que, como subraya Diodoro, "era tal su fama que pese a que la redacción del código fue una obra de conjunto, el pueblo conoció las leyes siracusanas como "las leyes de Diokles". Una vez muerto, la ciudad rindió a Diokles honores de héroe, construyéndole un templo en su honor[108].

En el siglo IV existía entre los escritores griegos una tradición consolidada sobre las constituciones originales de las colonias de Occidente. Aristóteles explicaba en términos elementales el desarrollo de las leyes políticas y sociales de aquellas ciudades de Sicilia y Sur de Italia, de las que poseía información, en unos términos elementales que aseguraban su comprensión. La estructura del relato acostumbraba a ser simple. Se daba primero una fundación, o una conquista que daba paso a una refundación de la ciudad, en la que los vencidos pasaban a ser insertados en una nueva estructura de tribus urbanas, que se creaban ahora para sustituir a las antiguas. Los de Thurii, en Lucania, sur de Italia, tras apoderarse de la colonia de Sybaris adscribieron a sus ciudadanos en diez tribus, el mismo número en las que ellos tenían clasificada a su población, de distintos lugares de procedencia. A continuación se escogía un legislador para que hiciera las leyes, posición que recaería en el hombre más admirado, en el mejor de los ciudadanos – Carondas de Catania -, de cuyo éxito, asegurado de antemano, se daría cuenta en el mito. A continuación, el legislador marchaba a otras ciudades, a las que también beneficiaría con sus leyes. En otras versiones, el relato hace preceder la labor institucional del legislador con viajes previos a otras ciudades, cuyas leyes estudiaría, a fin de tomar lo mejor de cada una de ellas e incorporarlo a las que él mismo propondría en el futuro[109].

En su forma, vemos que el relato condensa hechos y periodos y los atribuye a personajes concretos. Como a los héroes troyanos, se les hace viajar de una a otra ciudad, en las que dejan su benéfica actividad legisladora. La expresión de las fases temporales, de lo anterior y posterior, se simbolizan mediante la cercana y comprensible dualidad maestro/discípulo, de la misma forma que para otros argumentos resultó más conveniente e ilustrativo el binomio padre/hijo. Así, Aristóteles comienza hablando de Androdamante de Regio, que viaja a Tracia donde elabora las leyes de las ciudades calcídicas, leyes que regulaban sobre el asesinato o sobre las mujeres herederas, y de las que el estagirita confiesa no poder añadir un solo

---

[108] Diod. xiii.9.4; 33.1/35.1; 3, tanto Cefalo como Polydoro fueron considerados intérpretes de leyes, no legisladores, pues tuvieron que interpretar las leyes de Diokles, que por estar escritas en estilo antiguo, resultaban difíciles de entender. La tumba de Diokles también se enseñaba en Megara, y cada primavera se le dedicaba un festival. De Megara una leyenda le traslada a Eleusis, y luego aparece en Tebas, donde igualmente tenía otra tumba. Arist. *Pol.* ii. 1274 A 31, le vincula al legislador Philolaos como amante, Sealey, (1994) 26. Sobre Diokles, legislsador, M.H. Hansen, (1990b) 63/71.

[109] Diod. xii.11./3/4; P. Aubenque, (1980) 145/157.

dato más. A continuación habla de Zaleuco, legislador entre los locrios occidentales - fechable en el siglo VII -, del citado Carondas de Catania, su discípulo, - por tanto, posterior, del s. VI -, que además de a su ciudad dio leyes a otras ciudades calcídicas de Italia y Sicilia. A Zaleuco le hace compañero de Licurgo, el legislador lacedemonio, y discípulo de otro locrio de ilustre recuerdo, Onomácrito, del que la tradición dice que siendo el primer experto en legislación, lo que puso en práctica en Creta, la cuna de ley para los griegos, pese a ello vivía de ejercer el arte adivinatorio. El mismo Solón viaja a Egipto, donde recibe enseñanzas de un tal Sonquis de Sais. Para un público no muy cultivado una explicación de las cosas en tales términos aportaba certeza y credibilidad a todo aquello que no resultaba manifiesto, como solía caracterizar a cuanto se relacionaba con la evocación del pasado[110].

La forma de desaparición de hombres incluye el sistema por el cual la tradición prescinde de sus servicios, una vez que éstos ya han encontrado acomodo entre los agraciados beneficiarios, y lógicamente debía ser consecuente con la vida excepcional que la tradición les asignaba. Nada por tanto, asimilable a lo que podía esperarse de cualquier ser humano. Las muertes de Diokles y Carondas, paradigmas de rectitud e integridad en la tradición, estuvieron en perfecta sintonía con lo que habían sido sus vidas. Dice el relato que estando armados en el *agora* de sus respectivas ciudades, algo que una de sus propias leyes castigaba con la pena capital, fueron preguntados sobre qué iban a hacer al respecto, y como respuesta, ambos resolvieron suicidarse[111].

La información que Diodoro aporta sobre el significado de la figura de Zaleuco y sus leyes, tiene los elementos de una reconstrucción interesada. Diodoro dedica varias líneas a reforzar la conexión entre Zaleuco, figura venerable para todos los griegos de la posteridad, y los dioses, verdaderos artífices de las normas, de manera que con tal conjunción, no existía lugar para la duda sobre el éxito de su obra[112]. Las leyes resultaban ser el mensaje cierto de la inspiración divina, y como tales, no recusables, porque recusarlas sería tanto como recusar a los dioses. De esta forma natural, la divinidad se convertía en instrumento al servicio de quienes asumían la función de

---

110 Arist. *Pol.* 1274a/b. De un héroe o dios podía predicarse cualquier asunto, que añadiría nuevos elementos enriquecedores para unas entidades ya de por si complejas. Pero no pasaría de constituir un mensaje ajeno al oyente. Pasaría a ser asumido como real y cercano, si de aquel personaje, sea héroe o dios, se adujeran detalles cercanos, obvios y perfectamente comprensibles, detalles enmarcados en el mundo de nuestras percepciones. Así, un dios puede provocar tal o cual catástrofe natural, pero lo asimilaremos como algo que nos concierne si el tal dios tiene padres, hijos, esposa, amantes, ideas, pasiones, celos, frustraciones, alegrías, deseos, etc.., como cualquier ser humano. Como en el mito, la humanización ayuda a asimilar el dato y es medio de conservación y transmisión de "cosas". Zaleuco, discípulo de Pitágoras, en Diod. xii.20.1/2. Plut. *mor.* 354 E; al haberse instruido y educado entre hombres sabios durante su juventud, como consecuencia él llegó a ser aclamado como uno de los siete Sabios, y se ganó el rango más alto en sagacidad, Diod. *frags.* ix.1.

111 Diod. xiii.33.2/3; xii.19.1/2. Carondas fue el primero en perseguir por ley el falso testimonio, Arist. *Pol.* 1274b. Expuso a los falsos acusadores a la opinión pública, obligándoles a llevar una corona de tamarindo, lo que para muchos se hizo insoportable y prefirieron el suicidio, Diod. xii.12.2.

112 "Zaleuco de Locri, Italia, admirado por su educación, fue elegido legislador – *nomothetes* -, escribió un nuevo sistema de leyes, que empezaba con los dioses del cielo. La primera premisa de la que partía era que todos los locrios asumieran que los dioses existían, la segunda era que las cosas creadas no eran resultado de la suerte o del trabajo de los hombres, y la tercera, que los dioses eran la causa de cuanto de bueno había en la humanidad", Diod. xii.20.1/2; sobre Zaleuco, G. Camassa, (1986) 139/146.

interlocución con los dioses, de quienes monopolizaban la interpretación de sus decisiones, lo que llevaba a su identificación con las oligarquías dirigentes[113].

Siendo éstos los puntos básicos en los que se articula el relato, el análisis contextual nos obliga a establecer algunas objeciones. De lo que sabemos acerca de las fundaciones coloniales griegas en general, parece cierto que una de las ventajas con las que los colonos contaban de partida, era la necesidad de elaborar una constitución que sirviera a individuos de las más variadas procedencias políticas y culturales existentes. Campesinos, esclavos, fugitivos de la justicia, exiliados políticos, etc.., que dejaban atrás ciudades gobernadas por diferentes minorías políticas. La colonia suritálica de Locrii era resultado del asentamiento de varias poblaciones locrias orientales de la Hélade, como *Opuntii,* y *Ozolae,* de los locrios occidentales. Con estos elementos, la constitución de la nueva ciudad surgía sin el legado aristocrático de los linajes y la nobleza de sangre, con una raíz forzosamente ecléctica, que daba respuesta a la ciudadanía heterogénea cuyo nexo común, partiendo de cero, solía cifrarse en la capacidad económica de los individuos. Con independencia del marcado papel que las metrópolis dorias mantuvieron en sus colonias, resulta poco convincente que la patria de Zaleuco, según el relato de Diodoro, naciera con un gobierno en el que tuviera algún sentido el citado argumento sobre los orígenes de la ley, algo que sólo se valoraba en las ciudades que presumían de contar con los orígenes más antiguos de todos los griegos. Nacían las colonias ajenas a estos contextos, salvo que tales orígenes coloniales fueran el resultado de una reconstrucción "a posteriori", cuando la colonia ya evolucionó hacia esas posiciones más conservadoras, propias de las metrópolis, "recreando" ese pasado de manera que éste, justificara las posiciones actuales, fuesen éstas las de Diodoro, a fines del siglo I a.C., o la de su fuente, Éforo de Cumas, tres siglos antes[114].

De Zaleuco se citan severas normas contra la licencia de las mujeres, que las impedía ir a acompañadas de más de un hombre, salvo que fueran borrachas, o abandonar la ciudad por la noche, llevar joyas de oro o vestidos con borde de púrpura, salvo que fueran cortesanas. Leyes en la línea de las que la tradición correspondiente atribuye a Catón el Censor en la Roma del siglo II a. de C.

Por encima de lo que expresa en sus escritos, la posición de Cicerón está en armonía con la actitud que muestra sobre los acontecimientos cotidianos de la vida. Puro eclecticismo. Según le interese, así se manifiesta, criticando con dureza la opinión común por todos seguida, o sumándose dócil a la ortodoxia vigente sobre cualquier asunto, aunque en su interior disienta. En carta a Ático el arpinate pone en duda cuestiones aparentemente bien asentadas en la erudición de su tiempo, que afectaban a

---

[113] Según V. Max. i.2. ext.4, Zaleuco, tenido por los locrios como el hombre más sabio del mundo, afirmaba que Minerva le inspiraba

[114] *Locri Epizephyrii*, fundación de hacia el 700, su oligarquía se denominaba la de las Cien Casas, fundó sus propias colonias y mantuvo buenas relaciones con Siracusa y con Roma, en tiempos de Polibio. Emulando a los espartanos "fabricaron" su Licurgo en la figura de Zaleuco, personaje acaso histórico, pero claramente mitificado e incluido en el pabellón de los héroes, al que atribuyen todas las leyes, Str. vi. 259 ss.; Pindaro, *Ol.* 10 y 11; *Phyt.* 2; Tucid. Bks.3/8; Diod. Bks. 12/14; Justino xx.2; Livio xxii y xxix; véase las constituciones de Massalia o de Cartago, en las que el poder viene determinado por la riqueza, como en la Atenas postsoloniana o la Roma postserviana. R. van Compernolle, (1981) 759/769 ; F. Cordano, (1982) 89/98.

temas que en su entorno de intelectuales se consideraban notorios, sin que podamos precisar la naturaleza de cada una de las cuestiones. Habla de los errores del historiador Duris de Samos, sobre si fue Alcibíades quien, camino de Sicilia, arrojó al mar al comediógrafo Eupolis, sobre el *scriba* Cn. Flavio, sobre los *fasti,* sobre el filósofo Teofrasto, discípulo de Aristóteles, y sobre Zaleuco, el legislador de los locrios de Occidente. Todos ellos, excepto el último, fechados a fines del siglo IV a.C. Cicerón expresa aquí la opinión de Timeo, que hace suya, como otros muchos, pero nadie se atreve a sostener por escrito: que Zaleuco fuera realmente el autor de las leyes de los locrios[115].

Ésta y las otras son para Cicerón falsedades no por evidentes menos extendidas y aceptadas por casi todos. Estamos ante uno de los raros impulsos de sinceridad del orador, no muy proclive a dar publicidad a sus sentimientos más íntimos, ni siquiera con Pomponio, sin duda su mejor amigo. En su tratado *de natura deorum,* apenas hay unas líneas - de un total de cuatro *libri* - para dar cuenta de pasada sobre su escepticismo acerca de los dioses, confesión que contrapesa con su apoyo al culto oficial de los mismos que promueve el estado romano, pues consideraba conveniente para la *res publica,* decía, que el pueblo mantuviera esas creencias. Una difícil pero constante compaginación entre lo bueno y lo útil, conceptos de los que habla en el tratado de los deberes. De hecho el mismo Diodoro, que se ocupa de transmitir datos precisos sobre algunos de estos legisladores, no duda de que buena parte de sus leyes no fuesen sino pura invención vertida en tertulias de diletantes y eruditos[116].

Al griego Carondas de Catania se le atribuyen leyes que castigaban a los padres que abandonaban a sus hijos, dejándolos a cargo de madrastras, y prohibiéndoles formar parte de los consejos, pues quien se comportaba tan mal con sus hijos no podía aconsejar en su patria; leyes contra la asociación perniciosa, pues las malas personas, como en una enfermedad contagiosa, infectaban a las buenas. Todos los hijos de ciudadanos debían aprender a leer y escribir, y los maestros recibirían un salario de la ciudad; los hombres incapaces de asumir sus propios gastos por falta de medios, serían apartados de las más nobles empresas. Otra ley de trataba sobre la protección de los huérfanos, cuyas propiedades pasarían a ser administrada por el pariente más próximo en la línea del padre, aunque debían ser los parientes en la línea materna los que les

---

[115] *E quibus (libris de republica) unum requiris de Cn. Flavio Anni f. Ille vero ante Xviros non fuit . . . Quid ergo profecit, quod protulit fastos ? Occultatam putant quodam tempore istam tabulam, ut dies agendi peterentur a paucis, ... Quis Zaleucum leges Locris scripsisse non dixit* ?, "Respecto de los de Flavio y los fastos, si no es correcto, es error común, tu estabas confundido y yo seguí la opinión casi oficial, como ocurre con muchas cosas entre los autores griegos, ¿Acaso está Teofrasto por los suelos – que afirmó una cosa así – porque Timeo había criticado tal cosa?... ,¿quién no ha dicho que Zaleuco había redactado las leyes de Locros?", Cic. *Att.* vi.1.18. En su *de legibus*, de fecha posterior, no puede dejar de hablar de los legisladores consagrados en la tradición, y ya no hay atisbo de crítica, la ortodoxia se impone. Lo importante es lo que la tradición dice, por encima de que sea o no verdad, llega a decir. "Y no te pido las leyes de Licurgo ni las de Solón, Carondas – legislador de Catania, en Sicilia – o Zaleuco – de los locrios epizefirienses, hac. 640 a.C. -, ni nuestras Doce Tablas ni nuestros plebiscitos ... debes darnos – dice Quinto a Marco – unas leyes de vida y disciplina aplicables tanto a los pueblos como a los individuos, Cic. *leg.* i. 21; ii.6.

[116] Eran falsas las leyes que hablaban del castigo que debía recibir quien ocasionaba la pérdida de un ojo, del que tenía dos, o al que sólo le quedaba uno, o las atribuidas a la mujer casada, según actúe de una u otra forma, hasta agotar las circunstancias, Diod. xii.17; 21.

acogieran. Pero es ingenuo pensar, decía Diodoro, que la familia materna cuidaría de un huérfano cuya herencia se quedaba en la línea paterna[117]

6. Solón de Atenas.

A fines del siglo V, hablar de las leyes de Solón era hablar de cuantas leyes, normas, decretos, etc.., se identificaban como fundamento del estado ateniense primitivo. Así, para los atenienses clásicos, de la misma forma que el origen de su pueblo tenía que ver con Homero, su sistema democrático había nacido con las leyes de Solón. Porque las leyes de Solón y probablemente las de Licurgo de Esparta, eran de las pocas que al tiempo que abordaban asuntos privados eran auténticas leyes de reforma política. Para los juristas y una parte de la intelectualidad romana del final de la República los fundamentos de su *ius civile* estaban en las Doce Tablas, aunque los nexos entre ese *corpus* y las leyes de fines de la República fuesen exiguos[118].

Este sentimiento de conexión y dependencia con una Atenas del pasado tenía mucho que ver con la crisis desencadenada en la ciudad, al final de la Guerra del Peloponeso, que abocaba al estado democrático a afrontar sus peores momentos. En este contexto de decadencia no solo política sino moral, de pérdida de valores y resquebrajamiento de las certezas hasta ahora mantenidas sobre la función de la constitución del siglo V, es natural que los intelectuales moderados desempolvaran la figura de Solón, nunca del todo olvidada, que emergía ahora del recuerdo y se revalorizaba como gran patrono y fundador del estado democrático. En los tratados aristotélicos aquel legislador era un demócrata porque no abolió ni el Consejo ni las magistraturas, y permitió que todos participasen en los tribunales y tal participación viniese garantizada por el sorteo.

Era Solón un buen demócrata porque sustituyó las duras leyes de Dracón, a excepción de las referentes al homicidio, en prevención de desórdenes. En fin, como un Licurgo jonio, la figura de Solón era ahora reivindicable porque en su tiempo restauró el imperio de la Justicia y la Ley, frente al lujo y la licencia. Pero sobre todo, su bondad como legislador quedó establecida desde el momento en que se le atribuyó la abolición de los males de la sociedad ateniense, las causas de los conflictos y las crisis, como eran la esclavitud por deudas, la falta de tierra, el abuso de poder de la oligarquía y todos aquellos problemas que conocemos a través de su actividad legisladora[119].

---

[117] Leyes de Carondas, Diod. xii.12.1/3; 15.1/3, C. Castello, (1990) 361/368; según Dionisio ii.26.1/2, Rómulo dio leyes sobre el respeto que las mujeres habían de observar para con sus maridos, y los hijos hacia sus padres. Tenían que tener a sus maridos, y los hijos hacia sus padres. En relación con normas similares de Sólon, Pítaco y Carondas, las de Rómulo eran más severas, elogiando el de Halicarnaso la amplitud de la *patria potestas*, que en ellas se establecía.

[118] Como el fragmento que conservamos de una ley de Chios, de principios del siglo VI, en la que se habla de apelaciones a la asamblea del pueblo, de demarcas, de *rethras* – decretos del pueblo – y del *basileus,* E.W. Robinson, (1997) cf. R. Thomas, (2005) 46. Solón hizo las leyes, *nomi,* para los atenienses, Herod. I.29.1. Eran leyes inmutables, pensadas para cien años, o sea, la eternidad avaladas por los otros seis sabios de Grecia, como ratificaba Plut. *mor.* 151 E/F; 152 A; Arist. *AP* vii.2; Plu. *Solón,* 25.

[119] A pesar de las contínuas adiciones, los atenienses siguieron llamando a sus leyes, "leyes de Solón", Demost. 20.92; Arist. *AP* iv.1;v.3; vii.1; *Pol.* 1274 a; Plut. *Solón,* 2; 13/17.1; *Licurgo,* v.4; *mor.* 1127 B; Solón, *philodemos,* amigo del pueblo, Aristófanes, *Las Nubes*, 1187; Solón, un continuador, en D. S. Stroud, (1968) 77/82; sigue igualmente el discurso aristotélico, K./J. Hölkeskamp, (2005) 287 y 290. El gobierno de los 30 tiranos se descalifica por su rechazo a valores que se consideraban cimientos de la

La recuperación de aquellas leyes no estuvo exenta de dificultades, como era de esperar de unos preceptos de los que se decía que, ya cuando fueron promulgados empleaban un lenguaje oscuro y no comprensible siquiera para los más avisados, de manera que se hacía preciso el continuo concurso de la interpretación de los jueces. Con estas dificultades de base, las leyes que dos siglos más tarde los atenienses conocían era un fárrago de normas cuya estructura y organización interna, de haberla poseído en sus orígenes, el tiempo transcurrido y los defectos de transmisión habían ocasionado que éstas se perdieran por completo. Pese a todo, aquellas leyes volvieron a ser publicadas para que el pueblo ateniense las pudiera contemplar, al parecer en el Pritáneo, en *tabulae* de madera, *axones*, según la información, si aceptamos la noticia de Pausanias que en el siglo II d.C. decía que aún allí podía verse algunos de sus restos.[120]

No sabemos ni el número de leyes que Solón promulgó ni la extensión material que ocupaban, siendo conjetura la hipótesis que tiene en cuenta los datos sobre número de tablas suministradas por Plutarco. En efecto, el de Queronea habla de la ley octava, *nomos*, de la tabla decimotercera de Solón, en la que se hablaba sobre el perdón a los exilados políticos, y en otro lugar se cita la tabla decimosexta, lo que obliga a señalar algunas consideraciones. En primer lugar, nada tiene que ver lo que se identifica como leyes de Solón con lo que se definía y consideraba como ley en Roma desde al menos el siglo II a. C. Lo que los textos nombran como leyes de Solón son en realidad escuetos extractos de las materias sobre las que trataban, enunciados sintéticos en forma de sentencias de pocas palabras y líneas, que podrían ser reflejo fiel del modelo de leyes que se promulgaban en los tiempos primitivos, o el resultado final de un proceso de transmisión que reelaboraba los vestigios desordenados de un legado ya casi perdido. En este segundo caso, la reelaboración contó con modelos bien conocidos, como las Doce Tablas romanas, que más adelante trataremos, de formato y contenidos que no pierden de vista lo que los autores nos indican sobre la legislación soloniana[121].

De la amplia gama de aspectos tratados, deudas y *nexum* marcan un referente de resolución política para una cuestión que aquejaba con frecuencia a la sociedad antigua. Junto con la falta de tierra, las deudas eran de los asuntos recurrentes que provocaba conflictos sociales y obligaba a promulgar leyes que, en el mejor de los casos aliviaba temporalmente las cargas a los afectados, para volver éstas a regenerarse

---

sociedad ateniense, como las leyes de Efialtes y Archestratos sobre le Areópago, las, para ellos, ambiguas leyes de Solón y la autoridad de los jurados", Arist. *AP*., 35.2, R. Thomas, (2005) 41.

[120] "Las leyes de Solón, como la de las herencias e hijas herederas, estaban redactadas sin sencillez ni claridad, por lo que necesariamente surgieron muchas dudas y tanto en lo común como en lo privado, todo debía ser sometido a la opinión del tribunal. Algunos piensan que hizo las leyes poco claras para que el pueblo fuera soberano en el juicio, pero no es verosímil", Arist. *AP* ix.2. En Solón, como en Dracón, la tradición transmite un repertorio de leyes sin orden interno, en el que se mezclaban toda clase de materias, H. Maine, (1972) chapter 1; "cerca está el Pritaneo, donde están escritas las leyes de Solón,", Pausan. i.18.3; los *axones*, en Gellio ii.12, *in legibus Solonis illis antiquissimis quae Athenis axibus ligneis incisae sunt,* Plut. *Solon* xxv.1. El Consejo obligó a jurar a cada uno de los *thesmocetes* a jurar que no quebrantaría esas disposiciones, y en tal caso ofrecerían en Delfos una estatua de oro a su propia medida E. Ruschenbusch, (1966) 139 ss., ordena las llamadas leyes de Solón por los temas tratados. *Vid.* Sobre los axones solonianos, J. Andrewes, (1974) 21/28; H.R. Immerwahr, (1985) 117/121; N. Robertson, (1986) 147/176.

[121] Plut. *Solón,* 19.4; 23; K./J. Hölkeskamp, (2005) 280/293.

apenas transcurridos unos años[122]. Para Moses I. Finley, éste fue el problema que motivó el nombramiento como *aisymnetes*, árbitro o mediador, y se buscaba con ello que la oligarquía terrateniente no bloqueara la redistribución de tierra y de cancelación de deudas que la mayoría demandaba. Solón liberó las cargas a los ciudadanos y removió los *horoi* de las tierras donde estaban hincados, perífrasis de su *seisachtheia.* Para Diodoro la abolición del *nexum*, aceptar al deudor como garantía de pago y por tanto, propiciar la servidumbre en caso de insolvencia, Solón lo tomó de las leyes egipcias, a cuyo país viajó precisamente para aprender de sus leyes[123].

En relación con los juicios sobre injurias, una novedad nos parece aquí reseñable. En primer lugar, la ley de Solón estableció que tales ofensas se resolvieran ante un tribunal, suponemos que presidido por un oficial público, y en segundo lugar, que la ciudad ingresara en su caja dos dracmas del total de cinco que la parte condenada debería pagar en concepto de compensación económica por la falta concreta que se nos tipifica. Respecto a los juicios, Solón prohibió las injurias de palabra en los sacrificios, en las causas, en las juntas y en los espectáculos, ordenando que al particular se le pagasen tres dracmas y dos al erario público. Probablemente la novedad aquí estriba en que primero, esas faltas se resuelven ante un tribunal, suponemos que presidido por un empleado público, y segundo, que por ello, la ciudad ingresa una cantidad en concepto de multa, en una delito como la injuria, en el que la víctima y el ofensor son privados. No sé si es demasiada presunción asumir con esta norma que a principios del siglo VI este tipo de faltas, hasta ahora resueltas en el ámbito privado, pasaron a ser competencia de los tribunales públicos. Al menos como una segunda instancia, para cuando la falta de acuerdo entre particulares hacía insoluble los litigios[124].

Cicerón reconoce saber poco o nada de las obras de personajes como Pisístratos y Clístenes, más allá de las parcas noticias que la tradición había conservado sobre ellos. De Solón tenía alguna información, como la de que se le consideraba uno de los siete sabios griegos, que había redactado leyes, de algunas de las cuales, como las relativas a tumbas y funerales, conocía detalles, y que muchas de ellas aún estaban vigentes. Todo cuanto escribía sobre personajes de los tiempos primitivos, como el joven Coriolano, él mismo confesaba que era inventado. A través de Aristóteles, o de los escritos de sus discípulos Teofrasto, o con mayor probabilidad de Demetrio de Fáleron, intelectual y tirano de Atenas por orden de Casandro entre el 317 y el 307, Cicerón conoció una copia de sus leyes, el ideario social y político que Solón propugnaba para su pueblo, programa que se identificaba punto por punto con los valores morales y políticos que eran asumidos por los miembros de la *prima classis* de la sociedad romana. Su

---

[122] Plut. *mor*. 828 B; Solón, 86 D / 87 D; Alejandro se hizo cargo de las deudas de los insolventes, pagando él mismo a los prestamistas, Plut. *mor*. 399 C; 343 D; M. I. Finley, (1981) 63. En esa misma línea, W. Eder, (2005) 247.

[123] Diod. I.79.5; Plut. *Solón*, 15; En Roma también se anuncia como un hecho, como pretende la *lex Poetelia Papiria* del 326, aunque la realidad fue distinta, siguió habiendo *nexum*, y en el 81 se cita una *lex Popilia*, presuntamente *de nexis*, según G. Rotondi (1966). Se trataría de una composición a partir de los modelos mejor conocidos como el ateniense. Las deudas en el mundo griego, M. I. Finley, (1965) 159/184; D. Asheri, (1969); M.I. Finley, (1981) 62/76; (1982) 697/713; (1985); U.V. Luebtow, (1996) 199/264.

[124] Plut. *Solón*, 21

adhesión, como la de la mayoría de los miembros de la oligarquía en el poder, fue automática y es manifiesta en los escritos que nos han llegado de sus intelectuales[125].

III
Costumbre, ley y derecho. Roma y Grecia. Los actuales primitivos.

1. Roma, la ley y los dioses. Nociones previas.

Nociones como ley, derecho y justicia costituyen pilares sobre los que se han asentado y se asientan los modos de comportamiento propios de las sociedades humanas. Son por tanto conceptos de vastos significados, con multitud de matices, que admiten tantos enfoques como campos de conocimiento existen, y que han sido origen de disputas y controversias en cualquiera de las sociedades complejas que conocemos, y que previsiblemente seguirán produciéndose. Como no podía ser menos, por cuanto el derecho, la ley y la justicia son productos culturales de contenidos cambiantes, que evolucionan y se adaptan a los ritmos que le son propios, dentro de los mismos cambios, evolución y adaptaciones que el género humano promueve y a los que se somete. La formulación de la ley en términos generales e impersonales favorece la creencia de sustentar principios abstractos de justicia más que intereses especiales, lo que la otorga apariencia de imparcialidad objetiva. Pero las leyes no son neutrales, siempre favorecen a algunos individuos o grupos más que a otros[126].

No es nuestra intención abordar de manera monográfica y exhaustiva estos conceptos, cruciales en el desarrollo de la sociedad antigua, no sólo porque ellos ya lo fueron por muchos investigadores, en la mayoría de los casos con un éxito del que podemos felicitarnos, sino también porque dudamos de la fertilidad final de un esfuerzo semejante por nuestra parte, en relación con el progreso del conocimiento que de todo ello pudiera derivarse. Ley, justicia y derecho en la sociedad clásica, desde cualquier enfoque que escojamos, han sido objeto de investigación, análisis, comparación, seguimiento y exégesis desde la misma sociedad clásica, por los mismos intelectuales que promovieron las leyes, aplicaron la justicia o reflexionaron sobre el Derecho. Sobre esas reflexiones y actos conectados con aquellos conceptos, la sociedad moderna ha investigado, deducido, elucubrado y concluido los miles de trabajos que han visto la luz a lo largo del último siglo, mostrando entre otras muchas propuestas, la vitalidad y la vigencia con que ese debate aún hoy se presenta. Porque pese a las discrepancias y a la diversidad de tendencias y escuelas que hoy definen sobre el derecho y las leyes en la Roma Clásica, para concretar el caso, hay tácito consenso en la comunidad científica sobre cuán grande y cualificada es la deuda que nuestras eficientes y bien abastecidas sociedades occidentales, mantienen con aquellos pioneros del pacto y el acuerdo de hace más de dos milenios. Desde la conciencia de estos hechos, seguimos con nuestro análisis.

---

[125] Cic. *Bruto*, 27; 42; *Rosc. Amer.* 70; *off.* i.22, "al Areópago, sabia institución, deben los atenienses la conservación de sus leyes y costumbres de sus antepasados". Vedó el que las mujeres se lastimasen en los entierros, los poemas lúgubres y el llorar en los entierros de los extraños, ni llevar de ofrenda un buey ni enterrar con el muerto el equivalente a tres vestidos (su precio) Plut. *Solón,* 21.

[126] J. W. Vander Zandem,(1990) 493; Y. Thomas, (2002) 1431/1462; S. Roberts, (1979).

Juristas, filósofos e intelectuales de la Roma Clásica y romanistas y antropólogos actuales han ensayado numerosas definiciones de la ley y del Derecho que, sin pretender fijar la noción ideal que todos asuman, enriquecen con sus aportaciones aquellas complejas expresiones de la cultura. Hace ya casi un siglo el jurista norteamericano Benjamin Cardozo definía la ley como un principio o regla de conducta de la que era lícito establecer la presunción de que en caso necesario, obtendría apoyo de los tribunales, vinculando así estrechamente la noción de ley a su respaldo por los poderes públicos. Ochenta años después el historiador del derecho Denis Berthiau hablaba de la ley como expresión de la verdad, de la razón y del derecho natural, lo que más que la constatación de unos supuestos teóricos se asemejaba más a una aspiración y a una propuesta. Para Jean Gaudemet, en las ciudades antiguas la ley era un producto de la voluntad, la de un monarca o la de un pueblo, expresada a través de la decisión de una asamblea general, o en un *referendum* o cualquiera de los sutiles mecanismos de la representación y de las mayorías. Pero también era ley el principio general de organización social, tal como hablaba de ello a mediados del siglo XVIII el barón de Montesquieu, en *El Espíritu de las Leyes*, cuando decía que las leyes eran las conexiones necesarias que derivaban de la naturaleza de las cosas, confirmando que todas las cosas tenían sus propias leyes, como la divinidad y sus leyes, el mundo material y sus leyes, el hombre y sus leyes, las bestias y sus leyes, etc.[127].

Frente a *themis*, el término *nomos,* que no aparece en Homero, era referido al periodo clásico y suele aludir a ley escrita. *Nomos* era desde una regla obligatoria, un contrato o acuerdo colectivo, a una costumbre, un regalo que los dioses ofrecían a los hombres. Para el jurista Capitón, la ley era una decisión general del pueblo o de la plebe conforme a la interrogación de un magistrado; para Gayo, ley era lo que el pueblo establecía y constituía, o para Gelio, que escribía que cualquier provisión o palabra clave de cualquier provisión, era denominada *lex*, y a veces se asimilaba a *dike,* en origen justicia, pero también ley, en cuanto proceso necesario para asentar la paz en las disputas. A mediados del siglo IV el *interrex* M. Fabio Ambusto, decía que en las Doce Tablas estaba escrito que cualquier cosa que el pueblo decidiera debía ser mantenido como ley. En las praderas norteamericana, entre los indios cheyennes, estudiados por el antropólogo Karl N. Llewellyn, ley era cualquier vía de comportamiento que se propusiera para evitar conflictos[128].

Al hablar de los problemas internos por los que supuestamente pasó la ciudad de Capua, a fines del siglo IV, Livio relataba que el pretor Lucio Furio envió desde Roma a unos prefectos con leyes específicas para que pusieran orden entre los ciudadanos. Para el historiador de tiempos augústeos promulgar leyes *ad hoc*, era la solución lógica

[127] B.N. Cardozo, (1924) 52; D. Berthiau, (2004) 15; J. Gaudemet, (1979) 85 y 86; Montesquieu, (2003) 13; *vid.* además, M. Kaser, (1949) 77/98; F. Schulz, (1953); P. Noailles,(1948b) 223/282.

[128] Demóstenes, en Platón, *Las Leyes*, 1 d; Arist. *Pol.* iii.3; Demóst. *C. Aristogit.* i.16; H. Maine, (1972) chapter 1; Capitón, en Gell. xx.10. 2, *"Lex", inquit, est generale iussum populi aut plebis, rogante magistratu,* cf. *ret. ad Herenn.* ii.19, *nomos*, lo que el pueblo sanciona; *constant autem iura populi Romani ex legibus, plebiscitis, senatus consultis, constitutionibus principum, edictis eorum, qui ius edicendi habent, responsis prudentium*', ... *lex est quod populus iubet atque constituit,* Gaius, *Inst.* i.2/3; M. H. Crawford, (1996) 559; M. Gagarin, (1973) 81/94; *id ius ratumque esset.,* Livio vii.17.12. K.N. Llewellyn/ E. Adamson Hoebel, (1954) 20; E. Adamson Hoebel, (1940) Reserva Cheyenne, Lame Deer, Montana, USA; sobre el *nomos,* G.P. Shipp, (1978); P. Cartledge *et alii*, (1990); F. Quass, (1971).

para poner fin a las disensiones existentes entre los capuanos, de la misma forma que, en su percepción de la tradición, las Doce Tablas habían sido tiempos atrás el remedio cuando Roma veía como se deterioraba el conflicto entre patricios y plebeyos. Tal era el fin que se daba a las codificaciones según comprobamos de la tradición, para las leyes solonianas, la biografía de Agis de Esparta, o incluso, la de Licurgo, y de los prólogos de las recopilaciones orientales, como el de Urukagina, o Hammurabi[129].

A fines de la República la intensa experiencia legislativa, como cabía esperarse de la madurez y la complejidad de la institución republicana desde finales del siglo III a.C., había producido efectos sociales y políticos cuya valoración, lejos de ser unánime, era prueba de la variedad de intereses, poderes e influencias en que se articulaba la sociedad romana. Un reflejo de tales experiencias se ponían de relieve en los cenáculos y círculos de aquellos intelectuales que conjugaban la política con la literatura. Eran representantes de las mejores familias, miembros de la oligarquía gobernante en algun momento de su vida, los privilegiados de la sociedad. Queda distinguir cuánto de lo que escribieron fue reflejo de sus avatares personales, desiguales a lo largo de los años, de los avatares de su clase, e incluso de los de la República en la que vivían. Una exigua muestra de testimonios, pese a la cual aún debe servirnos para transcribir cuál fue la experiencia que sobre las leyes tuvo el resto de la sociedad, de la que nada nos ha llegado sino a través de aquellos.

Cicerón dedica un tratado general a las leyes en el que, además de la exposición de los principios generales, establece como un hecho derivado de su experiencia, la existencia de leyes malas y leyes buenas. Aquellas naturalmente eran todas las tribunicias, las promulgadas a iniciativa de los nefastos tribunos de la plebe, leyes inicuas que para el arpinate, como para la mayoría de los miembros de la *prima classis,* sumieron a la República en el caos al menos desde el último tercio del siglo II a.C[130].

Sólo la naturaleza podía diferenciar lo bueno de lo malo, aunque ambas cosas se presentaran en forma de leyes y decretos. Y esa naturaleza sólo puede ser interpretada por dos clases de hombres, los filósofos y los gobernantes, los únicos capaces para distinguir las leyes buenas de las malas. Cicerón, como más tarde Plutarco sólo recoge lo que dejara escrito en sus diálogos Platon, la teoría del filósofo gobernante o el

---

[129] Livio ix. 20.5. Leyes y códigos son panacea de todos los males sociales, pues la confianza en la ley es argumento que se esgrime como actitud deseable y benéfica desde el aparato del estado. El estado crea la ley y funciona con la ley, de ahí que a lo largo de los siglos deposite en la ley las virtudes que harán posible el buen funcionamiento de las instituciones, y por ende, el benficios para los ciudadanos. Ley es justicia, es igualdad y equilibrio

[130] "Si el origen del derecho se hallase en las órdenes populares, los decretos de los jefes o las sentencias de los jueces, el derecho consistiría en cometer robos y adulterios, en falsificar testamentos, siempre que estos fueran confirmados por los votos y la decisión de la masa", Cic. *leg.* i. 15/16; "leyes y decretos no pueden ser origen del derecho porque hay leyes justas e injustas, ya que no todo lo que se aprueba es digno de ser preservado. El Derecho debe estar por encima. El derecho y en líneas generales, todas las cosas honradas, deben apetecerse por sí mismas. Todos los hombres honrados aman la equidad por sí y el derecho en sí", i.17. "¿Qué equidad – ley natural - es esa que priva a un hombre de un predio que posee de padres a hijos durante largo tiempo y se lo da otro que jamás poseyó cosa alguna?", Cic. *off.* ii. 22. La ley natural tiene que ver con la situación de las cosas, matenida durante largo tiempo. Cualquier situación que se perpetúa en el tiempo tiende a sacralizarse o a justificarse como algo consustancial a lo que la naturaleza de las cosas. J. Gailland, (1975) 499/531; F. Fontanella, (1998) 179/208. Sobre la ley natural, en general, H.A. Rommen, (1995); G. Striker, (1996) 209/220.

gobernante filósofo, que resultó un fiasco cuando trató de experimentarla en Siracusa. La idea en síntesis es que los hombres muy inteligentes, dotados de forma natural, no necesitaban de las leyes - ni el *nomos* ni la *themis*, dice el texto - para regir sus vidas, ya que ninguna ley podía ser más poderosa que la inteligencia. Las leyes eran necesarias, proporcionaban paz y seguridad a los hombres, pero los hombres inteligentes no las necesitaban, en caso de que desaparecieran, si tenían cerca los pensamientos de los sabios filósofos. Pues la *aequitas,* la ley natural ha hecho a unos mejores que a otros, y en esta diferenciación, a unos más inteligentes que a otros[131].

Desde la perspectiva del siglo I a. de C., hablar del derecho era hablar de la Ley y de las leyes. La ley era la fuerza de la naturaleza, la mente y la razón del hombre dotado de sabiduría práctica, era el criterio de lo justo y lo injusto. Sin embargo para definir el derecho Cicerón partía de ley suprema que se mantenía a través de los siglos y que ya estaba en boga antes de que existiese ley alguna o se hubiese formado un solo estado. Por su parte, el vulgo llamaba ley a cualquier disposición escrita que ordenase y prohibiese todo lo que se le antojara.

En tiempos de Trajano el jurista Celso asimilaba equidad a justicia, como un deseo constante y permanente de que cada uno recibiera lo que le era debido. Cicerón reconocía que los jurisconsultos de su tiempo no otorgaban validez jurídica a estos preceptos morales, que eran encuadrados dentro del debate filosófico y no como una fuente de derecho. Para Ulpiano el *ius naturale* venía a ser un derecho común a hombres y animales, que se manifestaba en actos como la unión de sexos para la procreación o la educación de los hijos. Para los juristas y expertos en ley el *ius civile* era todo el derecho, de modo que otras fuentes jurídicas como la naturaleza, que no se plasmaba en leyes o normas escritas, quedaban ajenas a su consideración. Estas actitudes prácticas suponían una fuente de controversia y conflicto con un sector de los intelectuales, como Cicerón, que frecuentemente ponía la ciencia de aquellos en entredicho. En realidad ese *ius naturae* tenía reservado el destino que se daba a la costumbre, esto es, o bien pasaba a ser codificado, por tanto pasado a leyes escritas, destruyendo el carácter ágil y cambiante de aquello que está vivo y activo, en

---

131 En la *rethra* de Licurgo, según Plut. *Lyc.* 6, los reyes Polidoro y Teopompo añadieron, "más si el pueblo no actuase correctamente, gerontes y reyes tomaran la decisión final", de modo que si lo aprobado no era conforme a la justicia o al Derecho, tal como lo entendía la elite dirigente – ¿ de tiempos de Licurgo, o de varios siglos después? -, ésta siempre se reserva el derecho a tomar la decisión final. Si los juicios y mandamientos de los tontos pueden lograr que la naturaleza de las cosas se transformen de acuerdo con sus deseos, ¿por qué no deciden que lo malo sea saludable?. Y desde el momento en que partiendo de la injusticia la ley puede establecer un derecho, ¿por qué no podría fabricar lo bueno mediante lo malo?, Pero nosotros, para distinguir una ley buena de una mala, no podemos sino recurrir a la naturaleza. Esta es la que permite diferenciar el derecho y la justicia, lo honroso y lo deshonroso*",* Cic. *leg.* I.15. "Los hombres que nombraron leyes y usos y establecieron el gobierno de las ciudades por los reyes y magistrados, llevaron la vida humana a un gran nivel de seguridad y paz, sustrayéndola del desorden. Si alguien abandona las leyes pero nos deja las enseñanzas de Parménides, Sócrates, Heráclito y Platón, no nos devoraremos el uno al otro ni viviremos como las bestias ... pues tendremos los mejores gobernantes en los dioses y en los daimona los protectores de nuestras vidas". Réplica contra el líbro de Colotes de Lámsaco, discípulo de Epicuro y director de la Academia en esa ciudad, que criticó a varios filósofos como Demócrito, Parmenides, Platón, Sócrates o Heráclito, y que lo escribió no antes del 268 a.C Plut. *mor.* 574 A; 1124 E

definitiva, desapareciendo, o directamente se despreciaba y se relegaba a lugares muy secundarios del debate de los especialistas[132].

La *aequitas*, el derecho natural, *ius*, el derecho sancionado por las leyes, equidad, en el sentido de igualdad de reparto de cargas y derechos, era el *ius civile*, el principio por el cual se juzgaban los casos y se interpretaba la ley, que establecía igual beneficio para quienes pertenecían a una misma *civitas*, en su calidad de miembros de la misma. En el tratado sobre el orador Cicerón, por boca del su colega Galba atacaba el derecho a favor de la equidad, *pro aequitate contra ius*, e identificaba la *aequitas* con el espíritu de la ley, en contraposición a la letra escrita. Así, aunque no estuviera escrito en ley alguna el estupro era delito en los tiempos arcaicos, porque así lo sancionaba la ley natural. Aquí y en otros escritos su argumento base es que por encima de leyes y actos humanos, la ley natural, que implica a la divinidad y a la inteligencia del ser humano, está por encima del resto, naturalmente reservándose la interpretación de esta ley a los hombres más inteligentes, como al propio Cicerón. Una y otra vez, es el argumento aristotélico de la aristocracia, la clase idónea por ser la más preparada, para gobernar al pueblo, y si es con el consentimiento de ese pueblo, para alcanzar el estado ideal, como escribía el Pseudo-Platón por boca de Sócrates. Con estas reflexiones, se llegaba a concluir que el sentido de *aequus* era casi equivalente al de *iustus*[133].

Dionisio de Halicarnasos refuerza la teoría del papel del gobernante como intérprete de la ley y del derecho. Dirigiéndose a sus compatriotas, los griegos, establece que el futuro de una ciudad está garantizado cuando todo está en orden, cuando hay equilibrio entre lo público y lo privado, y los gobernantes se ocupan, desde la prudencia y la justicia, de que nada lo altere. Nadie debe indignarse por estar sometidos, ya que la sumisión es lógica, pues hay una ley de la naturaleza, común para todos y que ninguna época derogará, consistente en que los superiores gobernarán siempre sobre los inferiores – y que no acusen a la Fortuna de haber concedido en vano y por tanto tiempo tal soberanía a una ciudad indigna[134].

---

[132] *Dig*. i.1.1 pr.; Cic. *pro Caec*. 33; sobre ley natural en el pensamiento romano, B. Inwood, (2003) 81/99; E. Levy, (1949) 1/24.

[133] Cic. *top*. ii.9, *ius civile estaequitas constituta; de leg*.i.6; ii.3; cf. T. Reinhardt, ed., (2003) 204; Sobre *aequitas*, A. Watson, (1974), 173/174; P. Pinna Parpaglia, (1973); Cic. *de orat*. i. 188; 240, 244; J.A. Crook, (1967) 27; *aequitas* se relaciona con el viejo *misharum*, de las leyes acadias, que designa el ámbito de lo recto, o sea, la justicia, del Edicto de Ammisaduqa, 1646/1626 a.C., o una remisión de deudas. No matar, o pagar por hacerlo, es otra cosa, R. Sealey, (1994) 31, mientras que *kittum*, envuelve la noción de "lo seguro" y "lo estable", J. Sanmartín, ed. y trad.,(1999) 40; Cic. *leg*. ii.10 citaba el caso de Lucrecia, hija del cónsul Espurio Lucrecio Tricipitino, violada por Sexto Tarquinio, hijo de Tarquinio el Soberbio, cuyo crimen fue castigado por la ley eterna. No hay referencia a ley alguna sobre el estupro, aunque hay opiniones que hablan de una fechada entre el 331/329 a.C., *lex de stupro matronarum*, basada en Livio viii.23.3; xxv.2.9. Cicerón sanciona la costumbre y la arraiga como producto de la ley natural, que además conecta con sus propias creencias.

[134] Dionisio ii.24. 2/3. Dionisio, i.5.2. "La sumisión del débil por el fuerte, ley natural". Si el derecho no está respaldado en la naturaleza, todas las virtudes se desmoronan, y la justicia se convierte en pura utilidad, Cic. *leg*. I.14; C. Williamson, (1989) 265/276. La paradoja, si ello es paradoja, es un vasto cuerpo de leyes que refuerza la posición de la elite romana, usada por esa misma elite, y al tiempo, contestada por una parte no despreciable de esa misma elite. Como indica J.M. Kelly, (1966) 1/84, la ley romana era usada solamente por los ricos, M. H. Crawford, (1996) 27.

Para preservar el significado tradicional del concepto ley, como valiosa aportación de los antepasados, el legado de los *maiores* a la causa de la República, se levanta un muro teórico que viene a distribuir en dos campos toda la legislación que se conservaba desde los Gracos[135]. A un lado, las viejas reglas de los antepasados, las leyes que dieron gloria y poder a la ciudad que ahora dominaba la cuenca del Mediterráneo. Junto a ellas, el derecho natural, la naturaleza como fuente sobre la que se inspiraron aquellas gestas que dieron gloria a la República. Al otro lado, las leyes tribunicias, las malas leyes ya citadas. Leyes o meras *acta* aprobadas por el pueblo, prohibiciones que no deben inducir al buen romano a apartarse del bien y hacer el mal. Es mala ley cualquier mandato u orden escrita, que de nada sirven cuando estamos ante la ley natural, aquello que rige la moralidad de los actos humanos, el comportamiento positivo o negativo del hombre. Para Cicerón esas lacónicas prescripciones que comienzan con un "si... se hace tal cosa, resultará esto otro", no eran leyes[136].

La evolución política de Roma desde finales del siglo II a.C. creemos que marcó una inflexión en el pensamiento jurídico de aquellos intelectuales de la última centuria que dividían su tiempo entre el foro y el estudio, aquellos que fueron al tiempo actores y notarios de los sucesos. En el siglo I a. C. no todo lo que se había promulgado era calificado como ley o derecho, si se quería preservar el discurso tradicional sobre estos conceptos. Si en la Atenas democrática las leyes se idealizaban porque eran manifestaciones del funcionamiento de las instituciones que encarnaban los valores democráticos, y suponían el orgullo de la *isonomia*, de la libertad de expresión y de la ciudadanía, en la Roma de la crisis republicana los valores de una oligarquía que monopolizaba el gobierno desde hacía siglos, se quebraban tanto por el ímpetu de la plebe como por la disolución de los nexos que hasta ahora había mantenido unidos a los miembros de la misma. Se teorizó sobre tres tipos de fuentes de derecho, la *natura* o derecho natural, presente en los deberes relativos a los lazos de sangre o de familia, la *lex* o derecho legal, sancionado por la voluntad del pueblo, y la *consuetudo* o costumbre, el derecho consuetudinario, al que en ausencia de la ley, el uso confería el mismo valor de las leyes. Para Cicerón, había un derecho no escrito que no se encontraba en las leyes escritas tradicionales. No obstaba esto para que, según el escenario político, se mantuviera o no el discurso que conviniera en cada momento[137].

---

[135] *lex vera et princeps, como ratio recta summi Iovis*, Cic. *leg.* ii.4.10 vuelve a la misma idea cuando dice que *lex nihil aliud nisi recta et a numine deorum tracta ratio, imperans honesta, prohibens contraria*, . Cic. *phil.* xi.12.28

[136] "Si preguntas por las *acta* (=leyes) de los Gracos, te mostraran las leyes Sempronias, si las de Sila, las leyes Cornelias. Las acta de Pompeyo en su tercer consulado eran sus leyes", escribía a finales de su vida. Cic. *phil.* i. 18. "En realidad, Quinto, desde nuestra infancia aprendimos a llamar ley a fórmulas como "si se llama a comparecer ante un tribunal", y otras semejantes. Pero es preciso entender bien que ni éste ni otros mandatos o prohibiciones de los pueblos tienen la fuerza intrínseca de inducirnos a hacer el bien o apartarnos del mal", Cic. *leg.* i.4.9; "luego, ¿admites que las leyes Ticias y Apuleyas no son leyes verdaderas. Lo admito, y tampoco lo son las leyes Livias", ii.6. Siguiendo esta posición, para R. Sealey, (1994) 55, un código no es más que una lista de leyes. Las de Sila, por ejemplo, en Ap. *BC* i.73; Cic. *leg.* ii.6.14; ii. 12.31.

[137] J. Hoz, (2004) 223; *Ret. Herenn.* ii.13.19. Este discurso retórico que alaba la ley como principio, en Cic. *pro Clu.* 146, "la ley es el nexo que asegura a cada uno de nosotros una vida honorable dentro de nuestra comunidad. Es la ley el fundamento de la libertad, fuente de donde mana la justicia. Es lo que mantiene vivo el corazón, la mente, la iniciativa y el sentimiento de nuestra nación. Un estado sin ley es como un cuerpo sin cerebro, no puede usar ni sus miembros, ni sus nervios ni su sangre. Asi, los magistrados que administran nuestras leyes, los jueces que actúan en su nombre y todos nosotros que

"Es evidente", escribía el arpinate, "que las leyes se hicieron para bien de los ciudadanos y de los estados y para proteger la tranquilidad, la seguridad y la felicidad de los hombres. Quienes establecieron por primera vez semejantes normas – proseguía -, demostraron que era necesario escribirlas y proponerlas para que una vez aprobadas, todos viviesen feliz y honestamente. Y denominaron leyes a estas normas una vez elaboradas y puestas en vigor". Cicerón manifiesta en su tratado sobre las leyes que el hombre ha nacido para la justicia, y que el Derecho no se funda en convicciones sino en la naturaleza. "Yo soy de tu mismo parecer, hermano, esto es, aunque lo recto y verdadero es eterno y no nace ni muere con las letras de las decisiones legales". La ley era una distinción entre lo justo y lo injusto establecida de acuerdo a la naturaleza, es decir, a lo más antiguo y esencial de todas las cosas y, según la naturaleza, se ordenan las leyes humanas que amenazan a los malos con el castigo y protegen y defienden a los buenos[138].

Contraria a la común opinión, en las sociedades arcaicas la codificación de la ley no aparece como una concesión a la mayoría, sino como la reacción de la minoría en su deseo de preservar su influencia política tanto como fuera posible. En este sentido creemos que la minoría que controlaba el poder, creyó posible reforzarlo a base de manipular en provecho propio aquellos elementos políticos, religiosos o de cualquier tipo que fueren, que gozaran de la autoridad y un prestigio reconocido por el pueblo[139].

La imagen que la ley romana proyecta sobre los estudiosos de otros campos de la ciencia, es la imagen de la perfección y plenitud del tiempo que los romanistas dieron por llamar periodo clásico, que llega hasta bien avanzado el Alto Imperio. Cuando el norteamericano Llewellyn estudió el derecho de los indios cheyennes, detectaba analogías entre el espíritu de efectividad de la ley romana y la utilidad práctica de aquel derecho indígena, advirtiendo que desde luego no se trataba de la ley romana arcaica, ni la del final de la República, sino la floreciente de los juristas clásicos. Se trataba del derecho más documentado, el de más largo y profuso desarrollo, fruto a partes no evaluables pero significativas de la *fictio* y la *interpretatio,* derecho que

---

actuamos como sus servidores, mantenemos nuestra alianza con la ley como garantía que es de nuestra libertad", y en otros muchos lugares; O. F. Robinson, (1997) 26.

[138] "El término de ley, *legere*, implica la capacidad de "elegir" lo que es justo y conforme al derecho", Cic. *leg.* i.5; "debemos fomentar las buenas costumbres sin aspirar a regir todas las cosas mediante leyes escritas. Por eso intentaré encontrar la raíz del Derecho en la naturaleza*",* Cic. *leg.* i.6. cf. *leg.* i. 9; ii.5; I. 20; "el *ius*, cuyo origen está en la naturaleza*, natura*, algunos derechos por su utilidad, pasaron a la costumbre*, consuetudo*, y luego, algunos de los justificados en la *consuetudo*, fueron consagrados como *leges*. Hay pues un derecho natural, *ius naturae*, que no está basado en la opinión sino en lo que es connatural a los hombres, como el sentimiento religioso, - dioses, culto, veneración - *religio*, el sentido del deber, - sentimientos hacia la patria, padres y parientes - *pietas*, la gratitud, - favores y deudas de honor hacia amigos y deudos - *gratia,* la venganza, - defensa contra el agravio y la violencia, rechazándola y devolviéndola - *vindicatio*, el respeto, - devoción y deferencia hacia nuestros superiores en sabiduría, edad, dignidad y posición - *observantia,* y la sinceridad, - evitar la discrepancia entre nuestras palabras y nuestros actos – *veritas*", Cic. *inv.* ii. 65/66.

[139] W. Eder, (2005) 262/300. Es como apropiarse de las señas de identidad y los valores considerados fundamentales por un pueblo. El hecho de que el pueblo necesite siempre el consejo de la autoridad y de la aristocracia es un hecho de cohesión política, Cic. *leg.* ii. 12.

estaba continuamente formulándose, y que se reajustaba a las necesidades de cada tiempo, o incluso las encauzaba[140].

Aunque más adelante volveremos a tocar el tema, es oportuno recordar aquí algunas valiosas opiniones que ya hace décadas se dieron desde el campo de la sociología. Advertía Paul Veyne que a pesar de las leyendas que lo rodean aún, y de los nobles principios de Cicerón, el derecho romano tenía poco que ver con el derecho natural, del cual se limita a invocar su nombre. "Por lo que concierne al Derecho Natural, todos los hombres son iguales", escribe Ulpiano, y a renglón seguido este mismo jurista anulaba por completo este principio. En efecto, los juristas no tuvieron en cuenta para nada al derecho natural, las primeras páginas del Digesto fueron sólo una bonita fachada, sin relación con el cuerpo del edificio, y este cuerpo fue sobre todo un derecho puramente positivo. Para este sociólogo, y en oposición a los principios manifestados por Cicerón, en el periodo clásico, si el incesto estuvo en Roma prohibido, no fue porque fuera *contra natura*, sino porque la ley lo decía así"[141].

El derecho clásico ignoró este derecho natural, la *aequitas* a la que tantas páginas dedicó Cicerón, aunque reconoció el prestigio que daba invocarlo en cualquier situación. La realidad era que las leyes del principado lo sobrepasaban y anulaban. Los juristas crearon un derecho artificial, que interpretó como un derecho que no se apoyaba en ninguna situación real, ni antigua ni moderna, que surgía sin el bagaje de una reflexión teórica en la que arraigara unos principios. Se apoyaba en la elaboración formularia, en el ritual y en la jurisprudencia floreciente en la República Tardía, un derecho desconectado con el acontecer social, ajeno a la historia de la sociedad que lo producía.

Era un derecho que nacía como consecuencia de la ausencia de referentes jurídicos antiguos, al no existir una tradición escrita que fuera válida para el resto del pueblo. El pueblo que no formaba parte de las *gentes* primitivas. Existía el *ius maiorum,* no escrito, el derecho consuetudinario de las grandes familias, y luego estaba el pueblo, cuyos derechos civiles fueron configurándose a lo largo de toda la República. Era un derecho que se iba construyendo con las nuevas leyes y en conexión con los derechos de la clase gobernante, ajeno a tradiciones o costumbres en la que todos se sintieran reflejados, sin referencias ancestrales, y por tanto, abierto a la interpretación y por ende, al constante artificio de los expertos. En la medida en que la influencia de esa parte de la *civitas* aumentó, mayor fue el papel de los juristas, clase que no estuvo siempre bien considerada por la oligarquía, como era de esperar, en la medida en que la jurisprudencia pudiera mermar el poder político real de esa oligarquía.

Decía el sociólogo Thomas B. Bottomore que en la mayoría de las sociedades los preceptos morales están siempre sometidos a la influencia de las concepciones

---

[140] No es esa ley que tanto deleite y desesperación causa a los romanistas que la abordan, K.N. Llewellyn,/ E. Adamson Hoebel, (1954) 313; O. F. Robinson, (1997) 26/27; sobre abogados y juristas, R. Bauman, (1985); B.W. Frier, (1985); (1993) 135/149; J.A. Crook, (1995); D. Johnston, (2000) 616/634; E. Costa, (1927/1928); M. Bretone, (1971); A. Schiavone, (1976); (1987); F. d'Ippolito, (1986); M. Peachin, (2001) 109/120; C. Ando, (2005) 41/51.

[141] Cic. *leg.* i.10.29; *fin.* iii.19.62; 65; *off.* i.7.20 *Dig.* l.17.32. P. Veyne, (1991) 420; H. Hausmaniger, (1981) 1138.

religiosas y el derecho sigue sustentándose en nociones morales. De hecho, se asume como realidad fuera de discusión que no es posible considerar las creencias religiosas sin tener un encuentro con las instituciones políticas, y viceversa, en definitiva, y como ya se aseguraba en el siglo XIX, ni siquiera en el ámbito judicial las decisiones de los jueces emergen asépticas del referente de la divinidad, sea ésta cualquiera que sea[142].

En las religiones monoteístas, en las que la divinidad adquiere un peso específico importante dentro de las sociedades que las profesan, ya vimos que los deseos del dios se manifiestan a través de un mortal, al cual el dios comunicaba sus mandatos, pasando éstos a considerarse leyes bajo las cuales se justificará la acción de gobierno de los humanos. Pero también hemos venido constatando que las sociedades politeístas, con nexos y justificaciones similares, no son ajenas a estas construcciones teóricas. Los benéficos efectos que esta estructura de pensamiento tuvo para el control social desde el poder, con la aportación de fórmulas de legitimación de la acción política, o el monopolio de ésta por quienes en origen se atribuyeron la interlocución con la divinidad, no fueron por tanto ventajas exclusivas de la sociedad monoteísta, sino que igualmente los vemos incorporados al discurso del poder y los gobiernos de la sociedad griega y romana[143].

El debate intelectual sobre la conexión y el papel de los dioses y los hombres, en el acontecer cotidiano, estuvo presente en filósofos y tratadistas griegos y romanos, en los que por encima de las disquisiciones teóricas y controversias sobre esencias y presencias de lo sobrenatural, en todos ellos, de forma implícita o explícita, más allá de la fe y la credulidad personal de cada uno, prevalecía la creencia en que, en último caso, fuese cual fuese la conclusión del debate, era conveniente y positivo para el estado que el pueblo asumiera todos aquellos postulados. Había consenso pleno en que en una sociedad como la romana, más que la griega, la fortaleza y la continuidad del sistema no era posible sin una sabia conjunción entre dioses, leyes, gobierno y pueblo. Más adelante hablaremos de todo ello[144].

---

[142] T. B. Bottomore, (1973, 249; E. Lerminier, (1974) 7; J. Bishop, (1868) 130.

[143] E.B. Firmage, B.G. Weiss, J.W. Welch, eds.,(1990) VII.

[144] Cicerón sólo hacía suyo el pensamiento platónico al respecto: “no debe de desmayar el legislador ... sino que ha de ayudar con su palabra a la antigua prescripción de que los dioses existen ... y socorrer también a la ley y al arte, sosteniendo que existen por naturaleza, o por algo no inferior a la naturaleza, si en verdad, conforme a un recto razonamiento, son criaturas de la inteligencia, según tu me parece que afirmas y yo creo igualmente contigo", Platon, *leyes*, 890 d. Los dioses, invenciones de la inteligencia, sostenidas por el legislador por su conveniencia.
"Debemos reconocer la ley como vínculo entre el hombre y los dioses... ¿Me concedes, Pomponio que los dioses inmortales mediante su fuerza, su naturaleza, su razón, su potestad, su mente, su virtud o cualquier otro término que exprese con mayor evidencia lo que quiero decir, gobiernan por completo la naturaleza?.", Cic. *leg.* i. 7; "Desde el principio debemos inculcar a los ciudadanos que los dioses son los dueños y los que gobiernan el universo: que no se hace nada sin ayuda de su juicio y virtud; que benefician grandemente al género humano; que vigilan los hechos y las responsabilidades de cada uno, así como sus propósitos y su piedad en el cumplimiento de los deberes religiosos, y que tienen en cuenta a los piadosos y a los impíos, Cic. *leg.* ii.7. El *metus* a la divinidad, ajena a su existencia o no, es útil para la república. En el extremo, la burla entre irónica y jocosa del griego Luciano de Samósata, cuando expresa lo ridículo de la liturgia que se practica en sacrificios y procesiones, señala y ridiculiza la avaricia de los dioses, o habla de la tumba del "inmortal" Zeus, en acerca de los sacrificios, 1; 2; 10.

2. Religión y jurisprudencia arcaica.

En el siglo I a.C., siguiendo la opinión comúnmente aceptada en su tiempo, Dionisio de Halicarnsasos afirmaba que en la base de la gran historia de Heródoto y Tucídides estaban las crónicas sacerdotales primitivas de las diversas ciudades griegas. A su vez, los expertos griegos en materia religiosa supeditaban sus creencias y decisiones a la autoridad de los oráculos de Delfos, a los que sometían numerosas cuestiones del derecho religioso, y que a diferencia de los intérpretes romanos de la voluntad divina, aquellos no motivaban sus propias respuestas[145].

En un ámbito étnico, geográfico y temporal tan alejado de la cultura clásica como el de la sociedad tribal de los iroqueses, al sureste de Canadá, en la región de los Grandes Lagos, el Gran jefe de la Paz, miembro del Consejo de los 50 *sachems* de la Confederación de las Cinco Tribus iroquesas, tenía el cargo hereditario de conservador de las leyes y los tratados, así como de la sarta de cuentas de conchas, de gran valor simbólico para aquellas tribus. Aquel Gran Jefe de la Paz era un personaje respetado por todos, venerable y libre de toda sospecha, cuyas opiniones eran siempre escuchadas con atención y respeto, con independencia de las decisiones que luego se adoptaran. En la Roma Primitiva un individuo de características próximas a las descritas era el *pontifex maximus*, entre otras tareas encargado de preservar la liturgia o ritual, interpretarlo con sus decisiones y las de sus predecesores, y trasmitirlo a sus sucesores como una suerte de enriquecido legado de sabiduría[146].

Cuenta Plutarco que en los funerales de Numa, no pusieron el cadáver en una pira, pues, según se dice, él mismo lo había prohibido, sino que fue introducido en una caja o sarcófago de piedra, junto a otro en el que se introdujeron los libros sagrados que él mismo había escrito, al modo que hacían sus tablas los legisladores griegos, enseñando en vida a los sacerdotes lo que contenían, e inspirándoles al hábito y la sentencia sobre todo ello. En efecto, la tradición historiográfica asigna a este piadoso rey tanto la creación del colegio pontifical como la ciencia en la que los pontífices tenían que inspirar sus actos, y que como en otras áreas del conocimiento sobrenatural, por ejemplo el desplegado por las sibilas suritálicas, se compendiaba en libros, que por su contenido intrasferible y revelador, el autor se llevaba consigo a la tumba. Aunque dejando la puerta abierta a futuros hallazgos si la tradición así lo reclamara para ajustar las realidades del presente. Ambas cajas, conteniendo a Numa y a sus libros, fueron supuestamente enterradas en el Janículo, paraje agreste que se extendía por la orilla oeste del Tíber[147].

---

[145] Dionisio, *de Thucydide*, 5; A. Momigliano, (1984), 57; S. C. Humphreys, (1997) 542, prerrogativa que era esencia de lo sobrenatural. Para A. Magdelain, (1978) 24; 86, antes de las Doce Tablas la ley fue el lenguaje de los libros sagrados de pontífices y augures.

[146] G.P. Murdock, (1981) 247. Tiempo y experiencias sucesivas marcaron la índole del progreso acumulativo de todas las instituciones políticas romanas. Desde la génesis del edicto pretorio, en Roma o en las provincias, a la experiencia de gobierno de las diferentes magistraturas, sintetizadas en tratados que circulaban entre los candidatos y veteranos de los oficios, como el que vendió Plinio el Viejo a Larcio Licino, sobre su oficio de procurador, por 400.000 sestercios, los que manejaba habitualmente Cicerón, Cic. *Att.* i.19.10; ix.9.3; xiii.33.3. El uso de los llamados libros sibilinos es para algunos prueba de una mayor antigüedad del oficio entre los romanos, que entre los exégetas griegos, Platón, *Leyes,* 759 d/e, sobre los exegetas atenienses, J.H. Oliver, (1950) 120.

[147] Sobre los *libri pontificum*, Cic. *domo,* 12; 54; *rep.* ii.31; *deor.* I.30; Dionisio, viii.56; Varro, *ling.* v.98; Hor. *ep.* ii.1.26; Plut. *Numa*, 22; V.Max. i.1.12; Livio xl.29, los libros aparecieron *in agro L.*

En la sociedad romana, la sacralización de un pasado olvidado, unido a la autoridad y predicamento que desde antaño se adjudicaba a sus exégetas e intérpretes, y al interés de la oligarquía gobernante y sus asociados en canalizar todo el discurso en su propio beneficio, movió a intelectuales y tratadistas a buscar y definir un origen religioso a la ley. Pero en la teoría antropológica al respecto se mantiene con poca discusión que el origen de las leyes estuvo en el propio orden o sistema que cada grupo hubiera adoptado para vivir, en la iniciativa individual según la cual cada uno de los individuos haría lo que en cada momento debía hacerse, y finalmente en la institución personal o colectiva que ese grupo mantenía con autoridad para llevarlo a cabo[148].

En Roma, los primeros registros literarios eran los de los pontífices, nombrados desde la segunda mitad del siglo II a.C. como *annales maximi*, registros que aún portaban rastro de los modelos que les precedieron, los registros que eran reflejo de decisiones orales, que según sus contenidos y fines, eran dados a conocer a través de individuos especializados, los poetas y pregoneros. Por tanto, aquellos *libri* pontificales eran la conexión entre una oralidad que cedía su primacía y una literalidad que comenzaba con estos registros religiosos. Quienes se sirvieron para componer las historias de la analística posterior situaron el orígen de esta actividad, y por tanto de la literalidad, en el alba de la Ciudad, de ahí que se adscribiera a Numa el punto de partida concreto de la institución[149]Hasta fines del siglo IV a.C. todos los pontífices romanos eran patricios

---

Petilii, que era un *scriba,* en el 181 a.C., cuatrocientos años después, según dice Plut. *Numa,* 22, que cita a Valerio Antias. Las fechas de Livio y Plutarco nos dan el 581 a.C., una centuria posterior a la cronología tradicional que se asigna a Numa, 714/671 a.C. Eran siete escritos en latin y siete en griego, o doce según, según Plutarco. El senado, tras consultas y discusiones, ordenó quemarlos. Otros libros, igualmente de contenido sacral, era los *libri lintei*, que se custodiaban en el Templo de Juno Moneta, a partir de la consagración del mismo en el 344 a.C. Uno de ellos era etrusco, de Zagabria, F. Ronacelli, (1985) 22/24; R.M. Ogilvie, (1958) 40/46.

[148] K.N. Llewellyn & E. Adamson Hoebel, (1954) 55/56. Aceptar sin más los orígenes religiosos de las leyes significa asumir sin crítica el esquema historiográfico de las fuentes, que en la sociedad antigua recurre a lo sobrenatural para explicar los hechos que ignora. La ley, decía H. Maine, (1972) chapter 1, era conocida exclusivamente por una minoría privilegiada, una casta, una aristocracia, o un colegio sacerdotal, y era además una ley no escrita. Los expertos en derecho romano eran en función de su vinculación al colegio de pontifices, expertos en derecho religioso, A. Watson, (1992) 23. Probablemente esto fue así durante un tiempo, hasta que las leyes se escribieron.

[149] Dionisio ii.73. La tradición romana atribuye a los reyes de Roma, sobre todo a los primeros, la creación de las instituciones políticas y religiosas más antiguas. Esta reconstitución ficticia responde a la ideología de rey/fundador. Así, el culto a los dioses es de Numa, el *ius fetiale* de Tulo Hostilio. Pontifices y colegios sacerdotales son creación real, según el testimonio más antiguo, que es de Casio Hemina, Plin. *NH* xxxii.20=*fr.* 13 Peter; *Les lois des romains*, 3. Tac. *Ann.* iii.26, participa del esquema biológico de la sociedad primitiva, en la que la ley es fruto del vicio o corrupción de las instituciones: "Los más antiguos de los mortales, al no existir todavía ninguna mala pasión, vivían sin deshonor ni crimen, y por ellos sin castigos ni coerciones. Tampoco había necesidad de recompensas, toda vez que buscaban el bien por propia inclinación; y como no deseaban nada contrario a la costumbre, nada había que prohibirles con el miedo. Pero después de que se desterró la igualdad, y la intriga y la violencia fueron desplazando a la moderación y al pudor, surgieron las tiranías, que en muchos pueblos se convirtieron en permanentes. Algunos, inmediatamente, o bien tras haber aborrecido a la monarquía, prefirieron las leyes. Eran éstas en un principio, sencillas, de acuerdo con el espíritu rudimentario de aquellos hombres; la fama ha hecho especialmente célebres las de Creta, redactadas por Minos, las de Esparta, por Licurgo, y luego las de Atenas, ya más elaboradas y numerosas y debidas a a Solón. Sobre nuestro pueblo había imperado Rómulo según su libre voluntad; luego Numa ligó al pueblo con prescripciones religiosas y de derecho divino, a las que se añadieron las excogitadas por Tulo y Anco. Ahora bien, fue Servio Tulio el principal autor de las leyes, a las que incluso los reyes debían someterse*"*. B.W. Frier, (1979).

y senadores, que procedían de las familias más distinguidas y poderosas de la Ciudad, lo que significaba haber realizado ilustres carreras políticas que incluían desde una actividad legislativa, administrativa y judicial, al paso por la milicia y la guerra al frente de cuerpos de ciudadanos armados. Los miembros del colegio pontifical eran por tanto individuos de extracción laica, con una experiencia civil y militar más o menos amplia, y ajenos a cualquier campo de especialización religiosa, al menos hasta el momento en que accedían a los pontificados y augurados, otro de los oficios relevantes conectados con los designios sobrenaturales. Políticamente, de aquellos pontífices no habría de esperar algo distinto a lo que tendríamos que esperar de cualquier miembro de la oligarquía, a la que en realidad pertenecían[150].

Pero tampoco podemos despreciar el hecho de que los que desempeñaban el oficio sumaban a su experiencia civil la autoridad que suponía controlar desde su intermediación con la divinidad otra parte de los actos de gobierno. Sin entrar en el amplio campo de competencias que un *pontifex* podía desplegar en relación con la formalidad de los actos políticos, en el rigor de liturgias, fechas y ritos, el hecho es que si un pontífice interpretaba una ley en un sentido determinado, dejando sin efecto las interpretaciones anteriores, ésta pasaba a convertirse en fuente de ley. No era un intérprete de los oráculos délficos, su función aparecía más ritualizada y laica, pese a manifestarse involucrado en lo religioso, pero indudablemente manejaba asuntos ciertamente importantes para la sociedad romana. Su opinión sobre la legitimidad de los actos civiles era observada por los demás poderes públicos, sentaba precedente y funcionaba como una forma de jurisprudencia[151].

Para Cicerón, que era conocedor de la influencia que este colegio religioso tenía en el estamento político de su tiempo, el dominio del oficio no era sinónimo de profesionalidad y buen hacer, si aquel no incluía, además del derecho religioso, el derecho de la *civitas*, el *ius civile*. En el difícil terreno en el que el senador se movía, reflexiones de este tipo trataban de conciliar dos realidades bien diferentes y no pocas veces, contrapuestas. Que en el siglo I a. de C. el poder y la autoridad de los pontífices, para intervenir en los asuntos públicos seguía siendo incuestionable, pero que su ciencia, el derecho religioso, resultaba por sí misma insuficiente si no se acompañaba de un dominio similar del derecho laico de los ciudadanos. Al tiempo que subrayaba la excelencia de la ciencia pontifical hasta el halago, Cicerón les recordaba la superioridad de la sociedad laica sustentada en la madurez de su *ius civile*[152].

---

[150] Los verdaderos archivos de la crónica pontifical no pueden ser anteriores al comienzo de la República, G.S. Bucher, (1995) 4. Pese a cuanto se ha escrito sobre los *annales maximi* debemos de reconocer que no sabemos nada de su contenido ni como fueron usados por los historiadores romanos, T. J. Cornell, (2005) 47; F. Fontanella, (1996) 254/260.

[151] O. F. Robinson, (1997) 42; De hecho, los juristas se consideran una derivación de estos primeros expertos religiosos, que se especializaron en asuntos laicos, cuyas funciones se resumían en *respondere, cavere, agere*, T. Reinhardt, ed., (2003) 54. La denuncia de los pontífices, uno de ellos el veterano Lutacio Cátulo, enemigo de César, que le arrebató anteriormente el pontificado, decidió el procesamiento de Publio Clodio, mano derecho del dictador, por el sacrilegio de las celebraciones de Bona Dea, que aquello – el sacrilegio de Clodio – era *nefas*, Cic. *Att.* i.13.3; R.Seguin, (1988) 405/418.

[152] "Muchas son, pontífices, las innovaciones e instituciones de nuestros antepasados realizadas por inspiración divina, pero nada más admirable que su voluntad de que unos mismos hombres se encargaran del culto a los dioses inmortales y de los asuntos públicos más importantes", Cic. *domo*, i.1; "Yo oí a mi padre", pone Cic. *leg.* ii.47 en boca de Quinto Mucio, el augur, eminente jurista, cónsul en

Los *annales pontificum* contenían una relación de actos propios del colegio, además de la consignación de sucesos relevantes de toda índole acaecidos en la Ciudad, como podían ser hambrunas, eclipses, sequías, epidemias y cualquier clase de supuestos prodigios, en los años que se reseñaban. El historiador romano que buscaba información se encontraba con un conjunto de datos de interés muy relativo, listados todos ellos en su lugar cronológico correspondiente bajo los magistrados epónimos. Desde una perspectiva actual, se piensa que estos contenidos justificaron el que cuando los analistas los examinaron, perdieran todo interés por ellos, considerando inútil acercarse a la *Regia* y alzar sus cabezas para consultar aquellas *tabulae* llenas de asuntos para ellos banales, que cada año figuraban colgadas de las paredes de aquel antiguo edificio de la Via Sacra.

Frente a esta hipótesis ajena, nosotros pensamos que nuestra carencia de información debe obligarnos a evitar cualquier clase de conclusiones, o al menos, atemperar las hipótesis de partida. No podemos dar por hecho que a los analistas romanos les interesaran los mismos asuntos que nos interesan hoy a nosotros, ni aceptar sin más que los contenidos de aquellos *libri* pontificales resultasen carentes de interés e inservibles para estos analistas a la hora de conformar sus argumentos narrativos. Una cierta cautela es necesaria para no dejarnos llevar a posiciones etnocéntricas. Nos basta con examinar el esquema de hechos que se concatenan en buena parte de los *annales* de Livio, y reconocer en ellos un esquema de sucesos correlativos como el que, nos informan, se mantenía en aquellos *annales* religiosos. Tomemos como ejemplo la fórmula narrativa de un pasaje de Livio. En pocas líneas, no literales, se dice lo siguiente: (años 456/454 a.C.) Marco Valerio y Espurio Verginio, fueron elegidos cónsules. "(Ese año) Hubo escasez de trigo por exceso de lluvia. Al año siguiente fueron (cónsules) Tito Romilio y Gaio Veturio. Los ecuos invaden territorio de Túsculo. Hay victoria romana en Monte Álgido, y el botín, vendido, para cubrir la pobreza del erario. Esto enfada al ejército y apenas termina el mando, los tribunos los llevan a juicio. Les suceden los cónsules Espurio Tarpeyo y Aulo Aternio. Romilio fue condenado a 10.000 ases de multa y Veturio, a 15.000". Sin otra base que nuestra opinión, esta forma de narrar nos evoca la imagen de cómo serían aquellos *annales*, según la tradición nos informa[153].

117, hijo de Publio Mucio, el cónsul del 133, pontífice máximo en 130, tambien jurista, "que el único pontífice bueno era el que conocía el *ius civile*". F. Fontanella, (1996) 255.

[153] Sobre *annales pontificum maximorum*, Cic. leg.i.6; de *orat.* ii.52; Paul. Fest. p. 113 L; Macr. *Sat.* iii.2.17; Serv. *Aen.* i.373; Cato *orig. fr.*77 HRR Peter; G.S. Bucher, (1995) 3, 4 y 38. En efecto, hay escasa constatación del uso de los *annales maximi* como fuente de información en los tratadistas posteriores, A. Momigliano, (1984) 59. *T. Romilio C. Uetурio consulibus, legem omnibus contionibus suis celebrant ... cum maxime haec agerent, trepidi nuntii ab Tusculo ueniunt. Aequos in agro Tusculano esse. Fecit pudorem recens eius populi meritum morandi auxilii. Ambo consules cum exercitu missi hostem in sua sede, in Algido inueniunt. ibi pugnatum. supra septem milia hostium caesa, alii fugati; praeda parta ingens. Eam propter inopiam aerarii consules uendiderunt. inuidiae tamen res ad exercitum fuit, eadem que tribunis materiam criminandi ad plebem consules praebuit. Itaque ergo, ut magistratu abiere, Sp. Tarpeio A. Aternio consulibus dies dicta est Romilio ab C. Caluio Cicerone tribuno plebis, Ueturio ab L. Alieno aedile plebis. Uterque magna patrum indignatione damnatus, Romilius decem milibus aeris, Ueturius quindecim.* Livio iii.31.2/6. La ciencia de las palabras y de las acciones que son las Doce Tablas es herencia de los pontifices y los patricios, que como los astrólogos caldeos, comunicaron a sus clientes qué dias eran los favorables para los negocios y cuáles no, E. Gibbon, (1984) chap 44, Idea of The Roman Jurisprudence.

De todas maneras y fuesen cuales fuesen los contenidos de aquellos registros, a fines de la República sólo se les conocía a través de las dudosas referencias y anónimas alusiones que la tradición perpetuaba, pues nada de aquello se había conservado. Se daba como causa de esa pérdida documental el asalto de los galos a la Ciudad, en 389/387 a.C., para los registros que desde esta fecha se remontaban a la monarquía, y se omitía cualquier dato de los posteriores a esa fecha, dos siglos y medio, hasta la recopilación del *pontifex maximus* del 130, P. Mucio Escévola, cónsul del 133, que publicó y fueron conocidos como *annales maximi*, si bien nosotros no podamos comprobar en los relatos disponibles la repercusión que tal bagaje de documentos supuso para los autores que trataban de las *antiquitates*. Llegados a este punto, no está de más recordar a Rostovzeff cuando en relación con el valor informativo de las fuentes, decía que "la complejidad de la vida es tal que no debería hacernos olvidar que ningún hecho o suceso único y singular puede resultar básico o decisivo[154].

Una ojeada a ciertas sociedades primitivas puede resultar sugerente. Entre los ashanti, reino constituido en el África Occidental desde fines del siglo XVII, que ocupa actualmente el estado de Ghana, se practicaba la conservación de registros de tipo crónica, la cual estuvo, o bien dominada por el suceso – muerte de un gobernante, desastre natural, nacimiento de alguien importante -, o bien dominada por el calendario, una recopilación de sucesos sobre una base anual y por tanto en conexión con un sistema de calendario que suponía alguna forma de diferenciación de los años. Los registros de tipo crónica fueron en cierto sentido, el equivalente escrito de la fórmula de recitación oral de los hechos acaecidos, que estaban a cargo del pregonero, el *okyeame*, de los jefes ashanti. En otras latitudes, entre los kazakos, pueblo de las estepas de Asia Central, nómadas ganaderos, el orden interno se mantenía gracias a una legislación consuetudinaria que se transmitía oralmente en el seno de la comunidad. Los jueces actuaban basándose en la costumbre y siguiendo los dictados de su conciencia.

Las tribus iroquesas de la región de los Grandes Lagos y el valle del río Mohawk, al norte del estado de Nueva York, Estados Unidos de América del Norte, desconocían la escritura, pero empleaban pictografías y medios mnemotécnicos, incluso llevaban registros con palos marcados con muescas, y cuentas de madreperla. Una sarta de estas cuentas de concha acompañaba en la firma de todo convenio, comunicación importante o transacción, y era lo único que les daba validez al pacto, habiendo unos individuos especialmente dedicados a conservar estas sartas y de recordar, como verdaderos agentes orales de la memoria del grupo, las condiciones de los tratados y los convenios que se asociaban con aquellas. Una vez al año sacaban estos registros primitivos, uno a uno, y repetían solemnemente el significado exacto de cada uno de ellos.

A este respecto recordemos lo que Cicerón escribía: "La historia no era entonces sino una colección de anales. Con este objetivo y para perpetuar la memoria de las cosas públicas, nuestros sumos pontífices, muy en los comienzos de Roma y hasta el pontificado de Publio Mucio, se encargaban de escribir los acontecimientos de cada

[154] En 387 los galos sénones tomaron Roma con excepción del Capitolio, *praeter Capitolium,* Gell. xvii.21.22; cf. v.4.3; M.I. Rostovzeff, (1967) vol.1, viii. Escévola debió reunir, recopilar, ordenar, interpretar y reconstruir, como hacian todos, y el resultado siguió siendo un material de interés restringido a juristas y anticuarios, autores de los que precisamente no contamos con muchas obras

año y de trasladarlos a una tabla blanca que ponían delante de sus casas para que el pueblo pudiera consultarla. Estos documentos son hoy día conocidos como *annales maximi*. Imitaron mucho este modo de escribir, contentándose tan sólo con dejarnos memoria de las edades de los hombres y de los pueblos, así como de los grandes acontecimientos, sin usar el menor ornato en sus narraciones"[155].

En la Galia que encontró César, a mediados del último siglo de la República, los druidas concentraban una autoridad y capacidad de decisión sobre cualquier clase de asunto, laico o religioso, muy superior a la que se reconocía, en comparación, en cualquiera de los sacerdocios romanos. Los druidas atendían el culto divino, ofrecían sacrificios, e interpretaban los misterios de la religión. Como los pontífices, los druidas fijaban el calendario, eran legatarios de las tradiciones de su pueblo y de las normas internas del oficio. Pero además se les reconocía una excepcional capacidad de interpretación de las leyes de su pueblo, lo que manifestaban sentenciando casi todos los pleitos del común de los particulares, determinando los premios y los castigos, y excomulgando cualquier persona privada o pública, que no se rindiera a sus sentencias, lo que para los galos representaba la pena más severa[156].

3. Roma y el derecho predecenviral.

Resulta casi preceptivo hacer constar en los prolegómenos de cualquier investigación sobre la Roma Primitiva, la frustración y desasosiego que produce trabajar en una campo con tan mala información, tanto por ser ésta escasa como por ofrecerse manipulada, banal y tendenciosa. Lo que al parecer, lejos de desanimar a los más prudentes, se convierte en reto en el que acaso la imaginación del antiguo compite, consciente o inconscientemente, con la del moderno. El campo del derecho primitivo o arcaico se incluye en este desolador panorama, lo que como decimos, no ha restado un ápice de entusiasmo y audacia a cuantos han dedicado estudios a este territorio casi yermo, sobre todo desde el ámbito de la romanística[157].

Los tratadistas romanos que se ocuparon del pasado de la Ciudad englobaron todos los actos públicos de gobierno que se atribuían a los reyes en el formato de *leges regiae*. Así, bajo tal calificativo se nombraron un conjunto de normas, referidas a costumbres,

---

[155] J. Goody, (1985) 107; W. Jochelson, (1928); C. Colden C., (1922); L. H. Morgan, (1928). Un *sachem* de la nación onondaga ocupaba el cargo hereditario de conservador de las sartas de cuentas de concha y estaba encargado de la conservación de las leyes y tratados; Cic. *de orat.* ii. 52; "nuestra literatura nacional es deficiente en historia, como yo puedo comprobar y frecuentemente te he oido decir a ti", *leg.* i.2.5.

[156] Los excomulgados se miran como impíos y facinerosos; todos los esquivan y rehuyen su encuentro y conversación, por no contaminarse; no se les hace justicia por más que la pidan, ni se les fía cargo honroso alguno. Un druida, por su autoridad suprema, preside al resto de los druidas. .. No pagaban tributos, no solían ir a la guerra, estaban exentos de la milicia y de toda clase de obligaciones ... algunos pasaban veite años estudiando en la escuela. No tenían por lícito escribir lo que aprendían ... en todos los demás negocios públicos y privados se servían de caracteres griegos ... no divulgaban su doctrina y se preocupaban de que los estudiantes, fiados en los escritos, no descuidaran el ejercicio de su memoria, Caes. *BG* vi.13; 14; Luc. i.448/464.

[157] Los testimonios del derecho romano más antiguo no son muy abundantes y no pasan de ser irritantes enigmas, aseguraba no sin razón, L. Gernet, (1984) 154. Los testimonios del derecho romano más antiguo son muy escasos y además, recientes, y añado yo que nos llegan a través de la interpretación y manipulación de otros autores. Parafraseando al Cicerón del tratado sobre las leyes, sabemos del derecho arcaico romano lo que los autores de varios siglos posteriores nos quisieron transmitir.

que trataban sobre asuntos que limitaban la ley pública y privada y la religión. Siendo asuntos bien asentados y de antigüedad constatada aunque inconcreta, la tradición los adscribió a los tiempos de la monarquía, paradigma para los escritores tardorepublicanos de lo más viejo. Desde esta creencia asentada, a los tratadistas sólo les restó redistribuirlos entre monarcas concretos, hecho en el que intervino además el estereotipo fijado para cada uno de ellos. Para muchos por tanto, tales *leges regiae* fueron el fruto de una especulación de la República Tardía, simplemente no existieron, y su mención literaria fue un recurso artificioso para señalar la extrema antigüedad de cualquier norma o costumbre cuya autoridad interesaba resaltar al comentarista concreto[158].

Las experiencias sobre poderes personales en el siglo I a.C. habían dividido a la elite entre quienes los exaltaban y quienes los rechazaban, más en función de los vientos favorables o no que tales experiencias hubiesen reportado a sus intereses, que por un desinteresado ideal de renovar con la pluma las esencias puras e íntegras de la constitución republicana. En este ambiente de excesos, la ortodoxia política obligaba a insistir en que cualquier poder personal debía estar embridado por la rienda temporal de su vigencia, de modo que en la confección del relato histórico, una insurrección popular a causa de este incumplimiento, estaba perfectamente justificada. Para aquellos abusos existía la tipificación del delito de lesa majestad, *crimen maiestatis*, o en tiempos anteriores, el *perduellio,* entre los que estaba el *adfectare regnum*. Era una sociedad que recordaba de manera negativa las dictaduras no constitucionales, las apoyadas por las armas, como las de Sila o César, e incluso las que se les homologaban sin serlo, como los gobiernos de Mario, Cina y para no pocos, el poder efectivo de Pompeyo, causantes de muchas muertes, dictaduras de sangriento recuerdo, como la de los decenviros y sus 120 *lictores*, pero que no incluía en igual consideración a los reyes. Se establecía para éstos la interesada aunque no explícita distinción entre reyes malos y buenos, de manera que los actos positivos, entre los que se citaban las *leges regiae*, se asignaban a los segundos, y todos los desastres que justificaban el cambio de régimen, a los primeros[159].

Para Dionisio de Halicarnasos Rómulo dio leyes buenas y apropiadas, la mayoría no escritas aunque también hubo algunas que ordenó que se fijaran con letras. Considera innecesario citar muchas de ellas, fijando la atención en las principales. De las medidas básicas que cualquier estado debía tomar desde sus orígenes, estaban las relativas a la

---

[158] Macrob. *sat.* i.13.20; Varro, *RR* ii.5.4; Tac. *Ann.* xii.8; Serv. *in Verg. Ecl.* iv.43; *Georg.* iii.387; Plin. *NH* xiv.12; xxxii.2. O.F. Robinson, (1997) 1; M. Humbert, (1998) 97; Nada sabemos de leyes antes de las Doce Tablas, F. Wieacker, (1966) 293; M. H. Crawford, (1996) 562; basadas en una arbitraria analogia con las griegas, C.W. Westrup, (1950) 67;. G. Rotondi, (1966) 50 ss. S. Perozzi, (1928) i.45, n.2, una pura clara falsificación, cf. W. Kunkel, W., (1973) 25, n.1. Aunque para autores como A. Watson, (1972) 100/105, la idea de unas *leges regiae* es plausible. Sobre estas leyes, *vid.* Z. Bujuklic,(1998) 93, n.8; sobre las leyes reales, M. Voigt, (1876) 555/826; C.G. Bruns, (1909) 1/15; E. Bickel, (1931) 279/298; J. Carcopino, (1937) 344/376; S. Riccobono, (1941) 1/14; S. Tondo, (1971) 1/73.

[159] *De legibus et temporibus*, sobre legisladores y leyes, de Isid. *Etym.* V.1/27; Numa Pompilio, "primer legislador romano", Isid. *etym.* V.1.3. Las Doce Tablas y sus redactores, *Etym.* V.1.3/4. Los decenviros romanos se distinguían de los legisladores griegos, en la tradición transmitida, pues sus poderes son estrictamente temporales, y en que el deseo de rebasar ese límite provocaba insurrección popular, J. Gaudemet, (1979) 95. Cic. *pro Rab.* IV.13; V.15, cuando la arcaica *perduellio* era resucitada en el 63 a.C. para juzgar el asesinato de C. Rabirio, negó cualquier posibilidad de que se tratara de una *lex regia*.

organización de su orden social, en especial las leyes que regulaban la vinculación del ciudadano con la tierra. Así, decía el de Halicarnasos, cualquier buen legislador debía dar leyes que repartieran territorio público - una parte, no el total - entre los necesitados, en una recreación del modelo de Licurgo, en realidad del más tardío Agis IV, pero adaptada a las condiciones de la sociedad de la monarquía, según la interpretación republicana. Tal mérito se adjudicaba al rey Numa, el soberano benefactor y pacífico, que devolvió a los ciudadanos a la agricultura, generadora de la paz y la justicia, los hizo campesinos, como contrapeso al Rómulo fundador, que los hizo guerreros, porque así lo exigía la lógica del retrato original sobre la Ciudad[160].

A fines de la República se hablaba de un conjunto de pretendidas leyes reales recogidas bajo el nombre de *ius papirianum*, que Cicerón desconocía, o al menos no cita en las obras que de él poseemos, a diferencia de Dionisio de Halicarnasos, que da cuenta de ello. Consistía el citado compendio en un número de disposiciones de contenido religioso, que afectaban básicamente a los particulares. Su elaboración se atribuía a un miembro de la *gens* Papiria, arbitrariamente ubicado en tiempos de Anco Marcio. Por su parte el jurista Pomponio, en tiempos del emperador Adriano, en su resumen de historia de las leyes – *Enchiridion* -, creía que el *ius papirianum* reunía las leyes votadas por las curias en tiempos de los reyes. Decía que el rey Anco Marcio había recibido de los pontífices todos los documentos que Numa había promulgado en materia religiosa, y que los pasó a tablillas y los expuso en el foro para todos los que quisieran examinarlas. Las tablillas se borraron con el tiempo, pues entonces las estelas no eran aun de bronce, sino que las leyes y las prescripciones sobre ceremonias religiosas se grababan en madera de encina. Pero después de la expulsión de los reyes, de nuevo fueron inscritas públicamente ahora por el pontífice Cayo Papirio, del que por toda identificación lo inscribe como *ex principalibus viris,* bajo cuya jurisdicción estaban todos los actos religiosos[161].

En nuestra opinión tanto el relato de Dionisio como el de Pomponio es pura ficción. Se trata de una argumentación artificiosa para asegurar la continuidad de la labor religiosa de Numa a través de sus sucesores, dedicados a otras tareas, como las guerras. Así, aunque la tradición no asigna a Marcio actividad alguna en materia religiosa, la obra de Numa se continúa a través de los pontífices, siendo publicado un *ius papirianum* bien en tiempos del último Tarquinio, bien al principio de la República, a través de un personaje de nombre Papirio. El modelo de publicación es el que se aplicaba a las leyes en el siglo I a.de C.: inscripción en soporte y exposición en el foro. Datos precisos

[160] Plut. *Numa,* 16;, Dionisio II.24.1; II.61.1, Livio VI.1. Numa lo repartió a los ciudadanos mas necesitados, removiendo la pobreza como posible origen de la injusticia ... y dividió el terreno en partes que llamó pagos, ... y se dice que empleó el mito de la ninfa Egeria para facilitar que la gente, que temía a los dioses, le obedeciese y aceptase las leyes establecidas por él pensando que procedían de la divinidad. Su sucesor, Tulo Hostilio, desacreditó las las instituciones de Numa e inclinó a los ciudadanos a la guerra, Plut. *Numa*, 22. La leyenda de Rómulo en líneas generales es comparable a todos aquellos recitados que glorifican a fundadores legendarios, J. Poucet, (1985) 181.

[161] El autor real del llamado *ius papirianum*, pudo ser un tal Sexto Papirio, discípulo del eminente jurista Q. Mucio Escévola, de principios del siglo I a.C., que la corriente nacionalista y antigriega – en relación con las Doce Tablas – lo retrotrae a la época real para reforzar su visión autóctona de las leyes decemvirales, R.A. Bauman, (2003) 457. De este *ius* sólo sabemos lo que nos ha quedado de uno de sus comentaristas, coetáneo de César, Granio Flaco, citado por Festo, 144, y Verrio Flaco. J. Paoli, (1946/1947) 157/200, identifica el *ius papirianum* con la *lex vetus tribunicia* de Cicerón, que se remonta añ 400/350 a.C.

sobre el material, madera o bronce, incrementaban la sensación de veracidad del relato[162].

Algunas precisiones antes de continuar. El Derecho es una reflexión profunda y extendida en el tiempo que una sociedad, a través de algunos grupos de individuos especialmente interesados, se hace cada cierto tiempo sobre las normas generales y sanciones que ha venido aplicando a todos los delitos a lo largo de generaciones. Esa reflexión alcanza a las prácticas que han predominado en la resolución de conflictos y en las relaciones sociales y económicas cotidianas de los grupos y los individuos entre sí. Se reflexiona sobre las faltas, sobre las sanciones aplicables, y sobre los instrumentos que se han creado para facilitar las relaciones individuales y colectivas del grupo. El derecho es un legado del pasado que aumenta y se adapta al presente, acervo no estático o inmutable de las experiencias por las que una sociedad regula sus comportamientos individuales y colectivos[163].

En su acepción primitiva, el término latino que nombra al derecho, *ius,* expresa la orden de observar una disposición concreta, dada por autoridad competente. En la Roma Primitiva se entendía que *ius* era un concepto bien diferenciado de otro término con el que se relaciona, *mos*, valor moral y derecho a hacer algo, y con el que no se confundía. *Mos* y *ius* eran entendidos como cosas distintas, al menos hasta el siglo I a. de C., en que *mos*, fue asimilado al derecho, *ius*. La existencia del *ius* presuponía la de autoridad competente que lo ejercía o invocase, mientras que cuando en la sociedad esa autoridad no existía – lo que no significa que no existiese algún tipo de autoridad – los conflictos se solucionaban a través de la *consuetudo*, costumbre, en la que se inscribían los *mores*[164].

En el siglo I a.C. Cicerón distinguía tres clases de derecho, el *ius civile*, aquel que se aplicaba a los ciudadanos y venía determinado por la tradición de costumbres y usos ancestrales, encorsetados progresivamente en leyes, fórmulas y procedimientos creados al paso de situaciones concretas; el *ius gentium*, conjunto de normas que los romanos

---

[162] Pomponio, autor de más de 300 obras, entre ellas, *Enchiridion* (*D*.1,2,2,1/3) 1. *Et quidem initio civitatis nostrae populus sine lege certa, sine iure certo primum agere instituit omniaque manu a regibus gubernabantur. 2. Postea aucta ad aliquem modum civitate ipsum Romulum traditur populum in triginta partes divisisse, quas partes curias appellavit propterea, quod tunc rei publicae curam per sententias partium earum expediebat. Et ita leges quasdam et ipse curiatas ad populum tulit: tulerunt et sequentes reges. Quae omnes conscriptae extant in libro Sexti Papirii, qui fuit illis temporibus, quibus Superbus, Demarati Corinthii filius. Is liber, ut diximus, appellatur ius civile Papirianum, non quia Papirius de suo quicquam ibi adiecit, sed quod leges sine ordine latas in unum composuit* (3); Dionisio iii.36.4; vid. O. Hirschfeld, (1903) 2/12; G. Oberziner, (1927) 15/23; J. Paoli, (1946/1947) 139/140; S. di Paola, (1948) 631/651; M. Bretone, Ius Papirianum, *NssDI*, IX, 1963, 386ss.; Z. Bujuklic, 90/91.

[163] En su Leviatán Thomas Hobbes decía que la reputación de poder era poder, porque con ella se consigue la adhesión y afecto de quienes necesitan ser protegidos. De otra forma, la apariencia de poder suele ser tan persuasiva como el poder mismo, lo que en nuestra opinión se corresponde con el aforismo "el derecho nace cuando se formula", que de modo que teorizar sobre el derecho, crea el derecho mismo, lo que equivale a que son los juristas los que crean el derecho, valiéndose de lo antiguo para dar autoridad a sus propuestas y conclusiones, M. Sánchez Sarto, (1940) cap. 10. sobre el poder, la estima, la dignidad y el honor.

[164] A fines del 450, el *ius* nacía del rito, cuya eficacia deriva del gesto y de la palabra, y del juicio del magistrado, del *iudex,* en tanto *ius dicit*, escribe M. Humbert, (2005) 48; M. Kaser, (1949); F. Wieacker, (1984) 3105/3123; A. Magdelain, (1986) 265/358; F. Serrao, (1997) 279/317; B. Biondi, (1965) 169/202.

empleaban con otros pueblos, ambos, derechos positivos, y finalmente, el *ius naturae*, la razón divina que se aplicaba a todos los seres vivos, la *aequitas*, de la que más adelante hablaremos, todo aquello que tenía que ver con *fas*, la versión romana de la griega *themis*. *Fas* se sintetizaba en lo que los dioses querían, todo cuanto disponía de la actitud favorable de la divinidad para su realización, algo cuya necesaria interpretación sólo podían hacer especialistas, los distintos cuerpos sacerdotales, cada uno en su campo, a su vez dignos miembros representantes y defensores de los intereses de la aristocracia, la clase a la que pertenecían[165].

En su tratado sobre la república, Cicerón escribía que el *ius* había sido asunto de los reyes, los cuales interpretaban el derecho a petición de los particulares. De esta forma se pusieron límites a los campos de cultivo, a los bosques y prados, sin que fueran necesarios los árbitros o intermediarios – *disceptatores* o *arbitri* - para dirimir las controversias, puesto que todas eran dirimidas con sentencias dadas por los reyes. En Cicerón por tanto el procedimiento del arbitraje no recibía la sanción del pasado, no gozaba de la autoridad que por el contrario, sí disfrutaba en su propio tiempo. Aunque más que autoridad quienes desempeñaban el oficio de árbitros, los juristas entre otros, en el siglo I a. de C., disfrutaban de poder y de una gran influencia en las instituciones, y ésta parece que pudiera ser la situación con la que Cicerón en su tratado, entraba en conflicto.

La discrepancia con los procedimientos y sentencias de los juristas, nuevos intérpretes de la ley, lleva a Cicerón a reivindicar ese derecho de interpretación en el pasado, para la autoridad suprema, siempre mejor un rey que un individuo supuestamente experto. Este *ius civile* sólo podía conocerse a través de las leyes, desde las más antiguas - *percipienda omnis antiquitas* -, los hábitos senatoriales, *senatoria consuetudo,* la disciplina de la república, los derechos de los aliados, *iura sociorum*, los tratados, los pactos, la causa del imperio, todo debe de ser conocido[166]

4. Los griegos y el derecho natural.

La sofística abordaba los temas que concernían al hombre, pero desde la perspectiva más próxima de ciudadano y como habitante de la *polis*. En ese sentido eran el complemento y el contrapunto a las corrientes filosóficas que desde fines del siglo VI reflexionaban sobre el hombre como compuesto orgánico racional, y su lugar en el universo.

En el siglo V la actividad de los sofistas coincidía con el desarrollo del imperialismo de Atenas, la ciudad más influyente del Egeo, que culminaba además ahora la configuración de su poderoso estado de derecho, definido mediante el imperio de las leyes. En el plano teórico, el *nomos,* y de ahí, la *isonomía,* pasaba ser el instrumento político de los gobiernos democráticos, que eran la máxima expresión de la voluntad

---

[165] A. Ross, (1994) 235. *Ius gentium*, en derecho público, las normas aplicables en las relaciones con otras naciones, Cic. *Rab. Post.* xv.42; Sal. *Iug.* xii.35; *hist.* iii.22; Livio i.14.1; ii.4.7; iv.17.4; iv.19.3; iv.32.5; v.14.14; v.36.6; v.51.7; vi.1.6, eran un corto número de procedimientos que los romanos observaron en los primeros siglos. G. Beseler, (1925) 453 ss.; G. Ciulei, (1972); B. Wisniewski, (1992) 129/138. Sobre el *ius gentium*, Th. Mommsen, (1983), vols. 6.1 y 6.2.

[166] Cic. *rep.* v.3/1/9; *de orat.* i. 159; *top*.v.28; A. Arthur Schiller, (1995) 35; J. Gaudemet, (1938) 141/170; J.A.C. Thomas, (1963) 39/53; L. Bove, (1971).

popular, cuyas directrices eran definidas en la *ecclesia* y la *heliaea,* órganos de la expresión política y judicial del pueblo soberano. Parece por tanto consecuente que la existencia de sistemas políticos fuertes, con capacidad de control y coerción a través de instrumentos básicos como las leyes y el aparato represivo y judicial, propiciaron la reacción ciudadana de quienes cuestionaban, al menos desde el plano de las ideas, la licitud y bondad de los principios sobre los que asentaba aquel modelo de gobierno[167].

La Atenas de Pericles y la Atenas derrotada por los lacedemonios, a fines del siglo V, como la Roma de la última centuria republicana, eran sistemas hasta ese momento bien organizados, maduros y consolidados. En la cúspide de su progresión política, ambos comenzaron a sufrir las consecuencias de sus graves conflictos internos y externos, algunos gestados en el mismo presente en que se desarrollaban las crisis, pero la mayoría, viejos problemas no resueltos que se arrastraban desde el pasado. Todas sus instituciones comenzaron a resquebrajarse y aquellos estados, artífices de una hegemonía en el exterior nunca antes alcanzada, se manifestaron incapaces de detener la progresiva descomposición del régimen, cuyos instrumentos, sus leyes, resultaban ya inútiles para seguir dando respuesta a las crecientes y distintas necesidades de sus ciudadanos[168].

Sólo las cosas de la naturaleza, decía el ateniense Antifonte, eran necesarias, nacidas y no susceptibles de ser convenidas, a diferencia de aquellas que eran obra de los hombres, como las leyes, o las cosas que consideramos justas, que sólo eran convenios accidentales, acuerdos que estaban en pugna con la naturaleza y que portaban en su origen la brevedad de su vigencia. Otro sofista coetáneo, Protágoras de Ábdera - 485/413 a.C. - pensaba que las leyes y costumbres eran reglas temporales, limitadas en el espacio y en el tiempo, en un mundo en el que no había nada absoluto. "*El hombre era la medida de todas las cosas",* decía el pensador, significando con ello el valor global relativo de todo cuanto observamos. Al ser todo según cada uno valorara y midiera, todas las leyes y costumbres de los pueblos, pese a ser invenciones de buenos y antiguos legisladores, y tan numerosas aquellas como diferentes, resultaban válidas y justificadas, pudiendo ser modificadas cuando quedaran anticuadas[169].

---

[167] Los autores griegos se muestran a menudo orgullosos de que la *polis* esté gobernada por la ley, Fosílides, *fr.* 4; R. Thomas, (1999) 65. En la época clásica nadie dudaba que las leyes sustentan el modelo de estado vigente.

[168] No encontramos una voz disonante de este tipo en la Grecia del siglo VII, tiempo del que la tradición reivindicaba el valor de la ley, y de quienes se vinculan correcta o erróneamente, a las primeras recopilaciones, frente al control tradicional que venían ejerciendo sobre la *polis* los eupátridas y las leyes del *genos.* "Siendo libres (los ciudadanos) su libertad no es absoluta, pues por encima de ellos existe un soberano, la ley", escribía Herod. vii.104, con relación aquí con los espartanos, que contrasta con el pesimismo de Sócrates, expectador excepcional y aún, víctima del deterioro del sistema político ateniense, que a tráves de Platón, *Critón,* 50 a/51 a, pedía a toda costa el cumplimiento de las leyes, aún si son éstas injustas, pues eran las leyes lo que mantenía la unidad de la *polis.* Posición que en Las leyes y la Carta VII, escrita cuando tenía 81 años, Cic. *de senec.* v.13, desaparece, hundido en el escepticismo y el fatalismo de un Platón que ve la inutilidad de cualquier esfuerzo por cambiar la penosa deriva de la Atenas de su tiempo. Su "república" ideal no cuajó en ningún sitio y sus tres viajes a Sicilia fueron un desastre. Ni hubo reyes filósofos ni filósofos reyes. Pero paradójicamente, la obra de este filósofo ya resignado a su fracaso, a su muerte se vería realizada en varios estados helenísticos y en la propia Roma.

[169] Antiphon, *frag.*4; Protag. *frag.*1; Plat. *Protag.* 322 D, Dentro de ese absoluto inexistente incluye Protágoras a los dioses, en los que no cree, pues "la oscuridad del asunto y la brevedad de la vida humana le impiden saber si los dioses existen ni cuál es su forma y naturaleza", "*Acerca de los dioses*", Protag. *frag.* 4.

Hipias de Elis, más joven que Protágoras, enseñaba que todos los hombres eran iguales por naturaleza pero que habían sido las leyes hechas por los hombres la que introdujeron la desigualdad y la esclavitud. Esto justificaba a Hipias y otros sofistas a reclamar la igualdad entre griegos y bárbaros, la abolición de la esclavitud y la desaparición de la nobleza, lo que les valió el calificativo de inmorales. Por su parte Fáleas de Calcedonia reclamaba una distribución de la propiedad en lotes iguales para todos. Para los sofistas todas estas exigencias eran justas porque sus fundamentos estaban en la naturaleza, en contraposición a aquello que era justo según la ley. A fines de la República, un miembro de la clase dirigente como era Cicerón invocaba igualmente la ley natural, como principio que rigiese todos los actos. La cuestión estaba en qué cosas consideraban como propio de la naturaleza los filósofos del siglo V, y el senador de Arpino, cuatro siglos después[170].

En el siglo IV Platón y Aristóteles se lanzaron a reconstruir lo que los sofistas habían derribado: la creencia en lo absoluto y lo eterno, de forma que los poemas y los mitos narrativos anteriores fueron reemplazados por especulaciones filosóficas y metafísicas. Para Platón la justicia inspiraba un código de conducta que tenía como principio dar a cada uno lo suyo, lo que le era debido, lo cual llevaba una variante principal, hacer el bien a los amigos y el mal a los enemigos. Esta reflexión estaba profundamente arraigada en los pensadores griegos y de ellos pasó luego a los romanos. Constituía la esencia de lo que vagamente se determinaba como ley natural, la *aequitas* de los tratados romanos. Toda aquella obra humana que no fuese fruto de las leyes naturales, sino del arte, entendido éste como del fruto de las convenciones, era injusta pues solía ser el resultado no del equilibrio sino de la voluntad del más fuerte[171].

En Platón la *polis* y sus gobernantes debían estar bajo el imperio de las leyes, pero años más tarde Aristóteles matizaba que éstas debían ordenarse a los dictados de los regímenes políticos y no los regímenes a los de las leyes. Éstas, como los regímenes, podían ser malas o buenas, justas o injustas, pero tenían que establecerse en armonía con el régimen, de forma que serían justos los regímenes que concordaran con ellas[172]. Para Aristóteles la legislación de la mayoría de las ciudades era, por decirlo así, caótica, y además los contenidos apuntaban o estaban ordenados para la guerra. Se seguía legislando para salir del paso de situaciones concretas, y no existía ánimo de regular la sociedad, siendo que la mayoría de las leyes que se daban tenían que ver con las situaciones provocadas por las guerras. Con otras palabras, la reflexión del filósofo reconocía que aún en su tiempo, en gran medida el poder público seguía ajeno a intervenir en los asuntos privados y que eran las situaciones excepcionales, las que obligaban al estado a intervenir y regular conflictos[173].

---

[170] A. Ross, (1994) 229. El derecho de propiedad, Z. Gansiniec, (1957/1958) 45/64; G.G. Archi,(1959) 229/249.

[171] A. Ross, (1994) 231; Platón, *rep.* i. 332C; *leyes*, 888 e/890 a; Arist. *Etica a Nicómaco*, 1132b 21 ss.; Darbo/Peschanski, 1099; D.C. Mirhady, (1990) 393/410.

[172] Platón, *leyes,* 636 d; "donde la ley sea señora de los gobernantes y los gobernantes siervos de esa ley, la ciudad estará salvada", *leyes*, 715d; Arist. *Pol.* 1282 b.; 1289 a.

[173] Arist. *Pol.* 1286 a; 1324 b, guerras con lacedemonios, Creta, escitas, persas, tracios, celtas. Un gobernante tenía que ser legislador, pero no podía aplicar las leyes en los casos que cayeran fuera de su alcance, cf O. F. Robinson, (1997) 31.

A su vez la ley podía ser particular, cuando se trataba de leyes escritas, como aquellas con las que las ciudades se gobernaban, las que cada pueblo había definido y que podía estar escrita y no escrita. La ley común era la que estaba conforme a la naturaleza, no estaba escrita y sobre ella parece que existía un acuerdo unánime en todos los pueblos. El filósofo consideraba que esta última era más importante que las particulares, pero que podía darse el caso de que, no siendo aplicable a un caso la ley particular, era lícito que se recurriera a la ley común, y ésta igualmente resultara insuficiente o inapropiada para dar respuesta a la cuestión planteada. Para esa situación, junto a las leyes particulares y la ley común, o ley natural de otros textos, Aristóteles hablaba del juicio social. Cualquier conflicto que escapaba al ámbito de las normas tradicionales, podía solucionarse recurriendo a las opiniones, *endoxa,* de los ciudadanos. Estas opiniones, que se formaban a partir de los hábitos y costumbres, eran expresadas bajo la forma de elogios y reproches, y suponía otorgar un papel influyente a la costumbre[174].

La influencia del pensamiento político y filosófico griego sobre Roma fue importante en el siglo II a.C., y manifiesta y constante durante toda la última centuria de la República. A mediados del siglo II a.de C. enseñaban en Roma Critolao, jefe del Liceo, Carneades, ilustre representante de la Academia, que exponía las tesis de los sofistas sobre la justicia ante Galba y Catón, y Diógenes de Babilonia, estoico, como Panecio de Rodas, el jefe de los estoicos a la muerte de Antípatro, hac. el 129 a.C. Para muchos pensadores romanos las reformas de Tiberio Graco fueron el resultado de la instigación del rétor Diófanes y el filósofo Blosius, un exilado de Mitilene, pues hasta ese punto se cuantificaba la influencia de las ideas helénicas en los programas políticos de las facciones. Se hablaba incluso de intensos contactos desde finales del siglo III a.C., en donde Timeo de Tauromoenium hacía escuela en Roma, con Fabio Pictor, y el éxito de Polibio era el de la escuela de Tucídides en Roma. Para el siglo I a.C. de nuevo debe ser Cicerón el prisma a través del que juzguemos esta influencia.

Influyó sobre todo Platón, más que Aristótles, cuyo pensamiento asumió Cicerón con apenas reservas, hasta el punto que como el ateniense, también consagró un tratado a la República y otro a las Leyes. Y con él, Aristóteles, Heráclides del Ponto, Dicearco, Teofrasto, Panecio, Antíoco de Ascalón y Demetrio de Fáleron. Como Platón, Cicerón estuvo convencido de que la ley más que un acto de coerción debía ser un acto de persuasión, de convicción. Por consiguiente entendía la ley como algo cuyo valor en parte dependía de la oratoria, de la capacidad para inculcar al oyente sus principios, o al menos, consideraba que el ideal debía ser convencer, mejor que obligar. Con lo cual se dejaba amplio margen de actuación a la retórica, a la oratoria, no pocas veces en conflicto con los juristas, como veremos más adelante[175].

---

[174] cf. Arist. Et. a Nicómaco, v.7; Arist. *Pol.* 1287b; Rhet. 1373b; 1375 a; Quint. *Inst. Orat.* xii.2: *leges quae natura sunt omnibus datae, quaeque propia populis et gentibus constitutae; vid.* E.M. Cope, (1970) 239/244;

[175] J. Gaudemet, (1979c) 148/149; Plu. *Tib.Gr.* viii.4/5; A. Momigliano, (1984) 99; Cic. *leg.* ii.6. Augusto construía sus discursos de manera que para conseguir la máxima claridad y persuasión del auditorio, no vacilaba en utilizar preposiciones y prodigar conjunciones sin con ello intuía que sus ideas eran mejor entendidas, cuya omisión da una cierta obscuridad, Suet. *Aug.* 86.1; J.-L. Ferrary, (1984) 87/98; (1988); W. Seston, (1980) 33/51.

5. Costumbre y ley escrita en la sociedad clásica.

Los griegos de la época clásica hablaban de *agrapha nomoi*, leyes no escritas, para hablar de la costumbre. Naturalmente fue el pensamiento del Platón el que más influyó en las posiciones teóricas de su tiempo, y aún el de los escritores romanos de la República Tardía. "Todo esto - lo que ellos llamaban costumbres - es lo que la mayoría llama leyes no escritas, - escribía el ateniense -, *nomisma ágrafa,* y es lo mismo que las leyes tradicionales, *nomous patrious.* No debían llamarse leyes, pero tampoco podían omitirse, pues eran los nexos entre las leyes escritas y ya implantadas y las que aún habría de instaurarse. Los *agrapha nomoi* era normas ancestrales que, cuando eran sabias, servían de refuerzo a las leyes ya dictadas, pero que si se abusaba de ellas, provocaban la caída de todo el edificio del estado. Leyes, costumbres y conductas, debemos mantener todas estas cosas porque mantenían la cohesión de la ciudad, siendo todas ellas necesarias por estar todas interrelacionadas". La *polis* en la que imperaba la ley escrita, caminaba hacia una asimilación de las costumbres y las prácticas consuetudinarias, a las que llamaba leyes no escritas, hasta convertirla en leyes escritas. Pero Platón no parece tener conciencia de que la puesta en escrito de la costumbre, suponía el anquilosamiento de vitalidad, y al poco, su obsolescencia y muerte, porque aquella norma fijada ya no respondía a ninguna práctica real[176].

En uno de sus discursos, Lisias afirmaba que las ciudades establecían sus leyes para que en los asuntos en los que estuviéramos dudosos, pudiéramos acudir a ellas para averiguar qué es lo que debíamos hacer, colocando a la ley como último recurso del que echar mano, cuando los acuerdos tradicionales firmados entre las partes no funcionaban. En efecto, que las leyes consuetudinarias eran más importantes y tocaba cosas más importantes que las escritas, era doctrina sobre la que Aristóteles estructuraba su discurso. De modo que aún el hombre que gobierna no está más seguro con las leyes escritas que con las consuetudinarias[177].

Para el profesor Alf Ross, la costumbre era el conjunto de normas que encontraban respaldo en las reacciones espontáneas de la sociedad, a diferencia del derecho, en el que esas normas venían respaldadas por el ejercicio organizado de la fuerza, (desprecio, ridículo, etc..,). En un principio, concluye el jurista danés, fue la costumbre la que determinó al derecho, pero con el correr del tiempo se invirtieron los valores y pasó el derecho a ser quien determinara de forma creciente a la costumbre. En una sociedad como la de la República romana las costumbres de su clase dirigente pasaron

---

[176] Platón, *leyes,* 793 A-D; J. Gaudemet,(1979) 87; Demóstenes, *contra Aristócrates*, 81, sobre las leyes y la costumbre. En Lisias, vi.10, los *agraphoi nomoi* son reglas de carácter religioso, interpretadas por los exégetas. Para Demóstenes, xxiii.70, *agrapha nomisma*, o para Tucid. ii.37.3, *agraphoi nomoi*, eran parte del ordenamiento jurídico ático. Los *agraphoi nomoi* en principio no eran vistos como una costumbre jurídicamente vinculante, sino como un comportamiento generalmente asumido en el ámbito social, que debía continuar siendo observado desde el punto de vista de una ética social y política. Era casi como el *ethos* – hábitos, costumbres -, que citaba Anaxímenes I.7, como referencia a un sistema universal de valores, y un derecho natural, M. Talamanca & M. Bretone (1994) 39; J.M. Bateman, (1958) 276/285.

[177] Arist. *Pol.* 1287b; leyes escritas y leyes por uso, en Arist. *Pol.* 1278b 5/8. "Por mi parte yo creo que las ciudades establecen las leyes para que en los asuntos que estamos dudosos, acudamos a ellas para averiguar qué es lo que debemos hacer", Lisias i. 35, hacia el 400 a.C., habla el campesino ateniense Eufileto. Cualquier conflicto privado se entendía que debía ser resuelto privadamente, quedando las leyes para casos extremos en los que, al no haberse llegado a soluciones entre las partes, se desease la intervención de los poderes públicos. Las leyes, para casos extraordinarios.

a ser normas modélicas. En la compilación legal que, según la tradición, los romanos realizaron a mediados del siglo V había costumbres que destilaban arcaísmos, pero que aparecían maquilladas con un anacrónico formulario jurídico, o sea, costumbres que ya se nos daban "interpretadas" por los juristas tardíos, como si aparecieran ya de esa manera en aquel compendio de normas, cuya datación resultaba por ello incongruente. De esta forma, los juristas legitimaban y daban autoridad a conclusiones que no eran más que fruto de sus hipótesis y controversias, asentándolas como manifestaciones del derecho arcaico, con el valor que otorgaba los siglos de su supuesta vigencia[178].

Ross venía a decir que la acción judicial precedió a la norma escrita, de forma que la sociedad juzgaba según el juzgador opinaba que se ha venido haciendo, en relación con el caso concreto de que se tratara. El juez resolvía de acuerdo a las reglas tradicionales de la costumbre, y a medida que surgieron nuevas situaciones, el juez fue descubriendo lo que era correcto y adecuado: las reglas tradicionales fueron adaptadas y desarrolladas según el espíritu tradicional para atender las nuevas necesidades. La costumbre creaba tanto el procedimiento como el modelo de sanción. Cuando esa costumbre se puso por escrito, su continuidad se rompió porque si bien aquella cambiaba y se adaptaba a las exigencias sociales de cada momento, la norma escrita era siempre igual, y como tal, inerte, inmóvil, ajena, y cada vez más alejada de la costumbre de la que en un momento dado era reflejo. La norma escrita se hacía pronto obsoleta, no así la costumbre, y aquella pasó a ser algo distinta a ésta, y su validez requirió de una interpretación, o de una recreación ficticia, que sirviera al juez para la resolución de casos concretos.

En la sociedad republicana, muy marcada por la costumbre de su sector más influyente, no surge interés por las necesidades legales del resto de la sociedad, y crea leyes *ad hoc*, leyes para resolver cosas concretas, que sirvan para resolver conflictos puntuales, para rebajar tensiones, que permitan perpetuar los liderazgos y consolidar supremacías y privilegios. Pero no tomará mucho esfuerzo en renovar el resto de leyes, aquellas que los demás grupos sociales necesitan para adaptarse a las nuevas situaciones. Esa sociedad, o mejor, la clase dirigente de esa sociedad dejará que persistan las viejas leyes, ofreciendo por defecto a juristas y expertos en el derecho un extenso campo de actuación, para interpretar, sustituir y reconstruir nuevas fórmulas que permitan al sistema ir dando respuesta, de mejor o peor forma, a los conflictos que se vayan planteando. Y sobre las conclusiones de los juristas, jurisprudentes y leguleyos, se irá construyendo todo un derecho, a su vez, fuente de nuevas controversias y más derecho, que sólo en corta medida tendrá que ver con las costumbres, con las leyes tradicionales, y en definitiva, con la amplia parte del cuerpo social al que en principio, venía a socorrer.

En la Roma del siglo I a. de C. los círculos intelectuales se ocuparon de las razones de la autoridad de la costumbre, probablemente para pertrechar sus propias posiciones políticas, en una Roma en la que en gran medida la acción de gobierno era decidida por los mejores discursos de sus próceres. Para Cicerón la costumbre, *consuetudo,* era aquello que el paso del tiempo y el consenso general había consagrado sin la sanción de la ley. Por ejemplo, parte de lo que los pretores daban en sus edictos, o los pactos –

[178] A. Ross, (1994) 89/90.

lo que las partes convenían como algo justo -, la equidad – lo que se considera equilibrado y ecuánime - y los precedentes jurídicos, o sea, *iudicatum,* lo ya juzgado sobre el mismo asunto antes. Desde su reverso, esta enriquecedora visión de la *consuetudo*, era subsidiaria del creciente escepticismo que por contra los teóricos y filósofos venían manteniendo hacia las leyes, como instrumentos de gobierno del estado[179].

En toda ley, igual que en todo ser vivo, como por ejemplo una planta, había un elemento que pertenecía al pasado, un elemento que si pudiese ser seguido en dirección a sus orígenes últimos nos haría retroceder hasta los más primitivos periodos de la historia de la especie humana en el primer caos, y de la vida de la planta en el segundo. El derecho primitivo también incluía los precedentes, pues esas nuevas decisiones que llamamos leyes se basaban en reglas viejas del derecho o en normas consuetudinarias. Las leyes eran sacadas del contexto temporal en el que habían sido promulgadas, fuese este conocido o supuesto, y se les confería un estatuto atemporal y transcendente. En la ciudad griega se tendía a atribuir amplios programas de codificaciones escritas o no escritas, a legisladores del pasado. En la sociedad romana se prefería dejar a las leyes en su contexto temporal cuando se usaban como precedentes, como en el caso de las Doce Tablas, cuya invocación obtenía la autoridad y el respeto que se otorgaba a las normas cargadas de años, pues asumiendo que lo viejo era símbolo de experiencia, reflexión y sabiduría, se daba por seguro que cualquier ley avalada por su vejez y resistencia al paso del tiempo, contaba con más posibilidades de ser respetada y obedecida[180].

Si en la época clásica del Derecho la costumbre no era una expresión de autoridad en la ley romana, en la llamada época postclásica, a partir del siglo III d.C., mejoraba algo su consideración en los juristas y pasaba a ser aceptado, *ius non scriptum,* como fuente de ley, asociada al *ius* por tanto de manera subsidiaria, pero sin manifestar en los escritos una especial relevancia. En el catálogo tradicional de fuentes de ley dado por los juristas Gayo y Papiniano no se mencionaba la costumbre en lado alguno[181].

6. Los primitivos actuales: costumbre, derecho y sanción.

A fines del siglo XIX el jurista norteamericano Oliver Wendell Holmes recalcaba que la única forma válida de reflexionar sobre el Derecho era hacerlo desde la perspectiva de estar ante un gran documento antropológico. Desde Europa y en tiempos

---

[179] Cic. *inv.*ii.67; J. Gaudemet, (1979) 98. Si para el tebano Píndaro, siglo V, el "*nomos* era el rey de todos, de los mortales y de los inmortales", en la Roma de Catón el Censor, siglo II a.C., la ley es el nervio de la Ciudad, y el impreciso vínculo de la sociedad, un siglo después, con Cicerón.*frag.* 169 H.E. Stier; J. Gaudemet, (1979b) 13. Derecho consuetudinario es aquel que en ausencia de una ley, el uso le confiere valor legal, *ret. ad Herenn.* ii.19. Luego, parece deducirse que, en caso de contar con ambas, costumbre y ley escrita, primaba la segunda. Con independencia de que los mandatos de ambas fueran diferentes.

[180] J.G. Frazer, (1993), 472; E. Adamson Hoebel, (1985) 477; S.C. Humphreys (1997) 544.

[181] J.A.C. Thomas, (1963) 31. La *consuetudo* sobre todo, era un legado muy antiguo, lo cual le aseguraba algún papel en cualquiera de las codificaciones tardías. Es más, los juristas romanos eran explícitos al respecto y explicaban que autoridad de la costumbre residía en su propia antigüedad. Era la *inveterata consuetudo*, *Dig.* i.3.32.1, de Juliano, la *diuturna consuetudo*, de Ulpiano, *Dig.* i.3.33, la *longa consuetudo*, de Hermogeniano, *Dig.* i.3.35; *Codex Iust.* viii.52.1; Gai i.2; Dig.i.1.7; G.C.J.J. Van den Bergh, (1995) 7; *ius non scriptum*, o *mos civitatis, mores peregrinorum.*, Julianus, 94 *Dig.* i.3.32 pr; Ulp. 7 *ad Sap. Dig.* xxix. 2.8 pr; Gaii i.92; M. A. Schiller, (1962) p.

posteriores, especialistas de ese campo aplicado al Derecho hacían notar que la función jurídica era a la vez una función sicológica o sistema de representaciones, de hábitos de pensamiento y de creencias, que se organizaban en torno a la noción específica del derecho. En cualquier caso, el estudio del Derecho en la Sociedad Primitiva obligó a los antropólogos a delimitar en qué casos podíamos afirmar que una sociedad concreta disfrutaba de las formas del Derecho, y en cuáles no, lo que obligaba a su vez a intentar un, de antemano, completo intento de definición[182].

Por su parte, Adamson Hoebel establecía que para constatar que una sociedad primitiva se articulaba sobre la base del derecho, por muy rudimentario que éste fuese, debían identificarse al menos tres rasgos característicos: la existencia en la sociedad de la coerción física y la sanción económica, la asignación de la misma a una autoridad oficial, y la regularidad o constancia en su observación. La ley sin la fuerza resultaba un concepto vacío, pero esta fuerza o coerción debía ser aceptada y ejercida al menos por una parte privilegiada de la sociedad – las víctimas, por ejemplo -, para una causa legítima, de una forma legítima y en una circunstancia legítima. Para este antropólogo por tanto, la aplicación esporádica de sanciones, sin constancia ni por autoridad oficial reconocida, era sinónima de ausencia de Derecho en cualquier sociedad que se tratase. Para otros, la visión era menos restrictiva, y se hablaba de sociedad con Derecho simplemente cuando se podía constatar que se poseía algún tipo de tribunales y una organización que permitiera ejecutar las decisiones de los mismos. E igualmente se hablaba de presencia del Derecho, cuando careciendo de leyes formales, la sociedad en cuestión tenía todas sus costumbres reforzadas mediante sanción, lo que suponía una situación similar a la de aquellas sociedades en las que los comportamientos se regularon con las leyes y sus correspondientes castigos[183].

Hace casi un siglo el profesor Roscoe Pound escribía que el Derecho era "un intento de reconciliar, armonizar, arbitrar la superposición de intereses contrapuestos, de determinar cuáles eran los intereses que concordaban mejor con las pautas propuestas sobre aquello que se considera beneficioso para la sociedad". Se entendía por tanto el Derecho como una fórmula de conciliación, un pacto, acuerdo, mediación, la eliminación de tensiones, la restauración del equilibrio y la evitación de males mayores. Era el derecho como remedio, como arbitraje entre ofendidos, un instrumento convencional que no deseaba ser argüido más que cuando se le solicitaba, como igualmente afirmaba el sociólogo Paul Veyne al reflexionar sobre la sociedad romana. Este derecho se comprobaba ejercitado en los individuos mediadores de casi todas las sociedades primitivas, cuya autoridad prácticamente era nula, simplemente la que las partes decidieran voluntariamente otorgarles, pese al importante papel que desempeñaban.

En efecto, en las sociedades primitivas la amenaza más peligrosa para la convivencia social no era la desigualdad sino la ausencia de contención, la carencia de acuerdos y pactos, la presencia creciente del desorden. Tal desorden sobrevenía cuando las

[182] O. W. Holmes, (1899) 443; L. Gernet, (1984) 154.

[183] E. Adamson Hoebel, (1985) 442 y 475; J. Beattie, (1986) 225; A. R. Radcliffe-Brown, (1952) 233/238, en L. Mair, (1998) 142; R. von Jhering, (1924) 190. Ley y sociedad primitiva, en L. Nader, (1965) 3/32; (1969); F.F. Moore, (1969); (1970) 252/300; I. Hamnett, (1977); S. Roberts, (1979); M. Mundy, (2002); S.E. Merry, (2004).

tensiones desnivelaban el equilibrio de fuerzas, lo que podía suceder si los miembros más fuertes – en riqueza o número – empleaban su poder, no en beneficio de la colectividad, sino de sus propios intereses, quebrando el pacto implícito o explícito sobre el que se fundamentaba la convivencia[184].

Actualmente, hablar de derecho ya no supone hablar solamente de leyes formales, códigos o constituciones, no se concibe éste como documento estático, con leyes escritas en negro sobre blanco. Hoy son derecho cuantas actividades realizan los pueblos en el ámbito de las normas y leyes, distinguiendo bien el campo de los actos y de las experiencias acumuladas, del campo del pensamiento teórico sobre este concepto. Práctica y teoría del derecho, en un plano similar al que nos permite distinguir ente cultura real, lo que los pueblos hacen y piensan, y cultural ideal, los modelos de comportamientos que pueden ser adoptados o no. Cuando leemos las opiniones de nuestros clásicos sobre el derecho, la impresión que queda al observador es que el discurso se mueve en el campo de lo ideal, quedando lo real como vaga referencia a la que se recurre para completar la imagen que se pretende transmitir. Queda a nuestra reflexión la tarea de dilucidar cuánto de realidad se esconde tras los la formulación de los enunciados teóricos[185].

Hablar de hábitos y costumbres en relación con las leyes, obliga a dirigir la mirada, siquiera brevemente a la reflexión que sobre tal asunto se hicieran los etnólogos en su investigación sobre sociedades primitivas concretas. Actuamos así a sabiendas de que esta fase de nuestro método de trabajo, es común para buena parte de la práctica investigadora, si bien no se nos escapa que los reticentes arguyen sus razones y lo hacen, a veces, desde una exclusión apodíctica que se concilia poco con la serena tolerancia y humildad a la que nuestra ignorancia nos obliga[186].

---

[184] Roscoe Pound, (1920) 44; "La posición del derecho, no como regularización de las conductas sino como respuesta a los conflictos que se le proponen. El derecho no se pronuncia, no se ocupa, si no se le arguye", P. Veyne, (1991) 81/117; Algunas sociedades simples carecen de Derecho pero todas tienen todas las costumbres apoyadas mediante sanción, A.E. Radcliffe-Brown, (1952) 241; J. Sanmartín, ed. y trad.,(1999) 35. Sobre el arreglo de conflictos de forma privada, la bibliografía es muy amplia, vid. R. Tomasic & M. Feeley, eds., (1982); A.L. Epstein, ed., (1974); P.H. Gulliver, (1979); J. Starr, (1978); W. Felstiner, R. L. Abel, & and A. Sarat,(1980/1981) 631/654; L. Mather, & B. Yngvesson, (1980/1981) 775/821; F. Snyder, (1981) 141/180.

[185] E. Adamson Hoebel, (1985) 472. Bien señala O F. Robinson, (1997) 102, que el problema es saber hasta qué punto las leyes reflejaron la realidad, qué era lo que en la práctica ocurría, pues describir la ley no es describir su funcionamiento. Y ponía como ejemplo la antigua constitución de la URSS, que garantizaba el libre discurso, o la americana, añado yo, que prohibía contra los presos el uso de penas vejatorias o muy severas. Cultura real, el cotidiano ejercicio del poder en la Ciudad, cultura ideal, lo que Cicerón escribía en sus tratados políticos sobre cómo era ese poder.

[186] Advierte W. Eder, (2005) 243, que explicar la Historia de Grecia y Roma a través de ejemplos y paralelos distantes como la India o Irlanda puede ser particularmente fuerte - may be particularly strong - , ... cuando la evidencia necesaria se ha perdido ... la exploración en ambientes ajenos – foreign climes – puede frecuentemente decirnos qué buscar, pero nunca que encontrar. Imbuido acaso de la gravedad de los imperativos de las Tablas, de cuyo análisis se ocupa, decide el autor que *sacer esto* quien quiebre con la - su - ortodoxia investigadora. Descalifica el autor aquellos estudios que amplian los consagrados límites del campo operatorio. Y me viene a la memoria la reflexión de Luis Pasteur, "el azar sólo favorece a los espíritus preparados", entre los que desde luego la necesaria modestia me excluye, pero que una idea que sin relación con el francés, recientemente subrayó el antiguo Profesor de Harvard, Sheldom L. Glashow, Premio Nobel de Física de 1979, cuando aseguraba que "muchos descubrimientos científicos han sido accidentales, resultados a lo que él llama "serendipity", de la misma forma que muchos otros son producto del diseño y de la investigación planificada", (Diario *EL PAIS,* p.52,

El antropólogo y sociólogo finlandés Edward Westermack, recogía unas palabras anteriores de Abraham Tucker, moralista inglés del XVIII, que aunque obvias ponen de manifiesto una realidad cuya omisión en cualquier análisis, distorsiona sobremanera las conclusiones a las que se llegue. Decía este pensador que era un argumento constante entre la gente común que las cosas se hacen simplemente porque han de hacerse, y que deben de hacerse, porque siempre se ha hecho, abrupta y lacónica expresión especialmente escogida para significar la relación entre el peso de los hechos y el peso de las razones. Tucker venía a decir que la tradición y la costumbre no necesitaban ser justificadas, estaban ahí, presentes e insertas en la vida de los ciudadanos, y no había ningún acto individual o colectivo que en su realización, no proyectara algo de esa tradición y esas costumbres[187].

La costumbre es el modo de conducta generalmente seguido y vivido como obligatorio, cuya trasgresión suscita la desaprobación de una parte de la comunidad donde vive el individuo. Desde esta perspectiva, la costumbre era el punto de partida natural de la evolución jurídica. Hace casi un siglo Bronislaw Malinowski había arrojado alguna luz sobre el tema y decía que si llamamos "cuerpo de las costumbres" a la suma total de reglas, convenciones y esquemas de comportamiento, no había duda alguna de que el nativo de cualquier sociedad sentía un gran respeto por ese cuerpo, una fuerte tendencia a hacer lo que los otros hacían, aquello que todo el mundo aprobaba y, si sus apetitos o intereses no le llamaban o impulsaban en otra dirección, seguiría la fuerza de la costumbre antes que cualquier otro camino.

Al analizar Malinowski el caso concreto de los nativos de las islas Trobriand, al este de Papúa Nueva Guinea, en el Pacífico Sur, con los que vivió varios años, el etnólogo polaco escribía que la forma inerte de cómo las reglas eran obedecidas sin discusión, se debía por decirlo así al "conformismo general de los salvajes". Pero añadía que las reglas principalmente eran obedecidas porque su utilidad práctica había sido reconocida por la razón y atestiguada por la experiencia". Los patrones y esquemas de conducta que nombramos como costumbres eran seguidos y respetados en función de la utilidad y beneficio práctico que se derivaban de su cumplimiento, o en sentido negativo, del perjuicio claro y directo de su quebrantamiento, por la eventual sanción social que conllevaba. Por su parte Robert H. Lowie llegaba a conclusiones a este respecto que recordaban no poco el aforismo de Tucker. En general, las leyes no escritas de uso consuetudinario acostumbraban a ser obedecidas con mucha más

14.06.06). Recordemos cómo el bacteriólogo Alexander Fleming descubrió el *penicilium*, o como mucho ante Edward Jenner llegó a la vacuna contra la viruela humana, por no citar los procesos por los que se materializaron los hallazgos de genios como Arquímedes, o los debidos a la sabiduría observadora e imaginativa por excelencia de un Leonardo, síntesis del espíritu del Renacimiento, o en el extremo absoluto, la riqueza de ideas y sugerencias que el antropólogo J.G. Frazer recoge en su *The Golden Bough* (London 1911/1915) o en [London 1907/1918], (reimp. Madrid 1993). O más cerca, en el mismo volumen donde Eder nos advierte, lo que al respecto escribe A. Momigliano, (ed. 2005) pág. 170. Por lo demás, estamos con el profesor alemán en casi todas sus restantes convicciones.

[187] Abraham Tucker, autor de *The Light of Nature Pursued*, en 7 vols. los tres últimos, póstumos, citado en E. Westermack, (1924) 159.

diligencia que nuestros códigos escritos. Mejor dicho, eran obedecidas espontáneamente, concluía el inglés[188].

Finalmente, el jurista norteamericano Lon Fuller puntualizaba sobre el valor de los actos repetitivos y, aceptando de forma general los anteriores enunciados, hablaba de la necesidad de cierto sentido de la obligación, en la conducta indígena. Una persona o una tribu no incurría en obligación sólo porque un modelo de conducta repetitivo - *patern repetitive* - pudiera distinguirse del resto. La ley basada en la costumbre surgía con independencia de su repetición, cuando tales acciones eran motivadas por un sentido de la obligación en el individuo. En este orden de cosas, cabe aquí la respuesta que da la sicología social al estudiar el significado de las leyes, cuando afirma que la norma se refuerza cuando se contraviene, o sea, que el incumplimiento sirve para reforzar el perfil de la norma. Así, ese sentido de la obligación que convierte en costumbre una pauta de conducta repetitiva, queda de manifiesto en su ruptura, cuando se pretende dejar de lado en una ocasión en que es claro su cumplimiento, quedando patente el sentido de su obligación en el grupo o pueblo que la alberga[189].

Observamos que la costumbre gozaba de un mayor respeto de la colectividad, porque no se trataba de algo impuesto, no era un artificio sin arraigo social que debía acatarse sin más. La costumbre respondía a los valores que la sociedad esgrimía ante determinadas situaciones, y se gestaba y consolidaba de manera natural en consonancia con el sentir de esa sociedad durante generaciones. La llamada ley consuetudinaria no era fija ni era inmutable, al contrario, era a través de la ley consuetudinaria como la vida social se ajustaba y cambiaba sus condiciones. Por otra parte, así como la ley sólo se configuró a partir de muchos casos comprobados y resueltos, la costumbre podía ser reconstruida a base de esos caso resueltos. La ley surgía como una respuesta necesaria a un conflicto que perjudicaba a la colectividad, mientras que la costumbre, al ser parte de esa colectividad, no surgía ni presuponía una quiebra previa, sino que su respuesta afloraba de manera natural, sin imposición, para responder a las diversas situaciones[190].

Escribía hace un siglo Sir James Frazer que legislación y codificación eran dos cosas muy diferentes. Entendía por legislación la aprobación y sanción autoritarias de determinadas reglas de conducta que hasta ese momento no habían sido observadas, o que no habían sido legalmente vinculantes, antes de que los actos que imponían su cumplimiento hubiesen sido aprobados por la autoridad suprema. Pero incluso, añadía Frazer, las leyes nuevas eran raramente o nunca, innovaciones totales; casi siempre presuponían y descansaban sobre una base de costumbres existentes y sobre la opinión pública vigente, que concordaban en mayor o menor medida con las nuevas normas que habían sido preparadas en silencio para su buena acogida en el ánimo de la gente.

---

[188] A. Ross, (1994) 89, 90; B. Malinowski, (1926) 67 *y* 68; R. H. Lowie, (1920) 381. Para L.A. Fallers, (1969) 3, el derecho consuetudinario es el derecho popular en proceso de recepción; I. Shapera, (1957); A.L. Epstein, ed., (1974); P. Fitzpatrick, (1980); J.M. Conley & W.M. O'Barr, (2003) 847/874.

[189] L. Fuller, (1969); H. Maine, (1972) chap.1, llega a hablar de dos clases de costumbres, las irracionales y las racionales, siendo éstas últimas las que eran aceptables como para ser incorporadas al cuerpo de leyes de un pueblo, y las otras, asimilables a las supersticiones. Podría incluso decirse que una cierta cantidad de delitos son necesarios para preservar la estabilidad del orden moral. O sea, el delito, como ocasión para reafirmar los principios básicos del orden moral, J. W. Vander Zandem, (1990) 242.

[190] J.P.B. de Josselin de Jong, (1995) 116; O. F. (1997) 27. W. Seagle, (1941) 35. desde esa perspectiva es difícil distinguirla de la ley natural.

Ni siquiera el monarca más despótico de la tierra se vería capaz de imponer por la fuerza sobre su pueblo una ley absolutamente nueva, que fuera contra la tendencia y corriente de la disposición natural de los individuos, que ultrajase las opiniones y hábitos hereditarios de la gente, que hiciese caso omiso de sus sentimientos más queridos y de sus aspiraciones más acariciadas. Solamente las leyes que de alguna manera concordaban con el pasado de una nación tenían capacidad para moldear su futuro. Volveremos más adelante sobre este punto[191].

Desde un punto de vista antropológico, la ley es un aspecto más de la cultura, aquel que la sociedad organizada utiliza para corregir o castigar las desviaciones de las normas prescritas. Historiadores y antropólogos de la ley como Maine, Vinogradoff, Maitland, Pollock, Kovalevsky, Post o Kohler, concluyeron algunas evidencias, compartidas por todos, que ponían de manifiesto la relación de dependencia, la subsidariedad de la ley respecto de la costumbre. Estas evidencias eran que, primero, la ley había evolucionado desde normas implícitas ya olvidadas o perdidas, a normas explícitas fijadas. La ley consuetudinaria precedía a los códigos, y la ley no escrita a la ley escrita. Segundo, la ley derivaba de la costumbre popular y no podía ser un invento de los legisladores. Cada costumbre popular era un conjunto de leyes, normas religiosas, morales, etc.., inespecíficas. Tercero, la ley no era una institución autónoma, sino que existía y era reflejo de la sociedad, aún cuando los juristas la desarrollaban aplicando un destreza especial. Y finalmente, el estudio de la ley era un modo de entender la sociedad y el estudio de la sociedad era indispensable para entender la ley[192].

Malinowski escribía que la principal competencia del derecho en las sociedades primitivas, estaba en el mecanismo que rige el sistema de obligaciones y que afectaba a una porción muy vasta de sus costumbres, aunque ni mucho menos a todas ellas. De la misma forma, las pautas de conducta del ser humano eran reguladas mediante normas que sancionaban positivamente su cumplimiento o negativamente el incumplimiento. Normas que premiaban o que castigaban, de manera que cuando la sanción negativa no servía para corregir estos comportamientos, la sociedad en cuestión estuviera capacitada para graduar las sanciones y los castigos, aumentándolas, llegando a la confiscación de bienes, las penas corporales, mutilaciones y aún, la muerte. Todo ello sin que fuera necesario la existencia de leyes escritas[193].

El derecho de la sociedad primitiva era predominantemente derecho privado, pues en las comunidades primitivas el tamaño del grupo solía permitir que los nexos de parentesco se superpusieran a cualquier otro lazo social. Es más, para la antropología tradicional, la sociedad primitiva sólo tendría ley penal, el castigo del crimen. No habría derecho civil entre los salvajes ni jurisprudencia civil alguna que la antropología pudiese investigar. En este tipo de sociedad que los antropólogos califican de sencilla, no existía una autoridad centralizada y se carecía de cargos políticos o judiciales

[191] J.G. Frazer, (1993) 472. Sobre opinión pública, A. Sauvy, (1956); W. Lippmann, (1922).
[192] S.P. Simpson & R. Field, (1946) 858; G.C.J.J. Van den Bergh, (1995) 17.
[193] Malinowski, (1926) 77; E. Adamson Hoebel, (1985) 474. Entre los tasmanios se usaba el ridículo como medio de control social, modo de sanción social tradicional, que recuerda a la *occentatio,* o a la *obvagulatio* de la Roma Primitiva, y son numerosos los grupos que zanjaban sus disputas mediante duelos reglamentarios, G.P. Murdock, (1981) 19.

especializados, por lo que no había margen para que el delito pudiera ser tratado fuera del círculo de parentesco del ofensor y del ofendido[194].

Define la antropología que la ley era una norma social que al ser violada más allá de los límites permisibles, provocaba generalmente una respuesta procesal formal iniciada por un individuo o grupo que poseía el derecho o privilegio socialmente reconocido de determinar la culpa y de imponer sanciones económicas y físicas. De manera que cualquier quebrantamiento de la norma social provocaba o generaba una respuesta que mediante una determinada sanción o castigo pretendía la restauración del equilibrio roto.

El objetivo de los procedimientos que clasificamos como judiciales, no era castigar al delincuente, ni recompensar a la parte agraviada, sino más bien el restablecer las buenas relaciones mediante la recuperación de la armonía social quebrantada, algo que al estudioso de la Roma republicana le evoca el contexto ciceroniano de la *concordia ordinum*. En el libro primero sobre las leyes, Cicerón hablaba de un tiempo, *quondam,* que sin decirlo calificaba de dorado, ya que en él los romanos resolvían sus conflictos sin castigos, sin procesos y sentencias, que, en su opinión, en su mayoría o estaban llenas de errores o eran falsas, y era consciente de que en esa situación aún en su tiempo había muchos pueblos. No hay por tanto en la sociedad primitiva, en relación con la resolución de los conflictos, un deseo de interferir en la vida de los privados. Como ya veía Paul Veyne, al hablar del espíritu del derecho romano, lo que se daba en aquellas sociedades era una respuesta a una demanda concreta ante un litigio que las partes no eran capaces de resolver por sí mismas. El objetivo inmediato de la sanción era expresar la justa indignación moral de la sociedad que la inflige, lo que implicaba la existencia de representantes autorizados que pudieran dar esos castigos, que en las guerras y *vendettas* eran los caudillos y jefes militares, muy anteriores e independientes de cualquier autoridad civil establecida[195].

La diferencia entre la guerra, como hostilidad entre sociedades, la *vendetta,* como hostilidad entre grupos sociales, y la venganza de sangre, entre individuos, era que en ésta última existían reglas, y no siempre se saldaba con el talión, pues admitía la compensación económica. En este caso, la víctima que era objeto de daño, al tiempo que demandaba un resarcimiento para sí, como privado, actuaba de forma que la sociedad se sentía representada en la causa que se dirimía. De esta manera las sanciones que se derivaran serían asumidas casi siempre como expresión de la opinión

[194] Así, no sería posible hablar de un derecho público entre colectivos regulados por las normas ancestrales del parentesco, entre los cuales los litigios y acuerdos resultantes serían de orden privado. E. Adamson Hoebel, (1985) 444. Desde H. Maine a Hobhouse, R. Lowie y E.S. Hartland, Malinowski, (1926) 72; Pese a ello, en la mayoría de las sociedades simples queda poco lugar para el escepticismo o la discrepancia respecto de los usos establecidos, pues es un hecho que la norma margina implacablemente a los incumplidores, J. Beattie, (1986) 224 y 230.

[195] E. Adamson Hoebel, (1985) 477. *Itaque poenas luunt, non tam iudiciis quae quondam nusquam erant, hodie multifariam nulla sunt, ubi sunt tamen, persaepe falsa sunt*, Cic. *leg.* i.13. 40; P. Veyne, (1991) 81/117; E. Westermarck, (1906) en J. Beattie, (1986) 221, 231 y 234, al hablar de las razones que subyacen en la ejecución de la venganza, pensaba que se buscaba no tanto la compensación como la satisfacción de los deseos del ofendido. El objetivo de la venganza de sangre no es castigar al culpable sino restablecer el equilibrio, tomar una satisfacción por la ofensa recibida. Es común a otros muchos pueblos, como entre beréberes del Norte de África, el que si un hombre mata a una mujer, la familia de la víctima intentará matar a otra mujer de la familia del agresor.

pública de la comunidad, la sociedad quedaba expectante ante el resultado de la acción, se contemplaba en los avatares de uno de sus individuos, y finalmente aguardaba para ver cómo se salvaguardaba el interés general de la comunidad. Tal era así cuando lo que se litigaba era de trascendencia general, y no se limitaba a ser asunto de clase. En todas estas acciones, que consideraremos como represalias, no había ley alguna, ya que el desquite de sangre era más una ley sociológica que una ley escrita, aunque en algunas sociedades muy simples, aún esta costumbre tenía sus límites[196].

Entre los esquimales, si un asesino mataba por segunda vez, la sanción habitual para casos de un primer delito resultaba inadecuada, y entonces incumbía a un hombre con iniciativa y bien considerado por todos los miembros de la comunidad, interrogar a éstos sobre la posibilidad de ejecutar al citado asesino, por constituir un peligro público, y si el pueblo interrogado asentía, se le ejecutaba. De manera que, ante casos excepcionales, el grupo tenía los resortes necesarios para salir al paso de las nuevas situaciones. Entre algunos pueblos del Africa Oriental, ganaderos y cultivadores, y carentes de autoridad definida, los litigios eran presentados a los ancianos del distrito, que resolvían como corte de arbitraje según la costumbre. No tomaban medidas para hacer cumplir sus sentencias, sino que éstas se dejaban en manos del ofendido.

Si el caso era grave e indignaba a toda la comunidad y los árbitros que libremente elegían se sentían sobrepasados por la conducta del ofensor, se recurría a alguien a quien se investía temporalmente de autoridad, para que actuara con dureza y defendiera a la comunidad. Igualmente, entre los aranda del centro de Australia, tribus nómadas que habitaban en la cuenca del río Finke, hoy ya extinguidas, los jefes tribales consultaban todos los asuntos importantes con un consejo formado por los hombres más ancianos y respetados del grupo. Este consejo tenía además la función de organizar la aplicación de la pena máxima, la muerte, encargando de ellos a las personas que designaban[197].

La compensación mediante indemnización se consideraba propio de sociedades iletradas que no habían desarrollado aún un sistema legal en sentido estricto. La indemnización, como fórmula muy directa de resarcimiento de las ofensas, nos habla de una sociedad que aún desconoce la eficacia de la abstracción como instrumento de análisis de la autoridad judicial, con capacidad para aplicar las penas. No hay en esa sociedad un órgano judicial suficientemente desarrollado y reconocido por el cuerpo social, cuya autoridad le permita asumir el cometido de la aplicación de los castigos o las multas, como árbitro o intermediario, de modo que su mediación sea reconocida por las partes, y perciba por ello una parte de la indemnización que esté en juego. En el canto noveno de la Iliada, Ajax dice: "por la muerte del hermano o del hijo se recibe una compensación, y una vez pagada el asesino se queda en el pueblo, y el corazón y el ánimo airado del ofendido se apaciguan"[198].

---

[196] A. Sarat, (1997) 163/189. *Vid.* también, J.S. Auerbach, (1983).

[197] J. Beattie, (1986) 226 y 231; F. Boas, (1888) 668, en E. Adamson Hoebel, (1985) 442/433; A.E. Radcliffe-Brown, (1996) 247, akambas, akikuyos y atherakas, pueblos bantúes del sur y sudeste del monte Kenia; A.R. Radcliffe-Brown, (1930/1931) 34/63; 206/46; 322/41; 426/56; R.H. Mathews, (1907) 145/164.

[198] A.E. Radcliffe-Brown, (1996) 245; Hom. *Iliada*, IX.632/636,

En la época arcaica griega había un formulismo, que el profesor Louis Gernet calificaba de prederecho, que actuaba en el campo de las obligaciones, como *supra* dijimos cuando citábamos a Malinowski, surgidas estas obligaciones de los actos derivados del intercambio de regalos o dones y la obligación que esa transacción comportaba para los implicados. Se trata del don que provoca automáticamente una contrapartida, pues el que recibe ni siquiera sabe lo que se le pedirá, pero no impide que se sienta obligado a corresponder con otro regalo. En el intercambio de dones, contradones, ofrecimientos y promesas que caracterizaban las formas arcaicas, resultaba una obligación acceder a la petición de un aliado, por excesiva que ésta pareciera. Zeus concedía un deseo a Tántalo y éste le pedía compartir su vida con los dioses, lo que era pura *hybris*, pero Zeus se lo concede, aunque a un precio exorbitante, como era dar a su hijo Pélope, troceado, como alimento en un festín dado a los dioses. El banquete de Tántalo es un *éranos*, palabra que viene a definir la contrapartida que se da por algo, en este caso un festín, dado en pago del favor recibido. Este *éranos* aparece como costumbre propia de un ambiente feudal, ya olvidado en la Grecia histórica, al margen del derecho, pero que permanecía vivo. Y también es lo más parecido a un *potlatch,* según se documentaba entre los indios kwakiutl, de la costa Noroeste de los Estados Unidos de América, y en la sociedad celta[199].

En las sociedades complejas, en las que existe un poder fuertemente establecido, que conjuga la plena autoridad y la capacidad de coerción necesaria para imponer sus mandatos, el repertorio de sanciones no responde a las necesidades y reglas tradicionales del pueblo sino a las de su clase gobernante. En los códigos orientales es frecuente que la desobediencia al rey sea castigada con la muerte. Entre los aztecas el castigo impuesto en la mayor parte de los delitos era la pena de muerte. En este pueblo de Mesoamérica, el derecho consuetudinario había sido substituido por estatutos codificados. Los intereses del individuo y del clan habían sido subordinados en muchos aspectos a los que el estado había establecido para toda la comunidad. Se constataba un interés en impedir el arreglo privado y la justicia personal, que era sustituida por la prohibición y el castigo severo de cualquier clase de delito. Normas primitivas como la venganza de sangre, la responsabilidad colectiva en los delitos individuales o los castigos por daños accidentales, pasaron a ser juzgados obsoletos. Por delitos que a nosotros nos parecerían futiles, como las bodas entre dos personas de distinto sexo que ya antes habían estado casados y divorciados uno del otro, el retraso en emitir una sentencia, el uso de ropa de sexo opuesto, o el recolectar maíz inmaduro, se imponía la pena de muerte[200].

En el Imperio Inca el derecho consuetudinario de los clanes sobreponía un cuerpo de normas pensadas para garantizar la estabilidad del estado y su sistema fiscal y social. El estado prohibía la venganza personal y que se hiciera justicia por su propia mano. El código del imperio era sobre todo un código penal ejemplarizante, y se ocupaba de todos cuanto pudiera amenazar al orden establecido – traición, corrupción de

[199] Gernet, (1984) 160, 163 y 168. En Tucid. ii.97, para los tracios era más vergonzoso no dar cuanto les habían solicitado que pedir sin conseguir lo pedido. *Éranos,* Píndaro, *o.c.* I.39: *amoibaia deipna* éranos, festín, compensación, contribución, cuota, contrapartida. Sobre *hybris*, N.R.E. Fisher, (1992); (1990) 123/138; D.M. MacDowell, (1976) 14/31; O. Murray, (1987) 117/125; M. Gagarin, (1979) 229/236.
[200] Muss/Arnolt, W., (1904) 445/447, fragmentos jurídicos de entre el 2250/550 a.C.; G.P. Murdock, (1981) 298 y 299; S. Toscano, (1937).

funcionarios, violación de leyes suntuarias, ataques contra la vida, contra la propiedad, contra la moral -. Los castigos eran feroces, pues más que castigar lo que se buscaba era impedir, disuadir al eventual infractor, prevenir el delito. La sociedad compleja abordaba en los códigos las medidas tendentes a defender el sistema, a consolidar la cohesión del estado, a garantizar su continuidad, controlando la conducta de los individuos, y por ello castigaba las actitudes particulares que pudieran entender como peligrosas en relación con el orden establecido[201].

Cualquier sistema de sanciones necesitaba de individuos que ejecutaran las decisiones a las que se llegara. Era por tanto un paso importante en la formación de un sistema legal que, junto al reconocimiento de árbitros o jueces que examinaran las pruebas y decidieran la responsabilidad y la cuantía de los daños, existiera una autoridad con poder para ejecutar las sentencias dictadas por los aquellos. Con mucha frecuencia en la sociedad primitiva se daba la figura del caudillo, de los ancianos, el/los sacerdotes, o el tribunal de algún tipo que, en caso de dudas, sobre una conducta que había supuesto una trasgresión de la costumbre, decidía si se debían aplicar las sanciones.

Esto podría considerarse germen de una autoridad pública. A partir de ahí se desarrollaba un poder judicial organizado y luego los grupos que legislaban y ejecutaban las normas. Entre los nuer de Sudán, África Oriental, para resolver sus disputas se recurría como mediador a un individuo al que se identificaba como el Jefe Piel de Leopardo. Éste, que gozaba de gran respeto e inviolabilidad, cual heraldo griego, ponía en contacto a las familias implicadas en el delito, la del ofensor y el ofendido, de modo que el robo de una vaca por ejemplo, pasaba a ser dirimido entre los ancianos de la comunidad del robado y los ancianos de la comunidad del ladrón, pero gracias a la iniciativa del citado interlocutor. La autoridad del Jefe Piel de Leopardo era en realidad mas bien escasa, no más allá de la situación específica, ya que era tan sólo un mediador, cuyo consejo o sugerencias obtenía el respaldo que las partes emparentadas quisieran darle[202].

Entre los ifugaos, tribus dispersas en la isla de Luzón, Filipinas, el *monkalum* era un individuo de clase superior, muy rico y con buena reputación, que elegía el demandante de una causa para que mediara entre las partes. Para ello, el *monkalum* halagaba, amenazaba, discutía y adulaba a ambas partes para que llegaran a un arreglo, y si fracasaba, las partes se enfrentaban con las armas y con ellos, el propio mediador, puesto que esa única opción pacífica legal habrá quedado destruida con la actitud intransigente de ambos[203].

En sociedades antiguas y extensamente iletradas - aunque no intensamente - como la mesopotámica, en las que la escritura y la lectura constituían técnicas arcanas reservadas a unos pocos, las tablillas no se escribieron para ser tenidas a mano y consultadas por jueces. Estos además, no eran profesionales del derecho, sino que por lo que sabemos eran notables locales más o menos peritos en las materias jurídicas más

---

[201] G.P. Murdock, (1981) 342.
[202] A.E. Radcliffe-Brown, (1996) 247; (1977) 181 y 192; A. Ross, (1994) 89
[203] R.F. Barton, (1919) en E. Adamson Hoebel, (1985) 450.

obvias como la familia, la propiedad, las sucesiones, los contratos, y los delitos más comunes[204].

IV
Oralidad y escritura.
El documento legal en la sociedad clásica.

1. Alfabetismo, oralidad y escritura.

Los expertos en oralidad y escrituras del Mundo Clásico parecen estar de acuerdo en que la escritura se conoció en Grecia a comienzos del siglo VIII a.C., en conexión con la actividad comercial de los fenicios. Asunto distinto es aventurar, pues otra cosa no puede hacerse, desde cuando esa escritura se extendió a todas las ciudades griegas, cuándo fue utilizada por parte de los poderes públicos y qué parte de la población hizo uso de ella, de una forma más o menos habitual, como instrumento de expresión de sus relaciones y actos. En suma, la cuestión es cuándo la escritura fue la herramienta habitual con la que el estado dejaba testimonio, entre otros hechos, de sus acuerdos y leyes. Sin otros elementos de juicio que la misma tradición literaria, se asume que debió pasar más de un siglo hasta que las *poleis* comenzaron a poner por escrito sus leyes, dándose la fecha del 650 como límite a partir del cual se iría extendiendo el proceso. Se piensa que este uso público de la escritura fue posterior en medio siglo al uso privado, del que no quedaría huella en la tradición literaria[205].

En realidad, si prescindimos de la tradición literaria relativa a códigos, leyes y legisladores, y a las fechas de la configuración de los gobiernos aristocráticos y primeras magistraturas personales y colectivas, el panorama que ofrece el patrimonio arqueológico obliga a ser más restrictivo en las fechas, uso y difusión de la escritura en la sociedad griega arcaica. No tenemos pruebas de los usos comerciales del alfabeto en Grecia para tiempos anteriores al 600, sin desdeñar que pese a ello, estos usos probablemente se dieron. La expansión económica comercial de algunas *poleis* en el siglo VII, animadas por el fenómeno colonizador, la consagración y difusión de metales como patrones de intercambio y la final invención de la moneda, hicieron indispensable un desarrollo paralelo del uso de la escritura como instrumento preciso para dar constancia a las transacciones.

---

[204] Como en la sociedad primitiva, no había abogados, sino sólo testigos y denunciantes, J. Sanmartín, ed. y trad.,(1999) 43. En un caso de agresión, lesiones, y robo, de tiempos de Ciro el Grande, año 529 a.C., la víctima de cualquier delito pide justicia exponiendo el caso, primero a un escriba, que toma nota de todos los detalles y actúa de notario, y luego se citan unos jueces y un consejo de ancianos de la ciudad, Herod. ii.31, hac. 430 a.C.

[205] R. Thomas, (2005) 42/43; 65. Para J. de Hoz, (2004) 211, todas las comunidades griegas de importancia conocieron la escritura hacia el 700, hipótesis a mi juicio excesivamente rotunda, si no se aclara qué se entiende por "todas las comunidades" y "conocer la escritura", a efectos prácticos. A buen seguro que al autor no se le escapa que un fenómeno de tal calibre no puede asimilarse a un acto específico y delimitable en fecha concreta. Es como hablar de la fecha concreta de la romanización, pongamos por caso. O pretender ajustar la fecha concreta, en cada caso, en la que los griegos decidieron vivir bajo aquel conjunto de instituciones cívicas que vinieron en nombrar con el término *polis*. En el caso de la Hélade, el que la escritura fuese conocida hacia el 700 no implica ni familiarización ni extensión de su uso por los grupos emergentes de las comunidades, ni siquiera por las minorías, de forma cotidiana y significativa. J.P. Sickinger, (2002) 147/169.

Tenemos muchos restos de vasos cerámicos con inscripciones que acompañan a las escenas que los decoran. Pero el estudio de esas, en la mayoría de los casos, breves muestras de escritura, constata una cantidad de errores ortográficos que sobrepasa con mucho el nivel de lo que sería aceptable o normal. Todo nos obliga a pensar que alfareros y pintores de vasos eran profundamente analfabetos, y que las inscripciones que allí figuran, salvo nombres propios, tenían como función ser vistas, no leídas, eran un motivo decorativo más, destinado a incrementar el valor del vaso. Por lo demás, como bien se ha afirmado, es difícil creer que en el siglo VII cualquier ciudadano estuviera en condiciones de poder leer las leyes de su ciudad, o de que, igualmente cualquier ciudadano pudiera transcribir a documentos los acuerdos a los que llegase en una transacción económica[206].

En la Grecia Clásica, que comprende los siglos V y IV, no más del 10% de la población adulta estaba alfabetizada, lo que además de saber escribir aunque fuese de manera rudimentaria, significaba poder leer cualquier documento que fuera expuesto públicamente a ese efecto. Los propios escritores clásicos resaltan el analfabetismo masivo de la población espartana, y como más adelante veremos, también documentan para esos tiempos avanzados la convivencia habitual entre la oralidad y escritura, como fuentes de transmisión y conocimiento en la mayoría de las poleis griegas. En Atenas, por ejemplo, se piensa que la escritura alcanzó extensión en las capas altas de la población durante el gobierno de los pisistrátidas, segunda mitad del siglo VI a.C., aunque acaso sólo sea una conjetura a partir del papel que al tirano, cabeza de esta dinastía, le dieron en la Roma del s. I a.C por su conexión con la puesta por escrito de los poemas homéricos. Antes de que las leyes fueran escritas en los soportes adecuados para su exposición pública, eran conocidas a través de los *mnémones*, recordadores o conservadores de la memoria, individuos encargados de memorizarlas y darlas a conocer, cuando así se les requiriera[207].

---

[206] En esta línea, J.Signes Codoñer, (2004) 57; R. Thomas, (1992) 67. Para W.V. Harris, (1989) 34, *literacy* es la habilidad para leer o escribir en cualquier nivel. Nadie fuera de la elite sabía leer o escribir, lo que suponía la desventaja de no poder leer ni leyes ni documentos. Ni siquiera el vaso ático François, del 565, con más de 130 inscripciones acompañando a sus escenas, puede servirnos de argumento de un amplio uso y conocimiento de la escritura entre los alfareros, J. Signes Codoñer, (2004)89, 91/92, cf. L. Rebillard, (1989) 550; L. Canfora, (1989) 925/938; J. Gallego, (2001) 7/34. Sobre el alfabetismo, C.G. Thomas, (1977) 455/458; T.A. Boring, (1979); A. Burns,(1981) 371/387; A. Johnston, (1983) 63/68; K. Robb, (1994); R. Thomas, (1995) 59/74; Z. Papakonstantinou, (2002) 135/150.

[207] W.V. Harris, (1989) 61; Hasta fines del siglo V, la cultura griega era esencialmente oral, P. Delsalle, (2000) 25; J.Signes Codoñer, (2004)103; 274; T. Boring, (1979); I. Calero Secall, (1997) 7; Cic. *de orat.* iii.137, *quis doctior eisdem temporibus illis aut cuius eloquentia litteris instructior fuisse traditur quam Pisistrati? qui primus Homeri libros confusos antea sic disposuisse dicitur, ut nunc habemus.* La memorización de los documentos, las leyes en este caso, fue procedimiento anterior por tanto al uso de la escritura, pero no desaparece con ella, sino muy al contrario, persiste en paralelo con el desarrollo de ésta, pues la escritua no supuso el fin de la oralidad. Los *mnémones* leían la ley o los documentos de que se tratase ante el auditorio, el pueblo o los nobles, en la ocasión que procediese, y no de manera completa, sino sólo el apartado o los capítulos que tuviesen relación con el asunto que se hubiese sacado a colación. R. Thomas, (1992) 69. En el siglo V los *mnemones* actuaban en los procesos judiciales, recordando a la corte los pasos previos del proceso, que no contaban con registros archivados. Eran además lectores de cualquier documento escrito, de modo que además de comunicar y relacionarmás que un instrumento de comunicación, de relación. Sobre oralidad, M. Ostwald, (1952); E.M. Craik, (1993) 123/125; E. M. Harris, (1993). Para A. Burns, (1981) 371/387, a pesar de no existir una producción de libros a gran escala, en la Atenas del siglo V escritura y lectura tenían cierta implantación, lo que favoreció el desarrollo del pensamiento abstracto.

En Italia el *miraculum* de la escritura surge cuando aún los itálicos se procuraban el alimento como las bestias, en las propias palabras de los clásicos, antes de conocer el uso de la *charta* y el pergamino, tiempo que se intuye muy temprano y que tampoco se concreta en Lucrecio, cuando escribía que ésta se inventó poco antes de que los poetas empezaran a conmemorar en cantos las hazañas cumplidas, razón por la cual, concluía el poeta latino, "nuestra edad no puede saber nada de lo que sucedió anteriormente, salvo por los vestigios que descubre la razón". Polibio decía desconocer todo lo referente a las antiguas instituciones, públicas y privadas, por lo que aconsejaba prestar una atención especial a la investigación, si se pretendía extraer una nítida sinopsis de las cualidades distintivas del régimen romano. Hoy no son pocos los que opinan que no hubo escritura antes del 600, que hasta el 250 a.C. Roma se manejó sin escritores, o lo que es lo mismo, que la divulgación de la escritura en Roma fue muy escasa hasta mediados el siglo III a.C., y como ocurría con el comercio griego en sus albores, tales conocimientos eran propios de extranjeros sospechosos, de fenicios, y su uso, de poetas y holgazanes. Todo el que dedicara su tiempo a la poesía era considerado un holgazán, *crassator*, decía Catón a mediados del siglo II a.C. Los vestigios arqueológicos no mejoran esta imagen, pues de antes del 500 a.C. sólo se conservan restos epigráficos semiinteligibles en latin y algunos *grafitti* en vasos etruscos[208].

Para William V. Harris, sólo el 15% de la población de Roma en tiempos de Augusto sabía leer y escribir. El 70% de los adultos de la Italia imperial eran analfabetos. Un rollo de papiro en el siglo V a. C. valía como el salario de trabajo de una semana, y pese a que leyes y contratos eran comúnmente puestos por escrito, los acuerdos orales eran muy abundantes y se tenía conciencia de que lo escrito era más susceptible de alteración y fraude. La sociedad antigua, pese a sus bajos niveles de literalidad, alcanzó unos cotas de sofisticación en las transacciones legales y comerciales que merecen aún hoy una valoración de respeto. Estos datos indican que, considerada la población general, los escritos tenían una difusión mínima, y que aún documentos públicos como las leyes, que publicados como inscripciones, dado el analfabetismo casi general de la población, llegaban a poca gente.

Otras teorías posteriores tratan de compensar esta visión restrictiva y hablan de un uso de la escritura en ámbitos privados y públicos más amplios de lo que se supone tuvo Etruria, o de un uso más extendido de la escritura en el caso excepcional de Pompeya, entre otras, sin que, en mi opinión los argumentos de W.V. Harris sean rebatidos. En general, la escritura en el mundo clásico se limitó a las clases superiores y a los profesionales de diversas técnicas. Respondió a incentivos prácticos y económicos, y su función fue igualmente práctica y en buena medida, privada. Servía para redactar cuentas, rótulos, notas personales, mensajes breves, registros, actas y anotaciones económicas en general[209].

---

[208] *Italiae homines qui sibi ritu ferino victum quaerebant ante chartae et membranarum usum,* Girolamo, *epist.* 8, principios del s.V d.C.; Pol. vi.3.3/4; C. G. Cavallo, P. Fedeli, A. Giardina, dir., (1993) 41. Lucr. *nat.* v. 1444/1448. in Gell.xi.2.5/6, K. Quinn, (1982) 76; A. Momigliano, (1977) 89, hablaba de dos piezas, y en lo que me alcanza, no ha habido incrementos significativos desde que el sabio italiano lo escribiera. Es difícil mantener que Fabio Pictor inventó todo lo que escribió, teniendo en cuenta lo escaso de lo que de él nos ha llegado, T. J. Cornell, (1986) 49; J. Poucet, (1985) 63.

[209] W.V. Harris (1989); J.H. Humphreys (1991) 198, presenta ocho estudios que tratan de dar una visión más optimista de los niveles de alfabetismo del mundo romano en la antigüedad. Los títulos que parecen más interesantes son los de T. J. Cornell, (1991) 198; J.L. Franklin, (2004) 214/215.

Pero sin negar el efecto convincente de estas afirmaciones generales no podemos dejar a un lado algunos aspectos relativizadores. Para empezar, una familiaridad solo superficial con la antigüedad clásica nos podría inducir a alimentar un concepto sobreestimado de la inteligencia de los intelectuales antiguos. Consideramos tan razonables a los autores que solemos consultar, que nos inclinamos a pensar que la masa de la población era inmune a las mentiras y las supersticiones. Las personas instruidas no piensan ni se comportan necesariamente de manera distinta a las analfabetas, de modo que no es posible establecer sobre esa base una bipolaridad que permita hablar de dos sociedades o dos grupos sociales, separados por el abismo de su instrucción en el arte de leer o escribir. Ninguna división neutral separa a las sociedades analfabetas de aquellas que no los son. Además, pese a los porcentajes aludidos anteriormente, los niveles de alfabetismo de la sociedad clásica fueron bajos en comparación con los que hubo en los países más cultos de los últimos 200 años. Cada sociedad alcanza el nivel de alfabetismo que su estructura y su *ethos* requieren, y su tecnología le permite[210].

Además, en el mundo helenístico y romano la población era fundamentalmente rústica, y prácticamente toda ella, analfabeta, e imposible de ser evaluada por estadística alguna. Los documentos y fuentes con las que la investigación cuenta para establecer sus cómputos sobre alfabetismo van referidos a la población urbana, que en el mundo antiguo era minoría. Pero también dentro de esta minoría supuestamente letrada la realidad necesita ser tamizada. Frente a quienes admiten que las leyes eran ampliamente conocidas, en cualquiera de sus formas, por los senadores romanos y demás miembros de la elite que deseaban consultarlas, y los expertos en leyes podían hacer copias de los ejemplares que se archivaban en el erario o en las bibliotecas privadas, algunos textos arrojan sombras sobre estas impresiones. Inmediatez y oralidad caracterizaban los procesos privados en Roma, y se piensa que esto fue así desde los tiempos primitivos y durante toda la República. La norma establecía que un juicio no podía durar más de un día, por lo que las declaraciones, pruebas, argumentos y la misma vista de la causa debían realizarse en ésa única jornada, que comprendía el tiempo entre el amanecer y el ocaso. Si no se había podido llegar al final dentro del plazo, al día siguiente se repetía una parte para enlazar adecuadamente la continuación del mismo[211].

En el proceso, las partes del mismo en que se demandaba escritura, obligaba a seleccionar especialistas. Cuando en el año 63 a.C. el cónsul Cicerón iba a interrogar a los catilinarios, encargó a unos senadores que sabía que escribían rápido y bien, que tomaran por escrito el interrogatorio. Hay frases en el texto que, en boca del arpinate, requieren comentario. Ordenó a los senadores *summa virtute et fide*, de los que dice que en el senado había muchos – esto último, un recurso para predisponer a su favor a los presentes, puro halago retórico -, que tuvieran memoria, sabiduría y práctica en escribir con rapidez – *memoria, scientia, consuetudine et celeritate scribendi facillime* -, para que tomaran nota de la denuncia. Estos senadores fueron M. Valerio Mesala Rufo, P. Nigidio Fígulo, C. Cosconio y Ap. Claudio Pulcro. Probablemente eran,

---

[210] J.G. Frazer, (1932) 128. A.K. Bowman y G. Woolf, (1999) 13. W.V. Harris, (1989) 331.

[211] E. Metzger, (2004) 243/276; sobre la importancia de los documentos escritos en la época de Cicerón, M. Bettini, (1978) 43/104. El proceso penal y el magistrado, B. Santalucia, (1988) 235/265; A. Corbino, (1988) 1179/1186.

dentro de la curia, de los pocos que a juicio de Cicerón, reunían las condiciones de experiencia literaria y virtudes por él requeridas. Y recordemos que la relación con este Apio, que aunque aún no había alcanzado la hostilidad de la década siguiente, ya mostraba toda la frialdad y arrogancia de un Claudio, era de nexo imposible con nuestro orador ahora en la cima de su gloria política. Tomaron todo el interrogatorio, sin resúmenes, lo que en latín se dice *perscribere*, ya que utilizaban el término *excipere* para significar la taquigrafía[212].

Años más tarde, en su tratado sobre las leyes, Cicerón no tiene reparos en situar a sus colegas los senadores entre la ignorancia y la incapacidad de interpretar cualquier texto oficial, lo que descontada la cuota de exageración retórica, no deja de ser una confesión ciertamente poco halagüeña sobre la preparación, en general, de la clase política de su tiempo, para quien ya observaba la situación política desde la experiencia y los años de no pocas desilusiones. Por otro lado, todas estas notas distintivas que desde nuestra perspectiva actual juzgamos como carencias negativas, fueron de una enorme utilidad para el propio diseño de la sociedad romana. Como ya se ha puesto de manifiesto, la ausencia de alfabetización de las masas libres fue una de las causas de la estabilidad social que vivió el estado romano. Una participación pasiva de las masas en las estructuras de gobierno de la ciudad, era condición indispensable para el desarrollo del modelo de gobierno aristocrático y oligárquico del estado romano[213].

En el siglo V a.C. los pensadores griegos no cuestionaban las leyes ancestrales que contaban con suficiente respaldo social. De hecho, en contraste con el mundo romano, las fuentes griegas clásicas se muestran notablemente desinteresadas por la suerte que pudieran correr las leyes escritas y los documentos de cualquier índole, manifestando más preocupación por la suerte que pudieran correr templos y edificios públicos que los custodiaban.

Para Aristóteles, pese a sus tratados sobre las instituciones políticas generales y particulares, el hombre verdaderamente justo y excelente era aquel que cumplía con las leyes no escritas, más que con las escritas. En este sentido, la posición del estagirita quedaba bien expuesta en su tratado sobre la política, al hablar de la Constitución de Mileto. "Nuestros antepasados", escribía, "vivían en medio de una barbarie y sencillez

---

[212] R. Thomas, (1992) 165; L. Canfora, (1989) 927. Finaliza el párrafo con interesantes datos, que se advierten en el espesor de su retórica. Copiada la denuncia, ya pasó a ser documento público, *tabula publica*, pero en vez de archivarla en casa de un particular, *more maiorum*, situación que sería ideal para quien quisiera enmendarla, Cicerón dice que ordenó a los *librarii* que sacaran copias, y que se distribuyeran por todas partes, y que se divulgase para conocimiento del pueblo romano. "Las repartí por toda Italia y las envié a todas las provincias". Es una exageración retórica cuando concluye, "no hay lugar en el mundo donde no haya llegado el texto íntegro de tal denuncia", Cic. *Sull.* 41/42; *vid.* M. MacDonnell, (1996) 474; A. Schiavone, (1990) 23/31

[213] "Quiero, Marco, dice Ático, quiero que me hables de todo cuanto ignoran nuestros especialistas de la política, cuyo desconocimiento es en mi opinión la cosa más vergonzosa ... la mayoría de nuestros magistrados son tan ignorantes acerca de sus derechos que sólo conocen de ellos lo que sus propios escribas tienen a bien en revelarles, Cic. *leg.* iii 20. A fines de la República, quien deseara consultar una ley concreta, debía preguntar al escriba encargado de su custodia, le dirá de ella lo que juzgue pertinente, o en su caso, solicitar una copia, trámite que tampoco estaba exento de complicaciones. Es más, W.V. Harris, (1989) 249, a partir de un texto de Quint. *Inst. Or.* i.1.28, afirma que en el Imperio, la capacidad de leer estaba extendida a las clases altas, pero no así la de escribir, muy descuidada por la existencia de muchos esclavos que lo hacían. L. Canfora, (1989) 928.

singulares, y durante mucho tiempo los griegos iban armados y vendían a sus mujeres. Las pocas leyes antiguas que nos han quedado son de una rudeza increíble. En Cumas por ejemplo, la ley que castigaba el asesinato declaraba culpable al acusado si su acusador presentaba cierto número de testigos sacados de entre los propios parientes de la víctima. En general, la humanidad debe ir en busca no de lo antiguo, sino de lo que es bueno. Nuestros primeros padres, ya hubieran salido del interior de la tierra, o sobrevivido a alguna catástrofe, se parecen probablemente al vulgo y a los ignorantes de nuestros días; por lo menos esta es la idea que la tradición nos da de los gigantes hijos de la tierra; y sería un solemne absurdo atenerse a la opinión de semejantes gentes. Además, la razón nos dice que las leyes escritas no deben conservarse siempre inmutables. La ley siempre alude a casos generales, mientras que los actos humanos suponen casos particulares, por lo que en consecuencia es necesario que en ciertas épocas sean modificadas determinadas leyes. Pero para evitar el funesto hábito de cambiar con demasiada frecuencia las leyes, conviene tolerar algunos extravíos de la legislación y del gobierno. Para hacerse obedecer la ley no tiene otro poder que el hábito y éste sólo se forma con el tiempo y los años, de tal manera que sustituir las leyes frecuentemente con otras nuevas, es debilitar la fuerza misma de la ley"[214].

La oralidad funciona con precedentes próximos, pues por definición su pasado no alcanza la categoría de remoto, en el sentido de que este pasado, cuando es ignorado, no cuenta. La verdad recordada es flexible y actualizable, porque nosotros no podemos probar que la costumbre más antigua fuera anterior a la que es recordada por los sabios vivos más ancianos. De esta forma, no hay conflicto entre pasado y presente, entre precedentes antiguos y prácticas presentes. Aquello que se conserva escrito, cuando se arguye, desconcierta, choca y sorprende. Por el contrario, lo que la oralidad conserva, es flexible, se actualiza y puede cumplir un papel o función de refuerzo y confirmación de los propios argumentos de la comunidad o de cualquier grupo que lo esgrima. Así, la ley de leyes, como se pensaba de las Doce Tablas, en tanto patrimonio de una nación, se convierte en el instrumento conveniente para manipular y beneficiarse de un interés de clase. En un uso tan espúreo como generalizado, de manera taimada y sesgada, se esgrimen estas normas, cargadas de autoridad por sus años, para interpretar una ideología sobre la sociedad y el estado. Queda así el código, en Roma las Tablas, como instrumento reutilizado por y para el servicio de la elite gobernante, que respalda su trayectoria presente con la autoridad de un tiempo anterior, que esa elite reconstruye a su entero beneficio[215].

Durante siglos las sociedades griegas y romanas evolucionaron sin escrituras y por tanto, sin leyes ni demás documentos escritos, con un nivel de eficiencia y desarrollo que puede considerarse suficiente, y sin que esas carencias plantearan problemas de viabilidad a las respectivas comunidades. Todos los actos institucionales que se

[214] Arist. *Pol.* v. "Respetamos aquellas leyes no escritas que suponen un baldón para quienes las incumplen", Tucid. ii.37.3. R. Thomas, (1999) 63. Arist. *Rhet.* i. 15.2.1375b. Los escritos llegan al recuerdo desde fuera, a través de caracteres ajenos, la escritura es sólo apariencia de sabiduría, Para Platón, *Phaedr.* 275 a/276 a, los escritos, que llegaban al recuerdo desde fuera, a través de caracteres ajenos, sólo eran una apariencia de sabiduria, un reflejo pálido del discurso, expresión llena de vida y de alma; sobre el significado, la hermeneútica de la creación literaria, D. Kelly, (1996) 418.

[215] Los registros escritos siguen vivos en los archivos y pueden ser resucitados para informar, impresionar y desconcertar a las generaciones futuras, M.T. Clanchy, (1979) 233; M. Bretone, (1993) 433/467.

juzgaba que debían ser sostenidos en su vigencia y como tales, preservados, eran transmitidos oralmente de una generación a otra, de manera que a pesar del tiempo perdurara la esencia de los mismos. Durante el proceso de transmisión, y como consecuencia de la multiplicidad de agentes transmisores, aquellos actos se iban desembarazando de sus aspectos irrelevantes, de manera que siempre se recibían abiertos a la matización, interpretación y adecuación a las nuevas necesidades de la comunidad que los asumía.

La oralidad permitía así contar con un acervo de leyes tan antiguas como flexibles y adaptables al momento histórico de que se tratara. Mientras que la ley no escrita permitía al juez actuar sin la coacción que supone la literalidad del documento, en las sociedades con registros y leyes escritas, la adaptación de las leyes comportaba el complejo asunto de la interpretación. Los jueces debían interpretar, tener en cuenta los cambios producidos de hecho por el tiempo y obrar en consecuencia, con todos los riesgos que ello suponía. En las sociedades sin escritura había menos margen para el conflicto directo, la confrontación entre lo viejo y lo nuevo. Lo viejo desaparecía más rapidamente, pasando a un segundo plano, pues aquello que ya no resultaba útil o práctico, aquello que se mostraba ajeno al sentir y a las necesidades del pueblo, simplemente, se olvidaba[216].

Viene al caso recordar al medievalista Fritz Kern, cuando al analizar la relación de la monarquía y la ley durante el Medioevo, afirmaba que para una persona sencilla resultaba extraño que las leyes, todas las leyes, existieran sólo en los libros, y no donde Dios las había puesto, esto es, en la conciencia y en la opinión pública, en la costumbre y en el buen entendimiento humano. El derecho positivo, cuando se escribía, implicaba y traía consigo a los abogados y eruditos instruidos, gente que tanto en la Europa Medieval como en los tiempos de la cultura clásica constituían grupos tan influyentes como, no pocas veces, ajenos al sentir de las sociedades en las que oficiaban[217].

Cuando se elabora un código de leyes, las leyes que se recogen y se codifican no salen indemnes del proceso, pues la naturaleza del derecho que se maneja durante su elaboración queda finalmente transformada. El derecho sufre una conversión y así, por ejemplo, la costumbre que se recoge se convierte en ley con la codificación. Un derecho que se va conformando con los presentes judiciales y que por tanto se desenvuelve móvil, fluctuante y sujeto al arbitrio de sus intermediarios, a partir de la codificación se convierte en una ley uniforme, fija y publicada. La ley escrita modifica el sentido y la esencia de la costumbre, hasta el punto de constituir, apenas se sobrepasa el presente, una norma distinta a aquella de la que fue copia. En un corto plazo de tiempo, esa ley escrita ya no es la antigua costumbre, reflejo de asuntos diferentes a los justificados en las leyes. Por tanto, puede existir una ley, justificada como versión escrita de una costumbre, que el tiempo a su vez convirtió en obsoleta y

[216] Además de las actividades económicas y sociales cotidianas, ni siquiera la ausencia de escritura impide a las comunidades regirse y funcionar con legislación y un sistema de justicia a base de tribunales, como entre otros ha demostrado E.Adamson Hoebel, (1985) 472. En relación con la ley, hay una mayor flexibilidad en el contexto oral, J. Goody, (1990) 169, 170/171.

[217] F. Kern, (1985) 179. Pese al indiscutible peso y complejidad del estado democrático de la Atenas del siglo V, el peso de la costumbre, la norma no escrita, que se percibe en vigor en el ambiente y en la opinión pública, en la conciencia individual y colectiva, era superior al de la ley escrita, un producto "reciente" del estado benefactor.

arcaica, frente a esa costumbre, la cual evolucionó con plena independencia de la ley, y en esta evolución fue transformándose y adaptándose a las necesidades y cambios sociales del pueblo que la poseía[218].

Se da la paradoja de que la costumbre ancestral, evolucionada y flexible, era más "moderna", en el sentido de actual, por dar más respuesta a los problemas de los ciudadanos, frente a la ley que la conformó como ley escrita, quedando allí, rígida e inmutable, ajena al sentir del pueblo que la dio origen. De esta forma, la ley no escrita es flexible, anónima, vieja, primitiva, del pueblo, campesina y rural, frente a la ley escrita, que es estática, de autor conocido, reciente, civilizada, de elite, aristócrata y urbana. Aquella parece más útil y beneficiosa para el pueblo que esta otra, pero contribuye escasamente a la consolidación de la idea de estado, no es instrumento eficaz de control social y mantiene extensas parcelas de la sociedad ajenas a la ideología del poder en ejercicio. Por tanto es comprensible el deseo del poder, de suplantar a la sociedad, al pueblo en su conjunto, en la libre y espontánea aplicación de sus propias normas, a través de la codificación y puesta por escrito. Aún a costa de vaciar de contenido a este cuerpo vivo del derecho[219].

Un asunto específico y de interés relevante para entender alguna de las situaciones que encontramos en la sociedad clásica, es el del anonimato de los autores de logros sociales. En este sentido, se piensa que la interpretación de la naturaleza de la tradición oral se ha basado en ideas y suposiciones inadecuadas. En las sociedades anteriores a la escritura una de las características de la comunicación oral consistía en su capacidad de asimilar los logros individuales e incorporarlos a un cuerpo de costumbres transmitidas que antropólogos como Edward B. Tylor llamaba "cultura" y sociólogos como Emile Durkheim, "sociedad", hace ya casi un siglo. Así, en las sociedades orales los hallazgos de un hombre, sean canciones, como las baladas, u obras materiales, como la erección de un santuario, tienden a ser incorporados o rechazados en las tradiciones de ese pueblo de una forma anónima. Esto no significa que el individuo creador sea sustituido por una misteriosa autoría colectiva, a la que se adjudica lo que se atribuía al individuo en las culturas literarias, sino que aquel individuo creador permanece anónimo. Se incorpora la obra, pero no la identidad de su autor. La firma literaria simplemente, queda borrada por el proceso de transmisión generativa[220].

---

[218] En el mito griego, se nombraba como *éranos* los regalos que se entregaban en la corte de Polidectes, rey de Serifo, con motivo del rapto de amantes masculinos, tal como Estrabón nos lo describe. En tiempos clásicos el *éranos* designaba ya un tipo de préstamo sin intereses, entre amigos, que se devolvía a plazos, y se usaba en el comercio. De su significado original sólo quedaba ya alguna función puntual como pago de rescates o constitución de las dotes. Venía a ser el *mutuum* latino. Es buen ejemplo de cómo la costumbre se adapta a las necesidades de la sociedad a la que pertenece, sin que la incorporación de nuevos usos en la fijación por escrito anule sus significados más antiguos. Str. x. 4.21; L. Gernet, (1984) 169.

[219] M. Humbert, (1998) 88. La nobleza de Roma y Atenas tuvo interés en parar la evolución de la ley consuetudinaria, para lo cual es lógico que apoyara la redación de leyes por escrito, los códigos, W. Eder, (2005) 248; A.D. Renteln & A. Dundes, eds., (1995) Introduction, p.3. El derecho escrito es sumamente parcial en todo el sentido de la palabra, favoreciendo a los pocos instruidos a expensas de los muchos no instruidos, p.e., las uniones conyugales que se han venido rigiendo por la costumbre, si no estan registradas "debidamente", lo que significa haber rubricado ciertas fórmulas escritas, pasan a ser ignoradas como matrimonios en ley, legítimos, y consideradas como concubinato, sin reconocerle por tanto los derecho que a los matrimonios se les reconoce, J. Goody, (1990) 192.

[220] J. Goody, (1985) 37; A. Momigliano, (1966) 211/220; vid. G. Camassa, (1992) 130/155.

Los logros individuales en las sociedades orales son similares a los de las sociedades literarias, pero no transcienden a su propio tiempo y se difuminan progresivamente en la transmisión a la posteridad. Esto nos evoca de inmediato el relato tradicional sobre la legislación de la Roma Primitiva. En ese relato, que básicamente conocemos a través de Livio y Dionisio de Halicarnasos, no existe una figura del legislador como en la Grecia Arcaica, y las primeras leyes que figuran con su correspondiente *rogator,* se presentan ajenas a las grandes personalidades, pues el supuesto mérito del individuo que las promueve finalmente se diluye en el de las decisiones colectivas. Eran leyes que pertenecían a una época tal que se transmitían sin figuras relevantes. A final de la República todos los intelectuales romanos sabían de usos y normas que sus paisanos venían empleando desde siempre en sus relaciones cotidianas, sin que pudiera precisarse ni el punto de partida de su vigencia ni el autor o autores de las mismas. De hecho, tales cuestiones poco importaban para confirmar su eficacia, y su aclaración no transcendía los cenáculos de los eruditos del derecho[221].

Probablemente la admiración que ciertos modelos griegos despertaban en los intelectuales romanos movió a dar una mayor relevancia al legado jurídico existente, en imitación de lo que sobre este tenor, la elaboración de los primeros códigos de leyes, se conocía por las obras de los teóricos griegos. Se recopiló todo un anónimo material de usos y costumbres y se organizó de forma sistemática en función de materias, de manera que la sociedad romana, el pueblo y sus gobernantes, pudieran sentir el orgullo de poseer, como los atenienses o los corintios, o los locrios, un cuerpo de normas que fueran tanto justificación como garantía de viabilidad y fortaleza de su sistema. La tradición sobre la citada recopilación, las llamadas Doce Tablas, se configura finalmente en la analística, que la acepta casi unánime y la autoridad de tal legado jurídico se refuerza tanto por la comunión de adhesión con que se transmite como por la antigüedad del marco histórico en el que finalmente se ubica.

Naturalmente, junto a la apología que con acento nostálgico e idealizante nos llega sobre el derecho no escrito, con mayor fuerza se elabora toda una teoría que hace de la ley escrita, la razón del modelo en que primero los griegos, luego los romanos, sustentaron su forma de estado. La invocación a tiempos remotos buscaba contrarrestar el correcto funcionamiento de una oralidad secular. Platón alababa en principio aquellos tiempos sin escritura ni por tanto leyes escritas, pero de inmediato buscaba el rechazo de sus contertulios, asimilando tal régimen al de los cíclopes, como ya *supra* dijimos, de negativas connotaciones para cualquiera de los griegos de su tiempo, persuadidos de que Homero era el padre de todos los helenos[222].

---

[221] Haciendo suyos algunos comentarios de Dionisio y otros griegos, G. Dumezil, (1977) 251, observaba que la mitología romana ofrecia unos dioses carentes de aventuras y sucesos, en compararación con la griega, plagada de sucesos y proezas acordes a asus protagonistas. Pero los romanos parecían desquitarse con un rico conjunto de leyendas referentes a los grandes hombres de sus orígenes, una especie de mitología humana.

[222] ¿No es cierto que esos hombres no tenían necesidad de legisladores y que las leyes no solían darse aún en aquellos tiempos? En efecto, los nacidos en aquella época no conocían la escritura, sino que vivían atenidos a las costumbres y a las llamadas normas patrias ... y al régimen político de aquel tiempo se le llama señorio (dinasteia) que aún hoy existe en muchos sitios entre los griegos y entre los bárbaros; también Homero dijo que éste era el que habían tenido los Cíclopes pues dijo: "no tienen ellos asambleas deliberantes ni leyes, sino que habitan las cimas de las altas montañas en las cóncavas grutas,

Para los griegos de los siglos V y IV a.C., la escritura no estaba ligada a la democracia sino a gobiernos despóticos y tiránicos que amenazaban los mismos fundamentos de esa democracia. Para esos griegos democracia era *logos*, la capacidad de expresarse libremente en el ágora, a través de la palabra, mientras que la escritura se percibía como un instrumento de refuerzo del control del gobernante sobre su pueblo. Democracia y pueblo tenían mucho que ver con el discurso, con la oralidad, mientras que oligarquía suponía una identificación con la ley escrita. En Roma la ley escrita embutía la libre expresión popular del derecho que era la costumbre. La escritura laminaba y compartimentaba la conducta colectiva, encumbraba una nueva clase escogida, la de quienes conocían y podían expresarse mediante la escritura, un nuevo instrumento de poder y control, frente a las masas iliteradas y analfabetas. El derecho escrito será pilar del estado republicano, por lo que corresponderá su interpretación a quienes sepan transcribirlo, de la misma forma que Dionisio de Halicarnasos, como *supra* dijimos, indicaba que al patrono correspondía interpretar las leyes para sus clientes. Las raíces que justificaban el orden social republicano se asentaron en tiempos remotos, sobre todo cuando el sistema político veía próximo su final, en los últimos decenios del siglo I a.de C. Final que, en contra de lo que algunos escritores denunciaban, no fue tanto efecto de la presión en las calles y asambleas de las clases más bajas, como de la iniciativa de sus más recalcitrantes personalidades[223].

Para el sofista Gorgias, las leyes escritas eran garantes de la Justicia, y para el trágico Eurípides, por boca del rey Teseo, cuando las leyes estaban escritas, los ricos y los pobres disfrutaban de la misma justicia. Pero nosotros sabemos que en la sociedad arcaica, la ley escrita no era sinónimo de justicia. Demóstenes decía que la forma normal de existencia de una ley era como texto escrito, lo que posibilitaba que su conocimiento fuese general, aunque los ciudadanos también pudieran conocerla escuchando su lectura en voz alta. La fijación de la costumbre, o mejor, el deseo de fijar la costumbre por escrito suponía un deseo de someter a control esa costumbre, para modificarla o re-definirla según interesase por vía del jurisconsulto o los expertos en leyes, sustrayendo al pueblo esa función natural que le compete. En la mayoría de los casos ese intento fracasaba, pues lo escrito no sustituye a lo ancestral, a la costumbre, en tanto que vívida y enraizada en los usos cotidianos. En este sentido, una codificación siempre representaba algo de suplantación e imposición, una forma de arrebatar la historia de un pueblo, por más que se revistiera y se justificara como un fenómeno favorable y positivo, en un primer momento, para el mismo pueblo, al que se hacía partícipe de las leyes[224].

---

y cada uno da normas a sus hijos y esposas, sin preocuparse de los demás", *Odys.* ix.112/115; Platón, *leyes,* 680 a/b.

[223] D.T. Steiner, (1994) 132. Dionisio, ii.10.1. Así, se piensa que la difusión pública de las normas aprobadas por el pueblo y las asambleas, típica del estado ateniense, no fue un hecho común en la Roma republicana, L. Canfora, (1989) 928. Las leyes escritas, F.Blatt, (1942) 137/158; J. Stratton, (1980) 99; G. Pugliese/Carratteli, (1987) 99/102; O. Andersen, (1989) 73/90; J. de Hoz, (2004) 211/235; E. M. Harris, (1993). Gentes, patronos y clientes, M. Lemosse, (1954) 471; F. Serrao, (1987) 293/309; M.A.Levi, (1992); 1995) 121/147; (1996) 445/449; G. Franciosi, (1986) 263/281; R.E. Mitchell, (1990).

[224] En la democracia clásica unos apoyan las leyes escritas y otros prefieren las leyes no escritas, no es un debate cerrado, no hay sustitución de un modo de expresión por el otro, sino que ambos conviven y configuran ámbitos de uso bien delimitado. Gorgias, DK 82, iia 30; Eurípides, *Supplicantes*, 433/437; R. Thomas, (2005) 42; Demost. xx. 93/94. Pese a todos los argumentos en contra, la codificación de la ley, la fijación de la ley por escrito, restringía las acciones arbitrarias, unificaba los modelos sociales de conducta y contribuía a alimentar un fondo de precedentes que facilitaba las decisiones posteriores, W.

Durante el principado romano, el documento escrito era un revulsivo que ponía coto a los juicios y actos caprichosos e impredecibles del emperador. Desde esta perspectiva no resulta adecuado suponer que todos los gobiernos deseaban conservar un registro exacto, correcto y facilmente recuperable de sus acciones. Atender a la posibilidad de predecir era sólo una manera de organizar un gobierno, y como varios siglos antes advirtieron sofistas y trágicos, la ley escrita encorsetaba el capricho de los poderosos, por lo que era de esperar que la oligarquía romana se rigiera por las normas no escritas, por sus *mores,* e invocara como suplemento de la legalidad de sus actos de gobierno, su respeto a las leyes arcaicas, las Doce Tablas, desaparecidas, pero cuya memoria, conservación, y sobre todo, interpretación, como los *mores,* ellos también se reservaban[225].

Se acepta que los poemas homéricos pertenecían a una sociedad en la que la escritura tenía una escasa e incluso nula presencia en cualquier ámbito. Homero por tanto, no dejó nada escrito y tuvieron que ser los griegos posteriores los que elaboraran la obra a él atribuida a partir de los cantos recitados y recogidos en la tradición. Su extensa obra fue transmitida oralmente del siglo VIII al VI, sufriendo las alteraciones propias de tan largo proceso, lo que supuso que la copia final escrita en el siglo VI, pues parece que fue bajo Pisístratos cuando se hizo la primera redacción de los cantos homéricos, hasta ahora dispersos, no respondería ya al supuesto original del VIII.

De hecho, la vinculación de la épica con las tradiciones heroicas cultivadas por la aristocracia parece clara. Pero con ello no queremos decir que fuese esa misma aristocracia, presuntamente "retratada" en los poemas, la que garantizase la transmisión de los poemas. La crítica actual presenta interesantes teorías al respecto. La épica homérica se contempla ahora no como la proyección de un pasado heroico, visto desde los aristócratas del siglo VIII, sino como la proyección que el pueblo humilde hace del pasado heroico de los nobles de antaño. La sociedad homérica sería por tanto construida desde la percepción de los más pobres, los menos aristócratas y los menos poderosos, todo ello a partir del siglo VIII. Clístenes, que se había alzado tirano de Sycion en el s. VI, tras arrebatar el poder a la oligarquía, expulsaba de la ciudad a los poetas homéricos que celebraban en sus cantos los valores aristocráticos[226].

Eder, (2005) 253. Alabanzas de las leyes escritas, desde Demóstenes, 47; 68/72, colegio de exégetas; Andócides I.85: "los magistrados no podemos aplicar una ley no escrita". Sobre las leyes no escritas, *koinos nomos*, en contraposición a *idios logos,* ley escrita, Arist. *AP* 1375 a/b.25; 35; *Ret.* 1368b.7/9. *Koinos nomos=agraphos nomos*, siendo aquel una suerte de Derecho Natural, hasta Gregorio taumaturgo, siglo III d.C., *Panegírico de Orígenes*, 7, que habla de las admirables leyes, *thaumastoi nomoi*, de los romanos, Plut. *QR* 30;42; M. Ostwald, (1973) 70/104;

[225] C.M. Kelly, (1999) 261. "escribir las leyes fomenta la justicia y la honestidad", Arist. pol. 1286A 9/17, R. Thomas, (1999) 61.

[226] R. Thomas, (1992) 12; Fl. Josefo, *Contra Apión*, i.12, y para Cic. *de orat.* iii.137, (*Pisistratus) qui primus Homeri libros confusos antea sic disposuisse dicitur, ut nunc habemus.* Con los pisistrátidas aparecen una serie de figuras relacionadas con la consignación por escrito de las obras tradicionales y vistas con recelo precisamente por ellos, ... pues en Atenas la escritura fue vista con hostilidad en amplios sectores por su vinculación con la tiranía, J.Signes Codoñer, (2004)143, 165 y 235; la idea de que las dos obras, Iliada y Odisea, constituyen una simple suma; Herodoto v.67/68. según la correcta opinión de A. Dalby, (1994) 279; M. Gagarin, (2005) 82, habla del 700 a.C. para la puesta por escrito de la obra de Homero y Hesiodo; J. A. Fernández Delgado, (1994) 75/106.

Los poemas homéricos presentaban gran cantidad de fórmulas, un 57,29% del texto de la Iliada, y un 63,23%, en la Odisea, como sistema de memorización que, ayudando al poeta a improvisar, permitía la exposición oral más o menos completa del texto. La *rhetra* de Licurgo no estuvo nunca fijada por escrito, y las Doce Tablas romanas eran memorizadas por los niños en las escuelas del siglo I a.C., aunque probablemente como resumen en un *libellus*. La tradición transmite que las leyes de Carondas eran a veces salmodiadas o recitadas, en particular después de los peanes, "de manera que las ordenanzas llegarían a estar profundamente arraigadas", según un compilador griego tardío. En mi opinión, durante siglos cualquier texto legal que se juzgara necesario dar a conocer al pueblo, debía ser recitado o salmodiado en público. En la Roma republicana la presentación de una *rogatio* suponía la recitación de su totalidad o una parte ante una *contio* del pueblo, que de esta forma conocía su contenido antes del voto final en la asamblea correspondiente. Por lo demás, es poco probable que el nivel técnico y articulado que la ley finalmente aprobada mostraba, tuviera mucho que ver con el de los debates que sobre el proyecto se alcanzase en la *contio* y ni aún antes, en su presentación en el senado[227].

En las leyes romanas de que disponemos, las fórmulas con las que se encabezaban capítulos y apartados reiteran vocablos y conceptos, sin abundar en el meollo de los contenidos, de modo que en el modelo original, se daba tiempo al recitador de ocasión a que, a medida que iba recitando, fuera recordando la materia a la que había de referirse de inmediato. Livio confirma este tipo de redacción, cuando cita el texto literal de una ley vigente, supuestamente para el 449 a.C., sobre el modo de elección de los tribunos de la plebe, colegio que había ampliado su número a diez. "Si yo propongo diez tribunos de la plebe, y vosotros hoy nombrarais menos de diez tribunos de la plebe entonces los que éstos hubieren cooptado como colegas serán legítimos tribunos de la plebe con la misma legalidad que los que hoy vosotros hubiereis elegido como tribunos de la plebe"[228].

En cualquiera de nuestras leyes municipales, para citar al conjunto de los magistrados de una ciudad romana, la ley enumeraba genéricamente a cada uno de ellos, lo que si bien de nuevo proporcionaba tiempo a un virtual recitador, para la construcción de sus frases, en la lectura como texto escrito tal artificio literario recargaba el mensaje,

---

[227] Ascon. 58 C; Cic. *phil*.i.24, Proponente y redactor final de la ley solían ser la misma persona, al menos al final de la República, segun Cic. *inv*. II.130/131, M. H. Crawford, (1996) 7, 11 y 12, que pone como ejemplo la *lex agraria* del 111 a.C. Segun Hermipo en Atenas se cantaban las leyes de Carondas durante los *symposia, vid.* J. Triantaphyllopoulos, (1983) 27/34 ; L. Piccirilli, (1981) 7/14. Y lo mismo se desprende del recitado de un *nomodos* en Mazaka in Cappadocia, según Str. xii.2.9. Solón dio publicidad a sus leyes inicialmente, poniéndolas en verso, Plut. *Sol.* 3. En Creta, los niños cantaban las leyes siguiendo una música que tenía un fuerte poder evocativo a base de palábras rítmicas, según Eliano, *Varia Historia* 2.29. Sobre la composición técnica y recitado de los poemas, sigue siendo interesante el estudio de M. Parry/A. Lord, (1954); G.S. Kirk, (1976); E.A. MacKay, ed. (1999); J.M. Foley, (1988); A.K. Gavrilock, (1997) 56/73.

[228] Tomamos, por ejemplo, la col. I, tabla I, de la *lex Antonia de Termessibus*: *quei Thermeses Maiores Peisidae fuerunt, queique eorum legibus Thermesium Maior(u)m Pisidarum ante k(alendas) April(es), quae fuerunt L. Gelio Cn. Lentulo co(n)s(ulibus),* (4) *Thermeses Maiores Peisiade postereique amicei socieique populi Romani sunto, (8) eique legibus sueis ita utunto, itaque ieis omnibus sueis legibus Thermensis Maioribus Pisideis utei liceto, quod aduorsus hac legem non fiat,* según el texto de M. Crawford, (1996) 333. Hasta cinco veces *Thermeses Maiores Peisidae* o *Pisidarum* en apenas diez líneas

distraía la atención y dificultaba, por farragosa, la comprensión de primera mano del conjunto. Da la impresión de que eran leyes que transcribían textos que en su momento habían sido elaborados para ser recitados de memoria por especialistas, y escuchados por una audiencia formalmente inexperta[229].

De hecho, el uso de sistemas técnicos para mejorar la publicidad y comprensión del texto escrito, por lo demás de obtención y elaboración costosa y de ámbito de expansión, por su índole reducido, está presente en los mismos documentos. Por un lado, conocemos el uso de la llamada *scriptio continua,* es decir, de la escritura sin separación de las palabras, documentada entre los griegos desde los primeros tiempos. Un papiro encontrado en el siglo pasado, procedente de Abusir, Egipto, contenía la obra *Los persas,* del poeta lírico Timoteo, amigo de Eurípides. Se trataba de un ejemplar original, no de una copia, y se presentaba sin separación de las palabras, sin colometría – texto en frases breves, concisas -, sin signos de lectura. Un texto totalmente compacto de signos y letras, subsidiario del *horror vacui,* de una apariencia cuando menos sorprendente en el examen del investigador no familiarizado.

El emperador Augusto escribía sin separar palabras ni transferir a la línea siguiente las letras sobrantes de la anterior, que las incluía debajo mismo de la palabra en cuestión. En estas condiciones, la dificultad de lectura era evidente. Sin signos de lectura, una página de un diálogo de Platón debía ser de una dificultad extrema de descifrar, lo que lleva a algunos investigadores del género a concluir que en general, las obras de la antigüedad no estaban adaptadas a la lectura, por lo menos hasta que el gusto por la lectura no se desarrolló convenientemente. Junto al ahorro en soporte, pudo haber en este tipo de texto una marcada premura para poner en circulación las obras de los autores, en el reducido mercado de intelectuales que se interesaban por esta clase de productos, además del deseo de no dilatar su elaboración y darlo a conocer de inmediato en los círculos intelectuales concretos que constituían su mercado[230].

Para una parte de la investigación, la escritura *boustrofedon* parecía estar destinada a no facilitar la lectura, y se pensaba que era un reflejo gráfico de la continuidad del hilo de voz, aunque acaso sólo buscara evitar el salto de línea, que podía despistar a los lectores poco experimentados. Pero la realidad es que esta escritura facilitaba la labor al copista, que cuando escribía al dictado no perdía los instantes de tener que reiniciar la copia en el margen izquierdo del soporte, cada vez que concluía la línea en el extremo derecho, lo que suponía una ventaja notoria sobre todo si se estaban tomando notas rápidas de un diálogo, un discurso o cualquier acontecimiento en el que las exposiciones orales se sucedían al ritmo natural en que se producían[231].

---

[229] O. Pavese & F. Boschetti, (2003); R. Thomas, (1992) 41 y 50, la presencia de fórmulas en un poema no es prueba suficiente de su oralidad, aunque desde luego fórmulas y oralidad suelen ir juntas. W. Eder, (2005) 242; Stob. *antología*, iv.2.24, 154/155, del siglo V d.C. Ni siquiera es imaginable aceptar que todas las leyes de todas las comunidades fueran aprobadas a través de la asamblea de Roma, dado el cúmulo de legislación que ello supondría, M. H. Crawford, (1996) 5; Livio iii.64.10; P. Hutton, (1993) 39/43.

[230] J. Signes (2004) 124; A. Dain, (1964) 107; Suet. *Aug*. lxxxvii.3; L. Canfora, (1989) 926; M. Corbier, (1987) 27/60.

[231] L.H. Jeffery, (1990) 48. considera que no se usó más allá del siglo V a.C.; Lucilio, padre de la sátira romana, dictaba e improvisaba a su secretario 200 versos a la hora, Hor.*sat*.I.4.9/10, con una envidiosa

En una sociedad sin escritura, todo se transmite oralmente, mientras que en la que ya hay escritura existirá al menos un cuerpo de leyes escritas y otro de leyes no escritas o leyes del pueblo. En la misma sociedad leyes escritas y leyes no escritas conviven sin excluirse, pues la adopción, extensión y divulgación del texto escrito no supuso la sustitución de hecho, de la oralidad. Las leyes de las comunidades griegas arcaicas eran orales, estaban basadas en la costumbre, y su trasgresión era juzgada y castigada por un tribunal formado por los ancianos de la comunidad. El uso de la escritura a partir del siglo VII no afectó a esta vigencia y siguió desempeñando un papel importante en la sociedad griega de finales del siglo V[232].

La ciudad de Teos, una de las doce ciudades de la liga jonia, al norte de Éfeso, tenía un código oral que se venía recitando bajo la fórmula de una serie de anatemas que pronunciaban los magistrados al asumir el cargo. A principios de siglo V tal código pasó a escribirse y el magistrado podía ordenar al propio secretario, *phoinikografon*, escriba, leerlo en voz alta. Una inscripción procedente de Creta, fechada una centuria antes, rendía honores a un escriba de nombre Spensithios, al que se le daba el título de *phoinikastas*, que refería al origen fenicio de su arte. Entre sus obligaciones estaba la de recordar los asuntos de la ciudad, *mnemoneuein*, tanto los de corte humano como divino, lo que prueba que ambos oficios, el de *mnemon* y el de escriba estaban interrelacionados, siendo el segundo consecuencia del primero[233].

El caso de Teos era probablemente el de muchas otras villas griegas, que hacia el 500 vivían con leyes orales, que el pueblo podía conocer porque eran recitadas por los magistrados en los lugares y ocasiones que se requiriera. Esta forma de transmisión oral se juzgaba suficiente para asegurar la pervivencia de la norma y su conocimiento real por los ciudadanos. En líneas generales, los atenienses estaban persuadidos de que, con alguna excepción significativa, como algunas leyes más recientes relativas a su imperio, vivían del legado legislativo de Solón. Tucídides había aceptado sin dificultad el presupuesto de Herodoto de que la historia estaba hecha principalmente de tradiciones orales y los poetas cómicos del siglo V parodiaban las leyes escritas como *skolia*, cantos conviviales, acaso por su carácter iterativo y el recurso de convertir parte de ellos en una coda, a la que una y otra vez se vuelve, como en un "ritornello". Cuando el escriba ponía por escrito un texto legal, consciente o inconscientemente reproducía el modelo recitado, y esa misma ley ahora escrita seguía siendo leída al pueblo, pues lectura y escritura seguían siendo arte minoritario. Oralidad y leyes

---

admiración, K. Quinn, (1982) 84. Una media de tres versos por minutos suponía algo parecido a un dictado sostenido, practicamente sin pausas, casi similar a la velocidad de una conversación cotidiana.

[232] A.D. Renteln & A. Dundes, eds., (1995) Introduction, 3.

[233] Hay una fuerte analogía entre la improvisación en la composición oral y el jazz moderno. Los músicos de jazz son capaces de escribir música sin destruir su habilidad para improvisar, R. Thomas, (1992) 49. En el *jazz* ninguna versión de las composiciones es igual a otra, la libertad de interpretación es un hecho del que hace uso cada uno de los compositores. Una composición oral carece de la rigidez y la rotunda certeza y formalidad que otorga lo que está escrito, pero esa misma flexibilidad de lo no fijado materialmente otorga el dinamismo y el valor de lo que está abierto a la actualización contínua. La interpretación de la ley, en A. Biscardi, (1970) 219/232.

escritas, por tanto, convivían en el tiempo, de ahí que *nomi* señalara tanto a la ley escrita como a la no escrita[234].

A fines del siglo V el campesino Eufileto, acusador en la causa que se seguía contra Eratóstenes, adultero de su esposa, exclamaba: "*léeme la ley, que se lea la ley*" para poder argumentar su discurso. Pues pese a que en ese tiempo las leyes solían estar ya escritas, ya fuera en piedra o en cualquier otro soporte más liviano, en los juicios se era más proclive a seguir la costumbre y en ésta era excepción la invocación a leyes escritas, cuyo contenido debía ser leído en el momento. La oralidad era propia del debate, de la democracia, del pueblo, mientras que la escritura se asimilaba a los regímenes aristocráticos, de intereses diferentes a los generales, no afectos al discurso y a la dialéctica confrontada[235].

2. La publicación de las leyes.

El soporte material donde los textos eran presentados fue la piedra o el bronce, en función tanto de las disponibilidades locales como del contenido de los mismos, aunque primó el bronce por la carestía del mármol y la maleabilidad del metal para los broncistas. Frente al deseo de su publicidad, con la exposición del documento el poder público buscaba subrayar la autoridad y grandeza del gobierno que los sancionaba. Para que el tiempo no borrara jamás las leyes del rey Tulio sobre acuerdos con ciudades, festividades y la asamblea comunitaria, se ordenó que fueran grabadas en una estela de bronce y expuestas en el Templo de Diana, donde Dionisio de Halicarnasos, que es quien nos informa, decía haberlas visto en su juventud. En efecto, a los documentos legales se les confería una sacralidad específica y se les almacenaba en templos, como el del Capitolio, "para ser monumentos eternos de las leyes anteriores", como decía Suetonio al hablar de la labor recuperadora de leyes perdidas emprendida por Vespasiano, con un sentido más de recuperación de objetos religiosos que como restauración de normas relegadas[236].

Pese a que buena parte de los documentos legales romanos que poseemos tienen errores técnicos de transcripción, debidos a la mano de copistas locales ineptos, no es ésta la causa por la que buena parte de esa documentación puede considerarse de acceso complejo, que hacía difícil su lectura a la ciudadanía.. Es más, en ocasiones las circunstancias de exposición de las piezas nos lleva a pensar que algunas inscripciones legales, no necesariamente eran publicadas para que fueran consultadas. Frecuentemente eran situadas en lugares en los que la lectura de las mismas resultaba difícil, por lo que más que para que el pueblo las consultara, las inscripciones eran un

---

[234] R. Thomas, (1992) 68 y 70; *SEG* XXXI, 985; S.C. Humphreys, (1997), 543, n.5; A. Momigliano, (1984) 97. Aristófanes, *Acarnesi,* 532/534; *Pájaros*, 1035/104. Pero no sabemos si Tucídides, Jenofonte, Éforo o Teopompo, leyeron alguna vez sus obras en público, A. Momigliano, (1984) 113.

[235] Lisias i. 28. Los griegos, poco propensos a usar escritura en asuntos legales, M. Gagarin & D.Cohen, eds., (2005) 37. De hecho Platón, *Phaedr.* 275 ss., hablaba en contra del libro y a favor de la palabra. Existieran o no textos escritos, la transmisión oral, el discurso y la proclama siguieron siendo predominantes, R. Thomas, (1992) 4.

[236] Según Aristóteles, que recoge Gell. ii.12.1, las leyes de Solón estaban escritas en madera. Dionisio, Livio, Polibio y Cicerón no tenían escrúpulos en atribuir el uso del bronce al periodo más temprano de la historia de Roma, pero el documento más antiguo que poseemos es el *SC de bacchanalibus*, del 186 a.C. Plin. *NH* xxxiv.99; G.S. Bucher, (1987) [1995], 7; C. Williamson, (1987) 160/183; Frederiksen (1965) 186; cf. Dionisio iv.26.4/5; Suet. *Vesp.*, 8.5. W.V. Harris (1989) 207,

monumento casi religioso a la inviolabilidad y permanencia de la ley escrita, aunque para algunos investigadores esta circunstancia podía responder al deseo de preservar las piezas de un posible daño o robo, evitando la exposición exterior, sin desdeñar que fuera todo ello fruto de un cambio posterior de localización por causas para nosotros desconocidas[237].

El tamaño de los soportes primó la economía y la labor de los artífices materiales antes que la facilidad de lectura a los transeúntes. Por ejemplo, el texto de la *tabula Bembina* alcanzaba los 2.0 ms. de ancha, y 1.85 ms. de altura en la *tabula Heracleensis.* Las diez tablas del municipio flavio de Irni eran a tres columnas, a una media de 51/53 líneas por columna. En el Oriente griego, el famoso muro "archivo" de Aphrodisias tenía una altura de cinco metros con letras de 0'018 a 0'023 m. Éste es desde luego un argumento poderoso sobre el intencionado acceso restringido del público a los documentos, aunque en el otro extremo, la '*lex de imperio Vespasiani*' era excepcionalmente clara de lectura y acceso[238].

Todos los documentos en bronce incluían mandatos, a modo de fórmulas, que facilitaban la difusión y conocimiento de los textos expuestos. *Unde de plano recte legi possit*', "donde puedan ser leídas en el ámbito del suelo", se aplicó tanto a las muy temporales tablas blanqueadas, *tabulae dealbatae*, como a las grabadas en bronce, donde a veces alternaba con un vago *in aes incidere,* "que sea grabado en bronce". A veces se indicaba que debían ser expuestas en un lugar muy frecuentado, *celeberrimo loco*, lo que sugiere el deseo de subrayar que se buscaba una difusión amplia de los contenidos, aunque esto contrastaba con documentos que fueron grabados en los muros internos de los edificios, a los que el acceso era muy difícil, o en lugares altos y escasamente visibles al transeúnte[239].

---

[237] Frederiksen (1965); C. Williamson, (1987) 162; Está muy extendida la opinión de que no hubo significado práctico en la publicación de los actos legales y que la inscripción de los estatutos no se hacía para hacerlos accesibles a una audiencia amplia, ni para ser archivados u otras razones funcionales, sino para su perpetua preservación y para dar a los contenidos un aura de sacralidad. Así, se supone que los estatutos escritos estaban más destinados para los dioses y la posteridad que para que sus contemporáneos los conocieran, C. Williamson, (1995) 239/252; P. Culham (1989) 100/115; W.V. Harris (1989) 165/166, 206/208; R. Thomas (1992) 163/168; G. Woolf (2000) 895/896; Bodel (2001) 16, mientras que en contra han escrito, M. H. Crawford, (1996) 19/20. En la línea de una ley que es regalo de los dioses al género humano, vid. Cic. *leg.* ii.3.

[238] Reynolds (1982) 33/37; J. González Fernández, (1996) 165/219, figs. 703 a/g;

[239] *SC de Bacanalibus.*, C. Williamson, (1987) 164; R. Thomas (1992)164; *ILLRP* 511 [= *FIRA* I 30 = Bruns[7], no.36 = *ILS* 18 = *CIL* i^2 196], ll.25/27: '*atque utei | hoce in tabolam ahenam inceideretis, ita senatus aiquom censuit, | uteique eam figier ioubeatis, ubei facilumed gnoscier potisit*', en la *lex de provinciis praetoriis*, *RS* 12, copia de Delfos, bloque B, ll.24/27; en la llamada *lex Libitina Puteolana, lex Libit. Puteol.* (ed. Hinard/Dumont 2003) col.iii, ln.20/21: '*Man[ceps han]c legem propositam habeto eo loco quem eius r[ei exsercend(ae)] | gr[atia cond]uct(um) constitum habebit u(nde) d(e) p(lano) r(ecte) l(egi) p(ossit)*'; en la *lex Irnitana*, González 1986, block X C, ll.7/10, <ch.lxxxxv>: '*R(ubrica). De lege in aere incidenda. | Qui IIvir in eo municipio iure d(icundo) p(raeerit) facito uti haec lex primo quo|que tempore in aes incidatur et in loco celeberrimo eius mu|nicipii figatur ita ut d(e) p(lano) r(ecte) [l(egi) p(ossit)]*', en el decreto municipal de Cales de fecha imperial desconocida, *CIL* x 4643 = Sherk, 1970, no.44 (Cales, A.D. ///?) ln.25/28: '*quoq. manifestio[r sit] | cunct. munic. n. liberalit. eius ex[emplar] | epist. iiii vir. sub edict. suo celeber. loc[o pro]| ponend. curent, u.d.p.r.l.p.*', y el decreto de los decuriones de Gabii, *CIL* x 4643 = Sherk,1970, no.44 (Cales, A.D. ///?) ln.25/28: '*quoq. manifestio[r sit] | cunct. munic. n. liberalit. eius ex[emplar] | epist. iiii vir. sub edict. suo celeber. loc[o pro]| ponend. curent, u.d.p.r.l.p.*'(23 Apr. 140) concerniente al Templo de Domitia Augusta. *Tabula Siarensis*, (ed. A. Sánchez/Ostiz 1999) II B, ll.21/27: '*Item senatum uel|le atque aequom censere quo facilius pie<t>as*

En la antigüedad clásica fue normal anunciar o celebrar la composición de una obra de historia con su lectura pública ante los círculos intelectuales interesados. Era una forma de anunciar su existencia y su disponibilidad para la difusión a través de copias manuscritas. A principios del siglo II a.C. el historiador Mnesitolemo leyó su historia ante Antíoco III, rey de Siria. Cicerón, al hablar de los oradores de ese siglo, recuerda que la mayor parte de los discursos se escribían después de ser pronunciados, lo que no suponía novedad respecto a lo que se hacía en su propio tiempo. El historiador helenístico Timágenes acostumbraba a leer sus historias en público, en tiempos de Augusto, y Plinio el Joven, hablaba de una lectura de historia contemporánea que puso en dificultades a los oyentes.

En la corte de Augusto se leían los estatutos, los últimos poemas de los artistas consagrados y las composiciones históricas, ante una audiencia que escuchaba con paciencia y benevolencia. En la adolescencia el futuro emperador Claudio, asesorado por un tal Sulpicio Flavo y el historiador Livio, comenzó a escribir una historia en griego sobre los etruscos y otra sobre los cartagineses, cuyas primicias ofreció a un numeroso público que a duras penas consiguió aguantar hasta la finalización de la lectura, pues él mismo con sus gestos o aspavientos a menudo distraía la atención de su auditorio. Pero la *recitatio* distaba de ser una práctica popular, que gozara del beneplácito de la mayoría. Más bien, revisando la noble cuna, y sobre todo, el poder de los personajes que se aventuraban al ejercicio de la literatura, la ausencia de un rechazo explícito por parte de la audiencia, era consecuencia del prudente y atávico instinto de conservación, siempre atento a no despertar las iras de los poderosos. Como siempre, el tácito rechazo a soportar el sermón creativo de la pluma de turno, se canalizó a través de la sátira. El prestamista Rusón que Horacio cita en sus sátiras, castigaba al deudor que no pagaba a tiempo a escuchar la lectura de sus últimos escritos, pues al parecer era aficionado a la historia, y Juvenal se definía como vengador de los recitadores maníacos[240].

3. Acopio y problemas de organización de las leyes.

Como vimos cuando hablábamos de los códigos orientales, tanto en Atenas como en Roma las leyes eran respuestas de los poderes públicos a problemas y situaciones conflictivas puntuales. De esa manera, es obvio que una historia de las leyes de cualquiera de esas ciudades era escribir sobre la historia de sus problemas y conflictos,

---

omnium ordinum erga domum Augustam et consen|su<s> uniuersorum ciuium memoria honoranda Germanici Caesaris appareret, uti co(n)s(ules) hoc | s(enatus) c(onsultum) sub edicto suo proponerent iuberentque mag(istratus) et legatos municipiorum et coloniar|um descriptum mittere in municipia et colonias Italiae et in eas colonias quae essent in | <p>rouinciis, eos quoque qui in prouinc<i>is praeesent recte atque ordine facturos si hoc s(enatus) c(onsultum) de|disse<n>t operam et quam celeberrumo loco figeretur'. La difusión de las leyes, M.H. Crawford, (1988) 127/140.

[240] A. Momigliano, (1984) 109 y 110; Athen. *Deipn*.x. 432b; Cic. *Bruto*, 91. Las *verrinae,* salvo la *divinatio* inicial, ni siquiera fueron pronunciadas, y posterior fue asímismo el *pro Milone*. Sen. *de ira*, iii.23.6; Plinio el Joven, *ep*. ix.27; Suet. *Aug.* 89.3; Ovid. *met*. i.90/91, M. H. Crawford, (1996) 28 y 33. Como compensación a ese fiasco de presentación, las fuentes nos dicen que ambas obras se leían en fecha fija en los dos museos de Alejandría, Suet. *Claud.* 41. Pese a todo, la dispersión de las leyes y sus copias era un fenómeno extremadamente restringido, principalmente a Italia y para la época entre Cayo Graco y Vespasiano, y fue un hecho que entre la promulgación de la ley de Vespasiano que otorgaba *el ius lati*i y su formalización en cartas municipales concretas para nuestros municipios de la Bética, con Domiciano, pasaron doce años. Hor. *sat*. i.3.85/89; Juv. *sat*. i.1 ss. Se atribuye al historiador C. Asinio Polión la práctica de esta costumbre, *vid*. A. Dalzell, (1955) 20/28.

tanto más ajustada y fidedigna cuanto mayor fuese el número y mejor la calidad de los documentos que poseamos. En Roma, cuando la urgencia de los conflictos obligaba a afrontar las situaciones de manera inmediata, los órganos del poder actuaban para dictar un decreto o proponer una ley que se esperaba suficiente para atajar, neutralizar y solventar el conflicto. Superado éste, la aparición de nuevos problemas y situaciones apremiantes, relegaban el escenario primitivo a un segundo plano y con ello las normas dadas, que pronto pasaban al olvido, quedando como testimonio material la *tabula* donde el decreto o ley hubiese sido publicado por escrito. El resultado era que con el paso de los años, tanto el estado democrático ateniense como el oligárquico romano iban acumulando un material legislativo en forma de leyes, decretos, mandatos, reglamentos, providencias, etc.., que por los formatos y soportes al uso, no eran de fácil manipulación y obligaban a disponer de grandes espacios para su almacenamiento. Al no existir un edificio dedicado en exclusiva a tal fin, el material documental se iba distribuyendo, sin más criterio que la mera necesidad espacial, por cuantos edificios públicos de la ciudad, fundamentalmente los templos, tuviesen capacidad para almacenar entre sus muros todo documento escrito que las instituciones producían [241].

La abundancia de piezas escritas obligaba a buscar la manera de disminuir su número para hacerlos manejables, por lo que con carácter extraordinario cada cierto tiempo se abordaba con más o menos éxito la tarea de eliminar las que se consideraban superfluas, obsoletas y duplicadas, buscando aligerar el número total de las que llenaban los improvisados archivos. Durante ese proceso, el examen exhaustivo de los documentos hacía patentes las contradicciones y repeticiones, las inexactitudes e incoherencias de los escritos, extremo éste que escaparía de cualquier examen si tratáramos del discurso oral. Por otro lado, la constatación de textos legales contradictorios obligaba a optar por uno u otro, lo que irremediablemente llevaba a elegir como vigentes textos que, salvo que fueran del mismo tiempo en que se revisaban, pertenecían a un contexto social diferente que ahora se despreciaba, lo cual suponía incurrir en una especie de falsificación consentida de una realidad jurídica ya pasada[242].

Los atenienses acumulaban sus documentos públicos en total desorden al menos desde el arcontado de Clístenes, a fines del siglo VI a.C. El primer almacén específico para guardar documentos tardaría una centuria en crearse, pero ello fue sólo un acto administrativo para sobrellevar una situación técnicamente imperiosa, la de buscar espacio para las leyes y decretos, sin que refleje un incremento sustancial y proporcional del interés de intelectuales y políticos por arraigar sus actividades cada vez más en los compendios de aquellos documentos. A lo largo de ese siglo no hubo interés, que sepamos, en sistematizar, recopilar y ordenar las leyes escritas para poder usarlas de forma más eficiente, y el gobierno de la ley siguió dependiendo de la

---

[241] Cualquier ley escrita supone por tanto, la vigencia previa de la situación contraria. Por ejemplo, una ley funeraria de Ceos, fines del siglo V, que dice que el cadáver ha de ser llevado cubierto y en silencio, implicaría que la costumbre precisamente sería la contraria, F. Sokolowski, (1969) n.97 a, lín. 10/12, Sólo se regulaba por escrito la costumbre que se conceptuaba contraria a los intereses del legislador, por ejemplo, las leyes suntuarias de Catón el Censor, o las de César sobre los sacrificios humanos, o el senadoconsulto sobre las bacanales.

[242] J. Goody, (1990) 197.

memoria y el discurso individual, y el debate y la formulación institucional del modelo democrático, sin prescindir de *nomoi* y *psephismata,* siguió moviéndose desde los parámetros de la oralidad[243].

Entre el 411/410 a.C., gobernó en Atenas una oligarquía de treinta individuos, los llamados Treinta Tiranos, liderados por Critias y Teramenes, con el patrocinio del rey Lisandro de Esparta. La labor de este consejo, de marcado caracter conservador, fue desmantelar las estructuras del estado democrático, lo que no culminó en parte por la brevedad de su vigencia. Tras su expulsión y la restauración del gobierno democrático, los nuevos dirigentes abordaron una tarea que en esas fechas, fines del siglo V, debía considerarse ya inaplazable. Aprovechando la eliminación de las medidas tomadas por la oligarquía anterior, se emprendía el ambicioso proyecto de poner orden en la documentación legal. Se trataba de examinar todas las leyes, copiarlas, ordenarlas, eliminar cuanto se juzgara como obsoleto, y constituir un único, coherente y manejable repertorio, que fuera accesible a cualquiera de los órganos políticos de la ciudad.

El decreto de compilación fue elaborado por un tal Teisamenos, y las tareas se encomendaron al Consejo de los Quinientos, cuya misión específica, como cuerpo de *nomozetai,* sería la revisión de todas las leyes desde Solón, y aún antes las del legislador Dracón, ahora como *thesmothetai,* - *thesmoi*, leyes conforme a la ley divina -, finalizando el decreto con el mandato de que aquellas leyes que resultaran validadas se inscribieran en el muro, allí donde habían estado previamente inscritas, accesibles para cualquiera que deseara inspeccionarlas. En el 408 unos llamados *anagrapheis* o registradores - "los que las inscriben y ordenan"-, de las leyes, tenían ya registrada una ley de Dracón sobre el homicidio, inscrita en piedra, de cuya copia nos ha llegado uno de sus párrafos, con cinco medidas y los criterios sobre cuándo debía ser considerada una ley como válida y cuándo no. El proceso de compilación se desarrolló hasta el año 400, votándose tres años antes la prohibición del uso y apelación a las leyes no escritas, probablemente como reacción al abuso y manipulación que de aquellas leyes se hizo en tiempos de la oligarquía[244].

Tanto en la compilación ateniense, como en la que la tradición literaria sitúa en la Roma de ese mismo siglo, no se pretendió realizar nada exhaustivo, que tuviera la coherencia interna y demás caracteres que corresponden a nuestra definición y modelo de código moderno. Pero de la misma manera, aquellos proyectos buscaban unos resultados prácticos, que se reflejaran en el mejor funcionamiento de las instituciones

---

243 R. Thomas, (1992) 96. Para los atenienses la mayoría de las resoluciones legales que sus asambleas aprobaron a lo largo del siglo V a.C., no constituían actividad legislativa, S.C. Humphreys, (1997) 547., "la reforma u organización de las leyes atenienses a fines del V buscaba eliminar conflictos y borrar leyes obsoletas, pero no rellenar las lagunas existentes", M. Gagarin, (2005) 36, n.18.

244 Uno de los compiladores fue Nikomachos, que sirvió por cuatro años, 403/402/400/399 a.C. Tucid. viii.97.2. Andokides I. 82/89; Lisias, *Contra Nicómano,* en N. Robertson, (1990) 43 ss.; R. Thomas, (1992) 138. M. Talamanca & M. Bretone (1994) 36. Lisias, *contra Nicomachus*, 20, sobre su trabajo como *anagraphe* de leyes; R. Sealey, (1994) 49; A. R. W. Harrison, (1955) 30; P.J. Rhodes, (1991) 90/91; K. Clinton, (1982) 29. Es interesante saber que en el 408 se conservaba una ley del 620, o sea, de 212 años de antigüedad, y que Aristóteles parece recogerlo como límite temporal superior, más allá del cual héroes, dioses y humanos entremezclan sus acciones. Así, en la Roma de Cicerón no habría referencia documental material anterior al 250 a.C. y recordemos que no se nombra a nadie anterior a Pictor, de la segunda mitad de ese siglo.

que de ellas dependían. Con aquellos compendios se buscaba claridad y orden, pero un orden puramente formal y mecánico, que posibilitara conocer qué leyes estaban vigentes sobre cada asunto y dónde estaban esas leyes, una necesidad próxima e inmediata para quienes desenvolvían sus actividades alrededor de la política.

Se intentaba suprimir las leyes obsoletas e inservibles, un material que por su volumen podía entorpecer la consulta de los documentos válidos, y no se emprendían aquellas labores desde una posición transcendente ni mesiánica ante la posteridad, como se observa en los códigos orientales y aún, entre los legisladores arcaicos. La recopilación ateniense de fines del siglo V se emprendía desde la necesidad de asumir una tarea imprescindible, siempre pospuesta, laboriosa, escasamente retribuida en satisfacción intelectual, con más de labor mecánica y burocrática que de reflexión y pensamiento, pues en Atenas la asumió el colectivo de consejeros de una asamblea que, como *nomothetai* o los *thesmothetai* al efecto, estaba abierta a todos los censos, a diferencia del rango ilustre que se adjudica a los codificadores romanos[245].

Escribía el profesor Walter Eder que con la desaparición física de todas las fuentes escritas a causa de las guerras – asalto de los los persas en Atenas y los galos en Roma – uno podría suponer con base que a partir de ese hecho, no hubo límite en la imaginación de los autores y çomentaristas posteriores. En efecto, aquellos episodios violentos que marcaron una notable inflexión en la línea evolutiva de aquellas sociedades, quedaron en el recuerdo de las generaciones siguientes como uno de esos hitos que separan un antes y un después en el pueblo que los vive.

El prefacio con que Livio abre su relato, los primeros apartados del libro VI y algún otro párrafo menor del libro VIII, son fundamentales para conocer las intenciones, prejuicios y circunstancias que el historiador tuvo en cuenta en la redacción de su obra. Interesa aquí el inicio de libro VI, porque en él Livio reflexiona sobre los cinco libros anteriores, que comprendía la historia *ab urbe condita*, hasta la primera década del siglo IV, hito marcado por un suceso, la entrada en Roma de los galos, de un calado para los romanos ciertamente comparable al hecho fundacional, acaecida hacia el 389/387 a.C. Pero sobre todo el historiador aprovecha aquí para ejercer un derecho de autoexculpación, en relación con la calidad y veracidad de los sucesos que acaba de narrar en los cinco libros anteriores. Livio no está satisfecho con lo que ha escrito hasta ese momento, y lo expresa indirectamente cifrando en tres circunstancias las causas de ello. La ausencia de información sobre sucesos tan antiguos, el escaso uso de la escritura en aquellos tiempos, lo que se traducía en la escasez de documentos escritos, y la desaparición de los pocos que había, en el incendio que asoló el Capitolio cuando entraron los galos[246].

---

[245] La compilación ateniense no buscaba sustituir ni rellenar lagunas legales, M. Gagarin, (2005) 36, n.18. Sobre la recopilación, K.M.T. Atkinson, (1939) 107/150; A.R.W. Harrison, (1955) 26/35; J. Dow, (1959) 3/36; (1963) 37/54; D.M. MacDowell, (1975) 62/74; M.H. Hansen, (1978) 315/330; (1990a); I. Zeber, (1984) 491/498; N. Robertson, (1990) 43/75; P. J.Rhodes, (1991) 87/110; C.Carey, (1994) 172; E. Volonaki, (2001) 137/167.

[246] *Res cum vetustate nimia obscuras, velut quae magno ex intervallo loci vix cernuntur, tum quod parvae et rarae per eadem tempora litterae fuere, una custodia fidelis memoriae rerum gestarum, et, quod, etiam si quae in commentariis pontificum allisque publicis privatisque erant monumentis, incensa urbem pleareque interiere*, Livio vi.1.2, 389 a.C.; praef.; Livio viii. 40.3/5. vid. W. Peremans, (1934)

El saco de los galos es de los sucesos reseñados en casi todas las fuentes, incluso se atribuye su conocimiento a Aristóteles, acaso para otorgar al acontecimiento la relevancia de que sabio tan autorizado como él se hiciese eco del suceso en sus escritos. Lo que induce a la sospecha por cuanto sería la única referencia directa a la Ciudad en la extensa obra que nos ha llegado del estagirita. Para Livio, nuestra fuente literaria más extensa sobre los tiempos primitivos, tras la retirada de los galos la Ciudad entró en una nueva etapa, "a partir de la cual se dará un relato más claro y detallado de la historia civil y militar de la Ciudad, que como en una segunda fundación, resurgirá de sus viejas raíces con el más fecundo y provechoso crecimiento", lo que el patavino subrayaba incluso comenzando con ella su libro VI. Pero los galos quemaron parte de la ciudad, *incensa urbe pleareque,* y con ella, los documentos, que además no eran muchos, porque en aquel tiempo el uso de la escritura era raro y escaso, *parvae et rarae litterae*, de modo que sin prejuzgar la buena fé del historiador, no cabe duda que con tales prevenciones y justificaciones, se removía cualquier obstáculo que impidiera describir, definir, atribuir o asignar las guerras, tratados, instituciones, leyes y cualquier suceso que el escritor juzgara posible y pertinente, a esos tiempos comprendidos en los cinco libros anteriores. Queda para nosotros calibrar en qué medida se cumple, en Livio y en el resto de nuestros informadores, el vaticinio del profesor Eder, en nuestro caso para la cuestión de las leyes, que sin más precisión debieron ser parte de aquellos *publica monumenta* que se quemaron[247].

Sin llegar a decirlo de manera expresa, con el incendio de edificios públicos a principios del siglo IV, donde se guardaban tratados, acuerdos y demás registros oficiales, Livio crea un aliviadero útil tanto para justificar las pérdidas reales de documentos de la época, como mayor o menor dificultad personal de acceso a los existentes. No estamos negando la veracidad de un hecho como el asalto galo, ciertamente sostenido por muchos escritores antiguos, ni decimos tampoco que en el mismo no sucumbiera, ya en el fuego o simplemente por la acción bélica, muestras materiales de la acción política de aquel estado, en nuestra opinión no comparable aún en desarrollo con las mayores *poleis* griegas. Sólo advertimos que aceptar sin más el dato de la pérdida de documentos en el incendio de la Ciudad, deja abierta la sugerencia a incluir en ese destino cualquier documento anterior a aquella fecha, 387, del que no tengamos noticia o posterior referencia tanto en Livio como en cualquier otro autor que consultemos[248].

209/221; E. Cavaignac, (1934) 112/115; L. Amundsen, (1947) 31; F. Skutsch, (1953) 77 ss.; P.G. Walsh, (1955) 369/383.

[247] El saco galo, Livio, v.43; 48. 8/9; Dionisio, xiii.6/12; Just. vi.6.5; xx.5.4; Plut. *Cam.* xxiii.3/4; Floro i. 7.17/19; Plin. *NH* iii.57; V.Max. IV.1.2; Tac. *Ann.* ii.52; xi.23; Ap. *Ital.* 8; *BC* ii.50; Sil. Ital. i.525 ss.; Gell. xvii.2.14; F. Schachermeyr, (1929) 277/305; W. Eder, (1986) 242; Livio vi.1.1/3. Plut. *Cam.* 22.2; Los galos tomaron Roma a excepción del Capitolio, Pol. i.6.2, cf. ii.18.2; Ap.*Gal.*i.1, que indica expresamente que los galos incendiaron toda la Ciudad, excepto el Templo de Júpiter, lo cual deja insoluble la valoración del asunto. La información que los griegos debían tener sobre la Roma del VII al V debía ser escasísima. E. Gabba, (2005) 123; L.G. Roberts, (1918), 55/65.

[248] E.H. Warmington, (1979) xxx, daba por hecho esta destrucción, pues de los datos que tenemos para el siglo I a.C., se deduce que no existía el original de aquel documento y que lo único que circulaba eran un número de textos de versiones no oficiales, en los que el lenguaje empleado se asimilaba mucho al latín clásico, y aparecía además desfigurado por interpolaciones y alteraciones. Al menos hasta la aparción de los Tripertita del cónsul del 198, Sexto Elio Peto, que puede que fuera de esta modernizada edición de donde los escritores tardíos tomaran sus citas.

Al año siguiente, expulsados los galos y reinstaurado el gobierno, a instancias de los seis tribunos militares con poder consular, el senado pasó un decreto para buscar y reunir "todos los tratados y leyes, como las de las Doce Tablas y algunas leyes regias, y cuántas pudieran encontrar". Parece que la búsqueda y recuperación dio sus frutos, pues a continuación indica que algunas de estas leyes, suponemos por tanto que de las encontradas, se hicieron accesibles al vulgo, en tanto que otras, las que trataban sobre ritos sagrados, *ad sacra pertinebant*, fueron guardadas privadamente por los pontífices, ya que así ellos podían sujetar las mentes del pueblo a través del miedo religioso. Pero no hay expresa mención a que entre las recuperadas estuviesen las Tablas. Años después, en 356/5, se produce un conflicto con relación a la elección de los cónsules. El *interrex* Marco Fabio invocó las Doce Tablas para decretar que cualquier cosa que el pueblo deseara debería ser asumido como una ley, lo que siguiendo la línea argumental del mismo Livio, implica que el original o una copia fidedigna de aquel documento se había restaurado o elaborado y estaba a disposición de los poderes públicos con posterioridad al 389. Algo que contradice al mismo historiador cuando achacaba a los galos la carencia documental y en consecuencia, la aridez y deslavazada visión que acababa de dar en los cinco primeros libros de sus décadas[249].

A fines del siglo II d.C. el teólogo Tertuliano, oriundo de Cartago, escribía el *Apologeticum,* acaso su obra mas celebrada, dirigida contra los gobernadores romanos que ordenaban persecuciones a los cristianos de sus provincias. En el cúmulo de críticas y censuras que vierte contra las instituciones de la Roma de su tiempo, hace un repaso a la obra jurídica de los tiempos republicanos y se ceba en la vacuidad y esfuerzo superfluo e inane, que en su exaltada opinión, caracterizó a una siempre elogiosa y rendida tradición literaria."¿Cuántas leyes se conservan escondidas, todavía por revisar?"- escribe el africano -. "las leyes no están justificadas por su antigüedad ni por la dignidad del legislador, sino sólo por la justicia, de forma que cuando se reconocen como injustas es preciso condenarlas, aunque sean ellas las que condenen". Tertuliano se refería a leyes sólo útiles para el especialista, leyes como argumento de controversias y discusiones entre leguleyos y juristas, ajenas a su orígen y función social. Se refería a las leyes que se conservaban, que no se derogaban, por el

---

[249] *In primis foedera ac leges – erant autem eae duodecim tabulae et quaedam regiae leges – conquiri, quae comparerent, iusserunt. Alia ex eis edita etiam in volgus: quae autem ad sacra pertinebant, a pontificibus maxime ut religione obstrictos haberent multitudinis animos suppressa*, Livio vi.1.10; vii.17. 12/13. La fórmula "lo que el pueblo quiera, es ley", *quodcumque postremum populus iussisset*, más bien parece artificio para dar autoridad a una medida que, de otra forma, sería rechazada. Fuese o no una copia del original perdido, ya en el asalto de los galos, o en cualquiera de las múltiples vicisitudes por las que la Ciudad pasó a lo largo de la República, el hecho es que había textos que decían contener las leyes. Textos probablemente más breves, resumidos y alterados, por supuesto, pero en cualquier caso suficientes para no romper la conexión con el pasado, que conservaban vestigios, atisbos de la forma de origen, mejor acogidos unos que otros, y como en toda transmisión, sometidos a las manipulaciones de sus propios transmisores. Pues de otra forma escritores como Plinio el Viejo mentirían, cuando entre los autores consultados para sus libros 11, 16, 17, 18, 19, 21, 28, 34, en los cuales menciona alguna vez el contenido de las Tablas, cita a Varrón, a Catón el Censor, a Verrio, Nigidio Figulo y a analistas como Lucio Pisón o Casio Hemina. La analística y los decenviros, G. Poma, (1984) 53/77. Sobre el papel de la religión en el estado, recordemos a Pol. vi.56.11/12, "pero la masa es versátil y llena de pasiones injustas, de rabia irracional y de coraje violento; la única solución posible es contenerla con el miedo de cosas desconocidas y con ficciones de este tipo. Por eso, creo yo, los antiguos no inculcaron a las masas por casualidad o por azar las imaginaciones de dioses y las narraciones de las cosas del Hades; los de ahora cometen una temeridad irracional cuando pretenden suprimir estos elementos".

marchamo positivo que otorgaba su antigüedad o la supuesta autoría de algún prócer o personaje insertado en la leyenda. Leyes desconocidas para la mayoría, que se esgrimían como armas políticas de la dialéctica, que no se derogaban, simplemente se arrinconaban, y cuya vigencia era la que le dispensaban sus mentores y tratadistas [250].

En la Roma del final de la República el problema de la acumulación de leyes sin orden ni sistema se refleja en los escritores del momento. Hay en ellos la sensación de que uno de los más graves problemas del estado romano era la parálisis que provocaba el desordenado panorama de leyes que se iban año tras años amontonando, sin que las nuevas implicaran la derogación, supresión o modificación de las antiguas. Tal fárrago de normas hacía imposible cualquier pretensión de gobernar atendiendo de forma escrupulosa al ordenamiento jurídico, y propiciaba la delegación de estos pormenores a los especialistas. El recurso continuo a los juristas, técnicos de la ley y el derecho, era el precio que el poder pagaba por su indiferencia antes los problemas que surgían entre ese mismo poder y el derecho, y con el tiempo suponía admitir la pérdida de una notable cuota de soberanía a favor de quienes con una práctica que remedaba a la antigua sofística, habían hecho de la controversia, la lucubración y el diletantismo las bases de su prestigio y de sus fuentes de ingresos con el ejercicio cotidiano del derecho.

Cicerón hablaba de leyes viejas, ya decrépitas, *sublatae*, sustituidas por su propia vetustez. Hablaba de leyes legítimamente sancionadas, como las leyes Valeria, Porcia y Sempronia, algunas con cientos de años encima, que trataban sobre el castigo de los ciudadanos romanos, y que pese a su vigencia no iban a impedir al cónsul del 63 arrastrar a los catilinarios al último de los suplicios. Y la idea de sistematizar el derecho civil parece que estuvo en mente del propio orador, que al parecer redactó una pequeña obra, hoy perdida, de título, *de iure civile in artem redigendo*, que se supone que debía ser una especie de escueto librito de procedimiento para recopilar las leyes[251].

El historiador Livio hablaba de la codificación romana de mediados del siglo V, que en una clara proyección hacia el pasado de las experiencias recientes, no dudaba en justificar por el inmenso cúmulo de leyes que había en la Roma de la época, leyes que se superponían unas a otras, suponemos que haciendo imposible su utilización. Y de nuevo es Tertuliano quien subraya las contradicciones de un estado que venía

---

[250] Tert. *Apol.* iv.10; más adelante, vi.2, escribe: "¿adónde fueron a parar aquellas leyes que reprimían el lujo y la ambición, que ordenaban no gastar en una cena más de cien ases ni servir más de una gallina, y que no fuera cebada, que hacían derribar inmediatamente los teatros que se levantaban para corrupción de las costumbres?.

[251] *Legum custodiam nullam habemus, itaque eae leges sunt, quas apparitores nostri uolunt, sic animaduerto <ple>rosque in magistratibus ignoratione iuris sui tantum sapere quantum apparitores uelint*, Cic. *leg.* iii.20.46; 48. Cuando Cicerón escribía esto el *tabularium* llevaba ya más de veinte años construidos y en él servían una pléyade de subalternos, en su mayoría de oficio vitalicio, y que hacían de él la expresión de su influencia y su fuerza en las instituciones. Para cualquier magistrado u hombre público, la iniciativa de leer, copiar, consultar, comparar, verificar y comprobar cualquier decreto, ley o escrito, suponía una tarea de tal dificultad y de resultado tan incierto, que pocos se aventuraban a ello y preferían encomendar este tipo de inicativas a sus propios subalternos. Es aquí en donde toma sentido la afirmación del orador cuando de manera rotunda expone la precaria fundamentación jurídica que en su tiempo, y a su juicio, respaldaba la labor política del senado, una labor que convierte a su solemne actividad, en mera rehen de los *apparitores*. En suma, la labor del senado, en manos de éstos últimos.

cimentando su unidad en el derecho. "Y vosotros, al hacerse a diario nueva luz sobre las tinieblas de la antigüedad a medida que avanzan los conocimientos, ¿acaso no escrutáis y podáis toda aquella antigua y desordenada selva de leyes con la segur de los rescriptos y edictos imperiales? ... como las *leges Papiae*, inservibles, pese a la autoridad que les daban los años, derogadas por el emperador Severo (Septimio) recientemente" La *lex Cincia* del 204 a.C., seguía vigente aún en el 47 d.C., doscientos cincuenta y un años después, con Claudio, que tras descubrirse un pago de emolumentos de 400.000 sestercios, que constituía prevaricación, a instancia del senado reguló la percepción de un máximo de 10.000 *HS* como honorarios a percibir por los abogados[252].

A instigación de César y los populares, en aquel mismo año 63 a.C. se acusaba al viejo senador Cayo Rabirio, del asesinato del tribuno L. Apuleyo Saturnino, acaecido treinta y siete años antes, y no por asesinato, como exigiría la práctica jurídica, sino por alta traición, pero tampoco por la ley Cornelia *de maiestate* del año 81, sino por la obsoleta y arcaica fórmula de *perduellio,* también alta traición pero que suponía una pena máxima de ser atado a un palo, *arbor infelix*, y estar expuesto hasta la muerte. Y la *lex de pecuniis repetundis* que el cónsul César sacaba cuatro años después, en el 59 a.C., seguía vigente con Claudio y Nerón, y se aplicaba en el proceso de Mario Prisco, natural de la Bética, pero procónsul de Africa en el 99/100 de.C., con Nerva, más de siglo y medio después de su aprobación. Finalmente, el emperador Tácito, año 275/276 d.C., seguía al pie de la letra la *lex Caninia*, del año 2 a.C., doscientos setenta y cuatro años después, en relación con el número de esclavos a los que se podía manumitir, que limitaba el número total a cien[253].

En Roma prácticamente todos los templos sirvieron en algún momento de su historia de almacen de documentos. Junto al Templo de Júpiter y el de Saturno en la colina del Capitolio, hubo documentos en el de Apolo en el Aventino, y en el *aedes* de Vesta, entre otros. La arqueología documenta en el siglo VII los vestigios más antiguos para la *regia,* la residencia del *pontifex maximus* en cuyo *sacrarium* de *Ops Consiva* se almacenaban todos los documentos del oficio. Sufrió al menos tres incendios, que sepamos, en el 148 a.C., el de Nerón en el 64, y con Comodo, en el 191. Igualmente sufrieron el fuego los edificios del Capitolio y aledaños con el saco de los galos, del 387 a.C., el *aedes Vestae* al menos en cinco ocasiones, 290, 241, 210, 64 d.C. y 394 d. C., con Teodosio, y en el 83 a.C. ardía de nuevo el Templo de Júpiter Capitolino, de lo que se acusó al *eques* Quinto Sosio, incendio que movió al senado a decretar la construcción de un edificio, el *tabularium*, anejo al Templo de Saturno, que era la sede

[252] Cic. *Cat.* i. 28; *de orat.* i.58.247; i.42.190; ii.32.142, del año 55, obra citada en Gell. i.22.7; año 451 a.C., *in hoc immenso aliarum super alias acervatarum legum cumulo*, Livio iii.34.6; Tert. *Apol.* iv.7/8, año 197 d.C., O sea, derogadas doscientos años después; Tac. *Ann.* xi.5;7. La existencia de leyes en conflicto, *leges contrariae*, dos o más leyes que discrepan entre si, en Cic. *inv.* i.13; 17; ii.144; *de orat.* i.31.140; ii.26.110; *Orat.* 34; 121; *top.*25; 96; Quint. iii.6.43; vii.7.1; *Ret. a Her.* i.11 20; ii.10; se da preferencia a la última promulgada, pues tiene mayor valor, aquella cuyas sanciones son más duras, Cic. *inv.* ii.145; L.A. Churchin, (1983) 38/45.

[253] Plin. *ep.* ii.11.3, r*espondit Fronto Catius deprecatusque est, ne quid ultra repetundarum legem quaereretur*, cf. ii.19.8; vi.29.9. Seguía vigente con Claudio y Nerón, según Tac. *Hist.* i.77; *SHA*, Tacitus, x.7., cf. Gaius i.42/46; E. Cantarella, (1996) 176.

del *aerarium*, dedicado por entero al archivo de todos los documentos públicos que se venían almacenado en estos templos[254].

En efecto, buena parte de la historia de Roma gira alrededor de la destrucción de sus registros, lo que no refleja precisamente una especial actitud de veneración por este aspecto práctico de la burocracia de estado, como algunos han supuesto. En los tardíos tiempos del Imperio romano de Oriente la presencia de depósitos de documentos y de un gran archivo en el palacio mismo de Constantinopla sólo nos recuerda que los poderes públicos estaban tan interesados en la administración, en llevar registros y en los escritos en general, como en el brillo y esplendor palaciegos. Por el contrario, detrás de aquellas deflagraciones se manifestaba un afán por eliminar las pruebas literarias de los incumplimientos de la ciudadanía, como eran los registros de deudas, un ánimo intermitentemente evidenciado de suprimir aquellas pautas de conducta artificiales que se imponían a la costumbre. La quema de archivos, más allá de las motivaciones circunstanciales de cada caso, manifiesta el escaso respeto de la ciudadanía por cuanto percibía ajeno y obstaculizador de la costumbre[255].

Apenas dos breves noticias hablan de proyectos codificadores atribuidos a Cn. Pompeyo y a C. Julio César. En su consulado del año 70 Pompeyo quiso recopilar en libros todas las leyes, pero tal idea no se materializó en proyecto alguno, según nos cuentan, por temor a despertar con ello las críticas. Se trataba de llevar a cabo una cierta reducción – *redigere* – del *ius civile*, de modo que la inmensa masa de leyes existentes quedara reducida a unos pocos libros, que contuvieran lo mejor y más necesario. Muerto el Magno el proyecto fue asumido por su adversario César en el 46, pero antes de iniciarlo fue asesinado[256]. En el año 10 a.C. se retiró a los ediles su función de preservación de los decretos senatoriales por su escasa pericia en hacerlo, lo que había provocado muchos errores y confusiones, y tras la crisis del año 69 d.C. el emperador Vespasiano lamentó en términos conmovedores la destrucción de por lo

---

[254] Un resumen de todo ello en J. Muñiz Coello, (1997) 403/430. Varro, *ling.* vi.21; Festus, p. 354 L; Ovid. *fasti.* vi.295/297; Cic. *dom.* 144; Plut. *Numa*, i.1/2; 10; Dionisio ii.66.3; Livio xxvi. 27.14; Serv. *ad aeneid.* vii.188; Plut. *Sull.* xxvii.11; J. Obsequens, 57; Ap. *BC* i.83; Cic. *deor.* iii.30.74; *pro Rab.* 8; *Cat.*iv.9. Tac. *Ann.* xv.41; Plin. *NH* xxxiv.48; sobre las leyes y el erario, Serv. in Virg. *Aen.* viii.322; Suet. *Iul.* 28.2, en los templos, como el de Diana en el Aventino, Dionisio, x.32.4, de Cástor, Livio viii.11.16, del 340 a.C., *in atrio Libertatis,* Festus, 277L, o en el Capitolio, Cic. *Cat.* iii.19; *de div.* i.19; ii. 47; Dio Cass. xxxvii.9.1/2, M. H. Crawford, (1996) 25/26. Orosio vi.14; vii.2.11, habla de un incendio de Roma en el año 53 a.C., que arrasó catorce barrios. G. M. Oliviero, (1997) 521/535.

[255] Así lo escribe R. Thomas, (1999) 64; C.M. Kelly, (1999) 255; J. P. Royer, (1967) 191/240; 407/450.

[256] Los intentos de Pompeyo y de Cesar no eran vistos como los de nuevos Solones o Licurgos, simplemente pretendían evitar el colapso administrativos de los tribunales y del propio estado. "Condensar – *redigere* – y concretamente reunir – *conferre* – en unos pocos libros las leyes mejores y más necesarias, entresacándolas del inmenso y prolijo fárrago de leyes existentes" – *immensa diffusaque legum copia* -. El proyecto codificador de César, Suet. *Iul.* 44.2; Isid. *etym.* V.1.5, *leges autem redigere in libris primus consul Pompeius instituere voluit, sed non perseveravit obtrectatorum metu. Deinde Caesar coepit [id] facere, sed ante interfectus est* '. E. Pólay (1965a) 85/95 y (1965b) 27/51. Se trata de reunir en unos pocos libros – *paucissimi libri* – las "mejores" leyes, término éste ciertamente inapropiado por confuso e inconcreto. En el cúlmen de su poder, para un dictador las leyes mejores y más necesarias eran aquellas que le permitían gobernar con la mayor comodidad posible y que le facilitaran la resolución de los problemas cotidianos. En cualquier caso, queda manifiesta la costumbre de usar el resumen, la síntesis, los *excerpta,* mejor que las obras originales, si se trata de muchos textos, como es el caso. Cualquier divulgación de un texto largo sólo era posible a través de un comentario o un *epítome* o *libellus* del mismo.

menos 3.000 tablillas de bronce que estaban en la colina capitolina y que se quemaron en el incendio del final del gobierno de Nerón[257].

4. El Digesto. Pormenores de su elaboración.

No tenemos información relevante sobre una nueva reorganización de las normas públicas, hasta el siglo V d.C., en tiempos del emperador Teodosio II, que impulsa la elaboración de un compendio general de leyes y constituciones, que será parte de la compilación general del emperador bizantino Justiniano, una centuria después. Como en los tiempos anteriores, la presentación de los proyectos codificadores ya concluidos vendrá precedida de la extensa lista de causas que hacían imprescindible la codificación. Una exposición de motivos que con pocas variantes se centrarán en la argumentación principal, el exceso de normas, la obsolescencia de los textos existentes, las repeticiones y contradicciones entre unos y otros documentos, y una dificultad cada vez mayor para operar con semejante aparato legislativo, enorme en cantidad y confuso por desorganizado y desordenado, que amenazaba paralizar cualquier acción política y de gobierno. "La claridad, el orden y la provisión métodica de la situación presente – tiempos de Teodosio II – estaban continuamente socavadas por la superposición de una legislación inconsistente y contradictoria, y por la inclusión de leyes imperiales que habían llegado a ser obsoletas, puesto que sólo eran aplicables a cuestiones de su propio tiempo", se decía en las primeras páginas del código[258].

El emperador ordenó que se elaborara un código "que no dejara margen a errores y ambigüedades y que, publicado bajo el nombre del emperador, mostrara a cada uno lo que debía hacer u omitir". En la década 440/430 d.C. una comisión de compiladores nombrados al efecto, que debían reunir todas las decisiones legales emitidas desde Constantino, sólo pudieron sacar un material más o menos reciente de los archivos centrales. Se recurrió entonces a los registros provinciales, a las colecciones privadas de juristas y de abogados en ejercicio. Pero tras casi siete años de trabajo, los comisionados concluyeron que los archivos centrales imperiales estaban desorganizados y eran inadecuados, por tanto inservibles para lo que se les proponía. Se nombró entonces una segunda comisión, que realizó su labor en dos años, que amplió sus resultados en relación con el proyecto inicial, recopilando además de las constituciones imperiales desde Constantino, las constituciones recogidas en el *codex Gregorianus,* desde tiempos de Adriano, y el *codex Hermogenianus*, de tiempos de Diocleciano[259].

---

[257] "Este era el registro mas hemosos y más antiguo del Imperio, que comprendía decretos y decisiones del pueblo y del senado romano y que se remontaban casi a la fundación de la ciudad", dice el historiador, Dio Cass. liv.36.1; Suet. *Vesp.* viii.5; R. Thomas, (1999) 64. E. Pólay, (1965a) 85/95; (1965b) 27/51.

[258] *Cod. Theod.* i.1.5, cf. T. Honoré, (1986) 162/164; G.C. Archi, (1976); W.N. Turpin, (1982); T. Mommsen & P. Krüger, eds. (1878/1927); S. Riccobono, ed., (1949/1969); A.M. Honoré, (1974) 859 ss.; W. Seagle, (1947); Watson, A., T. Mommsen, P. Krüger, eds., (1985); W. Turpin, (1987) 620/630; C.F. J. Kolbert, (1979) J. Harris & I. Woods, (1993); R. Westbrook, (2000) 33/47; P.Birks & G. McLeod, (1987).

[259] C.M. Kelly, (1999) 257; los miembros de la comisión fueron casi en su totalidad altos funcionarios, J. Gaudemet, (1988) 317.

El contenido del *Codex Theodosianus*, que vió la luz el 15 de febrero del 438 d.C., es un catálogo de más de dos mil quinientas leyes en dieciséis libros y casi cuatrocientos capítulos. El emperador dio poderes a los *diligentiores*, para que seleccionaran y refundieran material de la anterior legislación imperial, "para eliminar palabras superfluas, agregar las necesarias, alterar ambigüedades, enmendar incongruencias, de manera que en virtud de estos procedimientos cada disposición individual quede claramente dilucidada". *Diligentiores* que recuerdan a los senadores seleccionados por Cicerón por su preparación literaria para que tomaran las notas que él mismo iba a ir dictando en el proceso en defensa de Publio Sila, acusado por los alóbroges en el año 62 a.C. Veintitrés veces los senadores entuasiasmados repitieron a viva voz en el 438, ¡ tú has quitado las ambigüedades de las constituciones imperiales ¡[260].

Durante su elaboración se produjeron actuaciones como la siguiente. "Deseando eliminar las disputas interminables de los abogados académicos, ordenamos la destrucción de las notas de Ulpiano y de Pablo sobre Papiniano. Cuando se den opiniones conflictivas el mayor número de autores prevalecerá, o en el caso de que los números sean iguales, el grupo en el que Papiniano, hombre de capacidad sobresaliente, sea prominente, tendrá precedencia; así como Papiniano vence a un solo adversario, su opinión cuenta por dos"[261].

Un siglo más tarde el emperador Justiniano ordenaba que se compilaran varios códigos de leyes, basados en muchas viejas fuentes de ley, la mayoría estatutos y escritos legales del periodo clásico. La razón de ello, la ya referida para otras épocas. "En aquellos días – principios del siglo VI d.C. – había tantos asuntos que, aún resumidos, difícilmente podían tener cabida en diez volúmenes ... El número de cuestiones era tan grande que el año entero no alcanzaba para despacharlas todas". Para ello creó una comisión, a cuyos miembros Justiniano llamó compiladores o saqueadores, porque saquearon los escritos de los juristas clásicos y las constituciones para hacer la codificación, al frente de la cual estaba Treboniano[262].

Los compiladores tenían como misión leer los libros de los juristas que poseían autoridad, otorgada por los emperadores, para componer e interpretar la ley, de forma que se pudiera extraer la esencia de todos ellos, eliminando cualquier reiteración y discrepancia, haciendo desaparecer de los viejos libros lo superfluo, aquello que no estuviera bien expresado, de manera que se pudiera presentar el conjunto con la debida proporción y en la forma más elegante posible. Y si los miembros de la citada comisión encontraran en las viejas leyes cosas mal expresadas, sentencias que los escritores antiguos hubieran acotado en sus libros, deberían rectificarlas y disponerlas en la forma debida. Se removió por tanto todo lo que a su juicio resultaba dudoso o incierto, se omitió toda ley que estuviera en desuso, y no quedó ambigüedad por suprimir. El tipo de alteraciones de la compilación fue de escisiones - cortes, divisiones -, yuxtaposiciones – unir una cosa con otra -, adiciones – sumas, agregaciones -,

---

260 *Cod. Theod.* i.1.5, del 429; gest. Sen. 5; i.1.6.1, del 435. C.M. Kelly, (1999) 265.

261 Ambiente en el que surgen las principales fuentes del Derecho Romano que hoy se estudia. El texto es un canto al escepticismo y un disolvente para los más crédulos. *Cod. Theod.* i.4.1; 3, del 321/4. En el mejor de los casos el *Codex Theodosianus* era una simple colección de fragmentos, E. Volterra, (1983) 195.

262 T. Honoré, (1977).

interpolaciones – intercalar textos nuevos en antiguos y viceversa - y reemplazamientos – sustituir una cosa por otra -[263].

No fue distinta la intención imperial en la eleaboración del código que lleva su nombre, como queda expresado en su informe al senado de Constantinopla, *de novo codice faciendo*, cuando señala que "a quienes especialmente hemos autorizado para que suprimidos los proemios superfluos, las disposiciones análogas y las contradictorias, ... y aquellas que cayeron en desuso, compongan leyes ciertas, redactadas en breve contexto ... y las acomoden en títulos convenientes, añadiendo y suprimiendo, y aun cambiando las palabras de aquellas donde lo exigiere la conveniencia del asunto"[264].

Del Digesto se conoce incluso un *index interpolationum*, que reuniendo todos los términos y frases sospechosas de ser producto del artificio, da respuesta a una actitud hipercrítica. Toda laguna en la lectura de las fuentes antiguas del Digesto fue rellenada, a discreción de los compiladores, de manera que los textos pudieran ser bien leídos. El resultado final fueron las *Institutiones*, un libro copiado de las *Institutiones* de Gayo, escrito trescientos años antes, que debe considerarse como texto base; los *Digesta* o *Pandectae*, colección de fragmentos de escritos profesionales, con opiniones legales que pueden o no tener fuerza de ley, y el *codex*, una colección de estatutos imperiales[265].

La exposición de todos estos pormenores en la propia fuente, sin mitigación de lo que significan, lleva a algunos a compensar su trascendencia minimizando las falsedades del Digesto, arguyendo que en el curso de tan magna tarea compilatoria, a los autores les era más fácil copiar que inventar. A este respecto debemos indicar que cualquier invención supone un acto de sustitución, lo que es tarea que rompe ciertamente la

---

[263] *Dig.* Deo auctore, 1, "enmendar y aclarar ... purgar de toda supeflua analogía y de toda injustísima discordancia"; 2, "enmienda y corrección total y completa de las leyes ... como la empresa parecía difícil, e incluso imposible, levantamos al cielo las manos e invocando el auxilio del Eterno, volvimos a a brigar aquel propósito en nuestro ánimo"; 4, "os mandamos que leáis y corrijáis los libros de los jurisconsultos antiguos"; 5, "conviene distribuir todo el derecho antiguo, confuso por espacio de casi mil cuatrocientos años y por nosotros purgado, en cincuenta libros"; 7, "si encontráis en los libros antiguos algo no bien colocado o superfluo o defectuoso, suprimida toda innecesaria prolijidad, completad toda la obra con moderadas proporciones"; 8, "que en todas las partes haya una sola concordancia, no quedando nadie en desacuerdo"; 10, "no pongáis las leyes caidas en desuso, sino sólo aquellas cuyo uso frecuentísimo en los juicios ha mantenido en vigor".

[264] *CJ, de novo cod. fac.* 1/2.

[265] Iohann. Lydus, *mag.* iii.13, burócrata del siglo VI d.C.; *Dig.* Deo auctore, 4 & 7, O. F. Robinson, (1997) 105/107; W. Kunkel, (1965) 147; El proyecto fue presentado por el emperador Justiniano al senado, reunido en Constantinopla, en el año 528. La comisión se componía de diez varones ilustres, cuyos nombres comunicaba a los presentes. Diez varones, como los *decemviri,* ¿casualidad o equiparación buscada con aquel ilustre episodio del pasado? En el epígr. 2, de aquel discurso, admitía el emperador haber autorizado a suprimir los prefacios superfluos, las disposiciones análogas y las contradictorias, las que cayeron en desuso, *desuetudo*, y ordena a los diez comisionados que compusieran leyes ciertas y en breve contexto, *certas et brevi sermone conscriptas*, sacándolas de aquellos tres códices y de las nuevas constituciones, añadiendo, suprimiendo y aún cambiando las palabras, *adiicientes ...et detrahentes ...et mutantes verba earum,* allí donde lo exigiese la conveniencia del asunto, reuniendo en una sóla sanción las disposiciones que se hallen dispersas en varias constituciones. Realmente ¿qué reflejo de los tiempos primitivos cabe esperar de este documento?. *De novo codice faciendo, Imp. Iustin. aug. ad sen. urb. Constant.*1. De todo cuanto los compiladores leyeron sólo se admitió finalmente un 5%, y además éstos admitieron que habían hecho muchos cambios importanes por razones de utilidad práctica; F. de Zulueta, (1946).

mecánica del copiado. Pero un texto incompleto suponía la ruptura de la proporción y la estética que se persiguía, por lo que la suplencia de los vacíos se mostraba como remedio adecuado al que ayudaba el uso de los formularios y de los textos que, leídos anteriormente, se juzgan pertinentes por proceder de situaciones similares[266].

Cualquier cláusula legal o condición imposible o ininteligible se reputó como no escrita, *pro non scripto*. Los juristas leídos por los compiladores del Digesto fueron evaluados como fuentes de ley separadas de la legislación imperial del pasado, que era la que debía otorgarles validez. No se discriminaron los *responsa* de los juristas en función de que hubiera llegado a ser ley o no, simplemente se consideró la bondad y justicia de sus asertos, en el momento en que se elaboraba la compilación. Hay por tanto que pensar que se dieron como legales cosas que nunca llegaron a tal rango[267]. Y con estos presupuestos se forjó
aquella obra que pasó a ser el mejor compendio de las fuentes de todo el Derecho Romano.

V
El jurista y la política. Las Doce Tablas.

1. El jurista, el senador y la política.

Para Cicerón los ancestros de los juristas romanos[268] fueron los pontífices, cuerpo

---

[266] O.F. Robinson, (1997) 109; "La retórica encomiástica de las leyes imperiales posclásicas en general, y singularmente, la de las leyes justinianeas, aconseja manejar con prudencia alguno de estos datos", W. Kunkel, (1965) 145/153, expone con cierto detalle las vicisitudes, problemas y defectos que caracterizaron el proceso de compilación ordenado por Justiniano, cuyo resultado fue el Digesto, el Código y las Institutiones. Reconoce que se cometieron muchos excesos, incluso se hizo un *Index Interpolationum quae in Justiniani Digestis inesse dicuntur*, ed. por E. Levy y E. Rabel, en dos tomos, (1929/1931), pero al final depone su posición crítica y se rinde al sentimiento, pues pese a todo, "a la investigación histórica de nuestro tiempo le sirven como punto de partida para llegar a comprender la evolución jurídica prejustinianea y, por ende, el derecho Clásico".

[267] Q. Muvio, *Dig.* xxviii.3.16; Serv. Sulpicio, *Dig.* xxxiv.8.2. Lo que no entendieron los juristas lo suprimieron. Las *fictiones legis* fueron habituales en el Digesto, porque se introducen con fórmulas de preposiciones o conjunciones preestablecidas y bien conocidas por todos, Y. Thomas, (1995) 52/63 aporta las principales *fictiones* del derecho romano; Procedimientos de publicación en el Dig. xiv.3.11.3: *proscribere palam sic accipimus claris litteris, unde de plano recte legi possit, ante tabernam scilicet vel ante eum locum in quo negotiatio exercetur, non in loco remoto, sed in evidenti. litteris utrum Graecis an Latinis? puto secundum loci condicionem, ne quis causari possit ignorantiam litterarum. certe si quis dicat ignorasse se litteras vel non observasse quod propositum erat, cum multi legerent cumque palam esset propositum, non audietur'; Solet et sic, ne eo loci sedeant, quo in publico instrumenta deponuntur, archio forte vel grammatophylacio;* O. F. Robinson, (1997) 107.

[268] Se citan como expertos en leyes a Ap. Claudio el Ciego, Cn. Flavio, C. Cornelio Escipión Nasica, P. Sempronio Sopho o Tiberio Coruncanio, entre otros, para el siglo IV a.C. y Q. Fabio Pictor, P. Licinio Craso, Sexto Elio Paeto Cato, M. Porcio Catón, L. Acilio o Atilio, desde finales del III a finales del II a.C., aunque sólo a través de contadas referencias indirectas recogidas en autores muy posteriores. Pero el número aumentó significativamente a partir de la última centuria republicana y ya no mengua hasta finales del siglo IV del Imperio, permitiendo distribuirlos por épocas y escuelas de pensamiento. Teubner ed., Leipzig 1985, habla de una primera parte del siglo, con nombres como M. Porcio Catón de Útica, M. Iunio Bruto, Manio Manilio, C. Livio Druso, L. Casio Hemina, Q. Fabio Máximo Serviliano, L. Furio Filo, Servio Fabio Pictor, P. Licinio Craso Dives Muciano, P. Mucio Escévola, C. Sempronio Tuditano, Q. Mucio Escévola el augur, M. Iunio Gracano, C. Marcio Fígulo, Hostilio?, M. Terencio Varrón, M. Tulio Cicerón, L. Lucilio Balbo, L. Valerio, C. Camilo, Titio, Sexto Papirio, Servio Sulpicio Rufo, Ap. Claudio Pulcro, C. Claudio Marcelo, L. Valerio, Preciano, C. Elio Galo, L. Cincio, Granio

sacerdotal que cuidaba del calendario y de los *annales,* que se ocupaba de los ritos y procedimientos litúrgicos que debían de hacerse en relación con los poderes divinos, por ejemplo, cuando se construía un puente en una región inexplorada o desconocida. Como ya *supra* vimos al hablar de su relación con la Roma del pre-derecho, este nexo procedía de su formación y experiencia con la ley religiosa, emitida durante siglos desde la creación del colegio. La ley resultó ser siempre un concepto complejo en relación con los niveles de literalidad y alfabetismo vigentes en las sociedades antiguas, y su comprensión fue ardua, cuando no directamente inaccesible, para la gran mayoría de los ciudadanos.

Ya dijimos que en las asambleas griegas, las leyes eran leídas cuando se necesitaba que la conocieran los ciudadanos, y en la asamblea de notables romanos, era un hecho que escritura y lectura no eran artes que pudiesen predicarse de la totalidad de los asistentes a las sesiones. Por su contenido y la dinámica de uso en foros políticos y procesos judiciales la ley evolucionó envuelta en un lenguaje técnico, se movió entre las frases formularias y un vocabulario nuevo, que dificultaba su comprensión y reducía el ya exiguo cuerpo de ciudadanos que se sentían inmiscuidos en sus postulados. Resultaba por tanto congruente, que al igual que entre las manifestaciones de la divinidad y su proyección o repercusión en los actos humanos, se interponían los adecuados intérpretes, los sacerdotes, en sus distintas clases, entre la ley y la ciudadanía progresara un cuerpo de especialistas, que viniera a interpretar y aclarar la palabra escrita, para una mejor recepción de la norma en el cuerpo social al que afectaba[269].

Flaco, M. Valerio Mesala, T. Caesio, Aufidio Tucca, Flavio Prisco, C. Ateyo, Pacuvio Labeón, Cinna, Publicio Gelio, P. Aufidio Namusa, P. Alfeno Varo, Aulo Ofilio, Aulo Cascelio y C. Trebacio Testa. Una segunda parte, con figuras de la talla de Q. Elio Tuberón, L. Celio Antípatro, Sex. Pompeyo, P. Rutilio Rufo, L. Licinio Craso, C. Viselio Aculeón, Q. Mucio Escévola y una tercera fase, con Q. Valerio Sorano, C. ó T. Juvencio, L. Iulio César, Manilio?, M. Varrón Lúculo, P. Orbio, Aulo Verginio, Valcacio, Q. Lucrecio Vispillo, C. Visellio Varrón, Octavio Herennio, Nicóstrato, Q. Cornelio Máximo, C. Aquillio Gallo. En el Imperio el número de autores recogidos, igualmente grande, viene atemperado por el notorio relieve alcanzado por unas pocas figuras. Hay dos escuelas en los siglos I/II d.C., una con figuras como Antistio Labeo, augústeo, M. Coceyo Nerva, cónsul suff. del 21 o 22 d.C., Próculo, Pegasus, cónsul con Vespasiano, Juventio Celso, otro Juventio, pretor del 106 y suff.117, Neratio Prisco, suff. 97, y la segunda escuela, con Ateyo Capitón, Masurio Sabino, C. Casio Longino, suff. 30, Cn. Aruleno Celio Sabino, suff. 69, Javoleno Prisco, suff. 86 y P. Salvio Juliano, cónsul 148, Además, destacan Gayo, autor de unas *Instituta* y de un tratado "sobre las Doce Tablas", que enseñaba en tiempos de Marco Aurelio, Sexto Pomponio, de tiempos de Adriano, autor de más de 300 libros, muchos de ellos dedicados a la obra de Q. Mucio Escévola, y un *liber singularis Enchiridii,* compendio de historia de las leyes. Es un compilador extremadamente acrítico, cuyo testimonio no puede *a priori* ser tomado sin más con pleno valor histórico, y y Papiniano, *advocatus fisci, assesor* del prefecto pretorio de Septimio Severo, *magister libellorum*, 194/202, prefecto pretorio, 205/211, y en el siglo III, Ulpiano, asesor del prefecto pretorio Papiniano, *magister libellorum* con Alejandro Severo, principios del s.III, que definía a los juristas como los sacerdotes de la justicia, dedicados como estaban a la filosofía verdadera. A él se deben 2/5 partes del Digesto de Justianiano, y Modestino, *a libellis* de Alejandro Severo, su discípulo, con 400 citas en el Digesto de Justianiano. R. Syme, (1997) 760; C.W. Westrup, (1950) 50/52; H. Ankum, (1990) 34.

[269] Una parte importante de las noticias que poseemos sobre sobre el derecho primitivo romano es recogida en la obra *Noctes Atticae,* del tratadista Aulo Gellio, que escribe en la segunda mitad de siglo II d.C. Pese a que es, junto con la enciclopedia pliniana, de las obras más documentadas en cuanto a autores citados, pues la nómina alcanza los 275 autores griegos y latinos, entre los que están los más conocidos de la antigüedad, gramáticos e historiadores, y muchos juristas y analistas, no menos significativo es que entre éstos no figuran nombres como Dionsio de Halicarnasos, Tito Livio o Tácito, ni simpatizaba con Cicerón - Gell.x.3; xvii.5 -, fundamentos de la investigación historiográfica. Era de

El poder de estos especialistas derivaba de su conocimiento, experiencia, habilidades o idoneidad particulares que poseían o creían poseer, acerca de su dominio de la ley y el derecho. La mayor parte del trabajo de los juristas romanos consistía en proponer reglas para cubrir situaciones imprevistas, a través de la interpretación de la norma, frecuentemente por analogía. El jurista era una especie de intermediario entre la ley y el cuerpo dirigente que tenía el control de su aplicación. El jurista cobraba fuerza e importancia en la medida que las leyes cumplían años, y a su vez, la ley ampliaba su autoridad y vigencia en la medida de la eficacia de sus intérpretes. Cuanto más lento, esporádico e infrecuente fuera el proceso de promulgación de leyes, más relevante resultaba el papel del jurista. Su campo de actuación era en primer lugar el del derecho privado, aunque el derecho público no caía fuera de su horizonte[270].

El Profesor Louis Gernet señalaba con agudeza que en etnología, por muchos testimonios de prácticas y creencias que recojamos, y que nos lleven a pensar que el derecho funcionaba allí bajo fórmulas primitivas, el conjunto de estos hechos seguiría siendo un sistema cerrado en sí mismo, sin relación inteligible con el estado de derecho que parece haberle sucedido en la evolución. Un cuadro similar observamos para la conexión entre las prácticas y usos de los tiempos más antiguos, y el derecho que se dio en esa misma sociedad en época muy posterior. Esa desconexión ya resultó manifiesta para algunos romanos de tiempos imperiales, y de ahí que se confeccionara un modelo de "como pudo ser" el paso de una fase a otra, recreando el modelo de evolución que nos ha legado la historiografía y que luego, ya consolidado, fue rellenado, ampliado y dotado de mayores argumentos en el periodo que los romanistas nombran como "clásico"[271].

Después, tras los pontífices, continuaba el orador de Arpino, surgió un pequeño grupo de hombres de elevado *status* que formaron la clase de los jurisconsultos, al principio, sólo senadores, luego, miembros del censo ecuestre en general. Su función era *cavere,* o sea, cuidar, velar por algo, preparando borradores, anteproyectos, esquemas de testamentos, contratos y cualquier tipo de transacciones; *respondere*, o emitir opiniones orales o escritas sobre un caso particular a petición de un particular, magistrado, juez u otro jurisconsulto, y *agere*, actuar en un tribunal o dar consejo para la defensa de alguien en un juicio. Para el analista A. Sempronio Aselión, Publio Craso Muciano, cónsul del 131 a.C., y hermano de P. Mucio Escévola, reunía las cinco cosas mejores que un hombre podía tener: ser muy rico, muy noble, el mejor orador, y experto en leyes civiles y en leyes sagradas, ya que oratoria, leyes y pontificado, se

muy buena familia, probablemente muy rico, lo que le permitió tener acceso a círculos intelectuales escogidos, vivió años en Atenas y estudio retórica con los mejores de su época, que es la de Antonio Pío. Más allá de Terencio Varrón, todos los autores citados son de segunda mano. Se contaron entre sus discípulos Elio Marciano, del siglo III, y Macrobio y Nonio Marcelo, en el siglo IV. "Antes de nosotros vivieron hombres eminentes que se dedicaron a interpretar este Derecho – el derecho civil – resolviendo casos jurídicos para el público; a pesar de sus grandes pretensiones sólo emplearon su tiempo dedicados a cosas de escasa importancia ... sólo lo hicieron en la medida en que correspondía a sus deseo de prestar un servicio público", Cic. *leg.* i.4.14; T. Reinhardt, ed., (2003) 53; A. Watson, (1992).

[270] J. W. Vander Zandem, (1990) 486. M. Gagarin, (2005) 36; M. Bretone, (1993) 436. Los juristas volvían a definir conceptos como el fraude, *fraus,* la equidad, la buena fé, las cargas o deberes del socio con el socio, los deberes del que manda con el mandado y viceversa, del marido con la mujer y al revés, Cic. *top.* 66.

[271] L. Gernet, (1984) 154.

juzgaban funciones interconectadas. Su labor era similar a la de los patronos para con sus clientes. En este sentido, resulta pertinente lo que en relación con el origen de las convicciones aclara la moderna sicología social. Se pueden implantar falsos recuerdos sobre sucesos que nunca ocurrieron, cuando una fuente a la que se otorga credibilidad sugiere la posibilidad de que este tipo de recuerdos haya existido en realidad, cuando se proporciona información adicional que induce a creer que se han tenido experiencias sobre tal suceso en concreto y se usan medios que permiten de manera fiable efectuar su evocación[272].

Así, cuando los juristas consiguieron otorgar madurez y autoridad a sus actividades, como era la práctica continuada y extendida de un rígido ceremonial acompañado de sesudos razonamientos, cuando se dio esto, quedó consolidada su inserción en la práctica cotidiana del derecho. Con el paso de los años, la presencia de la jurisprudencia se asocia a los diversos pasajes del relato histórico de la Ciudad, aquellos en los que la tradición daba cuenta de sucesos en los que sus protagonistas presentaban sus conflictos con particulares o con la misma República. Y así, relatos con trazas claras de ser versiones actualizadas de leyendas seculares, de orígenes no rastreables pero con trama ya madura desde tiempos muy antiguos, incorporaron modelos de actuación procesal propios de tiempos muy posteriores. La repetición de esta idea, puede llegar a crear falsos recuerdos en autores posteriores, cuando escriben en un ambiente en el que el papel del jurista parece claramente hipertrofiado, como es en la Roma judicializada del s. I a.C. Hay gran facilidad para aceptar falsos recuerdos en cualquier relato, si su entidad consolida y favorece el discurso vigente, que no era otro que el de la primacía de estos intérpretes del derecho por encima de la clase política tradicional[273].

Para un pionero del estudio de la ley primitiva como fue Henry Maine, las aristocracias arcaicas asumieron como deber el ser depositarias y administradoras de la ley. Como sucesoras de los reyes, los grupos nobles no pretendían atribuirse la inspiración divina en cada una de sus sentencias, pero era un hecho que con el progreso del pensamiento y la complejización de la sociedad, no era posible seguir dando respuestas particulares a asuntos privados que hasta ahora, se venían explicando mediante consejos sobrenaturales. La oligarquía reclamaba el monopolio del conocimiento de las leyes y tener la posesión exclusiva de los principios por los que se resolvían los litigios. Para Cicerón el hombre que más *ius civile* sabía, sólo detrás de P. Mucio Escévola, el cónsul de 133 a.C., era C. Viselio Aculeón, su tío materno, experto en un derecho que de estar

[272] Cic. *Bruto*, 98; 127; Ser *dittissimus, nobilissimus, eloquentissimus, iurisconsultissimus* y *pontifex maximus*. Gell. i.13.10/11. En el siglo II a.C. un patrono todavía podía ayudar legalmente a un cliente, pero esto cambió gradualmente y ambos, patrono y cliente, solían pedir la asistencia técnica de un jurisconsulto, G. A. Kennedy, (1994) 103. TAB. VII, 4, de delitos, malversación de depósitos. Malas prácticas de *tutores* y *curatores*. Fraude de patronos contra sus clientes, "Si un patrono defrauda a su cliente, será solemnemente castigado, *Patronus si clienti fraudem faxit, sacer esto*", Serv. *ad Aen.* vi.609. Gell i.13.10. El patrono que incumpla la clientela, sea *sacer*. O sea, quien defraude a su cliente, será dedicado a los dioeses infernales, dice Serv. *Ad aenead.* vi.609, que figuraba en la Tab.VII, 4. sobre delitos. A. Fernández & E.Diez, (2001) 168.

[273] T. Reinhardt, ed.,(2003) 54; La certeza de ley depende de aquellos que tienen influencia en la opinión pública, las clases altas, que en caso de duda, desarrollarán un nuevo precepto interpretando la misma, se convertirán en intérpretes de la ley, W. Eder, (2005) 254. El proceso de Verginia, por ejemplo, presenta una estructura impensable para el siglo V a.C.

escrito en *litterae aut volumina magna*, o sea, en muchas letras o magnos volúmenes, él pasó a compendiar en unos breves resúmenes, *paucis verbis commutatis*, siguiendo la tendencia de los juristas de su época[274].

Para Cicerón las leyes eran el vínculo de la dignidad de la que se gozaba en la República. Eran el fundamento de la libertad, la fuente de la justicia. El alma, el espíritu, la sabiduría y el pensamiento de la ciudad radicaban en las leyes, eran los nervios y la sangre de la ciudad. Servidores de las leyes eran los magistrados, y sus intérpretes, los jueces; todos, en fin, eran siervos de las leyes para poder ser libres. Por tanto, para un senador del siglo I a.C. los únicos intérpretes de las leyes eran aquellos que presidían los tribunales, esto es, el pretor en su jurisdicción, o los miembros de los tres estamentos, los *iudices* de los paneles del censo ecuestre, senadores, *equites*, e incluso los *tribuni aerarii*. A partir de ahí, un jurista que interpretara las leyes sin pertenecer a estos paneles, ni por tanto ser *iudex,* era un intruso, un advenedizo, y ello ofendía al orador, que arremetía contra ellos. Se entiende que el senador de Arpino admita que en la profesión de jurista no se engendraban muchos motivos de gratitud, ni fuertes vínculos de amistad ni grandes simpatías. En definitiva, como concluye Donald Kelly, la jurisprudencia romana, romanista y "romanoide" de los dos últimos milenios de historia, se ha basado en la ciencia de unos maestros teóricos y empíricos, que se autoproclamaban *honestiores*, que juzgaban la realidad social según un método establecido. Eran prudentes, científicos y sacerdotes de la ley, pero también todos ellos eran *interpretes*, cuya base no era sólo la experiencia acumulada, sino también una mala definición y comprensión de la ley natural[275].

La tradición literaria sitúa a fines del siglo IV a.C. uno de los cambios institucionales que trajo un recorte de los privilegios que desde antaño disfrutaban los miembros de la clase dirigente. El cambio se produjo en el tradicional funcionamiento de los procesos, y de las noticias que lo informan se desprende que el resultado final fue una aparente extensión del derecho a invocar la justicia, al divulgar las fórmulas de actuación para ello. Los hechos, que varios autores recogen, se enmarcan en una compleja y pormenorizada trama en la que pocos detalles sobran a la hora de justificar la valoración final que de los mismos dieron los defensores del sistema oligárquico[276].

---

[274] H. Maine, (1972) chapter 1; Cic. *Bruto*, 264; *de orat*. i. 192. Las obras de autores como Catón, Pisón y Fabio Pictor, de fines del siglo III y siglo II a.C. eran piezas de extensión que se juzgaba breve y de estilo directo, escueto, sin adorno alguno, Cic. *de orat*. ii. 53.

[275] Cic. *Clu*. 146; *Mur*.24. Naturalmente Cicerón excluye de su idea de las leyes a las leyes tribunicias, como las que cita en *Sest*. 56. Nuestras opiniones se ven influidas por aquellas personas que nos resultan fiables y expertas. La fiabilidad de un comunicante y su efectividad puede aumentar si defiende una posición aparentemente opuesta a su propio interés, E. Aronson, (2000) 91. No olvidemos que los relatos históricos que poseemos se organizan en torno a los grandes personajes, sean para bien o para mal, o sea, personajes muy positivos y personajes muy negativos. Se trata de ganar la confianza del auditorio, o en este caso, del lector; D. R. Kelly, (1996) 424.

[276] En carta a Ático, *Att.* vi.1.8, Cicerón muestra cierta reserva sobre la figura histórica de Flavio, hijo de Anio, del que sabe que no fue anterior a los decenviros, porque había sido edil curul, magistratura que fue instituida muchos años después (366 a.C.), y de las verdaderas consecuencias de hacer públicos los fastos. Pese a todo, no cree que sea un invento suyo o del Africano. Consideran que esa lista estuvo oculta algún tiempo para que sólo unos pocos pudieran consultar los días hábiles. Desde luego no son pocos los que sostienen que Cn. Flavio, un escriba, había publicado los fastos y había hecho una colección de fórmulas judicales (*actiones*). No creas que es un invento mío o del Africano, que es quien habla, según la forma de diálogo en que escribe su tratado sobre la República. "Mientras todas aquellas

En su defensa de Lucio Murena, Cicerón se refiere a aquella reforma, aludiendo a los tiempos anteriores, en los que los procesos eran opción de unos pocos, porque en efecto, eran pocos los que conocían los *fasti* de los pontífices, y menos aún las Doce Tablas. Recuerda que sólo unos pocos tenían acceso a la información de estos *fasti*, que contenían los días hábiles para entablar pleitos, porque la *tabula* donde todo eso se trataba, no sabemos si del *pontifex maximus,* o de aquella ley primitiva citada, permanecía oculta, *occultatam* dice el texto. Se consultaba a los jurisconsultos, como a los astrólogos, que disfrutaban así de un gran poder, y así se piensa que venía siendo desde los tiempos primitivos, hasta que un escriba, Cn. Flavio, de sagacidad extrema – "capaz de sacar los ojos a las cornejas" –, dio a conocer al pueblo esos fastos, para que supiera la naturaleza favorable o desfavorable de cada día, según para qué acto o abstención, y de esta forma hurtó su ciencia a los propios jurisconsultos. Irritados éstos ante la eventualidad de que fuera posible actuar en derecho sin su intervención, compusieron ciertas fórmulas a fin de que sin ellas no se pudiera intervenir en los litigios[277].

Este Cn. Flavio, del que la tradición omite más noticias fuera del suceso que comentamos, había conseguido alcanzar el consenso de las tribus y salir elegido edil curul, oficio desde el que realizó su reforma, como despropósito final de una trayectoria aberrante, en la indignada percepción de la nobleza. El relato traza una semblanza adecuada a la calidad de sus actos. Era hijo de un liberto, vil extracción pues, naturalmente *facundus*, o sea, buen orador, típico de los demagogos, triunviro capital, una profesión denigrante, al estar conectado con el sórdido oficio de administrar la muerte, y triunviro para fundar colonias, de negra y desprestigiada tradición desde los Gracos y sobre todo, en los decenios centrales del último siglo de la República, con los repartos de tierras de Pompeyo, César y Antonio. Fueron muchos los ciudadanos afectados por las expropiaciones que llevaron a cabo aquellas comisiones triumvirales, por lo que pronto se hicieron sinónimas de venganza, despojo, latrocinio y conculcación de sus derechos como propietarios, habitualmente del signo político contrario a los que en cada momento administraron el poder.

---

fórmulas – las que crearon los jurisconsultos tras la publicación del calendario por el escriba Flavio – eran cosas misteriosas, no había más remedio que solicitarlas de aquellos que poseían el secreto, pero depués, divulgadas, zarandeadas y sacudidas en manos de todos, se ha visto que están enteramente vacías de sentido común y llenas de falacias y tonterías", Cic. *Mur*. 26.

[277] Livio ix.46.1/4, 304 a.C.; Cic. *Mur*. 25; *Att.* vi.1.18. Cicerón con notable derroche de ingenio y no menos sarcasmo e ironía, se ceba en la vacuidad de buena parte de la liturgia con que los jurisconsultos han disfrazado el uso de la ley y el derecho. Ejemplos de palabrería inutil añadida, que todo lo hace farragoso y que él comenta con frases como "sobran palabras", o "... a un litigante tan charlatán el demandado no tenía que responderle". Al pretor, entre tanto, para que no se creyera un dechado de ingenio y agudeza, diciendo algo por cuenta propia, se le compuso también su fórmula, disparatada en todo, pero especialmente en aquella frase: "Presentes los testigos en ambas partes, yo os señalo vuestro camino: ponéos en marcha!." Allí estaba a su disposición aquel sabio para enseñarles el camino. "Volved!", y guiados por el mismo sabio, volvían, remata el arpinate. "Ya entonces, entre aquellos hombres que se dejaban la barba, era algo ridículo, a mi parecer, que a unos sujetos que con razón no se movían del sitio se les mandase marchar, para que al punto volvieran al mismo lugar de donde se habían ido. De iguales necedades estan teñidas todas aquellas fórmulas", concluye Cic. *Mur*. 26. Pero él mismo cae en obviedades, cuando en un tratado que compagina lo útil con lo honesto, como es el de los deberes, escribe, *indicant duodecim tabulae: adversus hostem aeterna auctoritas.* Contra el forastero siempre queda el derecho de dominio en el ciudadano, Cic.*de off.* i.12.37.

Finalmente, Flavio fue *scriba* al servicio de un Claudio, familia de soberbia y crueldad arraigada en la leyenda, fama de la que apenas se excluía el Ciego, pero aquí el oficio de *scriba* se esgrime como sinónimo de tarea baja, en relación con los cometidos a los que luego accede, lo que unido a la sordidez de los oficios previos, se le resta autoridad y se desprestigia la labor que supuestamente se le atribuye. Sólo un individuo de tal extracción podía haber golpeado de esa manera los privilegios de los nobles, sumando además el censo de los libertos a la ciudadanía, al insertarlos en las tribus, que siempre se consideraron un instrumento pernicioso para aprobar las cosas que el *populus* rechazaba.

Esta es la trama que Livio narra y que reúne las características de un artificio ensamblado para indicar cómo tal suceso, la divulgación del derecho y las fórmulas procesales, pasaron a ser del dominio público, con evidente menoscabo para quienes hasta ahora eran sus intérpretes, que perdieron así en control de la ley y la justicia. Es posible que tal hecho en realidad no ocurriera en ocasión señalada, ni pudiera ser atribuída a personaje alguno, tal como se nos da cuenta, sino que fuera algo fraguando a lo largo de los años y como fruto de normas sucesivas y de pasos dados en esa dirección. Con el relato tal como lo conocemos se asignarían culpas y responsabilidades a individuos y colectivos concretos, quedando expuestos como agentes de los perjuicios de la clase dirigente, que reforzaría su unidad interna al subrayar así el perfil de sus adversarios políticos[278].

En la última centuria republicana desconocer el derecho no impedía llegar a ser un buen orador, porque el auditorio, el senado, se identificaba más con la persuasión, con la capacidad de convencer del orador, que con la justicia y la adecuación o concordancia de las palabras con las leyes escritas. En tiempos del orador Marco Antonio, padre del triunviro, el auditorio estaba más próximo al orador que evocaba los usos y costumbres, que de quienes continuamente aludían a las leyes escritas. Livio recoge un amplio muestrario de estas conductas ejemplares de los próceres de la República, a través de los discursos que pone en boca de los Escipiones, cuando eran acusados por Catón el Censor de soborno por Antíoco, con una defensa basada en sus

---

[278] Otro efecto de la "desmesura" de Apio Claudio, paradójicamente azote de la plebe, artífice del llamado partido del foro, formado por la turba, que ganaba elecciones, como las que dieron al scriba Cn. Flavio el puesto de edil, algo inaudito siendo como era liberto, otra consecuencia, decimos, fue la distribución de los libertos entre las tribus, con las consecuencias que ello suponía con ocasión del voto. Lo que provocó una reacción de segregación de los "buenos" romanos, la gente honesta, de los nuevos inscritos, la *factio forensis*. Esta decisión aparece varias veces corregida primero en el 304, por los censores Publio Decio y Quinto Fabio, y luego en los años 234, 230, 225 y 220, en los que la inserción de aquellos en cuatro o treinta y cinco tribus estuvo siempre supeditada a los avatares y oscilaciones de la política. En el 212 los latinos presentes en Roma votaban en una tribu sacada a suerte – de una *sitella* - para la ocasión. En el 169 la restricción se acentuó y los libertos fueron inscritos en una sola tribu, sacada a suerte de entre las cuatro urbanas donde hasta ese momento estaban. Tiempos tan "revueltos" y de tanto "desorden" sólo podían traer funestas consecuencias, y así se califica la publicación del *ius civile*, hasta ese momento *in penetralibus pontificum*, y los *fasti*, que fueron puestos cerca del foro a la vista de todos, Livio, ix.46.5; 8-11; 14; xlv.15.5/6: *unam ... sortirentur, in quam omnes, qui seruitutem seruissent, conicerent. Esquilinae sors exiit,* quedaban excluidos los que demostraran un censo igual al de la *secunda classis* serviana; *per.* 20; V.Max. II.2.9; de la misma fuente, Plin. *NH* xxxiii.1.17/19; Gell. vii.9; Plut. *Flamin.* xviii.1; Diod. xx.36.4; Cic. *de orat.* i. 38; *Mur.*25; *Att.*vi.1.8; Plin. *NH* xxxiii.1.17; Macr.*sat.* I.15.9; J.G. Wolf, (1980); W. Eder, (2005) 259; F. D'Ippolito, (1985) 91/128.

méritos anteriores y su trayectoria de héroe militar, o la que libró a Sulpicio Galba de la condena por una matanza de lusitanos, por citar un par de ejemplos. Son personajes que logran salir indemnes de las acusaciones por sus dotes oratorias, no porque su conducta estuviese ajustada a ley escrita alguna, sino al código de las costumbres, aquel con el que los *patres* se seguían identificando en sus fueros internos.

En la Roma de Cicerón los juicios se habían convertido en una apasionada confrontación de elocuencias, la de los acusadores y la de los defensores, un encuentro de disgresiones éticas, apelaciones emocionales, exhibición de recursos retóricos y muy poca manifestación de hechos probados y datos relevantes. Mucha emoción en el discurso y poco respeto a las leyes. Supuso esto el desarrollo de una retórica judicial de gran estilo, de la que Cicerón fue cabeza visible. Con estas realidades y con el recuerdo entre romántico y legendario que se tenía del pasado incluso inmediato, es lógico encontrar en la obra de Cicerón grandes dosis de nostalgias por los tiempos anteriores, aquellos en los que la elocuencia podía llegar a cubrir con éxito la carencia absoluta del conocimiento del derecho civil.

Tal fue el caso del citado Marco Antonio, insigne orador de fines del siglo II a.C., que justificaba su ignorancia del *ius civile* en el hecho de que a veces, en causas célebres quien ganaba no era el mejor conocedor del derecho, *peritus in iure*, sino el jurisconsulto, que para ganar no se valía de la *iuris scientia* sino de la elocuencia. Aunque paralelamente a esta realidad progresaba la nueva ortodoxia, como la que en ese mismo siglo II a.C. propugnaba Publio Craso. "El buen orador, decía Craso - según su exégeta - debe conocer y aprender por completo el *ius civile*, las *leges*, toda la antigüedad, la *consuetudo senatoria*, la *disciplina* de la República, los *iura sociorum*, los *foedera,* las *pactiones*, y la *causa imperii*[279].

Cicerón se emplea a fondo con ironía y sarcasmo sobre el enorme desarrollo que en liturgia y fórmulas, tan recargadas y barrocas como inútiles y exasperantes, habían ya acumulado los tribunales a fines de la República. Para los conocedores de la oratoria heroica de una centuria antes, la invasión de estos nuevos sofistas, que se presentaba como supuestos expertos en interpretar e iluminar las dudas y vacíos que cada día manifestaban las leyes que eran invocadas en los juicios, provocaba una doble frustración, la de ver como el viejo modelo de la oratoria forense quedaba fosilizado, sin continuadores, sustituidos por esta nueva ola de expertos en lo oculto y en desentrañar nuevos significados, y la de contemplar como irremisiblemente se hacían día a día con el control tanto de los juicios como de las leyes públicas. Y desde allí, con el control de la misma acción de gobierno, constituido las más de las veces por tan capacitados militares y ambiciosos estadistas, como hombres inexpertos del derecho. Gobernantes que, de la misma forma que no procedían sin haber obtenido los mejores augurios para sus empresas, o con el acuerdo de los presagios sibilinos y la conformidad de los sacrificios, siguiendo la voluntad de la asamblea y con el consenso

---

[279] Frente al poco margen fado a la elocuencia en los códigos orientales, "el mucho hablar es una hoguera, una comida que da dolores de estómago", Consejos de Suruppak, 22/24, J. Sanmartín, ed. y trad., (1999) 44, el discurso es en la Roma del ultimo siglo el instrumento de la acción política. La vida del filósofo debe ser acorde con su teoría, de la misma forma que el lenguaje del orador debe ser idéntico al lenguaje de la ley, Plut. *mor.* 1033 b; Cic. *de orat.* i. 159; 172; 239. G. A. Kennedy, (1994) 104.

de los *patres,* añadían ahora casi inexcusablemente el juicio técnico de aquellos nuevos *augures* del derecho a la mayoría de sus decisiones[280].

En su tratado sobre los deberes, casi al final de su vida, Cicerón adopta la posición ecléctica del intelectual que ya cree en pocas cosas, pues ve cómo los principios por los que luchó y que a duras penas mantenía, se estaban desmoronando. En ese escepticismo que da la proximidad del final, su disciplina de intelectual le obliga a buscar un punto de equilibrio y moderación, que atenúe la negra percepción que sobre el poder, el estado y las instituciones de la Roma de su tiempo ahora mantiene, y no llegue ésta a su pluma. El estudio e interpretación de las leyes que hicieron los antepasados fue bueno porque a todos parecía bueno, sobre todo a los *patres,* o sea, a la nobleza. Ahora, mediados del I a.C. ya casi nada valía nada.

Unos veinte años después de la defensa de Lucio Murena, discurso en que aprovecha para articular el más duro alegato contra la profesión, la opinión del cónsul del 63 sobre los juristas, cuya ciencia despreciaba por huera e incierta, seguía siendo crítica y escéptica. La mención elogiosa a la validez de la labor de Sulpicio Rufo, el jurista más afamado de su tiempo, puede interpretarse como una excusa, una tardía excusa y casi una solicitud de perdón, tras el ataque que le dedicara en la defensa de Murena, causa en la que el jurista actuaba de fiscal del defendido por Cicerón. Rufo, como antes Hortensio, fue un serio rival de Cicerón, en cuyo trato aplicaba éste la cal y la arena, como tantas veces hizo con otros personajes. El cambio final de actitud puede acaso explicarse en la sentida carta que en la primera parte del año 45, unos meses antes de la redacción del tratado sobre los deberes, le envía Sulpicio Rufo, como pésame por la reciente muerte de Tulia, la hija del orador. Se trata de una de las más sentidas expresiones de solidaridad y respeto que la literatura latina nos ofrece, y que responde a un tipo de relación en la que ya ambos correspondientes han suavizado caracteres y críticas, probablemente como efecto de la unión que los años y la experiencia establecen con la razón, el sentimiento y el compartir muchas cosas[281].

En aquella defensa de Murena, acusado *de ambitu,* Cicerón manifiesta que el aprendizaje del derecho civil puede resultar incluso contraproducente para alcanzar el consulado, pues es algo que no excita la admiración del pueblo ni éste lo ve útil.

---

[280] "A mi ver, entre nuestros antepasados, la ciencia de los augures jugaba un doble papel: en ocasiones servía para resolver dificultades políticas; otras veces, para saber el medio de obrar", Cic. *leg.* ii.13. El augur marcaba por tanto, un camino, un procedimiento de actuación, y despejaba el ámbito de actuación del poder político.

[281] "El cultivo de la jurisprudencia es una actividad mediante la cual se adquiere mucha consideración y prestigio por ser muy bien vista por la mayoría de los ciudadanos que, merced a ella, reciben consejo y dirección en sus negocios. Tambien entre las sabias costumbres de nuestros antepasados figura la de admirar y considerar altamente la profesión de la ciencia e interpretación - *cognitio atque interpretatio* - del Derecho, y antes de la lamentable confusión sufrida en los últimos tiempos, el cultivo de la jurisprudencia era considerado como un privilegio de los hombres más eminentes del estado. En la actualidad, aunque el brillo y esplendor de las magistraturas, dignidades y jurisconsultos se han extinguido, y para colmo de vergüenza ello ha ocurrido precisamente en un tiempo en que vivía un hombre – Servio Sulpicio Rufo, cónsul del 51, el jusrisconsulto más grande su época - que, al igual que sus predecesores, hubiera admirado a todos por sus profundos conocimientos jurídicos. Esta disciplina pues, es muy a propósito para conseguir el apoyo y el afecto de las gentes que se aprovechan de sus beneficios", Cic. *off.* ii.19.65. La carta de condolencias de Rufo, en Cic.*fam.*iv.5, de mediados de marzo del 45.

Naturalmente es una exageración retórica que en ese momento, el orador juzga oportuno incluir en su discurso sobre el caso. Muchos de los principios establecidos por las leyes, asegura el senador, han sido falsificados y desfigurados por las invenciones de los jurisconsultos, y no podemos aceptar que todo el derecho se tuerza ante la palabra y la letra, que las instituciones estén adulteradas y aún, echadas a perder, por los prejuicios infundados de los juristas, pues, en efecto, quien se erige en intérprete de una norma, tiene en su mano la capacidad para deformarla o presentarla de forma errónea, sea ello con intención o sin ella, sirviendo a sus intereses o simplemente, dejando libre la expresión de su propia inepcia. "Después, aunque entre vuestros antepasados – los de los juristas, de Sulpicio – se tuvo alguna mayor admiración por este menester, una vez que se han revelado vuestros misterios, todo él se ha hecho despreciable y bajo".

Más que ciencia, los conocimientos del jurista se calificaban de técnica de cierta utilidad en los tribunales, demasiado bajo y despreciable para quien buscaba otras profundidades del pensamiento humano. El oficio del jurista era tenue y de contenidos secundarios, apropiados para compartir mesa y conversación en los debates literarios y retóricos con que algunos nobles senadores decidían llenar su *otium*, concluidas las tareas en el foro y sus negocios particulares[282].

Tradición, ley natural y costumbre, eran nociones fuertemente arraigadas que, a juicio de Cicerón, ahora estaban abiertamente cuestionadas por los jurisconsultos, que en casos concretos, podían llegar a retorcer tanto el supuesto sentido de la norma, de la ley, que se llegaba a concluir una contra-ley. Y esta prevención no era exagerada, pues varios siglos después, para plumas del derecho tan significativas como Ulpiano o Hermogeniano, la *consuetudo* circunscribía su autoridad en su antigüedad, de modo que a más años, más ascendencia, dejando en plano irrelevante su significación y contenidos.

Las palabras del siguiente párrafo son, por expresivas y directas, merecedoras de ser expuestas. "En suma, - los jurisconsultos – de todo el derecho civil dejaron a un lado la *aequitas* y se atuvieron a la letra muerta, a las palabras. Y así, acaso porque vieron en algún ejemplo de algún libro el nombre de Gaia, creyeron que todas las mujeres que se casaban por la vía de la *coemptio* debían llamarse Gaias – *ubi tu Gaius, ego Gaia* -. Yo, francamente, me maravillo de que tantos hombres y de tanto talento, al cabo de tantos años, no hayan podido decidir todavía si debe decirse "el tercer día" o "pasado mañana", "juez" o "árbitro", "asunto" o "litigio". Así pues esa ciencia, como yo he dicho, no tuvo nunca una consideración digna del consulado, puesto que toda ella está hecha de ficciones y artificios; ni mucho menos popularidad". El senador acusaba a los juristas de extraer su ciencia a partir de la ley inerte, de la letra muerta del escrito congelado en el tiempo, sin considerar los principios, la ley natural, que no estaba escrita, y que era adecuada a toda situación y circunstancia, pues podía ser interpretada cada día. Era la ley escrita, que pretendía sin éxito ser sustitutiva de la costumbre,

---

[282] Cic. *Mur.* 23; "una ciencia insignificante... de asuntos menudos, consistentes casi exclusivamente en distinciones de letras y de la puntuación que separa la palabras", 25; 27; Quint. vii.9.6; Cic. *Caec.* 77/78, aún inexperto, escribe palabras de elogio para el jurisconsulto Cayo Aquilio, pretor del 66 y discípulo de Q. Mucio Escévola, *pontifex maximus* y cónsul del 95, al igual que Serv. Sulpicio Rufo, que sería cónsul del 51; A. Bürge, (1974).

cuando en realidad, al pasar a estar escrita ya dejaba de ser una plasmación de esa costumbre, que por lo demás era algo vivo en tanto no podía ser englobado ni fijado en letra ninguna[283].

Para Cicerón los juristas que conocía no eran más que charlatanes, voceros vanos, perfectamente prescindibles de cuantos lugares ocupaban, capaces de responder en cada caso lo que convenía, pareciendo que quien había dado respuesta al problema planteado fuese el mismo Servio Sulpicio Rufo. Su materia, prosigue implacable el arpinate, no se consideraba difícil porque se encerraba en muy pocas letras y no era nada misteriosa. "Por consiguiente, yo mismo", seguía el orador, "que estoy ocupadísimo, si me apuráis la paciencia, os mostraré que en tres días estoy hecho todo un jurisconsulto. Y así como los griegos dicen que son flautistas los que no han podido ser citaristas, así pensamos nosotros que son jurisconsultos los que no han podido ser ni oradores ni cónsules"[284].

En el siglo IV d.C., como en tiempos de César, se tenía la sensación de que un cuerpo legal prominente representaba lo contrario al Derecho y la Justicia. Que las leyes, cuando eran numerosas, obscurecían los principios del Derecho y en consecuencia, de la Justicia, pues pasaban a ser inabarcables, se contradecían y creaban un marco ambiguo, abierto a la arbitrariedad de abogados y jueces. Éstos, de meros intermediarios como defensores y aplicadores de las normas, pasaban a ser depositarios, intérpretes, y finalmente, fuentes de la misma ley y del derecho.

Juristas, abogados y jueces, conscientes del poder que ahora administraban, lo usaban y monopolizaban hasta asumir de hecho las riendas del estado, protagonistas en la sociedad de la que eran antes servidores. Amiano Marcelino traza una semblanza de ciertos profesionales del derecho que evoca las líneas que Cicerón escribiera siglos antes. "El segundo tipo (de abogados) corresponde a aquellos que después de fingir que conocen el derecho – un derecho destruido por la existencia de leyes que se contradicen entre sí -, callan como si hubieran sellado sus labios, y con su continuo silencio parecen más bien la sombra de ellos mismos. Éstos, a pesar de tener una expresión de seriedad y de gravedad fingidas, como si estuvieran exponiendo el destino de alguien a partir de su fecha de nacimiento, o interpretando los oráculos de las sibilas, venden aquello mismo que les hace parecer tan circunspectos".

Todo el capítulo treinta de la obra que conservamos de Amiano se escribe contra la justicia y sobre todo contra los abogados y autoproclamados expertos en leyes. "Además, para que parezca que tienen un conocimiento muy profundo del derecho, mencionan a Trebacio, a Carcelio o a Alfeno, y hablan de las leyes de los auruncos y de los sicanos, olvidadas ya y enterradas desde hace muchos siglos junto a la madre de

---

[283] "Fue voluntad de nuestros antepasados que todas las mujeres, por su debilidad de juicio, estuvieran bajo la potestad de tutores, mas los jurisconsultos inventaron una especie de tutores que estuvieron sometidos a la potestad de las mujeres" – *Gaii Inst.* i.150;154, *tutor optivus* -, Cic. *Mur.* 27/28. Es la *inveterata consuetudo*, *Dig.* i.3.32.1, de Juliano, la *diuturna consuetudo,* de Ulpiano, *Dig.* I.3.33, la *longa consuetudo*, de Hermogeniano, *Dig.* i.3.35; *Codex Iust.* viii.52.1.

[284] *Cic. Mur.* 28, desfachatez intencionada la de Cicerón, en su afán de ridiculizar a los engolados expertos, que recuerda la del salchichero Paflagonio, de la comedia "Los caballeros", de Aristófanes, que a preguntas de los protagonistas sobre sus capacidades para asumir competencias de mando, dice estar capacitado para ello, pues está al tanto de todo, o más o menos, e incluso sabe demasiado"; *Mur.* 29

Evandro. Ya puedes decirles que has matado con premeditación a tu propia madre, que si ellos piensan que eres rico, te prometen que pueden salvarte gracias a sus profundos conocimientos". Todo el cuerpo social que vive en torno al derecho, las leyes y la justicia, evoluciona ajeno a sus fuentes originales y en el desmesurado poder que su hipertrofia le otorga, recrea un nuevo Derecho en el que teoría y realidad se muestran indistintas y camufladas. Y creemos que adquieren un valor ciertamente significativo las advertencias que Justiniano, en *de conceptione digestorum*, en el muy citado *proemium* que inicia con las palabras *Deo auctore nostrum gubernantes imperium*, hace el emperador a Treboniano, su cuestor, que dirigirá la comisión compiladora del futuro Digesto. "Mandamos que esta recopilación lleve el nombre de Digesto o de Pandectas, sin que en lo sucesivo se atreva ningún jurisconsulto a aplicar comentarios, ni a introducir confusión con su vana palabrería en el compendio del mencionado código, como se hizo en los antiguos tiempos, cuando por las contrarias opiniones de los intérpretes se perturbó casi todo el derecho". Corría el año 530 d.C. [285].

2. La ley, realidad y ficción.

El tema del uso de la ficción como instrumento del conocimiento encontró amplio y sugerente tratamiento en el filósofo neokantiano Hans Vaihinger, difusor de la filosofía del "como si", en la que definía este concepto, defendía su uso correcto y advertía de los riesgos en los que la ciencia incurría con los excesos. Partiendo del hecho de que todo conocimiento científico necesitaba de las construcciones conscientemente "ficticias" o "imaginarias" para desarrollarse, la ficción aparece como una herramienta artificial, imprescindible y útil, para elaborar definiciones, explicaciones y fórmulas de comprensión de los hechos. Las ficciones eran símbolos conscientes, metáforas cognitivas, modelos, imágenes o figuras retóricas, que nos permitían actuar o conocer, según los casos, "como si" ciertos supuestos existiesen realmente. La ficción siempre se inventaba, era una contradicción de la realidad, una situación no empírica, mientras que la hipótesis descubría, constataba el orden natural, y era experimentable. El problema surgía cuando atribuíamos carácter de realidad a esas ficciones, y esa vía, que el autor entendía que era la que había dominado a toda la ciencia del Derecho, era lo que le permitía concluir que todo el Derecho Romano era pura ficción[286].

Decía Paul Valéry que toda la sociedad era *fiducia,* confianza, lo que no iba referido sólo a la teoría científica del conocimiento de la Francia del momento del escritor, sino que en realidad, era éste un concepto aplicable a cualquier sociedad, antigua o actual, desde el momento en que ésta evoluciona, se mueve y se consolida, en definitiva, sobre infinidad de pactos y acuerdos basados en las expectativas de que las cosas sucedan y van a suceder de un modo determinado.

La *fiducia* fue valor primordial sobre el que se articularon las estructuras de la sociedad romana. Expectativas eran lo que daba autoridad a los *fasti* de los pontífices, con su calendario de días favorables para unas cosas y desfavorables para otra. El vaticinio de los *augures*, tras la contemplación del vuelo de las aves, los *extispicina* de aquellos otros sacerdotes que predecían por la observación de las vísceras de sus víctimas, o los ritos desplegados por los *fetiales* frente a las lanzas de los legionarios, a punto de entrar

---

[285] Escogemos aquí los pasajes, Amm. xxx.4.11/12. *Dig.* Deo auctore, 12.

[286] H. Vaihinger, (1920) 1920, 46 y 173; *vid.* M.J. Fariñas Dulce, (2001) 105/110.

en combate. La religión, como conjunto de expectativas sobre el hado del hombre con relación a los dioses, y estos mismos dioses, tanto para los creyentes como para los escépticos, porque también para estos últimos era unánime la confianza en el beneficio que para el sistema proporcionaba el *metus deorum* de la mayoría[287].

Como el *metus armorum*, que alimentaba la inestabilidad y las expectativas de cambios en la vida de sus afectados, clima propicio para las *tabulae novae* y con ello, la ruina de los acreedores. Como *fiducia* era la conexión causa/efecto entre la muerte violenta en el año 88, de miles de itálicos en una sóla noche en la provincia de Asia, por orden de Mitrídates VI del Ponto, y la carestía, la desaparición del dinero, la subida de precios y la ruina de los negocios en toda Italia, como no sin afectación interesada subrayaba Cicerón en el año 66 en un discurso leído ante los *patres.* Y era fruto de la *fiducia*, en tiempos del uso generalizado de las leyes escritas, la sentencia de un juez acerca de una situación dada, a partir de lo fijado en una ley escrita, que a todas luces resultaba inadecuada e insuficiente para el caso que se trataba. Esta *fiducia* suponía un respaldo a la oralidad como canal de expresión de la *aequitas*, emitida por quien poseía la autoridad y el reconocimiento institucional para hacerlo. La sentencia fruto de ésta fórmula era de inmediato asimilada por los juristas, que convertían esa muestra de efímera vitalidad de lo escrito, en la versátil y rica funcionalidad de esas mismas leyes[288].

La *fictio legis* era de uso cotidiano en el ámbito ateniense, en donde Aristóteles escribía que si en una causa la ley escrita resultaba contraria al caso, se debía recurrir a la ley natural y a argumentos de mayor equidad, pues "la ley común nunca cambia, mientras que las leyes escritas cambian muchas veces". En una causa que no se correspondía con exactitud con lo considerado en la ley, el juez griego se comprometía a juzgar de conformidad con su libre albedrío. De nuevo vemos en un juramento que aparece en una inscripción de Eresos en Lesbos, del siglo III a.C. cómo un juez declaraba, "juzgaré la disputa en ley y de acuerdo con las leyes, tan lejos o extenso como las mismas leyes vayan, pero juzgaré los demás asuntos en la forma mejor y más justa"[289].

---

[287] Livio xliii.13.11, como ya indicábamos en la introducción, decía que en su tiempo la gente ya no creía ni en los presagios de los dioses ni en los prodigios.

[288] Sobre los itálicos asesinados, Ap. *Mith.* 22; fueron 80.000, según *FHGr,* Memnon, 31; V. Max. ix.1.3; *haec ratio pecuniarum quae Romae, quae in foro versatur, implicata est cum illis pecuniis asiaticis et cohaeret,* Cic. *Man.* 19; *metus armorum*, en Cic. *Att.* xvi.7.6, *metus deorum*, en Cic. *deor.* i 45, finanzas, supeditadas a la marcha de la política, Cic. *Att.* vii.18.5; viii.7.3, y *tabulae novae*, en Cic. *Att.* v.21.13; x.10.2; xi.23.3; xiv.21.4; *phil.* xi.14; *off.*ii.24. La *formula* de la *actio Publiciana* era una ficción legal, y gracias igualmente a una ficción legal ciertas comunidades de ciudadanos romanos en provincias se les permitía considerar su tierra como suelo itálico, tener sobre ella pleno *dominium,* y no pagar impuesto sobre ella, como indica J.A. Crook, (1967) 140 y 143.

[289] Se actuaba según la ley y si ésta era contraria al caso, entonces según la ley natural, la *aequitas* de los romanos, que a su vez era interpretada siempre por los intelectuales de la clase dirigente, fuesen oradores o juristas. Arist. *Ret.* 1375 a; es la llamada "teoría de las lagunas", que crean los griegos e igualmente aplicaron los romanos. El jurista Gayo, a partir de varias pautas contenidas en las Doce Tablas, que se refirieran al mismo tipo de asuntos, podía inferir una regla más, que sacaba por deducción, que él llamaba "*per interpretationem*", Gayo i.165, R. Sealey, (1994) 52 y 53. Si de tres normas existentes podemos deducir una cuarta no existente, no debemos olvidar que esa cuarta regla, en realidad nunca existió. De modo que será pura ficción todo cuanto sustentemos en esa cuarta norma "artificial".

Desde la Roma del siglo I a. C., periodo para el que contamos con importante información sobre juristas, leyes y teorías sobre el derecho, una buena parte de este derecho se elaboraba sobre la presunción de validez y eficacia que se otorgaba a la ley interpretada, puesta en relación con los litigios cotidianos. En una sociedad como la romana, que procuraba asegurar la autoridad y firmeza de sus decisiones, fuesen éstas producto de sus asambleas, o de sus tribunales, haciéndolas acompañar del correspondiente documento escrito, muchas actuaciones quedaban establecidas sobre la ficción de interpretar las previsibles intenciones de la ley, y por tanto de su artífice, sobre hechos ajenos al tiempo de su promulgación y a su contexto.

La *fictio legis,* instrumento que permitió al derecho romano crecer y expandirse, era una deformación consciente de la realidad a la que se reconocía una consecuencia jurídica. Cuando el caso en el que se litigaba no encajaba en la tipificación originaria del *ius civile*, el pretor elaboraba las acciones ficticias para dar respuesta al problema. Por medio de la *fictio iuris*, se oponía el título jurídico a la variabilidad de los hechos. En la *fictio legis* sin variar la letra de la norma, ésta se aplicaba atendiendo a nuevas realidades. La ficción nacía como solución a modo de verdad artificial para salvar la carencia de referente jurídico, de un problema desde la propia realidad. Suponía extraer consecuencias a partir de hechos que no existían constatados, que no habían ocurrido, y a partir de ellos sentar secuelas en derecho, como si fueran reales. Era la diferencia entre lo que se declaraba y lo que realmente había, lo que se decía y lo que era, entre las palabras y la realidad de las cosas, *falsitas pro veritate accepta*, El término derivaba de *fingere,* imaginar o inventar, que en derecho suponía superar un determinado obstáculo que se oponía a la consecución de unos efectos jurídicos concretos. La ficción conducía a una inexactitud lógica o jurídica.[290]

El rigor y el carácter estricto del derecho primitivo motivaron el imaginar las primeras *fictiones*, como actos simbólicos, algunos de ellos de fuerte presencia en la configuración del llamado derecho clásico. Los juristas romanos usaron de ella en abundancia, y como algunos romanistas justificaron, este uso siempre benéfico contribuyó a corregir la "aspereza" del derecho civil. El empleo que de la *fictio iuris* hizo la jurisprudencia clásica romana se caracterizó por su sentido práctico, madurez, finura técnica y claridad de visión, se llega a decir. Calificativos que pueden predicarse tanto de los recursos técnicos que respetaron el derecho y la costumbre, como de los que sistemáticamente los destruyeron para dar paso a nuevos artificios, cuya improbable legitimidad se compensó haciéndoles aparecer como naturales sucesores de aquel derecho que destruyeron. Con tales adjetivos se respaldan y sancionan unos resultados, que son visibles en el artificioso cuerpo del derecho clásico y posterior. Un legado tan copioso que hace benévola cualquier crítica sobre los medios utilizados para obtener esos fines[291].

---

[290] La *fictio iuris* en otras sociedades, G. Boyer, (1965) 87 ss.; A. Castro, (1999) 487/488; (1998) 145/148, 150, con amplia bibliografía sobre *fictio iuris* en pág. 143. Por ejemplo, la práctica augural se extendió como *fictio*, por todas las provincias como si existiese un *ager romanus*; Accardi/Pasqualini, (1938) 1104; por ejemplo, los *responsa Prudentium Romana,* H. S. Maine, (1972) 21; M. García Garrido, (1957) 310; Ch. Perelman/ P. Foriers, eds., (1974); Y. Thomas, (1995) 17; Balde, *sur code*, 9,2,7 R. Dekkers, (1935); E. Bianchi, (1997); A. Castro, (1999) 486/491, con bibliografía. J./M. Bertrand, (2000) 219/231.

[291] A. Castro Saenz, (1998) 150. La *lex Aquilia de damno*, acaso del 286 a.C., era una regulación general sobre el tema del daño o perjuicio al propietario de cosas, lo que era algo inusual para la época, por lo

En efecto, tal fórmula es muy útil cuando el derecho no se transforma paralelamente y con la misma velocidad que lo hace la sociedad, cuando el derecho que emana de la ley no es suficiente como para que se contemplen a través de él el mayor número de casos posibles, de modo que no quedara conflicto alguno sin su referencia en la norma. Pero tal fórmula supone una puerta al abuso, a la extralimitación de la fórmula, a la interesada sustitución a conveniencia de supuestos contemplados en las leyes, por los supuestos de interés circunstancial para los intérpretes ocasionales de las mismas. Así, puede recrearse un derecho de beneficio inútil fuera del caso específico en el que se reseña, dejando tal aberración como jurisprudencia o antecedente supuestamente útil para futuras interpretaciones. El derecho ya no dependerá de los acuerdos públicos, las leyes, o tácitos, las costumbres, que la sociedad hubiese pactado y considerados como propios, sino de la mejor o peor interpretación de los mismos, y sobre todo de la experiencia, la pericia y el arte de cada cual a la hora de exponerlo, argüirlo y defenderlo. De modo que no será muy exagerado advertir que el rumbo del derecho y la justicia, de la misma forma que es la ley el fruto de las fuerzas sociales contrapuestas, estará en manos de sus más hábiles intérpretes y de sus oradores más convincentes.

El abuso de la *fictio* recrea el Derecho y a partir de cierto punto ese derecho anterior que se pretende recuperar es un derecho restituido y reinventado, acorde al pensamiento jurídico de las escuelas desde las que parten las iniciativas de su falseada recuperación**.** La falta de una línea divisoria entre el uso racional y el abuso de este recurso jurídico, provoca que los hasta ahora intérpretes del derecho, con el fortalecimiento del papel de la ley y la justicia en la maquinaria del estado, tiendan a ser fuente de la ley y pasen a redefinir el Derecho, sirviéndose de tal poder para sí mismos o compartiéndolo con la clase dirigente. Suponemos que la importancia del papel de los juristas y abogados, desde mediada la última centuria republicana, siglo de procesos por excelencia, tiene que ver con esta situación, el comienzo de la desconexión paulatina entre la ley y la sociedad, el Derecho y los ciudadanos, y la conversión de éste último en una poderosa maquinaria desde la que se controlaba al estado[292].

Hablando del modo en que acostumbramos a interpretar los sucesos, exponía el sicólogo social Elliot Aronson que aquél depende de cuáles sean nuestras ideas en ese momento y de las creencias y categorías que utilicemos normalmente para entender las cosas". Un Cicerón joven y arrollador, que con paso firme va culminando con éxito los primeros oficios de su carrera política, defiende con ardor casi ingenuo la necesidad de consolidar la autoridad del juez frente a la norma escrita. Poco que ver el joven edil que defendía estos principios en su *pro Caecina*, con el experimentado senador de veinticinco años después, que, entre desencantado y escéptico, expone sus dudas y convicciones en sus tratados sobre los deberes y sobre las leyes, a modo de testamento político.

---

que los juristas interpretaron la ley ampliando su jurisdicción a otros ámbitos más amplios, ensanchando el círculo de daños y personas incursas en los efectos de tal ley. *Dig.* ix.2.2 pr; ix.2.27.4/5. Tal ley estuvo en vigor a lo largo de toda la Historia de Roma.

[292] Ch. Perelman & D. Foriers, eds., (1974) 347, vid. El Bianchi, (1997). Y. Thomas, (1995) 20.

Para el joven abogado el derecho no dependía de las palabras sino que las palabras debían estar al servicio de la intención y de la voluntad de los hombres. "Yo he seguido siempre", escribía, "la costumbre que habían practicado nuestros *maiores*, y así lo enseño, esto es, que lo razonable era considerar con qué intención, con qué espíritu, y no en qué términos, había sido redactada cada fórmula". Es el año 69/68 a.C., el año de su edilidad, y Cicerón se muestra totalmente de acuerdo y apoyando la *interpretatio* como instrumento de acción jurídica. No existía suficiente número de palabras para designar a cada cosa con la palabra correspondiente, pero tampoco hacía falta, señalaba el orador, cuando se comprendía el hecho para el que se buscaba la palabra. Ley, decreto, testamento, edicto, alianza, pacto entre naciones, fórmula de acción judicial, todas estas nociones podían ser invalidadas o destruidas si quisiéramos acomodar las cosas a las palabras y no hacemos caso de la intención de sus redactores, de su pensamiento y de su voluntad. Siete años antes de la defensa a Lucio Murena sostenía que hacer caso a los jurisconsultos, no era injuriar a los hombres, era echar por tierra las leyes y la justicia[293].

En el tratado de los deberes Cicerón mantiene el principio de la *interpretatio* pero la acompaña de la precisión sobre el nocivo efecto de utilizarla con artificiosa sutileza, consciente ya de los abusos a que daba lugar. Es más, cuando el texto de una ley era claro y la otra parte no negaba ningún punto de la misma, no ponía reparos y lo admitía todo, el juez debía obedecer a la ley, sentenciar tal cual y no interpretarla. La ley, apenas se escribía, comenzaba su camino hacia la obsolescencia, y dado que los mecanismos de renovación eran totalmente inapropiados – recordemos que Livio juzgaba una ley de veinte años como una ley nueva -, la necesidad de resolver casos provocaba, primero, la discrepancia entre las partes sobre el sentido y significado de la norma invocada, y segundo, la necesidad de resolver los conflictos mediante terceros que, supuestamente, poseían las habilidades para interpretar y aplicar de la forma más conveniente en cada caso el sentido que aquellas letras fijas e inertes encerraban[294].

3. Las Doce Tablas. La tradición.

Conocemos las Doce Tablas por las citas que de ellas hacen los autores latinos. Los fragmentos que nos han llegado proceden sobre todo de los escritores del final de la República y del periodo imperial. La vieja clasificación que hiciera E.H. Warmington, prudente y escéptica sobre el conjunto, nos parece de forma general aún vigente. Los fragmentos eran de cuatro clases. a) fragmentos con apariencia de transcribir palabras originales o casi originales de la ley, aunque algo "modernizados"; b) fragmentos que no pueden ser distinguidos de las opiniones del comentarista; c) fragmentos que no

[293] Cic. *Caec.*, 51;52; 70; 81; 95: "si alguna cosa que la ley propone es contraria al derecho, que se tenga aquella como no propuesta", *si quid ius non esset rorier, eius ea lege nihilum rogatum.* E. Aronson, (2000) 127, sobre la cognición social. La visión de Cicerón en el 44, es la visión de un hombre en el cenit de su existencia, desengañado de lo que ha constituido la razón de ser de su vida, la política, llevado al máximo escepticismo, que se desahoga reivindicando su ideal de la justicia, la ley y el derecho, en su tratado sobre las leyes. Ese ideal completamente suplantando y destruido tras los muchos años de guerra civil, la desaparición de quien para él suponía el último gran republicano, Pompeyo, y tras el duro y anulador gobierno de César, recientemente asesinado. Tan dura y descorazonadora era la realidad como idealizada y utópica la visión que se ofrece en el tratado de las leyes. Este podía ser el estado de ánimo de Cicerón.

[294] La extrema justicia es injusticia extrema, Cic. *off.* i.10; Cic. *inv.* ii.127. "Es propio de leguleyos limitarse a las palabras y a la letra y olvidar la intención", *Ret. Herenn.* ii.10.14.

pueden ser distinguidos de las opiniones del comentarista y además están muy distorsionados, y d) pasajes que dan una interpretación o una opinión sobre una interpretación de un fragmento de la ley[295].

La clasificación de los pasajes en las diferentes tablas es arbitraria, y responde al esfuerzo de la romanística por introducir sistematización y orden interno en una documento que pese a su artificiosa vertebración, no deja de ser un auténtico rompecabezas revuelto. El comentario de la ley por el jurista Gayo, del siglo II d.C., que conocemos por los pasajes que de él subsisten en el Digesto, ofrece un vago panorama no muy consistente. La referencia más antigua que poseemos hasta hoy sobre las Tablas alude a estudios basados en ellas que datarían de principios del siglo II a.C. - los *Tripertita* de Elio Peto, 198 a.C. -. Pero nada hay de estos estudios, tan sólo la noticia de que en un momento dado existieron, y además ampliada, más allá de la cita, sólo por una fuente, el jurista Sexto Pomponio, que vivió a mediados del siglo II d.C., esto es, a cuatrocientos cincuenta años de la fecha que documenta, y a siete siglos del documento central del que habla.

Del 198 al final de la República la información es escasa y muy polarizada en autores determinados, destacando el silencio significativo que se detecta en otras fuentes. Ningún comentario en Platón o Aristóteles, las fuentes más completas que poseemos, ni en Jenofonte, por no citar a los historiadores griegos supuestamente coetáneos o próximos a los hechos en el tiempo. Algún autor ha sugerido, a nuestro juicio de forma inconveniente, la mención de las Tablas a partir de un oscuro y ambiguo fragmento del poeta Quinto Enio, en el que aparece la palabra *lex,* pero no debe ser más una inferencia interesada, fruto de la confusión entre deseos y realidades, que buscaba otorgar a las Tablas una autoridad literaria hasta ahora escamoteada[296].

Volvamos a algunas de las plumas ausentes en la información, a las que aludíamos en la introducción. No hay referencia en Plauto a las Doce Tablas, autor que se inspira en la comedia ática para divertir a un público de clase media y baja. Cuando sus comedias se representaban aquel documento original llevaba dos siglos desaparecido y pudiera ser lógico que se omita cualquier dato sobre un documento ahora pura reliquia para

---

[295] E. Warmington, (1979) p. xxx. La bibliografía sobre las Tablas es inmensa. No nos planteamos la enumeración ni siquiera de los estudios más relevantes, porque hasta esta distinción es problemática. No obstante, *vid.* J. Modrzejewski, (1967) 261 ss.; R. Schoell, (1866); G. Long, (1875) 688/690; M. Voigt, (1883); E. Lambert, (1902) 149/220; (1903) 501/626; A.H.J. Greenedge, (1905) 1/21; A. Berger, (1932) 1900/1949; H. Levy/Bruhl, (1957/1958); F. Cancelli, (1959); F. Wieacker, (1966) 292/362; G. Grifó, (1972) 115/133; A. Pagliaro, (1973) 567/574 ; G.Poma, (1984); (1997) 280/291; R. Westbrook, (1988) 74/121; O. Diliberto, (1992); C. Rascón Garcia, y J./M. García González, (1993); M. Zablocka, (2002) 1/16.

[296] *Les lois des romains,* 25; *Cum nihil horridius umquam lex ulla iuberet*, Enio, *ann.* 158 (170) "desde entonces no hubo ley más horrible que la que aquella demandó", se refiere a la ejecución de la vestal Minucia en el 343 a.C., hecho recogido por Orosio iii.9.5, O. Skutsch, (1985) 322. Hay muchas dudas no sólo sobre los frags. recogidos sino incluso sobre cualquier codificación en el 451/450 a.C. E. Pais, (1898) 500/604; 631/634; II, 217 ss., cree que en esos años no hubo decenvirado, que la colección conocida como Doce Tablas, fruto de una compilación gradual de leyes, alcanzó su forma final a fines del siglo IV. E. Lambert, (1902) 5/6: 381/436, dice que las Doce Tablas eran una colección hecha particularmente por Sex. Elio Peto, en la primera mitad del siglo II a.C. Pero estas teorías son más difíciles de mantener que lo que pretenden negar, E.H. Warmington, (1979) xxix; *vid.* además, M. Bretone, (1995)) 70/82.

entendidos. De todas formas se citan términos y asuntos que la tradición suele incluir entre los tratados en Tablas, como la *occentatio,* institución por lo demás más vieja que aquel documento[297]. Perdida la mayor parte del libro VI de la Historia Universal de Polibio, carecemos igualmente de referencia a las Tablas en el resto de su obra, aunque ciertas reflexiones sobre temas de política y estado no parecen apuntar en la dirección de asumir para la Roma Repúblicana un pasado de grandes obras y de grandes hombres.

Para Polibio, a mediados del siglo V Roma inicia una nueva época que culminaría unos dos siglos y medio después, durante la cual de forma gradual y continuada la república alcanzaría su plenitud y perfección, en tiempos de Aníbal. En ese tiempo la constitución romana fue evolucionando hacia un modelo de eficacia y perfección sin parangón en todo el mundo conocido. Quedaban excluidas como artífices de este progreso las figuras excepcionales, y no había realización especial que para el magalopolitano mereciera ser reseñada por encima del resto. No hay en tal modelo de constitución lugar para legisladores y leyes al modo de los griegos. Finalmente, puede ser significativa que la primera embajada oficial que el senado despachó para Grecia, según las fuentes que poseemos, databa del año 225 a.C., tras el final de la primera guerra ilírica[298].

El relato de Diodoro es conciso y ajustado al contexto de una Historia Universal en la que Roma era una más de las naciones a tratar. Siete años después de la fecha tradicional, también el historiador sículo habla de escribir las leyes, no de recopilar, y además, dice que la tarea no fue completada. "Siendo arconte Praxíteles, año 444, celebrada la 84 olimpiada, en Roma se eligieron diez hombres - da el nombre de ocho - para escribir las leyes, *nomographoi".* Al año siguiente eligieron a otros diez – ahora como legisladores, *nomothethes*, aunque sólo da el nombre de siete – pero no fueron capaces de completar su codificación. "Éstos, siendo cónsules Marco Horacio y Lucio Valerio Turpinio, año 442 a.C., escribieron otras dos tablas, que añadieron a las diez existentes, las grabaron en las Doce Tablas que hoy existen y las expusieron en los *rostra*, ante el senado, y como tal, con un lenguaje simple y lacónico han quedado allí hasta nuestros días"[299].

---

[297] La *occentatio* era una costumbre probablemente tan antigua como la comunidad romana primitiva, con independencia de que en el momento que la tradición recoge, quedara plasmada como una norma escrita, Plaut. *persa*, 575, pero en el texto de Plauto no se vincula a aquel repertorio de leyes. Todos los términos jurídicos de la obra de Plauto se enumeran en el meritorio el estudio de C.S. Tomulescu, (1984) vol. vi, 2771/2781. En los *fasti consulares capitolini*, ad a. 451, ii. xiii, 1, 1g. p.27, figura la inscripción de los *decemviri consular[i imp]erio legibus s[cribundis fact]i eod(em) anno. Sobre los decenviros, vid.* E. Ferenczy, (1972) 388/344; F. de Martino, (1995) 371/376; F.d'Ippolito, (1993) 1993.

[298] Pol.vi.11.1/3; 25.11 M. Bretone y T. Cornell no dudan en intuir en ese pasaje, por lo demás de traducción compleja, la presencia de las Doce Tablas, sin más base que su conveniencia para el contexto. Por otra parte esa fecha, crucial para Polibio, es la que Einer Gjerstad proponía para dar comienzo a la República. No somos de la opinión de una República que se inicia en fecha concreta, pero sí es posible que a mediados del siglo V las instituciones del nuevo régimen estuvieran ya proyectadas. Una comparación entre la "arqueología" de Polibio y la República de Cicerón, en G. Poma, (1984) 79/104.

[299] Diod. xii.23.1; 24.1; 26.1, para el 443/442 a.C. Diodoro y las Doce tablas, G. Poma, (1984) 105/133. En la Etolia helenística había un cuerpo de nomógrafos, que se responsabilizaba de la revisión periódica de las eleyes, F.W. Walbank, (1984) 233.

3. 1. Cicerón y su tratado sobre las leyes.

Como abogado y político Cicerón estuvo muy cerca del mundo del Derecho y de las leyes, y de joven él mismo nos dice que asistió a las enseñanzas de prestigiados juristas del momento. Además de su tratado sobre las leyes, escrito ya en su madurez, en realidad no hay escrito salido de su pluma en donde las leyes, la ley y el derecho no sean sacados a colación y argüidos por nuestro orador para fundamentar sus posiciones y prestigiar sus razones y experiencias como hombre de estado. A partir de ahí, la cuestión que nos planteamos es qué conocimientos tenía Cicerón sobre las leyes romanas primitivas, en definitiva, qué sabía de aquellas Doce Tablas, cuáles eran sus fuentes de información con relación a este legado jurídico de los tiempos más antiguos.

Con ser el siglo I a.C. el tiempo en que el estudio del Derecho alcanzó cotas memorables tanto en desarrollo como en grandes figuras, el panorama que ofrecía el conocimiento de las leyes primitivas no podía ser más desolador. De aquellas afamadas Doce Tablas que constituían lugar común en los cenáculos de intelectuales y diletantes, de aquel documento que se juzgaba de imprescindible conocimiento para quienquiera que tuviese aspiraciones de entrar en la política, nada quedaba, nada se sabía del original ni de eventuales copias. Se conocía el relato de su elaboración, a través de la versión que por las causas que fuere había calado en la conciencia de los ciudadanos. Esta versión es la que Dionisio y Livio más tarde escribirían, y que debía coincidir en los puntos fundamentales con la que Cicerón y los intelectuales de su tiempo hacían suya a mediados del siglo I a.C.

"De Catón el Censor tengo recopilados más de 150 discursos suyos", escribía Cicerón, "al menos que yo haya encontrado y leido por ahora. De Cayo Lelio y de Escipión Emiliano, que ocuparon los primeros puestos de la elocuencia, se conservan sus discursos, así que podemos hacernos una idea de su talento como oradores; de niños leíamos los discursos de Cayo Fimbria, cónsul del 104 a.C., ahora difíciles de encontrar; se conservaban los discursos de Tito Albucio", - acusador de concusión de Escévola, cuando éste gobernó Asia, juicio del que salió culpable Publio Rutilio -, "un verdadero epicúreo, que hablaba como un griego; se conservan los discursos de Q. Lutacio Cátulo", - 150/87 a.C. -, "orador a la antigua usanza, de vasta cultura literaria, del que igualmente se conservan sus discursos, un libro sobre su consulado y sus propias hazañas en un estilo agradable y digno de Jenofonte; de Escévola, conocemos su elegancia por los discursos que nos dejó, ¿qué puede escribirse de aquellos oradores del pasado sobre los que no hay noticias escritas ni por sí mismo ni por otros?. Pondría ejemplos tomados de mis discursos, si el lector no los hubiera ya leído; los pondría de otros autores: latinos, si los encontrara, o griegos, si ello viniera a cuento. Pero los ejemplos de Craso son muy pocos y esos pocos no son de discursos pronunciados ante los tribunales; de Antonio no tenemos nada; nada de Cota; nada de Sulpicio, y de Hortensio, era mejor lo que decía que lo que ha dejado escrito. Los discursos atribuidos a Sulpicio creo que fueron escritos tras su muerte y son obra de Publio Canucio, coetáneo mío ... de Sulpicio en persona no tenemos nada, pues a menudo le oí decir que ni tenía la costumbre ni la capacidad de escribirlo". Transcribimos el párrafo por completo, porque es muy significativo sobre el nivel de información disponible sobre un pasado tan inmediato como en que se describe[300].

Para una parte de la crítica actual, la reconstrucción que Cicerón hacía sobre el decenvirado era pura fantasía, con retroproyección de sucesos posteriores, sin apelación a más interpretaciones. La realidad es que de aquellas Tablas sólo se conocían algunos resúmenes o extractos, algunos comentarios o *interpretationes*, que circulaba como *epitomai, periochae* y *excerpta*, formato que por su manejabilidad y fácil difusión, en unos tiempos en que la literatura impresa era ciertamente placer de los poderosos, posibilitaba un mínimo conocimiento de obras importantes. Naturalmente, ni sabemos cuántos resúmenes de este tipo circulaban en la Roma de la última centuria, ni cuáles eran las fuentes sobre las que a su vez éstos resúmenes se habían servido, ni por tanto, sabemos nada sobre la fiabilidad de los contenidos. El propio Cicerón recuerda que de niño, él y su hermano Quinto aprendían de memoria las fórmulas procesales que aparecían en las Doce Tablas, que se hallaban recogidas en un *libellus,* un librito, que si duda recogía una de estas versiones resumidas de aquel documento, que para el arpinate contenía más autoridad y utilidad que todas las bibliotecas juntas de todos los filósofos, decía con orgulloso recuerdo. Y si creemos a Horacio el futuro emperador Augusto, buen defensor de lo antiguo, repetía de memoria supuestamente el contenido de algunos documentos arcaicos, verdaderas reliquias ya para su época, como las tablas de los decenviros – imaginamos que se trataría de pasajes sueltos -, algunos tratados, los libros pontificales y escritos de los poetas[301].

De este *libellus*, recuerda Cicerón que memorizaban fórmulas como aquella de *si in ius vocat*, "si alguien llama a uno ante un tribunal", o *hoc plus, ne facito: rogum ascea ne polito,* "no hagas más esto: no escuadres la madera (de los leños funerarios) con un hacha", fórmulas que aún a él le sorprendía que llamaran leyes, y que desde luego reconocía que ya nadie aprendía. A salmodia de maestro le sonaba la fórmula *uti lingua nuncupasset,* "como la lengua lo hubiera pronunciado", más que a mandato inserto en las Tablas, comenta con ironía el cónsul del 63. A principios del siglo I a.C. se aprendía el derecho primitivo bien de las enseñanzas que se recibían en casa de expertos juristas que, a su vez lo habían aprendido de otros anteriores, o bien de la lectura de algunas de las obras que alguno de estos doctos personajes habían escrito, con un cierto ánimo divulgativo, para dar a conocer los rudimentos de una profesión, las bases primitivas sobre las que se sustentaba, que aún se veía como ajena a los

[300] Cic. *Bruto,* 65; 82; 124; 129; 131; 132; 181; 205; *orat.* 133. Cicerón reconoce que en su propio tiempo, ni siquiera los discursos de los personajes más famosos se conservaban por escrito, eran pasados por escrito, sino que la fama devenía de haber sido escuchados, de la transmisión oral de quienes les habían oído. De hecho yo creo que el caso de Cicerón es absolutamente especial e irrepetible. Era sugerente en este contexto, la opinión de L. Pareti, (1924) 202, que estimaba en siglo y medio el tiempo en que una tradición verídica podía conservarse.

[301] E. Gabba, (2005) 120. Escévola, el cónsul del 95, eminente jurista, era autor de un *libellus* de éstos, sobre *ius civile*, Cic. *de orat.* i.195; 242; *leg.* ii.23.59. El *liber annalis* que Ático dedicó a Cicerón, era una recopilación en forma breve de la Historia Universal, Cic. *Bruto*, 14; de Antonio, el orador, sólo se conservaba un escueto tratado sobre el arte de hablar, escrito hacia el año 100 a.C. "lo que las musas dictaron en el monte Albano las tablas que prohiben delinquir – las que los diez promulgaron -, los tratados que los reyes con Gabios consensuaron o con los rígidos sabinos, los libros de los pontífices y los añosos rollos de los vates", Hor. *epist.* ii.1.22/27, año 12 a.C.

comportamientos políticos y sociales de la elite gobernante a principios del siglo II a.C.[302]

El orador y experto en leyes Publio Craso, cónsul del 131, consultaba los *libelli* de su hermano, Publio Mucio Escévola, y los del cónsul del 198, Sexto Elio Peto Cato, uno de los hombres más egregios y prudentes - de ahí su *cognomen*, Catus - anteriormente aludido, con que se contaba para el estudio del Derecho. En efecto, y a juzgar por el eco que de éste último hay en las fuentes, parece que aquella obra suya titulada *Tripertita,* porque constaba de tres estudios, hizo fortuna entre los intelectuales de su tiempo y pudo difundirse en el siglo siguiente, lo que nos lleva a considerar que debió ser copiada una y otra vez hasta sobrevivir más de tres siglos, pues a ella se refirió de manera específica el jurista Sexto Pomponio, que escribió durante los reinados de Adriano, Antonio Pío y Marco Aurelio.

Cicerón escribe que a este Elio ya se refirió "el gran poeta", que sin nombrarlo todos acuerdan que se trataba de Quinto Enio, como experto en *ius civile.* Él mismo hace veladas referencias a su autoridad para el derecho primitivo, pues como siglos después recogía Pomponio, fue éste el campo en que su obra pasó a ser referente para el conocimiento de las Tablas. En su introducción a la ley, *Enchiridion,* estudio que de todas formas no goza de excesiva confianza por los errores que se le detectan, Pomponio dice que la obra de Elio constaba de una versión de las Tablas, una *interpretatio* de las mismas, y un inventario de *formulae* procesales. Por lo demás, en su obra tardía sobre las leyes, Cicerón cita la autoridad del *libellus* de Sexto Elio, el cónsul del 198, y a Lucio Acilio sobre las Tablas, sin más dato que corrobore la supuesta lectura de sus obras. Por el contrario, a tenor del elogio vertido sobre el contenido del *libellus* de su infancia, la familiaridad con que cita sus fuentes y los encabezados de los capítulos, y los datos concretos que sobre las Tablas maneja, es prudente pensar que la obra de Elio Peto no pasó de ser una referencia de autoridad que se añadía a otras citas. Para el orador el legado de los tiempos primitivos, de los *maiores*, estaba constituido por el *ius civile*, los *libri* de los pontífices y finalmente, las Doce Tablas, sin que podamos atribuir a esta sucesión inversa una intencionada enumeración temporal de las fases de evolución de ese legado[303].

Ciceron parece tener algún conocimiento de las Tablas que asume con crítica. Aunque la información es escasa, se aprecia una actitud hacia ese documento que se modula con el paso de los años, que corresponden a su activa y dilatada vida política y profesional. Como ya hemos expuesto no fue comparable la opinión que sobre las leyes primitivas expresaba el joven abogado que defendía a Aulo Cécina, en el 69, con el ecléctico y maduro consular de catorce años después. De sus comentarios se

---

[302] Cic. *leg.* ii.4.9; ii. 23.59; *de orat.* i. 245; "... las casas de los hombres más ilustres han conocido una gran floración de discípulos", Cic. *Orat.* 142. El *ius* en las Tablas, en M.Kaser, (1973) 523/546; A. Magdelain, (1987) 14/33.

[303] Cic. *de orat.* i. 193; 195; 240; *Bruto,* 78; *tusc.* i.18; *leg.* ii.24; *Dig.* i.2.2.38: *extat illius liber qui inscribitur tripertita, qui liber velut cunabula iuris continet. Tripertita autem dicitur, quoniam lege duodecim tabularum praeposita iungitur interpretatio, deinde subtexitur legis actio. Eiusdem esse tres alii libri referuntur, quos tamen quidam negant eiusdem esse.* Sexto Elio Peto, cónsul del 198 a.C., Livio xxxi.50.1, edil curul en 200; xxxii. 7.12, cónsul, xxxiv. 44.4, censor. En Cic. *rep.* ii.22.13, alude a la *interpretatio* que Elio hizo de las Tablas, para que éstas fueran mejor entendidas; P.R. Coleman/Norton, (1950/1951) 51/60; 127/134.

desprende que el relato histórico que manejó se ajusta en líneas generales al que unos años más tarde recogió con amplitud el historiador Livio.

Pero el orador no se detiene en pormenores, apenas comenta los sucesos y va a contenidos, acaso porque aquellos no le inspiran confianza. Recuerda que tras realizar su obra, los decenviros se convirtieron al final en una odiosa tiranía, de la que el pueblo sólo pudo librarse gracias al discurso de Lucio Valerio Potito, que logró calmar a una plebe sublevada contra los *patres*, los responsables de aquel régimen. Siguiendo el mandato de su subsconciente, para el arpinate la palabra, el discurso, es por encima de todo la mejor fórmula para restaurar el equilibrio perdido. No cree en la intervención de los tribunos en los sucesos, porque él mismo dice que esa institución plebeya no existía a mediados del siglo V. Porque, recordemos, para Cicerón, derecho era tanto lo que la tradición asignaba a las Doce Tablas, como los edictos de los pretores y lo que se concluía del debate entre filósofos, todo eso y no sólo lo que estaba escrito, era para el arpinate el Derecho[304].

En su tratado sobre el orador, Cicerón hace valer la necesidad de la *interpretatio* de las leyes, frente al peso inerte de los escritos, circunstancia que pone en boca del orador Craso, a quien elogia su pericia en poner a los juristas frente a sus contradicciones, cuando pretendían seguir las leyes al pie de la letra. Así, éste reunió muchas citas sacadas de las leyes y decretos del senado, y aún del lenguaje común y del trato de la vida diaria, haciendo ver que si se seguían al pie de la letra las palabras y no la mente del legislador, ninguna ley podría cumplirse. Por el contrario Mucio Escévola, su suegro, defendió en su discurso el valor de lo escrito, cuando lo conveniente era defender unas veces lo escrito y otras veces la equidad natural, de modo que esa claúsula que decía "como la lengua lo hubiere pronunciado", *uti lingua nuncupassit*, fórmula que Cicerón dice haber tomado de las Doce Tablas y que significaba atenerse a la literalidad, en realidad no era muy deseable que apareciera.

Ya antes vimos que cuando la escritura no era de uso corriente, era la memoria o el recuerdo la forma en que la literalidad de lo expresado se conservaba. Se facilitaba este proceso condensando las ideas y las expresiones en frases de pocas palabras, en frases realmente cortas, que fueran fáciles de recordar, memorizar y entender, y aún con una forma parecida a la jaculatoria, el axioma como idea o la exclamación, y la mnemotecnia, como recursos que servían para activar ese recuerdo. De hecho es sabido, desde el campo actual de la Psicología Social, que en relación con los canales de la comunicación social, tiene más efecto sobre la mayoría de la gente un mensaje claro, vívido y personalizado, que se compagina con brevedad y sencillez expresiva, que una gran abundancia de pruebas recogidas. Esto es algo asumido. Un discurso bien elaborado, adecuado al auditorio al que se dirige, con ideas claras, cortas y sencillas, es un instrumento que logra más credibilidad que docenas de datos probados y documentados sobre el mismo asunto. Y buena parte del texto que se transmite como perteneciente a las Doce Tablas, consiste en frases cortas de este tipo, de significado

[304] "¿De dónde debe salir la ciencia del Derecho, de los edictos de los pretores, de las Doce Tablas o de la filosofía?, Deseas entonces que imite a Platón cuando discute sobre las instituciones públicas y las leyes con el cretense Crinias y el lacedemonio Megilo?", Cic. *leg.* i.5; 17; 19; *Bruto,* 54; M. H. Crawford, (1996) 569. Problemas de Cicerón con las leyes, en Cic. *Caec.* 95 ss.; problemas con las leyes del pasado, Cic. *de rep.* ii.63.

imperativo, contundente, pero ciertamente tan lacónico que deja abiertas las vías para toda clase de dudas e interpretaciones.

Puede decirse que la idea sencilla, de formulación escueta, el mandato expresado en apenas unas palabras, fue propio de tiempos en los que la escritura era técnica reciente, aún no muy extendida, y de hecho, la lex Osca Tabulae Bantinae, fechada a fines del siglo II a.C., probablemente contenía parte de una ley colonial de hacia el 300, de la que copiaría este tipo de mandatos cortos y lacónicos, como reflejo de un lenguaje así expresado para perpetuar las leyes en la memoria[305].

Pero Cicerón no se arriesga en contra de la fuerza de la tradición, por lo que una vez expuesta su teoría sobre la ley y las leyes, sabe presentar su argumento como una adhesión al discurso vigente, aunque no sin dejar planteada esta ortodoxia y acatamiento con manifiesta reticencia. Tras elogiar de nuevo la elocuencia de modélicos oradores como Servio Sulpicio Galba y Cayo Lelio, Cicerón reconoce que debe ceder esa admiración ante los decenviros, pero sólo en tanto éstos demuestran su experiencia y sabiduría en las materias que se les imputa, aquellas que cualquier república debe disponer para conducir sus destinos a buen puerto. Materias que él mismo enumera, *de legibus constituendis, de bello, de pace, de sociis, de vectigalibus, de iure civium generatim in ordines aetatesque*, cuyo dominio por parte de los decenviros, les permitiría situarse a la altura de los hombres más insignes de su tiempo, de los hombres sabios, en tanto que autores de leyes sabias, comparables a Solón y Licurgo. Confiar en el despliegue natural de esta clase de cualidades, en el mismo contexto en que se hace eco del gobierno tiránico y violento que protagonizaron, no deja de ser una muestra de inteligente sarcasmo del arpinate[306].

Como en el relato que los historiadores nos transmiten, Cicerón habla de dos comisiones de decenviros, una primera que redactó con gran juicio y prudencia diez tablas de leyes, y otra que fue elegida para el año siguiente, y que supuestamente elaboraría dos tablas más, de las que indica que contenían leyes injustas. Para todo el

---

[305] Cic. *de orat.* i.57.243/245; i. 193, para el gran jurista Escévola, *totam hanc ... XII tabulis contineri vdebit*, el conocimiento del *ius civile* no era ciencia propia del orador, y que toda ella estaba contenida en las Doce Tablas. Hay términos legales que sin ser tan antiguos como las Doce Tablas, nos fueron entregados por nuestros antepasados, o las leyes sagradas, y son algo más viejos que los que empleamos ahora, y por eso gozan de mayor autoridad, Cic. *leg.* ii.7. Admite que el uso de "términos legales" de otras épocas, aunque no tan antiguos como las Doce Tablas, dan autoridad a quienes los usan. E. Gabba, (2000) 98. En *Ret. Herenn.* i.13.23, se citan tres *leges* o normas de las Doce Tablas, aunque el texto no lo indica, de una concisión y brevedad análoga a la de los códigos orientales. Una de ellas comienza con la condicional, "si alguien ...", y siguen dos líneas. Las otras dos son igual de breves, dos líneas cada una. Se habla de leyes para citar preceptos ancestrales que eran recordados en frases breves, tono escueto y lapidario, formas imprescindibles para facilitar la transmisión oral. En las Doce Tablas hay inevitables daños derivados de los defectos de la memoria de la transmisión, la interpretación errónea a la luz de la ley posterior y la falsa adscripción de provisiones que se pensaba que eran de época temprana ... debió de haber versiones diferentes del código ... pero las expresiones usadas, la ausencia de sujetos en los verbos, las palabras arcaicas usadas, nos hablan de un estadio primitivo de desarrollo legal, y muestran que sus más antiguos comentaristas ya no entendían muchas de aquellas cosas, o de sus contenidos, A Drummond, (1994) 116: M.H. Crawford, (1996) 273 y 556, colonia latina de Venusia, del 291, y colonia latina de Luceria, del 314 a.C.

[306] Cic. *de orat.* i.13.58, en realidad, salvo lo que la tradición transmite a cerca de Apio Claudio, no hay referencia específica a ninguno de los miembros de la comisión.

conjunto el orador emplea el término *conscripsissent*, redactar, escribir, distinto al de recopilar, como acto de acopio y sistematización de un derecho ya existente[307].

Fue esta segunda comisión la que aprobó la ley que prohibía el matrimonio entre patricios y plebeyos, y que en consecuencia se incorporó a una de aquellas dos tablas adicionales, las que Cicerón calificaba de *iniquae*. En realidad a los ojos del observador menos riguroso, una ley de este tipo, presentada como medida para salvaguardar la pureza de la sangre de los *patres*, si se califica de nefasta y se asigna a las Tablas "malas", rompe el discurso de alinear las iniciativas patricias en las leyes benéficas y las plebeyas, en las perjudiciales. Hay que pensar por tanto que la catalogación de la ley sobre el matrimonio mixto como medida negativa fue una maniobra de compensación de tiempos muy posteriores a los de su supuesta promulgación, en los que influyentes apellidos plebeyos actuaron para neutralizar una tradición negativa sobre su papel en los tiempos primitivos. En esta manipulación se conserva la tradición legada, que a continuación desactiva por *iniqua* – segunda comisión, dos últimas tablas -, articulando de inmediato una fórmula que restaura el equilibrio jurídico y social perdido – *lex Canuleia*, apenas unos años después -. En suma, las uniones entre patricios y plebeyos, comunes con seguridad desde el siglo II a.C., pero prohibidas en un documento de la autoridad de las Tablas, se justificaban en la interpretación de aquella prohibición como un acto erróneo, obra de aquella segunda comisión iniquana, feliamenrte corregida unos años después con una nueva ley que restablecía el orden natural de las cosas[308].

La prohibición sugiere que antes de la elaboración y final aprobación de las Tablas, el matrimonio mixto era lícito, lo que es mucho admitir, por más que la tradición reduzca a apenas un lustro la vigencia de tal veto, al atribuir a un tribuno del 445 a.C. la iniciativa legal que restauraba la libertad de uniones. Las Tablas no sólo no limaban la hostilidad entre patricios y plebeyos, sino que aún la consolidaban con mandatos como éste. En nuestra opinión la referencia a una prohibición de tal tipo puede ser reflejo de una costumbre bien arraigada y comúnmente aceptada sin hostilidad entre las partes o comunidades aceptadas. Pasado el tiempo, cambiaron las comunidades y con ellas las costumbres hasta ese momento mantenidas. Como vemos en otros ámbitos institucionales, desde principios del siglo II a.C. cualquier diferencia entre los ciudadanos en función de rango, origen, linaje y pertenencia a clan concreto, quedó difuminada y poco a poco, sin subestimar su valor tradicional, sobrepasada por la escueta y palmaria realidad de los ricos y los pobres[309].

---

[307] Cic. *rep.* ii. 37. Para el jurista Sexto Pomponio sólo hubo un colegio de decenviros, y para Diodoro las dos últimas tablas fueron obra de los cónsules del 449, M. H. Crawford, (1996) 560, destaca lo poco consecuente que era esta medida supuestamente plebeya; Livio iv.6.2/3; 4.5., 445 a.C. Y "los decenviros gobernaron al pueblo con un mando absoluto, a su capricho, con crueldad y avaricia".

[308] Livio iii.34.7/38; 37.4; 43; *qua contaminari sanguinem suum patres confundique iura gentium rebantur,* iv.1.2; Floro i.17; Dionisio x.58/60; xi.25; Diod. xii.24/26; Zonaras vii.18; Lydus, *de mag.*i. 34; Cic. *rep.* ii.37.63, *qui duabus tabulis iniquarum legum additis, quibus, etiam quae diiunctis populis tribui solent conubia, haec illi ut ne plebei cum patribus essent, inhumanissima lege sanxerunt, quae postea plebei scito Canuleio abrogata est;* Cic. *fin.* ii.20.66; v.22.64; V.Max.vi.1.2, Suet. *Tib.*2, Floro i.17; 24; Orosio ii.13.1; Dionisio xi.25,

[309] La legislación decenviral a veces no hace más que consagrar usos anteriores, J. Gaudemet, (1979) 98. Luego, leyes, como plasmación por escrito de una tradición, en la que probablemente hay más elementos recientes que del tiempo en que supuestamente se elaboraron. Livio, ix.46.10/14, sobre la *factio forensis*; *lex Canuleia*, Livio iv.1.1. Naturalmente la clase plebeya a la que Cicerón se refería estaba más cerca de

Al ser la riqueza o la pobreza la pauta que marcaba derechos y responsabilidades, es obvio que los nuevos intereses, las nuevas alianzas y los nuevos compromisos eran incompatibles con una costumbre que censuraba ciertas uniones y omitía los intereses del dinero. En la Roma que construía un imperio en el Mediterráneo los viejos hábitos eran inoperantes, su preservación en documentos venerados como las Tablas no era deseable, estaba fuera de lugar y no gustaba ni a patricios ni a plebeyos, que por ese tiempo ya tenían una completa identidad de intereses, aunados por la política y la riqueza en proyectos comunes.

En el siglo II a.C. el matrimonio mixto era un hecho bien aceptado y arraigado en la elite, y la manipulación de aquel dato inconveniente que la tradición asignaba a los tiempos primitivos, era una necesidad que contentaba a todos. Su presencia en aquel texto arcaico se achacó a la gestión de la segunda comisión decenviral, tiránica y autora de los excesos que se le atribuyen, pero sobre todo, cabal justificación de cuantas normas no gustaban a la elite dominante. En efecto, en esas dos tablas finales se incluyen los preceptos inaceptables para los intérpretes de aquel monumento, que eran de inmediato neutralizados con leyes *ad hoc* que eran incorporadas al argumento sin grave distorsión de la línea narrativa. El escenario creado era ciertamente complejo. Por un lado, la incoherencia de una ley, la del 450, fruto de la reivindicación plebeya, con preceptos hostiles a los plebeyos, como el de los matrimonios mixtos, que obligan a la derogación apenas cinco años después, a cargo de un tribuno plebeyo. Casualmente el último año en que tal cargo, el tribunado de la plebe, se eligiera, pues como cuenta Livio, entre el 444 y el 367 a.C. sólo hubo tribunos *consulare potestate*, y a todos convenía que la libertad de matrimonio mixto fuese un derecho ancestral plasmado por escrito desde los tiempos más antiguos[310].

En relación con este modelo de atribuciones que manejan los textos, puede ser interesante recoger algunas observaciones sacadas del estudio de los comportamientos sociales de los individuos. Al hablar de los estereotipos, como figura simplificadora que utilizamos para explicar la conducta de los demás, afirman los expertos que tendemos de ver a los miembros de exo-grupos, esto es, grupos ajenos al nuestro, más parecidos entre sí que a los miembros de nuestro grupo o endo-grupo, aquel al que sentimos que pertenecemos. Se constata que cuando los sujetos pensaban en los miembros de su grupo, los veían individualmente, cada uno con su personalidad, mientras que cuando pensaban en los miembros de exo-grupos, los veían a partir del estereotipo que asignaban al grupo.

---

la *factio forensis* que cita Livio, o sea, la *multitudo,* la *plebs* de los repartos frumentarios, que de la plebe a la que Dionisio se refería al hablar de las instituciones primitivas.

[310] tab. XI, 1, *(Decemviri) cum X tabulas summa legum aequitate prudentiaque conscripsissent, in annum posterum Xviros alios subrogaverunt, . . . qui duabus tabulis iniquarum legum additis . . . conubia . . . ut ne plebi cum patribus essent, inhumanissima lege sanxerunt* ". Cuando los decenviros pusieron por escrito con la máxima equidad y prudencia diez tablas de leyes, decidieron que se eligiera para el año siguiente otro cuerpo de decenviros, cuya justicia y buena fe no había sido comprobada ... añadieron dos tablas de leyes injustas, entre las cuales estaba la muy inhumana ley que prohibía el matrimonio mixto entre patricios y plebeyos, algo que era generalmente permitido entre los pueblos de estados independientes, Cic. *rep.* ii. 36.61/ 37.63; Livio, iv.4.5; Dionisio, x.60.5; Gaius, *Dig,* 1.16.238. La ley de las doce tablas prohibe el *conubium* entre patricios y plebeyos, *FIRA* i, 70, y esto debía ser una innovación de los decenviros, pues no era algo comprobado en la costumbre. La ley Canuleia del 445 lo derogó además. Una ley de Pericles del 451/450 decía que para disfrutar de los plenos derechos cívicos el ateniense tenía que ser hijo de padre y madre ciudadanos atenienses, R.A. Bauman, (2003) 451.

En relación con la plebe, entendida como la masa indistinta del pueblo, el estereotipo aplicado por el escritor, en este primer caso el senador Cicerón, miembro por tanto de un grupo completamente ajeno a esa masa, era el estereotipo simplificador, el pueblo llano sin dintingos, mientras que el estereotipo de su propio grupo, su endo-grupo, era más complejo y rico de matices. En su endo-grupo, constituido por nobleza y clase dirigente, se distinguían familias, individuos y magistrados concretos, que portaban ideologías particulares y partidistas, como se comprueba de los acalorados discursos y las freecuentes confrontaciones escenificadas en las sesiones del senado. Se nos transmite por tanto, una sensible "desidentidad" entre los componentes del grupo, mientras que la homogeneidad y la uniformidad se aplicaban como elementos caracterizadores a toda la plebe, como conjunto, siendo escasas las ocasiones en que se elevaba desde ésa masa anónima la voz de algún personaje, como los casos de Icilio o Verginio, pero que de cualquier forma, se desenvolvían como meros portavoces de la masa, no se mostraban como individuos que expresaban sus propias opiniones, sino como el instrumento por el que la masa expresaba su parecer. Así, cuando Icilio, o por seguir con el caso de Cicerón, Publio Clodio hablaban, por su voz sólo se manifestaba la voluntad del pueblo llano, en el caso de Icilio, o la del peor sector del populacho, los más violentos y fanáticos, en el caso de aquel acérrimo enemigo de Cicerón y partidario de César[311].

Pero sobre todo Cicerón aprovecha la autoridad del documento para preservar su posición sobre instituciones importantes, como la *provocatio ad populum*, muy presente en los sucesos finales de su consulado. Dice de ésta que ya los *annales pontificum* y los *libri augurales* aseguraban su existencia en tiempos de la monarquía, y que de igual forma, en las Tablas se indicaba que cualquier ciudadano podía recurrir contra todo juicio criminal, demostrado por el hecho de que los decenviros encargados de redactar las leyes fueron nombrados con exención del recurso de provocación, lo que significaba que los otros magistrados no lo fueron sin ella. En el libro tercero de las leyes Cicerón asegura que la prohibición de condenar a la pena capital sin apelación a la asamblea mayor, las centurias, ya figuraba en las Tablas, junto con otra por la que se eliminaban las leyes que afectaban sólo a algunos particulares, los *privilegia,* lo que parece interpolación intencionada e interesada de Cicerón, pues alude a su condena al exilio a instancias de Clodio, en una ley elaborada a su medida, sin que tal decisión la decidieran las centurias, las cuales sí fueron convocadas para decidir su regreso[312].

Cuando Cicerón habla de cualquier ciudadano, está pensando en los miembros de su clase, aunque en la práctica cotidiana tampoco cree mucho en esto, como ya dijimos en relación con su actuación contra los catilinarios del 63. De hecho, aprovecha la ocasión para plantear su propia exculpación en relación con aquellas ejecuciones. "Por eso" - se

---

[311] El estereotipo es el resultado de asignar características idénticas a cualquier persona de un grupo, sin considerar las variaciones reales que se dan entre los miembros de ese grupo. Con frecuencia no constituye un acto abusivo intencionado sino una forma de simplificar nuestra visión del mundo, E. Aronson, (2000) 145, 284/285, y sobre esos prejuicios y estereotipos asentamos otras proposiciones y conclusiones. M. Humbert, (1990) 263/287.

[312] Su queja por el procedimiento de su destierro, Cic. *Sest.* 65; 73; *dom.* 45; 68*; rep.* ii.31. 54: *ab omni iudicio poenaque provocari licere indicant xii tabulae compluribus legibus. Privilegium,* o ley para una sóla persona, *privilegia ne sunto*, se conecta igualmente con la supuesta *provocatio* y su causa personal contra quien le envió al exilio, Publio Clodio, Cic. *leg.*iii.19.44. Otras referencias sobre esos asuntos, en Plin. *NH* xi.157; Serv. *ad Aened.* xii.606; Festus, 374, 29; 352, 14.

refiere a que sólo las centurias pueden votar sentencias capitales -, "en mi caso personal, Lucio Cota decía que no se había emprendido ninguna acción penal contra mí, ... ya que era ilegal formular una sentencia capital en comicios tribales. Según él, yo no necesitaba ninguna ley para deshacer lo que de ningún modo podía participar en las leyes". En realidad tal derecho de apelación tuvo una precaria aplicación durante las refriegas políticas del siglo I a.C., desde las *vendettas* de los últimos años de Mario y el gobierno de Cina, hasta las algaradas callejeras entre seguidores de Clodio y Milón. El tema de la *provocatio* pasó a ser un referente en un modelo idealizado de estado garantista que distribuía correctamente el ejercicio del poder entre sus órganos ejecutivos e instituciones colectivas.

La realidad era más dura y en relación con el derecho de apelación del ciudadano condenado a la última pena, no era lógico que todavía se cuestionara y enfrentara con tanta severidad a los contendientes en el siglo I a.C., si realmente contaba con la antigüedad y vigencia que el propio Cicerón manifiesta, que además de los datos que cita sobre su vitalidad, añade los refuerzos de otras tres *leges Porciae* al respecto. Sorprende la fragilidad y la debilidad de un derecho supuestamente tan arraigado, que se conculcaba sin graves impedimentos, y sin que sus consecuencias afectaran gravemente los valores básicos de la sociedad en la que se producía. No hubo quiebra derivada de su incumplimiento, porque fuera de los privilegiados, para el resto de la sociedad, la experiencia cotidiana de la justicia ciudadana era ciertamente otra y la alusión a los derechos de apelación capital, pura entelequia. Por encima del discurso interesado que la elite misma configuró y publicó para su propio consumo a través de los narradores de los sucesos pasados, que construían y reforzaban su modelo de *respublica,* dotándola desde su nacimiento de cuantos derechos habrían de alcanzarse siglos después, incluidas los que no pasaron del terreno de las aspiraciones[313].

En realidad hay una notable reserva en la romanística a aceptar sin más, la información que nos ha llegado sobre lo dispuesto en las Tablas acerca de temas que caen dentro de la esfera de los asuntos públicos. Bien es verdad que esta reserva no se hace explícita, sino que queda señalada en la ausencia de análisis, en el silencio que se vierte con la escasez de opiniones escritas al respecto. Ciertamente, resultan difícilmente conciliables con lo que sabemos sobre la historia y las instituciones republicanas, algunos de los preceptos que los autores nos informan como extraídos de las Tablas. Un mandato del *populus - id ius ratumque esset* - que según Livio aparecía en las Tablas, era el argumento con el cual el *interrex* Marco Fabio Ambusto, 356-355 a.C.

---

[313] El *ius provocationis* aparece en muchas *leges* de las Doce Tablas, según Cic. *rep*.ii.31.54; 31; 36. *tab. ix*, "Las decisiones que afecten al *caput* de las personas sólo pueden ser tomadas en el comitiatus maximus y por quienes los censores han censado como *cives*", Cic. *leg.* iii.4.11, *privilegia ne inroganto; de capite civis nisi per maximum comitiatum . . . ne ferunto*; iii.19.44; *leges praeclarissimae de XII tabulis traslatae duae, quarum altera privilegia tollit, altera de capite civis rogari nisi maximo comitiatu vetat,* cf. *Sest.* 65; *domo*, 43; *rep.* ii.36.61; Pomp. *Dig.* i.2.2.23. Tal derecho es del 509, del 450, adscrito a la *tabula* nueve, y de otras fechas, en las que se dice que la *provocatio al populum* sobre sentencias capitales pasó a ser una realidad. Cic. *rep.* ii.31. 54; *leg.* iii. 19, invoca para sí el mismo derecho de apelación que negó antes a sus enemigos. *Leges provocationum* del 509, 449 y 300, en M. Humbert, (1988) 431/503; E.S.Staveley, (1954/1955) 421/428.

justificaba ante los tribunos la decisión de no admitir un candidato plebeyo al consulado[314].

El tratado sobre las leyes fue posiblemente el más meditado, reestructurado y reelaborado por Cicerón, a partir del proyecto inicial, si valoramos el tiempo transcurrido desde un primer boceto que la crítica sitúa hacia el 54, hasta su final composición, unos meses antes de su muerte en el año 43. Desconocemos si tal dilación fue consecuencia directa del vertiginoso ritmo de actividad del senador en esos años, plagada de graves y azarosos sucesos - los escándalos del 53, el proconsulado exterior, la guerra civil, la represión, la dictadura y de nuevo la guerra final -, o si estas duras experiencias ahondaron en el desasosiego, desesperanza y pesimismo del arpinate, y en consecuencia, en la desconfianza, escepticismo y la inutilidad de cualquier reflexión sobre algo en lo que ya nadie creía, desde los mismos dirigentes de la Ciudad hasta el último ciudadano de la *plebs infima*.

Pensado como complemento al tratado sobre la *respublica*, pasó de una idea inicial en nueve libros, a estructurarse en seis, de los que finalmente nos llegaron tres, no pudiendo nosotros asegurar que Cicerón llegara a redactar esos seis a los que en algún momento se comprometió. Ciertamente, con los duros y convulsos tiempos que a Cicerón le tocó vivir, regidos por la ruptura del orden institucional y el rechazo de cualquier norma y orden, no era fácil construir un modelo que fuese referencia para la República, a partir de la situación de las leyes y el Derecho en su tiempo. Cicerón planteó su tratado abstrayéndolo de su contexto temporal, muy desestabilizado, y habló de la Ley, como concepto filosófico, y de las leyes que posibilitaron el desarrollo de las instituciones de la República, aquellas que llevaron a la Ciudad a la plenitud del desarrollo de la *civitas*[315].

Sobre el derecho de los enterramientos, Cicerón no encontró modelo adecuado en la legislación republicana que él conocía. Desconocemos si hubo normas concretas sobre este asunto, o si lo legislado se enmarcó en las leyes promulgadas contra el lujo, leyes suntuarias, de Marco Porcio Catón y Lucio Sila, u otros que ignoramos. Por ello construye su propio capítulo, la idealización de la ley con relación al tema, recurriendo a lo que conoce de Platón y sobre todo los datos que posee sobre la obra legal de Solón. De hecho no conocemos más referencia al contenido de esa tabla décima, que lo que aporta Cicerón. Todo esto lo confirma Plutarco, en su biografía del estadista griego, añadiendo que quienes no las respetaran serían multados, por haberse dejado llevar compasiones y débiles errores afeminados. Las regulaciones del ateniense afectaban a los signos externos e internos. Quedaba prohibido difamar a lo muertos, cuya memoria se consideraba sagrada. Igual prohibición afectaba a los vivos, especificadas en las injurias de palabra en los sacrificios, en los juicios, en las juntas y en los espectáculos, ordenando que se pagase tres dracmas de multa al particular y dos

---

[314] Tal mandato es homologable al que supuestamente se incluía al final de la *Rethra* de Licurgo, que suele calificarse de postizo añadido, "*... y el poder pertenecía al pueblo*", Plu. *Lic.* 6, o a lo que se decía de la asamblea ateniense de fines del siglo V, en relación con el proceso a los generales de las Islas Arginusas, "*es monstruoso querer arrebatar al pueblo su poder de hacer su voluntad*", Jenofonte, *helénicas,* i.7.13; Livio vii.17.12.

[315] Nueve libros, Cic. *QF* iii.5.1.

al erario, porque el no reprimir nunca la ira es de hombre sin educación e incorregible, e reprimirla, para algunos muy dificultoso y para otros, imposible[316].

Cicerón garantiza la bondad de su argumento vinculándose a las irrefutables solvencias morales de figuras como Solón y Platón, autores el primero, de un tratado sobre las leyes, que el propio Cicerón remeda, como modelo de una concepción filosófica plenamente asumida en los círculos cultos de la oligarquía, y el segundo, como reformador y autor de leyes que confirmaban la legitimidad de esa misma oligarquía en el monopolio del poder, que en Roma se había mantenido durante siglos. Con Solón y Platón, el tratado de Cicerón incorporaba las Tablas, el referente romano que, impermeable a la turbulencia de los tiempos, aún podía ser esgrimido como algo ajeno a cualquier bandería. Es más que probable que su conocimiento de la obra de Solón fuera a través de cualquiera de los escritos del Demetrio de Fáleron, dirigente de Atenas durante unos años a fines del siglo IV, admirador del modelo político del legislador del siglo VI, y del cual Cicerón parece tener buena información como intelectual y hombre de estado[317].

En relación con su información sobre las Tablas nuestro orador, era tal el desconocimiento que había sobre el contenido pormenorizado de las Tablas, a mediados del siglo I a.C., que cualquier interpretación interesada era factible y Cicerón puso por escrito la suya: que sobre las tumbas, lo ideal era lo regulado en las Tablas, a su vez reflejo de lo regulado por Solón. No cabía mejor paradigma, la conjunción del modelo aristocrático ateniense con los dictados de los *maiores,* recogidos en esa visión reconstruida que a fines de la República se tenía de las Tablas. A tenor del análisis ligero que manifiestan sus comentarios, bien pudo limitarse al *libellus* que circulaba en su tiempo, acaso el mismo que de niño él mismo decía que recitaban en las escuelas como modelo de aprendizaje en la lectura. *Libellus*, como formato simplificado de un texto, que era el sistema habitual en el que solían darse a conocer las obras de cierto relieve, aquellas que rebasaban el ámbito de los directamente interesados, un formato plenamente justificado por el alto coste que suponía el soporte, la copia y la distribución de cualquier escrito extenso, y que no suponía necesariamente una merma en la calidad y el tratamiento de los contenidos[318].

Solón prohibió además los poemas lúgubres, la visita a los sepulcros ajenos, como no fuese al tiempo de las exequias, el llanto mercenario de las mujeres y que éstas se autolesionaran durante las ceremonias de los funerales. Los gastos de las ofrendas eran

---

[316] Cic. *leg.* ii.23.59; Plut. *Sol.* xxi.2; esta prohibición era la norma en tiempos del poeta Nevio, siglo III a.C. el cual dedicaba poemas injuriosos, *probra,* a ciertos próceres de la Ciudad, lo que le valió dar con sus huesos en la cárcel, de la que no salió hasta que nuevos versos lavaron sus ofensas, Ps. Ascon. *Cic. Verr.* i.10.29; Gell. iii.3.15; vii.8.5; Hor. *sat.* ii.1.65-67; H. Mattingly, (1960) 414/439; Jocelyn, (1969) 32/47; Flintoff, (1988) 593/603; Lucilio, 28, *frags.* 805 ss.; Raschke, (1987) 299/318. Por su parte, Cicerón recordaba que "no debemos someter nuestras conductas al juicio de los poetas, pues no gusta a los romanos que en la escena se alabara ni vituperara a nadie que aún estuviera vivo", escribía Cic. *rep.* iv.9.26 /10.28.

[317] J. Muñiz Coello, (2004) 164/173. Cicerón y las leyes griegas, P.R. Coleman/Norton, (1950/1951) 51/60; 127/134; L. Troiani, (1982) 315/335; J. Triantaphyllopoulos, (1994) 409/418.

[318] De hecho, cualquier constitución política o estatuto de gobierno de cualquier país, incluso lo que tantas veces se ha publicado bajo el epígrafe de Ley de las Doce Tablas, si lo despojamos del aparato crítico, de notas complementarias y referencias bibliográfica, no pasarían de ser un librito, un *libellus;* Cic. *de orat.* I. 195.

limitados al máximo de un buey, lo que debía abarcar cualquier ofrenda de valor semejante, y a tres vestidos el valor de las prendas con que se podía enterrar los cadáveres. En el tratado de Cicerón, los cadáveres no podían ir engalanados con prendas que superaran el valor de una túnica ligera y tres velos, ni ser acompañados por el costo de una comitiva de más de diez flautistas. Quedaba proscrito el uso de incienso y mirra, la aspersión de vino y el ungimiento, untar con aceite o cualquier óleo sagrado al muerto, llevado a cabo por esclavos. Aquel que hubiese obtenido una corona como galardón en unos *ludi,* - ¿qué *ludi* se celebraban en Roma a mediados del siglo V? - podía ser enterrado con ella, salvo que ésta fuese de oro, ya que quedaba prohibido llevar nada de este metal a la tumba, salvo en la dentadura.

Quedaba prohibido separar parte alguna de los cadáveres, como algún hueso, o de sus cenizas, para las ceremonias propias de los funerales, salvo que la muerte se hubiese producido en el extranjero, por ejemplo en combate, en cuyo caso se permitía tomar una parte del cadáver para que pudiera ser enterrada en su panteón familiar, junto a sus ancestros. Las piras funerarias o tumbas debían guardar una distancia mínima de sesenta pies del edificio más próximo - unos dieciocho metros -, a menos que el propietario diera su consentimiento. Se establecían las medidas y los tipos de sepulcros permitidos. Se prohibían las sepulturas dentro de la Ciudad, y quedaban al margen del modo de adquisición por *usucapio*[319].

Cicerón explica las contradicciones que se producían entre lo que decían las leyes de Solón y lo que los romanos hacían, supuestamente después de haberlas aceptado como leyes propias, después del siglo V, aunque como decía Mark Toher, "Por alguna razón la tabla décima reproduce regulaciones de leyes griegas, y ello puede que nada tenga que ver con las particulares circunstancias de la Roma del siglo V". Cicerón utiliza el diálogo entre los tres personajes de su tratado - Ático, su hermano Quinto Cicerón y él mismo - para dar respuesta a la falta de concordancia entre los dictados de la ley y la realidad que todos conocen, la presencia de tumbas en el interior de Roma. Se daba por seguro que ilustres apellidos de la antigua República, como los Publícolas, Tuberto, etc.., habían sido enterrados y tenían sus panteones funerarios dentro de la misma Ciudad, lo que en teoría estaba prohibido desde la promulgación de las Doce Tablas.

Esta disonancia, que el senador explica como excepción, en virtud de la calidad de los interfectos, en nuestra opinión responde al grado de reserva, cautela e incluso frialdad con que el senador de Arpino trataba sobre aquel sagrado legado. Cicerón no expresaba duda sobre la realidad de las Tablas, y cuando lo hacía no era tan audaz, temerario e incluso poco patriota como para hacer bandera de tal inconveniencia, pero sí era un disimulado escéptico sobre la forma en que la tradición, la cadena transmisora de aquel texto, había legado aquel cuerpo de leyes hasta su tiempo, lo que no le impedía teorizar a partir de lo que sabían sobre ellas, en un completo y riguroso tratado sobre sus enunciados y contenidos, sobre su significado y las repercusiones en el modelo de estado republicano[320].

---

[319] *Hominem mortuum in urbe ne sepelito neve urito,* Cic. *leg.* ii.23.58; 24.60; 61; 25.64; ii.26.65; 66-27.68. Plin. *NH* xxi.7.

[320] M. Toher, (2005) 284; A. Romano, (1981) 7/21. ¿Cómo se explica que después de las Doce Tablas muchos hombres ilustres fueran sepultados dentro de la ciudad?, pregunta Ático. Creo que porque se les concedió este honor antes de esta ley, como los Publicolas, Tuberto – A.Postumio Tuberto, dictador,

Ese cuerpo de leyes, legado de un pasado remoto siempre glorioso, proporcionaba un excelente material para la reflexión y la controversia filosófica, para el diletantismo de intelectuales y eruditos que llenaban así su *otium*. El resultado final de aquellas enjudiosas reflexiones era un producto intelectual de factura impecable, excelente en sus propuestas y razonamientos, un modelo teórico inexcusable para el buen gobierno y la mejor aplicación del *ius civile* y sobre éste, el dominio espiritual de la *aequitas*. El derecho, la ley y el estado, en su doble vertiente del pasado y el presente, se asumían como argumentos retóricos de factura acabada, ajenos e independientes a los elementos, aquellas leyes primitivas, que los habían motivado. De ahí a modificar y remodelar éstas, en concordancia con las recreaciones que habían originado, era una mera cuestión de orden en el discurso.

3.2. Livio y Dionisio de Halicarnasos. Otros autores.

Para Livio las Tablas fueron el resultado final de más de un decenio de luchas entre patricios y plebeyos, en el intento de los segundos de equilibrar los excesos de los primeros. Pero en ambos casos, *populus* y *plebs*, con independencia del concepto interesado y sesgado que el patavino da a estos términos, los dos quedan a salvo del fragor de aquellos excesos. La responsabilidad recaía en sus líderes, los cónsules y los tribunos. Era aquel un *populus* que se organizaba alrededor de los *patres,* cuyos prudentes consejos seguían y garantizaban la unidad y fortaleza del estado romano. Y era la *plebs*, aquí *multitudo*, el *plethos* griego, los más necesitados, la quinta clase y las tribus urbanas de la era posterior a los Gracos, los más ínfimos, la masa que acudía a los repartos de trigo y llenaba las calles siguiendo las consignas de sus líderes[321].

Veamos el relato de Livio. Éste adjudica a la plebe la iniciativa de presentar el proyecto que consistía en crear una comisión de cinco miembros que redactaran leyes para delimitar el poder de los cónsules. Este proyecto tenía que ser llevado a cabo por los cónsules, patricios, lo que suponía un rechazo previsto. Guerras, pestes, hambrunas y conflictos internos, provocados por la arrogancia de unos – Cesón Quincio, por ej. – y la violenta locura de otros – Apio Herdonio, p.ej. – son las causas de que según Livio, entre el 462 al 454 la propuesta no prosperara. Inexplicablemente los patricios, que habían venido rechazando la iniciativa, aceptan de pronto compartirla con los plebeyos. El deseo de hacer leyes era de todos, indica el historiador, pero se discrepaba sobre el legislador. Finalmente, se decide actuar y en el 454 se constituye una legación de tres miembros para que copiara - *describere,* - en Atenas las leyes de Solón, y consultara o conociera - *nocere* - los hábitos, leyes y costumbres - *instituta, mores iuraque* - de otras *civitates* griegas[322].

Livio iv.26.11; V. Max. ii.7.6; Ovid. *fast.* vi.6 y 724 -, " ... y sus descendientes, y otros como Cayo Fabricio, se vieron exceptuados de la ley común", Cic. *leg.* ii. 23. 58.

[321] Año 462, Livio iii.9.2/5. Se consideraba el poder de los cónsules como excesivo y no tolerable para una ciudad libre, *nimium nec tolerabile*, más atroz que el de los reyes, pues eran dos amos en vez de uno, con *immoderata et infinita potestate*. Vertían el miedo a las leyes, *legum metus*, contra la plebe. Y esos tribunos, que viven con el licenciosos estilo de los reyes, *regia licentia vivere*, Livio iii.19.6. La Tablas, en M.H. Crawford, (1996) 555/721.

[322] El tribuno encargado de ello fue C. Terentilio Harsa, *leges de imperio consulari scribendis*, Livio iii.9.5. Dedica Livio del cap. 9 al 33, a hablar de la ley del tribuno, que es boicoteada desde su presentación al 451, o sea, once años. Dionsio x.3.4, habla desde el principio de una comisión de diez miembros. Año 454, Livio iii.31.1/6. *legum latores ex plebe et ex patribus.* ... Entre el 456 y 454 hubo escasez de trigo por exceso de lluvia, los ecuos invadieron el territorio de Túsculo, una victoria romana

Los legados regresaron tres años después, en 451. Se nombran entonces una comisión de decenviros para que redactaran finalmente las leyes. La comisión estuvo formada por los dos cónsules que estaban en activo en ese momento, como compensación a la pérdida de su poder; los tres legados que viajaron a Grecia, el cónsul del año anterior que había propuesto esta medida, pese al rechazo de su colega, y cuatro ancianos más para dar moderación y prudencia a las propuestas del resto. Sus tareas ocuparon todo ese año, durante el cual todas las magistraturas quedaron en suspenso y los comisionados ejercieron el poder absoluto *sine provocatione*.

El resultado de aquel trabajo se intuía como *bonum, faustum felixque rei publicae*, próspero, favorable y afortunado, y supuso la equiparación final de los derechos de todos los ciudadanos, tanto de los más influyentes como de los más ínfimos. Livio resalta que aquella ley se aprobó tras un debate libre y constructivo, en el que se enmendó, se añadió y se suprimió cuanto el *populus* decidió en consenso. Esta línea argumental se recoge en el compendiador de Dión Casio, Zonaras, del siglo XII, que igualmente habla de un debate sobre la obra de los decenviros, previa a su aprobación final por el pueblo. Pero el pueblo de Zonaras se asimila más a la plebe que al *populus* de Livio, y mientras aquella sólo podía conocer los documentos que el gobierno exponía en lugares públicos y frecuentados, como el foro, el *populus*, representado en sus *patres,* no necesitaba ir al foro para examinarlas. Sólo cuando todos los ciudadanos las consideraron aceptables, dice Zonaras que se pasó a aprobarlas.

Para los escritores de finales de la República ningún documento podía adquirir rango de ley si no había sido pasado y aprobado en la asamblea competente. Por otro lado resultaba insólita una ley sin *rogator* ni título relativo al mismo o a su contenido, y que todos mencionaban refiriéndola por circunstancia tan extravagante como el soporte en el que supuestamente habían sido inscritas, *tabulae,* algo que era común a todas. Esto la convertía en una especie de ley espúrea cuyo anómalo anonimato se enmascaraba construyendo su identidad a base de una referencia al número de piezas que supuestamente la soportaron[323].

Livio reseña que la ley siguió la tramitación que solían seguir las leyes aprobadas en las centurias, las cuales, al menos para el pasado reciente que él podía confirmar, votaban automáticamente sin mayor dilación los proyectos que les llegaban ya discutidos y enmendados desde el senado. Lo destacable, como garantía de pureza y subordinación al derecho, era que fuera el mismo *populus* quien, tras preparar el

---

en Monte Álgido, y conflictos entre los cuestores y el ejército por la venta del botín, sin repartirlo, para cubrir la pobreza del erario. Formaban la comisión Espurio Postumio Albo, Aulo Manlio y Publio Sulpicio Camerino, Livio iii.31.7/8, 454 a.C. La opinión de Livio sobre los griegos no parece esta polarizada. En un momento dado son *eruditissima omnium gens*, Livio xxxix.8.3, y en otro, responsables de la decadencia de las costumbres romanas, Livio xxxiv.4.3, y con esta alternancia considera Livio a los griegos a lo largo de su obra, G. Achard, (2002) 3.

[323] M. H. Crawford, (1996) 560, hace conjeturas sobre la forma en que los decenviros reunieron las leyes, algo para lo que carecemos de información. Aplicando el sentido común, indica que empezarían con el material oral o escrito que estaba en manos o en la memoria de los hombres que habían tenido una larga experiencia de jurisdicción. Aventura incluso que las Tablas no serían muy diferentes en la estructura al edicto del Pretor, con material parcialmente agrupado en un proceso de agrupar provisiones de fuentes diferentes. Crawford no duda por tanto de que en efecto hubo Doce Tablas en el sentido en que la tradición lo transmite, y sus dudas van a aspectos formales de esta tradición.

documento final, lo llevara y aprobara tras votar cada uno en su centuria. En la lógica de Livio, como cualquier ley no debida a los tribunos, eran las centurias quienes debían aprobarla y en ellas mandaban los *patres*, que debatían cualquier *rogatio* antes de pasar a la votación, de modo que fuese la voluntad de la *prima classis* la que se reflejara en el proyecto final que hubiese de ser aprobado. Las leyes, reunidas en diez Tablas, fueron aprobadas e indica Livio que todavía en su tiempo, en el inmenso cúmulo de leyes que se amontonaban unas sobre otras, eran la fuente de todo el derecho público y privado, leyes de un beneficio perpetuo, que no debían ser abolidas nunca[324].

El relato indica que la plebe no quedó satisfecha con aquellas leyes y que en consecuencia reclamó una segunda comisión de decenviros, esta vez constituida por patricios y plebeyos aunque en número desigual, para que redactara leyes complementarias que dieran respuesta a las demandas frustradas. Así se hizo, pero este segundo decenvirato gobernó de manera tiránica, se aferró al poder, que no quiso abandonar, y motivó por ello una revuelta popular que finalmente obligó a la restauración del consulado. Durante el año en que gobernaron, se elaboraron las leyes que ocuparon dos nuevas tablas y que se unieron a las diez constituidas con las ya aprobadas. Pero el verdadero argumento de esa segunda comisión es su carácter despótico, la injusticia y severidad de su comportamiento, un giro radical de la conducta de la comisión, convertida ahora en una cruel tiranía que Livio no pierde ocasión en manifestar a lo largo de la narración, la cual se articula en torno a la leyenda de Verginia[325].

El proceso de Verginia es una leyenda perfectamente ensamblada con la que Livio suple su ignorancia sobre los hechos acaecidos en ese año. La romanística extrae de aquel episodio lleno de formas dramáticas hasta dos interpretaciones jurídicas. En una primera versión, la protagonista femenina, Verginia, es una víctima más de una agresión directa, que se salda, privadamente, al modo en que la costumbre imponía. En la segunda versión, la agresión derivaba en un proceso, versión ésta que habría sido creada por los juristas romanos posteriores, que transcribieron aquellos hechos de la leyenda desde la perspectiva de unos procedimientos judiciales que eran los suyos, al objeto de sancionar fórmulas de procedimiento de uso extendido, pero de raíces recientes, que ahora se llenaban de autoridad al ostentar raíces ya en las Tablas.

---

[324] Livio iii.32.5/6,el 453/452 a.C.; Livio iii.33.3/6. iii.34.2/6 del 451, *fons omnis publici privatique est iuris*; así lo pensaba, por boca de L. Valerio Flaco, en su discurso por la derogación de la *lex Oppia*, promulgada en el 215 por Catón, para limitar el lujo femenino con ocasión de la grave penuria por la que el estado romano pasaba por la guerra contra Anibal, Livio xxxiv.6.1/9; Zonaras, vii.18. Las compilaciones de leyes más antiguas que conocemos para Suecia, Noruega e Islandia se remontan al siglo XII. En las fases previas las comunidades de aquellas naciones mantenían reuniones periódicas en las que un *speaker* leía las leyes y si los reunidos no objetaban nada, las leyes citadas se mantenían hasta la siguiente reunión. *Speakers* que alcanzaron notoriedad, como Licurgo o Carondas, fueron Lumbaer de Westgötaland, o Aeskil Magnusson, éste último, que escribió leyes hacia el 1225, K. von Amira, & K.A. Eckhardt, *Germanische Recht*, 2 vols., Berlin 1960 y 1967, vol. 1, 82/88; 98/107; 110/119; R. Sealey, (1994) 29.

[325] Para Zonaras, vii.18, el epitomizador de Dión Casio, que sigue el relato de Livio, la nueva comisión compiló sólo unos pocos estatutos más, todos fruto de su propia arbitrariedad, que inscribieron en dos tablas más, todo lo cual provocó grandes disputas y la desaparición de la armonía entre la mayoría de los romanos. Orosio ii.13.5, sólo habla de la odiosa y tiránica actuación de los segundos decenviros, es más, de su relato pareciera que no hubiera existido ningún otro, de modo que sólo podían ser calificados como rebaño de tiranos en lugar de los cónsules.

Livio ajusta su relato a ésta segunda versión, en la que el proceso reposaba sobre las dos *legis actiones* más arcaicas, la *manus iniectio*, y el *sacramentum in rem*. La tradición analística insertó el relato en la Roma de los decenviros, sirviéndose de él como consecuencia y causa de una parte de aquella legislación que finalmente se consagró y conoció como las Doce Tablas. Los nuevos procedimientos judiciales, y con ellos sus mentores, los juristas, encontraban así un reconocimiento, por vía de su inserción en la tradición, que la sociedad no les había otorgado[326].

Polibio afirmaba vivir en los tiempos de la constitución perfecta, en los que el pueblo ya tenía su poder, lo que se identificaba con la democracia – muy restringida, pero democracia -, en la que se conservaban los distintivos que hicieron excelentes a las constituciones anteriores, los rasgos de la monarquía, en el poder de los cónsules, y los rasgos de la aristocracia, en el peso específico del senado y las mejores familias. Naturalmente, Polibio no llegó a conocer la época de los Gracos ni los tiempos anteriores, por lo que su esquema encuentra en Roma su proyección más idealizada[327].

De modo que si a la aristocracia sucedía la oligarquía, y a ésta la democracia y la oclocracia final, a una comisión de decenviros justa y recta sólo podía suceder otra que acababa corrompiéndose y convirtiendo su gobierno en una oprobiosa tiranía, dejando así abierta la ocasión para la supresión final de ese régimen y la benéfica restauración del que precedió a ambas comisiones. Carecía de relevancia la polémica sobre la autenticidad de la segunda comisión en relación con la primera, tal como transmiten las fuentes. Se acabó con los decenviros, de la misma forma que para suprimir la monarquía se expulsaba de Roma al último Tarquinio, de conducta tiránica, y de recuerdo siempre indigno[328].

---

[326] P. Noailles, (1942) 106/138.

[327] Sobre la tería de las constituciones, Arist. *Pol.* v. 1301 a/1314 b; Pol. vi.4.2/12; Cic. *rep.* i.29.45; 34.52; 45.69; 40.62, y la constitución mixta, Platón, *Leyes*, iv.712D, que la conecta con Esparta, Tucídides, en la Atenas de Teramenes, Tucid. viii.97.2, Aristóteles, en Solón, Arist. *Pol.* ii.12, 1273b. Para Polibio lo que se había escrito sobre la constitución romana era inútil, confuso o incompetente, Pol. i.64.3/4. En su *anacyclosis*, que es la sucesión de los diversos modelos de constituciones, primero está el monarca primitivo, Rómulo, luego Numa aparece como el buen rey, el último de los Tarquinios como el tirano, y la República Primitiva como la aristocracia. El decenvirado es la oligarquía, tras la cual Roma se desarrolla con la constitución mixta, F.W.Walbank, (2002) 203; *vid.* A. Díaz Tejera, (1975) 23/24; En relación con la constitución mixta, Tac. *Ann.* IV.33, en relación con ese modelo, indicaba que el estado se regía por el pueblo, por los notables o por uno sólo, "es más fácil alabar que establecer", y si se establece, no puede ser duradera, luego para él es algo tan deseable como utópico. Las Doce Tablas son una autoreglamentación de normas de una sociedad aristocrática, E. Gabba, (2005b) 118; K. von Fritz, (1954).

[328] De lo que se desprende de las fuentes escritas, el senado se valía de comisiones de senadores, próceres de valía reconocida y autoridad moral fuera de duda, cuando estimaba que los asuntos a resolver requerían un tratamiento *in situ* – embajadas, nuevos territorios -, o decididamente especializado – estatutos, conflictos de límites -. Se enviaron decenviros a Cumas en el 204 a.C. para consultar los libros sibilinos, Ap. Hann. 56, En las comisiones creadas para los repartos de tierras el número era aleatorio y respondía a las necesidades estimadas por el legislador o el ejecutor de las leyes, si aquellas no lo precisaban. De esta forma hay ejemplos de tres miembros, cinco, siete y hasta diez, no testimoniándose por encima de esa cifra. Se componían de tres miembros, *lex sempronia agraria* del 133, Ap. *bc.*i.9; Plut. *Tib.Gr.* 8/13; Livio, *ep.* 58, diez, en *rogatio servilia agraria*, del 63, Cic. *agr.* ii.7.16/18; diez, *rogatio Cassia agraria*, del 486 a.C., Dionisio viii.73.2/3; cf. 81.1; ix.37.3, en *lex iulia agraria campana*, Cic. *Att.* ii.3.7; Dio Cass. xxxviii.1; Suet. *Aug.*4, o esta misma, de cinco, según Cic. *prov. cons.* 17.41; siete, *lex Antonia agraria*, del 44 a.C., Dio Cass. xliv.5; Cic. *phil.* v.3.7; 7.20; vi.5.13/14; vii.6.17; viii.9.26, Cic. *ad fam.* xi.2.3. En el 317, Roma nombra entre los patronos de la

Las leyes de aquella segunda comisión sólo podían ser propuestas y aprobadas por hombres soberbios y provistos de ideas descabelladas, hombres que comportándose como reyes, amañaban juicios, sentenciaban de manera arbitraria y aterrorizaban al pueblo, cuando transitaban con sus ciento veinte lictores. Una vez bien caracterizado y descrito el clima inicuo de aquellos tiempos, se daban las condiciones para que se produjeran los cambios. El historiador ha de poner fin a esta fase para volver a las instituciones ordinarias y utiliza el mismo recurso literario que ya usó para dar por finalizada la monarquía. De igual forma que caracterizó la última fase de la monarquía con un rey tirano que provocará su expulsión y el paso a un nuevo régimen, el fin del decenvirado y la vuelta al consulado será causado por la corrupción de aquel régimen, y su conversión en tiranía. El escritor confía en su dominio del efecto y la trama argumental para mutar en personaje despiadado y sanguinario a Apio Claudio, a quien el año previo presentó como incansable negociador y campeón de la plebe.[329]

En la pluma de Livio los *Claudii* juegan un papel versátil que ayuda sobremanera al escritor a dar giros a la trama de su relato, según conviene en función de los datos que quiere introducir y el interés que desea suscitar en cada momento. Naturalmente cuenta con la credibilidad de los lectores respecto de cuantas cosas y actos se digan y atribuyan a esta influyente familia, muy activa en política hasta mediados del siglo I a.C. Apio Claudio, el decenviro, y con él los *Claudii,* representan todos los males de la República, según Publio Sempronio Sopho, tribuno de la plebe, en discurso del 310 a.C. Estamos ante una familia violenta y agresiva, feroz adversaria de la plebe, siempre contraria a leyes contra la usura, los repartos de tierras, el acceso a las magistraturas curules o el matrimonio entre patricios y plebeyos, leyes que supondrían una mejora en las condiciones y aspiraciones de la plebe.

---

ciudad de Antium una comisión para que redactara sus leyes y estableciera sus magistrados, ya que según los ciudadanos de aquella villa carecían de ambas. *qui se sine legibus certis, sine magistratibus agere querebantur, datis ab senatu ad iura statuenda ipsius coloniae patroni,* Livio IX.20.10. Por el contrario, las comisiones enviadas a regular nuevos territorios anexados, eran de diez miembros. Comisión saguntina, Livio xxviii.39.13; la que los locrios envían al senado, Livio xxix.16.6, la de los romanos a Sicilia, Livio xxix.20.4; 8, la de los cartagineses a Escipión antes de Zama, Livio xxx.29.7; 36.4; 43.4, la romana enviada para organizar el territorio samnita, Livio Livio xxxi.4.2, la que fue enviada a repartir tierras africanas e hispanas, Livio xxxi.49.6, la que asesoraba a T. Flaminino respecto a Filipo, Livio xxxiii.24.6; 30.1, la enviada a Asia, año 189, Livio xxxvii.55.4; xxxviii.38.1; la enviada a Macedonia tras la derrota de Perseo, Livio xlv.27.1; 29.1, la de Cartima, a Graco, en el 179, Livio xl.47.4, a Grecia, 196, Pol. xviii.42.5; 7; xviii.44.1; a Asia, en 189, Pol. xxi.24.6. xxi.46.1, xxi.42.6, xxi. 46, xviii. 48.1/3, a Acaya, 146, Pol. xxxix.4.1/2; xxxix.5.1. Comisión de los pompeyanos, año 43, eligen decénviros para exigir cuentas a Antonio por su consulado, Ap. *BC* iii.82, y para repartir dinero entre los soldados, iii.86; Cic. *fam.* xi.14.1; xi.20.1.

[329] Livio iii. 35; 36.1/6; 37.7; 44/50, el episodio de Verginia; Dionisio, x.57.3; por boca de Cayo Canuleyo, Livio calificaba a los decenviros como los más más viles de entre todos los mortales, Livio iv.3.17, año 445. La doble conducta manifestada por Apio, el decenviro, nos recuerda un modelo de reacción del comportamiento ante mensajes y mensajeros contradictorios, según detectan los estudiosos de la Sicología Social. En esta reacción, cuando el mensajero transmite algo distinto a lo que se esperaría de él, los destinatarios del mensaje reaccionan considerando tanto al mensaje como a su portador, mas creíble y sincero. Así, el mensaje del Apio Claudio de la primera comisión, las leyes de las diez primeras tablas, pese a no ser el que se esperaría de él, a tenor de la negativa tradición que acompañaba a su familia, vio su credibilidad reforzada precisamente por ser lo contraio de lo que se esperaba. En el segundo año, la conducta de Apio es acorde a la imagen que tenía, o sea, de individuo cruel y arrogante, por lo que su mensaje se percibía como consecuente y real en relación con las leyes que ocuparon las dos últimas tablas, E. Aronson, (2000) 84/85.

La tradición sobre los Claudios traza una semblanza de perfiles a veces positivos y a veces, negativos. Hay Claudios "malos" y Claudios "buenos", o al menos neutrales en sus actos, lo que ciertamente debe pertenecer a una imagen construida no sabemos si con valores peyorativos desde el principio, y que como resultado es contrarrestada por otra positiva, o al revés. Esas dos imágenes eran intercambiables, y desde el siglo III a.C. respondían a la mayor o menor influencia en cada época de la rama patricia – los *Pulchrii* - o la rama plebeya – los *Marcellii* - en que se bifurcó el apellido, y naturalmente de las simpatías en cada caso del analista que proporcionó la información a Livio o a Dionisio en cada momento. En Diodoro por el contrario el texto permite deducir una posición netamente favorable[330].

C. Claudio Sabino, tío de Apio Claudio y cónsul del 460, decía tener un odio innato a los plebeyos, heredado de sus antepasados. A poco de aprobarse las Doce Tablas finales, Cayo Claudio va al foro con sus clientes y gentiles, para pedir que se liberara de la cárcel a su sobrino, pues no podía permitir, manifiesta en un discurso, que alguien como él, pese a su soberbia uno de los hombres más honorables de la Ciudad, autor de leyes y creador del derecho romano, estuviera preso junto a rufianes. En efecto, la tradición asigna a Apio el papel de líder de todos los decenviros, que se traducía en el desempeño de un *imperium* sin límite, caracterizado por la soberbia, el desenfreno y la insolencia. A mediados del siglo III a.C. un célebre verso de Nevio, atacaba duramente a P. Claudio Pulcro, cónsul del 249, lo que demuestra que la tradición hostil a la *gens* Claudia era anterior a Fabio Pictor, escritor que para algunos pudo ser la única vía de transmisión de todas las tradiciones orales que circulaban en la Roma de los siglos anteriores. Suetonio, al comienzo de la biografía de Tiberio, otro miembro de la *gens Claudia*, sintetizaba los rasgos más destacados de esta compleja familia, y Tácito subrayaba en su retrato sicológico cómo este emperador portaba la vieja soberbia ingénita de la familia *Claudia*, además de numerosos indicios de crueldad[331].

Para Livio - iii.34.6 - las Tablas fueron por tanto "la fuente y el origen de nuestra ley", brillante conclusión que pone colofón a la total desconexión entre las causas y los antecedentes que él mismo nos relata a lo largo del libro III, como detonante de la elaboración de las leyes, y las leyes mismas. En realidad, los restos que nos han llegado de aquel excepcional documento se refieren a reinterpretaciones de normas privadas, reflejo de costumbres, y algunas leyes públicas, en el sentido de la regulación de la relación del individuo con la comunidad, además de algunas normas sagradas. Leyes que el historiador no cita de manera específica, probablemente porque las desconociera. Para Livio, como para cualquier intelectual e incluso ciudadano de

---

[330] La visión negativa del papel de Apio en la comisión, en Sidonio, *carm.* xxiii.446/449, en donde cita a un Livio, que el traductor moderno cree se trata de un poeta amigo suyo, que ya no vuelve a ser citado en toda su obra, y que yo creo que pudiera ser el historiador; F. Cássola, (1982) 756; La "versatilidad" de Apio Claudio, en J. Von Ungern/Sternberg, (1986) 83; su carrera, E. Ferenczy, (1970) 71/103; sobre el Claudio, cónsul del 54, J. Muñiz Coello, (2003) 179/202.

[331] Livio ix.34.1/6; defiende a su sobrino diciendo que quienes le atacaban pertenecían a lo más ínfimo del pueblo, Dionisio, xi.10.4; Nevio, vi. 39E, *fr.* 45 Morel, *superbiter contemptim conterit legiones*, siglo III a.C.; E. Gabba, (1966) 140; Plauto, *poen.* iii.1.34 imita tal verso. Dionisio x.9.2; *vir de imago honoratissima, legum lator conditorque Romani iuris,* Livio iii.58.1/2; Orosio ii.13.3/6; Suet. *Tib.* ii.1/4; Tac. *Ann.* i.4.3. Un falso respeto y admiración, mezclada con un temor al desabrido carácter del cónsul del 54 a.C., Apio Claudio Pulcro, se manifiesta en las cartas que un Cicerón obsequioso y *quasi* vasallo, le dirige en los años 51/50 a.C., Cic.*fam.* iii. 1/13; J. Poucet, (1985) 69.

mediana formación de la Italia de su época, las Doce Tablas eran uno de aquellos asuntos de los que se tenía una noción bien asentada, probablemente deformada e incorrecta, que formaban parte del conocimiento común, fruto de una transmisión oral a lo largo de generaciones.

Creemos que las Tablas, como los gemelos y la loba, el rapto de Lucrecia, la entrada de los galos al Capitolio, o las gestas del Africano el Mayor, formaban parte de ese pasado, glorioso o no, que un verdadero romano asumía sin otro margen de análisis que el que permitiera su patriotismo. Partes inexcusables del alma romana, al igual que lo fue Homero para los griegos, heredada de los *maiores* e incorporado al modo de sentir y actuar de un pueblo. Livio no podía omitir hacer una referencia de cierta extensión a este episodio crucial, aunque como oriundo de otra ciudad y romano de adopción, probablemente no tenía tan interiorizado, como otros escritores coetáneos. Inserta su versión a partir de los datos que él conocía, subrayando la importancia de aquellos sucesos, desde el papel político y social que supone que desempeñó aquella codificación en la ciudad, en la relación entre patricios y plebeyos[332].

Finalmente, escribe el historiador que antes de salir de Roma para ir a la guerra, los cónsules Marco Horacio Barbado y Lucio Valerio Potito, año 449, pusieron en bronce las *leges* decenvirales, ahora conocidas como Leyes de las Doce Tablas, y concluye "algunos autores dicen que actuando por orden de los tribunos, los ediles fueron quienes realizaron este servicio"[333].

En la Roma anterior a las Tablas que nos describe Dionisio de Halicarnasos reinaba la injusticia. La igualdad de derechos entre los ciudadanos era una quimera, y todo ello a consecuencia en buena medida de la confrontación entre la aristocracia, partidaria de continuar gobernando con las costumbres de los antepasados, las leyes no escritas, y el resto del pueblo, que reivindicaba que las leyes se escribieran y se publicaran para poder conocerlas. La justicia seguía sin estar regulada por leyes escritas y se impartía a la manera en que se había venido haciendo desde la monarquía, esto es, según el arbitrio y parecer de los monarcas, cuando eran requeridos para dictaminar sobre conflictos. Se intentaba que los magistrados no siguiesen menoscabando los derechos públicos.

Dionisio por tanto plantea el asunto teniendo muy presente la tradición sobre los legisladores griegos arcaicos. La embajada a Grecia supone una circunstancia que

[332] A partir del siglo I d.C. y con el aumento de la distancia temporal, el análisis literario de aquel documento va desapareciendo entre historiadores y tratadistas, y queda reservado como asunto de juristas y especialistas en general. Todo lo más, alguna breve referencia que suele ser eco del tono encomiástico y laudatorio que ha fraguado en la tradición, *vid.* Cipriano, *ad don.* 10, primera mitad del siglo III d.C., que consideraba las Doce Tablas como un texto representativo del ordenamiento jurídico romano. Su noticia de que un ejemplar del texto completo se exhibía en el foro de Cartago, es de una validez documental irrelevante, a juicio de la crítica, cf. R.E. Mitchell, (1996) 282, n.26. Hay silencios "clamorosos", como el de Virgilio, que no cita nada de las Tablas, lo que hace sentirse a algunos, como M.F. Williams, (2003) 222, obligados a peregrinas justificaciones para tales omisiones. A.Guarino, (1959) 211/217; H.Geldner, (1972); R. A. Bauman, (1993) 550/566; Ch. Appleton, (1924) 193/271; 592/670.

[333] *leges decemvirales, quibus tabulis duodecim est nomen, in aes incisas in publico proposuerunt,* Livio iii.57.10, 449 a.C.

refuerza la validez y la autoridad del proyecto. Invoca el prestigio que auna lo viejo unido a lo griego. Concepción que sólo puede cristalizar en un tiempo en que lo griego ya gozaba de suficiente prestigio como para ser invocado como marchamo de valor o calidad. La presión de la plebe, que como en Livio, es una plebe homologada al *plethos* griego, alcanzó al chantaje, de acceder al *dilectus* contra los sabinos, sólo cuando los aristócratas se comprometieran a dar curso a sus peticiones[334].

Según Dionisio, los decenviros recopilaron y transcribieron las leyes existentes desde la caída de la monarquía a su tiempo, y las expusieron en el foro, junto a las leyes ancestrales y costumbres que los romanos ya habían recopilado tras la sustitución del régimen monárquico. Esta labor contó igualmente con una primera fase preparatoria, en la que se hablaba de una embajada del senado a Atenas y a ciudades griegas del sur de Italia, para conocer sus leyes, y una segunda fase, en la que tras su regreso, se procedió a nombrar una comisión de expertos que, teniendo en cuenta los resultados de aquella embajada, inició los trabajos de recopilación y redacción de un cuerpo final de leyes. Los diez hombres que integraron esta comisión fueron elegidos por su edad, prudencia, reputación y fama. Redactaron unas leyes y las expusieron en diez tablillas – *deka deltois*, diez tablillas para escribir - para el que quisiera examinarlas, aceptando cualquier rectificación de personas privadas y corrigiendo lo redactado con vistas a la común complacencia[335].

Como Livio también resaltaba, era novedoso que el procedimiento incluyera la discusión, deliberación y consulta pública del texto, en Dionisio concretada además en un tiempo dilatado y con los mejores hombres, única garantía de llegar a un máximo consenso y perfección en lo elaborado. El historiador parece haber tenido a mano alguna versión más o menos pormenorizada de las Tablas, pues incluso sitúa preceptos en su tabla correspondiente. Por ejemplo, el asunto de *patria potestas* dice que estaba en la cuarta tabla. En esta ley se trataba de asuntos tan poco edificantes como el poder del padre de vender a su hijo, algo inaceptable en los parámetros temporales de Dionisio, por lo que como otras leyes de tono similar a ésta, pero que igualmente se decían incluidas en las tablas, se justificaban o bien como herencia de tiempos anteriores, y se asignaban a regímenes denostados como el de la monarquía, o bien por

---

[334] Dionisio, X.1.2; 15.4; 55.3; año 459 a.C. Dionisio y las Doce Tablas, en , G. Poma, (1984) 135/171. La descripción de los elementos negativos de aquella situación se resaltaban para así subrayar el beneficio que aquel documento trajo para la sociedad. Todos los legisladores han buscado apoyatura en legislaciones más antiguas: Licurgo en los cretenses, Plut. *Lic.* iv.1/4, Solón en Epiménides de Faistos, Plut. *Sol.* xii.8, *vid.* Livio iii. 31.8; 32.1; 33.5; Dionisio x.51.5. En la versión de Zonaras, vii.18, la razón de las Tablas fue la decisión de eliminar las mutuas diferencias y establecer los derechos de ciudadanía sobre unas bases justas. Al regreso de la embajada, los romanos abolieron todas las magistraturas, incluidos los tribunos, y eligieron ocho hombres (sic) de los mejores, y nombraron a Apio Claudio y a Tito Genucio, como pretores para ese año con poder absoluto".

[335] "Que en una asamblea legal fueran elegidos por el pueblo diez hombres, los más ancianos y prudentes, los de mayor reputación por su honor y buena fama; que éstos redactaran las leyes referentes a todas las cuestiones, tanto públicas como privadas, y las presentaran ante el pueblo, ... que fueran expuestas en el foro para los magistrados de cada año y los particulares, como delimitación de los mutuos derechos", Dionisio, X.3.4. La influencia griega en las Tablas, G. Ciulei, (1944) 350/354; J. Delz, (1966) 69/83; F. Wieacker, (1969/1970) 757/784; M. Ducos, (1978); (1984); E. Ferenczy, (1982) 193/201; E. Ferenczy, (1983) 37/42; E. Ferenczy, (1984) 2001/2012; S. Sanseverinati, (1995) 55/70; R. Martini, (1999) 20/37.

ser fruto de los excesos de la segunda comisión, que se plasmaron en las dos injustas Tablas que al final se añadieron.

Para Dionisio la caracterización del segundo decenvirado es sencilla, tanto sus integrantes como los resultados de su obra son una negación de la primera comisión y sus frutos. Las dos tablas que se añadieron fueron injustas porque la comisión que las elaboró gobernó con tiranía y toda clase de excesos, intentó perpetuarse en el poder - *adfectare regnum* -, no consultó a nadie ni buscó el consenso, y en definitiva sumó a sus tropelías las de la plebe sediciosa[336].

Cuando el griego pasa a concretar los aspectos que las Tablas debían cubrir, los delimita a partir de los contenidos que figuraban en las versiones que circulaban en la Roma de su tiempo. Así, las Tablas debían mostrar una selección de las costumbres tradicionales propias, las leyes griegas que habían traído los embajadores, las mejores y más adaptables a la ciudad de Roma, y las normas que debían regir los contratos privados y los asuntos públicos. Pero a tenor de lo que en el siglo I a.C. se conocía de ellas, las Tablas aparecían como un conjunto de normas con fuertes paralelos en el mundo griego, mezcladas con costumbres itálicas antiguas de procedencia imprecisa, y mútiples procedimientos legales, formularios de uso cotidiano para moverse en el ámbito público y privado, probablemente creados y consolidados por los juristas. Todo esto retroproyectado al siglo V a.C[337].

Además de comentarios y *excursus* puntuales sobre puntos concretos de las Tablas, a lo largo de al menos ocho libros, que demuestran que disponía de fuente de información concreta, Plinio el Viejo introduce un elemento nuevo en el relato tradicional, como fue el papel de un griego, Hermodoro de Éfeso, en todo el proceso. Según el naturalista, este personaje, que no acaba de salir de la leyenda, fue intérprete de las Tablas, acaso su primer intérprete, pues fue coetáneo a los hechos, e incluso en fuentes del siglo I a.C. y posteriores, no sabemos si elucubrando a partir de la noticia de Plinio, o con datos nuevos que no se nos transmiten, se relaciona a Hermodoro con el filósofo Heráclito, que cita a este Hermodoro exilado en Roma desde su patria. Acaso para reforzar su papel en relación con las Tablas, se atribuyen al griego méritos como legislador, pues los mismos efesios le pidieron, al parecer, que elaborara sus

---

[336] Dionisio x. 3. 4/5; Misión de la embajada a Athenas, Dionisio x. 51.5; 54.3; 55.5; 57.5/6. Resulta sorprendente la repetida presencia de algún miembro de la *gens* Postumia en embajadas. Además de la que fue a conocer las leyes griegas, se cita de nuevo antes los tarentinos, hacia el 281, ante Masinisa y Cartago, en 171, ante Perseo, entre los *decemviri* que fueron enviados a regular Macedonia, tras la guerra contra Perseo, y como embajador en Asia, año 172, con otros dos embajadores, Livio xlii.35.7; 45.2; xlv.4.7; 17.2. Dionisio x. 52.4, Ap. *samn.* vii.2. Dionisio, x.59. Enumeración de los excesos de la segunda comisión, Dionisio, xi. 2; 40.4; 60; el propio Verginio, padre de la doncella ultrajada, se suma a la denuncia de poder ilegal de la segunda comisión, Dionisio xi. 42.5; 58.1.

[337] Dionisio ii.27.3/4. tab. iv. 2. Ulp. *Tit.* X.1; Gaius, *Inst.* i.132; iv. 79; Exodus, xxi.1/15, venta de la hija como esclava; Dionisio, x.55.4/5; En el siglo II d.C. el *ius* derivado de las leyes de las Doce Tablas y de las leyes posteriores era *legitimum,* término que se hizo sinónimo de *ius civile*. Gaii i. 119; 149. Para Zonaras vii.19, tras la abolición del segundo decenvirado, los cónsules – que antes eran llamados pretores, eran Valerio y Horacio - favorecieron más la causa del pueblo que la de los patricios. En la lógica del epitomizador de Dión Casio, si las Leyes se compilaron para "*establecer los derechos de ciudadanía sobre unas bases justas*", era lógico pensar que un resultado positivo era que los nuevos magistrados, al tener que regirse por esas nuevas leyes, favorecieran más al pueblo que a los patricios y fueran por tanto más justos.

leyes, a lo que como es natural no accedió, tras haber sido despreciado por los suyos. El hecho es que según Plinio todavía en su tiempo, siglo I d.C., estaba frente al senado, en el *comitium,* la estatua de este presunto legislador, junto a la estatua del augur de los tiempos de Tarquinio el Antiguo, Attus Navius, ambos dedicados por el estado romano[338].

La síntesis de Tácito sobre el periodo en que se elaboraron las Tablas hace honor a la dimensión intelectual de su pluma y, conciso y aparentemente ambiguo, expone casi de pasada una penetrante reflexión sobre aquellos sucesos, tal como la tradición se los ha transmitido, y sobre todo, una valoración llena de ponderación y cautela, de lo que aquel documento había supuesto para la sociedad romana de la República, de la que el historiador parecía mostrar un notable conocimiento. Para Tácito, las Doce Tablas responden al modelo griego de normas que se elaboran para resolver conflictos *ad hoc*. Para el autor, el escenario político y social que describen los escritores augústeos le resulta escasamente convincente, pues no le dedica ni una línea. Pero para él lo importante es que superadas las circunstancias para las que fueron promulgadas, el paso del tiempo no sólo no las hizo obsoletas sino que, por el contrario, las enriqueció y amplió en significados, en alusión al benéfico papel de jueces y juristas. De manera que más que leyes, las Doce Tablas pasaron a ser valores, principios básicos que sustentaban al estado romano, un *corpus* de enunciados éticos que todos asumieron como necesarios para el buen funcionamiento de la sociedad romana.

Con las Tablas Tácito considera que el derecho alcanzó la cima de la equidad, y naturalmente tal panegírico le sirvió para hacer más patente el abismo insondable en el que se sumieron todas o la mayoría de las otras leyes romanas. Las Tablas son en Tácito el necesario referente que desde el lado opuesto le sirve para subrayar el nefasto curso tomado por el principado con Tiberio. En una generalización que choca con su prudencia inicial, el historiador califica a las leyes posteriormente aprobadas, como consecuencia del mal, tanto por origen, que no cita pero que probablemente aluda al mal tribunicio, como por su escaso número, insuficiente para librar a la Ciudad de la total corrupción en la que vivía[339].

---

[338] Str. xiv.1.25, "parece que este mismo hombre escribió algunas leyes romanas", Pomp. *Dig.* i.2.2.4/7, el comentario de Pomponio habla de expulsión de reyes por ley tribunicia, de un periodo de veinte años entre esta expulsión del último rey y la elaboración de las leyes, de *tabulae* de marfil y de un pueblo agradecido que hace a Cneo Flavio, tribuno de la plebe, edil curul y senador. Diogenes Laercio, ix.2; Cic. *tusc.* v.36.105, Plin. *NH* xxxiv.11.21: *Hermodori Ephesii statua fuit in comitio, legum quas decemviri scribebant interpretis, publice dedicata,* H. Diels – W. Kranz, (1951/1952) frag. 22 A 1. Gell. xvii.21.15 manifiesta haber tenido a mano fuentes griegas, en relación con la historia de la Roma Primitiva, cuando especifica que la fase de los decenviros coincidía con la presencia en la Ciudad del filósofo Empédocles, que enseñaba allí filosofía natural, lo que puede no ser más que una interesada reconstrucción a posteriori, mediante la cual todos se vinculan de una u otra forma a la que sería capital del mundo conocido. *Vid.* F. Cancelli, (1996).

[339] "Tras la expulsión de Tarquinio el pueblo tomó numerosas medidas contra las facciones senatoriales a fin de proteger la libertad y asegurarla concordia; se instituyeron los decénviros, y echando mano de lo mejor que había en otros lugares se compusieron las Doce Tablas, cima de la equidad en el Derecho. Pues si bien las leyes que siguieron fueron en ocasiones promulgadas contra los malvados según iban apareciendo los delitos, con mayor frecuencia lo fueron por la violencia a causa de la disensión entre las clases, por afán de honores ilícitos o de desterrar a varones ilustres, o por otras torcidas razones … y en una república corrompida a más no poder se multiplicaron las leyes", Tac. *Ann.* iii.27.

Salviano, teólogo del siglo V d.C., afirmaba que en las Tablas se condenaba a muerte a quienes mantuvieran reuniones nocturnas en la Ciudad, e igual castigo sufrían, escriben otros comentaristas, quienes promovieran la guerra contra su propio país, o entregaran a un ciudadano al enemigo, o quien siendo juez o árbitro, aceptara dinero o regalos. Para Pomponio la asamblea centuriada fue quien aprobó la creación de los *quaestores parricidii,* según decía que venía en las Doce Tablas, y ese mismo marco legislativo reguló los derechos de los aliados itálicos, en función de su lealtad y conducta durante las guerras[340].

Sexto Pompeyo Festo, conocido epitomizador o autor de resúmenes, que escribió a fines del siglo II d.C., aportaba mucho material sobre las Doce Tablas, con datos que tomaba de Verrio Flacco, liberto de Augusto, y del erudito M. Terencio Varrón, que escribió su obra a lo largo de la segunda mitad del último siglo de la república. De entre las casi seiscientas obras que se atribuyen a Varrón, el autor más prolífico de su tiempo, había quince libros sobre *ius civile*. De esta forma Festo, del siglo II d.C. pudo haber usado lo que Varrón había escrito sobre derecho civil dos siglos antes. Habría allí información sobre las Doce Tablas. A su vez, lo que Varrón sabía de las Doce Tablas lo pudo tomar de su maestro L. Elio Estilo Preconino, de Lanuvium, nacido hacia 150 a.C., maestro también de Cicerón, al que se atribuye entre otras cosas, unos comentarios referidos a la lengua usada en aquellas leyes. Preconino por su parte, fue coetáneo de Sex. Elio Peto, el cónsul del 198, autor de aquellos *Tripertita,* sobre las Tablas, obra que alcanzó el nivel suficiente de aceptación como para que varios siglos después aún circularan copias.

Así se constata del jurista Gayo, siglo II d.C., cuyos conocimientos sobre las Doce Tablas derivaban del estudio de ese comentarista republicano, a cuatro siglos de distancia. De modo que una de las más importantes fuentes sobre el contenido de las Doce Tablas, habría conocido la obra a través del comentario – o un resumen, tan en boga, más manejable - a las Tablas que hizo otro autor, que vivió dos siglos y medio después de que ése conjunto de leyes se aprobara. Cómo fuese la transmisión desde su aprobación hasta el 198 a.C. es hipótesis para la que no poseemos ningún dato. En suma, lo que el Código de Justiniano sabía de las Doce Tablas procedía de los comentarios, resúmenes e interpretaciones que los juristas, fundamentalmente del siglo

---

340 *Quaestores ... qui capitalibus rebus praeessent, ... appellantur quaestores parricidii, quorum etiam meminit lex XII tabularum quaestores parricidii*, para que investigaran los casos de asesinatos, Dig.i.2.2.23; *nex ... forti sanati ...*; Festus 348, derechos de los aliados itálicos de Roma. *Itaque in XII cautum est, ut idem iuris esset sanatibus quod forctibus, id est bonis, et qui numquam defecerant a populo Romano,* "habrá iguales derechos tanto para los que hayan sido compensados, *sanati,* como para los valientes, esto es, para los leales y para los que no se han rebelado contra el pueblo romano", dicen las Doce Tablas, Festus, 470, 18; 524, 14; *duram esse legem putas, quae iudicem arbitrumve iure datum, qui ob rem [iu]dic[a]ndam pecuniam accepisse convictus est, capite poenitur?,* ¿es dura una ley que impone la pena capital al juez o árbitro que es culpable de haber aceptado soborno?, Gellius xx.1.7. Se facultaba así mismo a los *collegia* a regirse por sus propias leyes, siempre que no contravinieran las leyes públicas, Salvianus, *de gubern. dei* 8, 5, 24, *interfici . . . indemnatum quemcunque hominem etiam XII tabularum decreta vetuerunt ... ne quid ex lege publica corrumpant.* Pero esta ley parece que es una imitación de una ley de Solón, *sed haec lex videtur ex lege Solonis translata esse,* Gaius, *ap. Dig.* xlvii.22.4; *Lex XII tabularum iubet eum, qui hostem concitaverit quive civem hosti tradiderit, capite puniri* , Marc., 14 *inst.*, *D.*, 48, 4, 3

I y II d. C. habían transmitido a partir de lo que se sabía de ellas el final de la República[341].

3.3. Formas, modelos y contenidos.

En la moderna teoría antropológica del derecho se dice que todas las costumbres son ley para el salvaje, que éste no tiene más ley que sus costumbres, y que obedece a éstas automáticamente y de forma rígida por pura inercia. Por lo tanto, no habría derecho civil ni equivalente en las sociedades salvajes. Sólo sería relevante el delito, el crimen, como quebrantamiento de la norma social, el desafío de las costumbres. Para esta teoría antropológica en la sociedad primitiva sólo habría sanciones religiosas, castigos sobrenaturales, responsabilidad y solidaridad de grupo, siendo el tabú y la magia los principales elementos de la formación de la jurisprudencia en las sociedades salvajes.

Así, los dirigentes de este tipo de sociedades preliterarias gobiernan al margen del Derecho, por lo cual no promulgan leyes, sólo dan órdenes del tipo de: "ve y recauda tributos", o "envía el ejército contra el enemigo del norte", o "da muerte a este hombre". Dicho con otras palabras, el hombre primitivo no necesitaba leyes porque obedecía inconscientemente la línea de conducta marcada por sus hábitos, por la inercia, y su conducta se regía por las costumbres, de modo que sólo la quiebra de estos principios podía inducir a normas que implicasen sanción y castigo. Hablaban de una sociedad sin más norma en realidad que la que imponía los castigos[342].

La sociedad primitiva suele elaborar planes para castigar a los transgresores graves, valiéndose de un conjunto de sanciones que los antropólogos han clasificado según los caracteres externos que en ellas detectan. Así, se hablaba de sanciones organizadas, para singularizar aquellas que se aplicaban sin procedimientos definidos, pero regulados, reconocidos, y dirigidos contra personas cuyos comportamientos se consideraban socialmente censurables, y se hablaba de sanciones difusas, que eran espontáneas, desorganizadas, y que expresaban la desaprobación general de la comunidad o de una parte significativa de ella hacia esta conducta que se juzgaba transgresora. Naturalmente, esta clasificación resultaba incomprensible al investigador sin tener en cuenta en lo posible las situaciones sociales y culturales en las que operaban, y la forma en que las personas que tenían que ver con ellas las concebían. Las sanciones sociales nos indican por tanto el tipo de sociedad que las prescribe, y sólo desde una mínima asimilación de esta clase de sociedad pueden entenderse su significado. Pero pese a este embrionario sistema punitivo, la vocación de este tipo de sociedades era dar más importancia a conciliar las partes en conflicto, y a llegar a acuerdos que restauraran los equilibrios perdidos[343].

En las Tablas la expresión imperativa, de mandato lacónico, que no admite dudas ni abre puertas a graduaciones de los deseos del ordenante, se recoge en forma de concisas expresiones que prohíben o fuerzan a hacer algo. Expresiones que como ya vimos anteriormente, igualmente se justificaban como instrumento mnemotécnico que

---

[341] L. Strzelecki, (1966) 108/104; F. D' Hipólito, (1992) 279/289; B. Albanese, (1995b) 7/30.

[342] Malinowski, (1926) 79; L. Mair, (1998) 141.

[343] J. Beattie, (1986) 219; 225; Philip K. Bock, (1977) 419; Sobre las sanciones sociales, A.E. Radcliffe-Brown, (1996); (1952) 233/238, Algunas sociedades simples carecen de ley (derecho) pero todas tienen costumbres apoyadas mediante sanciones.

facilitaba su difusión y su perduración. Pero resaltaba Cicerón, que a diferencia de las leyes perniciosas - todas las tribunicias, a juicio del orador - en las Tablas no se legislaba contra ciudadanos particulares, y para él en eso consistía el privilegio. En aquel documento se recogían algunos usos de comunidades primitivas, en las que cualquier influencia de un poder público no había alcanzado a dibujarse o, de existir, se desvanecía ante la fuerza de la costumbre vigente. Cuando Cicerón indicaba que en las Tablas figuraba el mandato de que los padres eliminaran al hijo deforme, parece estar interpretando erróneamente, desde su prejuicio de hombre de estado, lo que más que ley era la constatación de un comportamiento. Por otra parte, el mandato sobre un asunto como éste, plenamente privado, no es consecuente con la escasa vocación intervencionista que el derecho romano demuestra con los asuntos de las familias[344].

Damos por supuesto que una buena parte de los contenidos de las Doce Tablas nos referían a tiempos en los que no estaba aún asentado el Derecho, entendido éste como el sistema normativo emanado de un estado. De ahí que en aquel compendio de preceptos figuren algunas normas que sólo encuentran lógica explicación, desde la prevalencia de los usos que eran propios de los tiempos primitivos, de los tiempos del prederecho, como se ha definido en ocasiones no sin acierto. La reacción popular ante los diferentes conflictos que se suscitaban, conjugaba la eficacia de las medidas a tomar, con una carga simbólica en su aplicación, que se pretendía garantizar mediante la firmeza del ritual y la expresiva conexión con el ámbito de lo religioso. Todo se juzgaba válido si contribuía a la efectividad del proceso.

Siguiendo la línea central de la tradición literaria sobre las fórmulas y protocolos procesales, sustentada por los juristas del Imperio y recogida en sus propios escritos, en las codificaciones tardías, y en las recopilaciones de los anticuarios y tratadistas, la romanística ha dedicado significativos y valiosos esfuerzos en documentar el mensaje jurídico que las Tablas transmiten sobre los cauces de procedimiento. En una de sus *saturae*, el adversario de un ciudadano pelmazo pregunta al poeta Horacio, si le permite llamarle a la corte del pretor para que atestigüe, asunto que las Doce Tablas regulaban cuando ordenaban que "*si alguien es llamado a comparecer en una corte, que vaya. Si no va, que se llame a un testigo*". Esta obligación de comparecencia de los testigos, debía basarse en una antigua costumbre que los latinos nombraban como *obvagulatio,* por la cual el participante en una causa podía obligar a acudir a un testigo renuente y recalcitrante a asistir, personándose en su puerta durante tres días, para que la comunidad supiera de su actitud y al tiempo, sintiera éste el rechazo de todos. La norma descrita aparece como una *interpretatio* que la adapta a los tiempos en los que ya existía la institución del pretor, el tribunal público y por supuesto, el ámbito institucional y urbano - *comitium, forum* - complejo necesario para acoger su desenvolvimiento[345].

---

344 Cic. *leg.* iii.8.19; "nadie nunca lo propuso; no hay nada más cruel, más pernicioso, mada más intolerable para esta ciudad", *domo* xvii. 43. Lo que nos queda de las Doce Tablas son el indicador potencial más significativo del carácter de la primitiva sociedad republicana, A. Drummond, (1994) 114; A. Beranger, (1972) 732/763; G. Hinojo Andrés, (1986/1987) 101/109

345 Tab.I. Preliminares y reglas para un juicio. Derechos y deberes del demandante. [1*] si in ius vocat, ito. ni it, antestamino. igitur em capito,* Cic. *leg.* ii. 4. 9, que dice que esta regla está al principio del Código; Gellius xx. 1. 25; *ad Herenn.* ii.13.19; Paul. *ex F.* 54.19. "Si alguien es llamado a comparecer en una corte, que vaya. Si no va, que se llame a un testigo. Sólo entonces que sea capturado". (Pomponio) Porfirio, de principios del siglo III d.C., en Horacio, Porph. *ad Hor. sat.*. i.9.76, ¿Puedo

En la edad del Derecho por tanto, a la puerta del adversario, o del testigo convertido en adversario por su negativa a colaborar, se realizaban prácticas que eran antecedentes o sucedáneos de la acción procesal, pero cuyo significado prehistórico sigue resultándonos evidente. En Roma la *vagulatio* u *obvagulatio* es definida por Festo como *quaestio cum convicio*, algo a sí como indagación con reproche, a gritos, y las Doce Tablas permitían recurrir a ella durante tres días francos, con relación al testigo que había faltado a su deber. La escenificación de la reclamación recogía en su ritual la gravedad o levedad de la misma, pudiendo ir desde los versos pronunciados como *carmen*, cuyo argumento se reforzaba con la expresividad del ritmo y la correcta entonación, hasta la severa enumeración en voz alta de las ofensas o daños sufridos, o el decidido y exaltado dicterio de exigencias, mezcladas con insultos y las calumnias más duras, a voz en grito, más pendiente de difamar al aludido ante la ciudadanía que lo presenciaba, que de obtener una satisfacción del ahora verbalmente agredido.

Esta costumbre se atestigua tanto en Atenas como en Roma, pues no olvidemos que allá, en el siglo IV se usaba el mismo término, *nómos*, tanto para nombrar la ley como el canto, y que la queja *ad portas* tenía su analogía tanto en la *supplicatio,* como en el *carmen* que en la tragedia, el héroe o la heroína entonaba cuando profería las palabras vengadoras, llenas de poder mágico, ante las puertas del palacio paterno del que había sido expulsado. Mediante esta actuación, se limitaban y suavizaban las consecuencias de la satisfacción a través de la venganza, y reforzaba los lazos solidarios entre los ciudadanos frente a las nuevas instituciones[346].

En otro lugar las Tablas regulaban la acción posterior a seguir cuando el demandado no atendía a la demanda. En tal caso, no se decía que debiera ser arrestado por el pretor, sino que podía hacerlo la misma parte demandante. Había prescripciones que daban por bueno el acuerdo a que llegaran las partes en conflicto, y se establecían pautas de comportamiento para el caso en que, de no llegar a un convenio, comparecieran ante el juez, que en algunos casos era el pretor que se nombra. Se establecía el foro o el comicio, como lugar de encuentro, y antes del mediodía como tiempo máximo, teniendo que culminar la vista antes del ocaso. Si el procedimiento se prolongaba más del Martino, entonces se suspendía hasta el siguiente, comenzando la nueva sesión con la repetición de cuanto fuera necesario para enlazar correctamente con la nueva vista[347].

---

llamarte a atestiguar?. Pero en otro ámbito, al testigo verificador de monedas, o pesador del cobre, *libripens,* si no comparece como testigo, se le considerará deshonrado e incapacitado, *improbusque intestabilis.* tab. viii. 22, Gell. xv.13.11; el testigo, en G. MacCormack,(1973b) 225/243; la *obvagulatio,* en J. A. Arias Bonet, (1956) 283/301

[346] Festus, 514L; tab. II.3, *cui testimonium defugerit is tertis diebus ob portum obvagulatum ito*; Platón, *Las leyes*, 799E; Sof. *El.* 102 ss.; Esq. *Coef.* 320 ss. Todavía en la Constitución de los Atenienses, Arist. *AP* 43.6, cita la existencia de una asamblea específica para quienes presentaran reclamaciones sobre cualquier cosa, L. Gernet, (1984) 202 y 203.

[347] tab.I. 2/3, *si calvitur pedemve struit, manum endo iacito,* “Si el demandado elude o huye, el demandante puede obligarle a que regrese”, Festus, 450; 210, 310. tab.I, 6, *rem ubi pacunt*, orato; Auct. *ad Herenn.* ii.13.20; Gell. xvii.2.10, *ni pacunt, in comitio aut in foro ante meridiem caussam coiciunto* ; Varro, *ling.* vii. 5, *itaque duodecim tabulis dicunt: 'solis occasu diei suprema tempestas esto;* Festus 305; tab.I, 9, *si ambo praesentes, solis occasus suprema tempestas esto*, aunque hay razones para pensar que no siempre se dio el juicio de un sólo día. M.H. Crawford, (1996) II, 594. Hoy se interpreta *suprema tempestate* como que los juicios no podrían celebrarse por la noche, suprema con tal sentido en Macrobius, *Sat.* i.3.14; Censorinus, *de Die Natali* 24; E. Metzger, (2004) 243/276; A. H. J. Greenidge,

Las Tablas, según la tradición, establecían las garantías a las que debían estar sujetas las partes. La ambigüedad de la regla siguiente es proporcional a la controversia que genera. "El propietario – *assiduus* - sólo puede ser avalado por otro propietario, pero un ciudadano pobre – *proletarius* - puede ser avalado por cualquiera". Aulo Gelio advertía que Quinto Enio tomó la palabra *"proletarius"* de las Doce Tablas, en las cuales había el siguiente pasaje: "que el defensor - *vindex* - de cualquier propietario - *assiduus* - sea así mismo un propietario, mientras que para un proletario, que sean defensor o valedor aquel que quiera serlo*"*. El poeta conocía el significado del término *proletarius,* pues incluso él mismo lo utiliza en sus anales cuando hablaba de que el estado armó a los proletarios. Nosotros, con independencia de su etimología, traducimos *assiduus* por individuo con ingresos, el ciudadano solvente, en contraposición con el ciudadano que no tenía ningún bien económico, el *proletarius,* pues ambos son términos censuales, los dos figuran en la reforma serviana, los que tienen y los que no tienen, simbolizada esa tenencia o propiedad en los ases o la prole, respectivamente.

El término *assiduus* deriva de *assideo*, con sentido de residir, estar asentado, de modo que nos referiría al campesino, al individuo que está instalado, trabaja y vive junto a su parcela de tierra. Otras opiniones hablan de etimología compuesta, *ab aere dando,* dar ases, en relación con una errónea o al menos incompleta interpretación del papel de las clases censitarias de la asamblea centuriada. Como la posición del *assiduus,* ciudadano que poseía y trabajaba la tierra, suponía un nivel de ingresos anuales, cuantificables en ases, surge la vinculación al censo serviano, y la etimología forzada que lo explica como contribuyente. En algún autor, como Cicerón, *assiduus* califica al gran terrateniente, rico, *locuples,* de modo que *assiduu*s se homologa con *locuples.* En la Roma del siglo V que nos describe Dionisio de Halicarnasos, la discriminación legal y judicial no eran entre *assiduus* y no *assiduus, proletarius* en este caso, sino entre patricios y plebeyos, por lo que un plebeyo, con independencia del *status* económico al que se vinculara y siguiendo las propias noticias del historiador griego, sólo podría ser representado en los tribunales por un patricio.

Las Tablas por tanto hablarían de una población estructurada en *classes* según el modelo censual de la reforma de Servio Tulio en el siglo VI. A partir de los datos de que disponía sobre la institución en su tiempo, Cicerón reconstruye aquella reforma, para él ya lejana en el tiempo, y la proyecta a la monarquía, tiempos de Servio Tulio, y tal término es sustituido por otros de significado similar en Dionisio y Livio, sin más repercusiones, en su reconstrucción de clasificación de la sociedad romana según sus ingresos. En realidad, tal reforma debió ser una construcción literaria que proyectó hacia el pasado una situación muy posterior, acaso ya vigente a fines del siglo III, e incluso a comienzos del II a.C. Tiempos éstos tan obscuros, en muchas facetas, para Cicerón como aquellos en los que se elaboraron supuestamente las Tablas. En la Ciudad de la transición al principado, la tradición daba por alcanzada la igualdad de derechos, sin distinción entre patricios y plebeyos, y la reforma del censo venía a ampliar y consolidar la otra división de hecho existente, la de los ciudadanos ricos y

(1901) 271; F. L. von Keller, (1883) 337–38. Sobre la repetición de sucesos del proceso al día siguiente, P. Arens & W. Lüke, (1999) 22; sobre el horario de juicios, B. Albanese, (1992) 95/113; (1995) 176/198; (1995b) 103/122; (1995c) 136/152; J. Carbonnier, (1955) 345/350.

los ciudadanos pobres, siendo el límite inferior de esa frontera la posesión de unos ingresos mínimos, conectados a una mínima parcela de tierra.

De manera que los poseedores de esas tierras eran llamados *assidui,* por ser sus ingresos medidos en ases, aunque fuese el bien inmueble lo que el escritor tenía en mente. Difícilmente podían constatarse estos extremos en el siglo V y vemos en la noticia de Gelio una información imprecisa e incompleta, que el propio comentarista intenta revalorizar vinculando el asunto con la autoridad que para muchos despertaba la figura del poeta Enio, del que desde nuestra posición, ni siquiera podemos confirmar que incluyera tal término en su relato[348].

Las Tablas también salen al paso de alguna de las causas habituales de suspensión de los juicios, como era la alegación de edad avanzada o la enfermedad que impedía el desplazamiento. Para ello, ordenan que se provea al impedido de los medios adecuados de transporte, incluidos cojines que hagan más cómodo el viaje. De otra causa que debía resultar habitual, como era el tener concertada cita con un enemigo, o sea, peregrino, sólo se indica que se pospusiera el juicio. Este tipo de provisiones, ciertamente tan minuciosas como accesorias, compaginan con un desarrollo de la sociedad y sus órganos de Justicia, capaces de afrontar con nuevas normas, los resquicios observados en las leyes vigentes. El intento de burlar o rodear el mandato legal requiere de una vigencia prolongada del mismo: pese a la coerción de la autoridad competente, un demandado puede tratar de eludir, dilatar o boicotear la acción del tribunal, alegando enfermedad o cualquier imposibilidad física de comparecencia. Sólo una dilatada experiencia de estas actitudes predispone al legislador a reforzar la norma original con nuevos elementos. No parece que tal complejidad sea adscribible a los tiempos primitivos de la República[349].

3.4. Costumbre y sanción colectiva.

Entre los indios cuervos, de las llanuras del norte del estado de Wyoming y de Montana, en Estados Unidos de América del Norte, no hay castigo más severo y efectivo para ciertos delitos, como el adulterio, que la exposición del sospechoso a la burla y el ridículo ante su gente. Llegada la ocasión, al acusado se le rodea y se le sigue a donde vaya, cantándole canciones de letra burlesca, de manera que quien contraviene alguna costumbre pasa a convertirse en blanco de la chanza y los desprecios de sus "bromistas parientes". Entre los aborígenes de Tasmania, con un derecho tan

---

[348] tab.I, 4, *assiduo vindex assiduus esto. proletario iam civi quis volet vindex esto.* Gell. xvi.10.5; Gai, *Dig.* ii.4.22.1; l. 16.234.1; Cic. *top.* ii.10; Non. 67.18; 155.19; cf. Cic. *rep.* ii.22.40: si aceptamos la versión de Gellio, aceptamos con ello que Enio lo incluyó, y que además, el poeta lo tomó de las Doce Tablas, con la que para el comentarista Gellio, el ilustre esclavo estaba familiarizado; Enn. *Ann.* vi.170; Gell. XVI.10.1.6.170, *proletarius publicitus scutisque feroque Ornatur ferro. muros urbemque forumque Excubiis curant* Dioniso iv.18.3; tab. I, 10, ... *cum proletarii et adsidui et sanates et vades et subvades et XXV asses et taliones ... evanuerint, omnisque illa XII tabularum antiquitas ... lege Aebutia lata consopita ist ...* Gell. xvi.10.8; Platón, *Leyes,* 954 a/b; Aristoph. *Las nubes*, 497/499; B. Albanese, (1998) 15/40; J.Andre, (1976) 22/23.

[349] tab. II, 2, . . . *morbus sonticus . . . aut status dies cum hoste . . . quid horum fuit unum iudici arbitrove reove, eo dies diffissus esto,* Festus 290; 273; *si morbus aevitasve vitium escit, iumentum dato. si nolet, arceram ne sternito* Gell. xx.1.11; 24; 25; 27; Non. vii.2; Dig. L.16.233 pr; Varro, Ling. V.140; "en las Doce Tablas, nuestros *maiores* llamaban *hostes* a quienes nosotros llamamos *peregrini",* Cic. off. I.12.37. *Arcera,* de arca, carro de cuatro ruedas usado para el traslado de viejos, enfermos o heridos, citado en las Doce Tablas, Varro, ling. V.140.

rudimentario como sus formas de gobierno, cualquier individuo que por sus malas acciones se ganaba la animadversión de la tribu, debía soportar que le arrojaran dardos, o se le obligaba a subir a un árbol, mientras el resto de la tribu desde abajo le sometía al escarnio y el vilipendio. Los samoanos obligarán a un murmurador empedernido a tomar ciertas raíces tóxicas que le inflamarán las mucosas de la boca durante varias semanas y no le permitirán tomar alimento sólido[350].

Si creemos a Plauto, en la Roma de la primera mitad del siglo II a.C. los poderes públicos apenas se inmiscuían en los conflictos entre particulares, lo que se lleva bien con una idea del derecho escasamente intervencionista, y prevalecía el despliegue de la iniciativa personal e individual ante cualquier situación de resarcimiento por parte de terceros. Se trata de una sociedad en la que el ciudadano de la calle no se arredraba a resolver sus diferencias usando de los cauces que le suministraba la costumbre, ajeno a los procedimientos del estado, y con una decisión y libertad expresiva, que suena a trasgresión y desparpajo desde el análisis sesgado e interesado que de estas conductas nos transmitieron a fines de la República. Es la manifestación de un *ethos* cívico que, aunque sofocado y tamizado por la Roma oficial de las instituciones que se nos transmite, de nuevo deja huella de su vigencia en no pocos epitafios recuperados de la epigrafía.

Cualquier ciudadano que se sentía ofendido, agraviado o menoscabado en su honra y bienes, iba a al puerta del ofensor y profería a voz en grito, *occentatio,* a la vista y audiencia de todos los transeúntes, el historial de sus quejas, la razón de sus agravios y las satisfacciones que esperaba del morador de la vivienda. Esta actitud es un esquema de una actuación que solía adoptar múltiples variantes, tanto en su escenificación como en sus consecuencias, en función del tipo de ofensas que se dirimían, el contexto social y cívico en el que tenía lugar, y sobre todo, si el instigador del asunto era un particular - *carmen famosus* -, o todo un colectivo - *quiritatio* -.

Escribía Jenofonte que no estaba permitido hablar mal del pueblo ni hacer de él un objeto de burla en comedia alguna, pero que si se quería mencionar a alguien en particular, que lo hicieran, porque se sabía que generalmente no eran objeto de burla en las comedias alguien del pueblo o de la masa, sino el rico, el noble o el poderoso, y aún a esos pocos, se les sacaba porque se metían en otros asuntos o ambicionaban tener más que el mismo pueblo. El poeta Cn. Nevio, activo en el siglo III a.C., atacaba con sus *fabulae togatae* a personajes importantes de su tiempo, según *graecorum poetarum more*, como a Publio Cornelio Escipión el Africano, o Q. Cecilio Metelo, en 206, sobre los que lanzaba *maledicentiam et probra*, motivo por el cual la *gens* prometió vengarse y logró que fuese encarcelado. Arrepentido el poeta, los tribunos consiguieron su libertad[351].

Las Doce Tablas aplicaban pena capital, entre otros delitos, para quien pronunciara un canto ofensivo y difamatorio, contra alguien. "Es mejor que a los peores hombres los

---

350 A.A. Goldenweiser, (1913) 281/294; Robert H. Lowie, (1912) 179/247; C. Lord, (1924)456/463, *vid.* R, Giblin, (1928); E. Schultz, (1911); R.W. Williamson, (1924).

351 Jenof. *La República de los Atenienses*, ii. 18; Gell. iii.3.15; vii.8.5; Ps. Ascon. ad *in Verr*. i.10.29; D. Manfredini, (1979); C. Ortiz García, C. (2005): "*Malum carmen incantare*", en A. Calzada González /F. Camacho de los ríos, coords., (2005) 429/440.

censure el censor - decía Cicerón -, no el poeta ... nuestras Doce Tablas, aunque castigó pocos crímenes con la pena capital, la impuso a los que hacían afrentas públicas o componían cantos infamantes o injuriosos contra alguien, lo que está muy bien, pues debemos someter nuestra conducta al juicio de los magistrados y a los procedimientos legales, no al ingenio de los poetas, ... no gustó a los antiguos romanos que en la escena se alabara ni vituperara a nadie vivo"[352].

La flagrancia que caracteriza a ciertos delitos privados, como el hurto y el adulterio, era consustancial a la misma noción del delito, y no se consideraba un medio privilegiado de prueba. La flagrancia objetivaba el delito y a un hecho marcado por la evidencia correspondía una respuesta evidente, como es una ejecución inmediata de la pena. Esta continuidad era esencial. Flagrancia y delito constituían un cierto ideal del derecho criminal, que es el que la sanción pudiera formar cuerpo con el hecho delictivo. Todo era así simultáneo y esta simultaneidad, o al menos la rapidez de la sanción, del castigo al delincuente, pertenecía a un tiempo en el que el proceso judicial se concebía como una unidad simple, en la que enjuiciamiento, sentencia y ejecución formaban cuerpo único y continuado que no se delegaba, y se desarrollaba bajo el control neto y fehaciente del agente designado para ello. Agravantes y atenuantes, o no existían o si existían, en realidad constituían una nueva variedad de delito específico.

Platón consideraba justa la muerte aplicada al ladrón, al violador o al agresor de padres, hijos o hermanos, e incluso al adúltero, sin distinguir si ello se producía de noche o de día, siendo el nexo común a todos los casos la flagrancia testimoniada en la perpetración de los delitos. Al mismo tiempo regulaba los deberes de resarcimiento de las víctimas de agresiones, estableciendo las compensaciones económicas que en cada caso correspondían. Se hablaba de pagos del doble al cuádruplo del daño provocado. De igual forma las Tablas establecían compensaciones económicas para las víctimas de *iniuriae*, desde los veinticinco ases hasta los trescientos, en función igualmente del tipo de lesión y la identidad del agresor y el lesionado. En las leyes primitivas de Gortina, Creta, la pena para el adúltero no era mucho más leve, se resolvía con una compensación económica equivalente a cien estáteras, tratándose igualmente de un delito flagrante[353].

---

352 tab. viii, 1, Cic. *rep.* iv.12: *tusc. disp.* iv.2.4; Hor. *sat.* ii.1.82; *ep.* ii.1.152; Arnob. *adv. Gentes*, iv.34; August. *civ. Dei*, ii.9; Cornutus, *ad Pers.* S., i.137; Festus, 196,12. Sobre la *occentatio,* M.D. Ogle, (1911) 251/271; A. Ronconi, (1924) 958/971; G. Lepointe, (1955) 287/302; G. Comerci, (1977) 287/306; A.M. Addabbo, (1991) 11/27; J. Muñiz Coello, (2007).

353 Platón, *leyes,* 874 b/c; 876 e – 877 d; 878 b – 879 a; *tab.* viii.2/8, Gaius, *inst.* iii.233, *poena autem iniuriarum ex lege xii tabularum propter membrum quidem ruptum talio erat; propter os uero fractum aut conlisum trecentorum assium poena erat, si libero os fractum erat; at si seruo, cl; propter ceteras uero iniurias xxv assium poena erat constituta. Et uidebantur illis temporibus in magna paupertate satis idoneae istae pecuniae poenae esse.* Festus, 550.3; 561.24; Gell. xx.1.12; Paulus, *coll. M. et R.,* ii.5.5.Gernet, (1984) 233; Calero Secall, (1997) col. ii.20/45; Lisias i.26, habla de la justa muerte del adúltero cogido *in fraganti*, a fines del siglo V, si bien Demóstenes, lix. 65, consideraba que lo habitual era una compensación ecónomica, en este caso de treinta minas de plata. Muerte igualmente al ladrón, en el Código de Hammurabi, art. 22. Sobre la *iniuiria,* P.B.H. Birks, (1969) 163/208; A.D. Manfredini, (1977); (1979); A. Rodger, (1991) 1/11; B. Albanese, (1980) 21/36; V.L.D. Nobrega, (1967) A. Watson, (1975) 213/222 A.K.W. Halpin, (1975) 344/354; P. Siewert, (1978) 331/344; J. L. Parrondo Pardo, (1988) 1525/1530;

Las Tablas reproducen una filosofía similar pero igualmente consideran justo que se mate al ladrón cogido en evidencia, sin distinción de clase, edad y actitud del mismo. No obstante, a continuación y matizando este principio general de causa/efecto, crimen cierto/justicia rápida, se citan nuevas variantes y situaciones que, enriqueciendo sin duda el repertorio de sanciones, ahora graduadas a las circunstancias de cada caso, recrean un panorama penal cuya fidelidad al texto original nos es difícil de precisar. De no ser muerto por la víctima, el ladrón apresado, si era liberto, era azotado y luego entregado como esclavo a quien robó, aunque si era esclavo, su destino resultaba fatal, pues debía ser despeñado por la Roca Tarpeya, y si era menor de edad, se dejaba al pretor la decisión de ordenar que se le azotara y luego se fijara la compensación económica, además de la devolución de los bienes robados. Una prescripción añadida subrayaba la prohibición de adquirir bienes robados mediante *usucapio* cuando su dueño estaba identificado, al menos para el contexto primitivo en que se supone que se gestaron las Tablas[354].

En la sociedad romana primitiva, de base agrícola y ganadera, abundaban las normas relacionadas con tierras, cosechas y ganados. La quema intencionada de la finca o de las casas y el robo nocturno de la cosecha suponía la condena a muerte del autor, en el primer acaso, tras recibir una paliza y morir luego por el mismo fuego que provocó, y en el segundo caso, suspendido de un árbol, como sacrificio a Ceres. Si el autor era menor de edad pasaba a disposición del pretor, que decidiría si debería recibir una paliza y pagar el doble de lo dañado. El árbol cortado secretamente suponía una multa de veinticinco ases, y los frutos que caían en finca ajena, serían para el ocupante de ésta, que podía tomarlos para sí o para su ganado. Los daños o pérdidas causadas por un cuadrúpedo eran resarcidos por su dueño, ya fuese con la entrega al perjudicado del animal causante, o de una cantidad que lo compensase. En Platón se indicaba que si la bestia o animal causaba una muerte, los parientes mataran al animal y le echaran fuera de los confines[355].

3.5. Magia y simbolismo. Roma. Los primitivos actuales.

No es de este lugar profundizar en el valor mágico que griegos y etruscos otorgaban a los números, pero entenderemos mejor aspectos formales del tema que nos ocupa, las Tablas y sus autores, si aludimos a algunas noticias conservadas. Así, el número tres fue común en la mayoría de los rituales religiosos del mundo romano, y su valor simbólico se extiende e impregna a todas las instituciones civiles. Los tres días *ad portas* del testigo, la denuncia del moroso por el acreedor, en el mercado durante tres días sucesivos, las tres noches seguidas sin dormir del marido en casa que libraban a la mujer de su *manus*, el triple derecho que sancionaron las Doce Tablas (4 x 3), el

[354] tab. ii,4, Gell. xi.18.8; tab.viii, 12/15; Macrob. *S.* i.4.19; Cic. *pro Tull. fr.* 21, 47/50, citaba en tab.II, 6, una salvedad a la pena máxima, el caso en que el ladrón no fuera armado, cosa tan improbable como el resquicio de humanización que el orador pretendía señalar con la cita. Gaius, ii.45; tab. viii, 11; 16/21, para Ulpiano, Gaius, iii. 190; *Dig.* xlvii. 3. 1; Festus, 162, 14; 556,25, la compensación económica consistía en el pago del doble del valor de lo robado.

[355] tab. VII, 1; Ulp. *Dig.* XIX.5.14.3; IX.1.1; Ulp., 18 *ad ed.*, *Dig.*, 9, 1, 1 pr.; Ex. XXII.5; 6; Platón, *leyes*, 873 e, El art. 59 del Código de Hammurabi establece igualmente un pago por árbol cortado en campo vecino.

sagrado, el privado y el común del pueblo, éstos y otros casos similares, recuerdan la eficacia que se suponía confería a la acción humana la participación del tres[356].

De igual forma se utiliza el cuatro, número de Hermes, y el siete, o el cinco, aunque en realidad pocos números carecen de su correspondiente carga simbólica y significativa, lo suficientemente explícita como para comprobar que hay poca espontánea y aleatoria casualidad en aquellos actos de los que formaban parte los números sagrados o sus múltiplos. La tradición que afecta a la Roma Primitiva se articula en torno al número tres y sus mútiplos, además del diez, si bien en nuestra opinión éste parece disfrutar de contenido simbólico sólo en su combinación con aquel, siendo de uso laico y posterior, en relación con el primero, el tres, pero proyectado hacia el pasado, construido así con los modelos institucionales del presente.

Tres fueron las tribus romanas primitivas, los dioses capitolinos, los *flamines* más importantes, las legiones primitivas, los grados básicos de la carrera senatorial, y a partir de ahí las treinta curias, los trescientos patricios primitivos del senado, los trescientos *celeres*, los seis mil efectivos por legión y sus divisiones internas, los tribunos, las insignias de mando, las doce centurias ecuestres más las seis centurias *procum patricium,* las magistraturas menores colegiadas, y tantas otras manifestaciones de la vida pública y privada del pueblo romano. En la fundación de la Ciudad a Rómulo se le aparecieron doce buitres, mientras que a Remo sólo seis, los doce hijos de Acca Larentia, famosa prostituta de los tiempos de Rómulo, o ciertamente más significativo los doce libros de leyes de Platón, y las doce tablas de leyes de los decenviros[357].

En fin, los doce meses del calendario de Numa, desde los diez en que lo tenía Rómulo, los doce salios en honor a Marte Gradivo, y las doce familias de la *gens Potitia*, extinguidas en un solo año, el 312, año de la censura de Apio Claudio el Ciego, aunque en autores como Apiano el doce aparezca con frecuencia asociado a elementos nocivos, como los doce pueblos que se aliaron contra Roma en la Guerra Social, cada uno con su general al frente, o los doce sitios por los que los catilinarios planeaban incendiar simultáneamente la Ciudad, de haber prosperado la conspiración[358].

Es propio del comportamiento del hombre primitivo buscar fuera de la naturaleza las respuestas que su inteligencia no le proporciona. Así, el recurso a lo sobrenatural, que suele ser secuela de la desconfianza en la eficacia de los propios medios, se materializa a través de procedimientos como la adivinación, el anatema condicional – "si lo que digo no es verdad, que el poder sobrenatural me mate"-, la ordalía y el juramento sin

---

[356] Auson. *Griphus*, 61/62. Ausonio, siglo IV, dedica todo un tratado al número tres y sus propiedades, *griphus ternarii numeri*. L. Gernet, (1984) 203 y 247; sobre la magia del tres, H. Usener, (1966).

[357] Plut. *Rom.* ix.2/6. Sobre Acca Larentia y el resto de los hermanos a partir de ese momento *fratres arvales, collegium* de doce, Gell. vii.7.5/8; *non enim minus cupide tabulas istas duodecim legi quam illos duodecim libros Platonis de legibus*. Gell. xx.1.4. Las Doce Tablas, parangonadas con los doce libros de las leyes de Platón. La dodecápolis etrusca, Livio i.8.3, los *flamines*, i.20. 2, los buitres i.86.4, las tribus y las curias, Dionisio, ii.7.2/4; Cic.*rep*.ii.14; los *celeres*, Dionisio ii.13.1; 29.1, tribunos, Dionisio ii.14.4, las primitivas legiones, Dionisio, ii.16.2, los lictores, Livio i.8.2; las doce centurias de *equites* instituidas por Servio Tulio, Livio i.43.9,

[358] Livio i.19.5; 20.4; ix.29.10; Ap. *bc*.i.39/40; ii.3; Diod. xxxvii.2/5. Poderes y virtudes del número siete, en Gell. iii.10.

sanción. Con otras palabras, para que algo suceda o deje de suceder, el individuo añade a su voluntad real y natural el resultado de su apelación a lo sobrenatural, la coerción sobrenatural, como garantía de cumplimiento de su deseo.

Las sociedades complejas hacen juramentos y se someten a pruebas de tipo ordalías porque sus autoridades políticas carecen del poder suficiente para conseguir que se cumplan todas sus decisiones políticas y judiciales, evitando sagazmente mostrar su debilidad con vanos intentos que muestren esta vulnerabilidad. Se apela a lo sobrenatural en las sentencias legales de aquellos litigios en los cuales resulta más fácil esconder los hechos, lo que es infrecuente en las comunidades pequeñas. El tamaño y estructura de funcionamiento primario de las comunidades menores crea las condiciones para que no sea necesario recurrir a estos mecanismos, pues se parte del hecho de que todos los individuos son conscientes de quienes han cometido los delitos[359].

Todas esas operaciones, encaminadas a dilucidar las incertidumbres cotidianas, entran en el concepto de magia, y en la actualidad, se piensa que lejos de constituir una pauta de conducta exclusiva de ámbitos primitivos y aislados, fueron un campo de uso y expresión de ámbitos ciertamente más amplios. En principio, la sanción religiosa, el sortilegio, el conjuro y la hechicería, forman parte de la sociedad primitiva y de sus expresiones, las costumbres, los hábitos y las leyes. Se trata aquí de la magia, entendida como vía de elusión de la norma, una acción ajena al control de los poderes públicos, el sustitutivo que busca compensar el agravio privado no satisfecho, cuando el individuo no se siente arropado por aquellos. Se piensa que el uso de tales procedimientos tuvo la función de rellenar lagunas y resolver dudas sobre asuntos o hechos secretos cuyo desconocimiento e ignorancia podía resultar indeseable para una comunidad muy cohesionada y trabada.

Y como acabamos de decir, no es tal mecanismo exclusivo del hombre primitivo, pues todavía hoy en nuestra cultura moderna cualquier órgano de la justicia, incluidos los jueces, en realidad todo el sistema que se mueve en torno a la Ley, se desenvuelve y funciona con una aureola que podríamos calificar de parareligiosa o mística, que se manifiesta en el ritual de procedimiento y en los pronunciamientos públicos. El recurso a lo sobrenatural se piensa que refuerza la acción a la que acompaña, proporciona una salida o justificación, y deja fuera de la razón y la lógica el modo de resolución o desenlace del acto de que se trate, transfiriendo responsabilidad personal al ámbito de lo intangible[360].

Para Malinowski la brujería era un apoyo de los intereses creados que siempre se colocaba del lado de los ricos, poderosos e influyentes; de ahí que a la larga lo fuera también del orden y de la ley. La magia era siempre una fuerza conservadora que suministraba la fuente principal del saludable miedo al castigo y la retribución, indispensables en cualquier sociedad ordenada. Ya que la tendencia a conservar hábitos y costumbres suponía una faceta importante en la sociedad primitiva, la hechicería suponía un legado cultural que el paso del tiempo enriquecía y se preservaba

---

[359] E. Adamson Hoebel, (1985) 447; 481; C.S. Ford, ed., (1967), 192. Es la república ideal de Platón, de cinco mil y pico habitantes. Ordalías en Roma, E. Tomulescu, (1974) 323/335.
[360] K.N. Llewellyn,/ E. Adamson Hoebel, (1953) 57.

como agente benéfico de enorme valor para el normal desarrollo de las relaciones comunitarias. Lejos de suponer un desafío al poder, si éste lograba encauzar sus prácticas, éstas se convertían en otra vía de manipulación y control por parte de ese poder, útil allí donde la amenaza de la sanción tradicional carecía de consecuencias, o cuando se suponía que el procedimiento podía ser eficaz al estar más familiarizado con la costumbre. Y en efecto, cuando hechicería y poder marcharon unidos se consolidaba la estabilidad interna del sistema[361].

Un mecanismo jurídico de los nativos de las Islas Trobriand, al este de Papúa, Nueva Guinea, en el Pacífico Occidental, era el llamado *kaytapaku*, la protección mágica de la propiedad por medio de maldiciones condicionales. Cuando un hombre poseía cocoteros o palmeras de areca en puntos distantes del territorio donde era imposible vigilarlos, pegaba una hoja de palmera al tronco como indicación de que había proferido una fórmula que automáticamente traería desgracias, males, dolencias, etc.., al ladrón que se aventurase por sus propiedades. De igual forma, entre los nativos del archipiélago de Samoa, en el Pacífico Sur, el tabú se utilizaba para guardar aquello que no se podía proteger personalmente. Con hojillas de cocotero el dueño de un terreno de árboles del pan, confeccionaba una figura de tiburón, que simbolizaba el "tabú del tiburón blanco", fijándolo en uno de los árboles. Si alguien entraba y robaba sin tener en cuenta esa advertencia, la primera vez que fuera al mar sería devorado por el dios encarnado en el tiburón blanco[362].

Poseemos casi un millar de tablillas que muestran la vigencia de las prácticas mágicas a lo largo de la historia de Roma al menos desde el siglo V a.C. Son las *tabellae defixionum*, tabletas de sortilegio, hechas de plomo - aunque se hicieron también en bronce, estaño, mármol o terracotas -, el metal de Saturno, uno de los dioses infernales, con escritura incisa que contenía alguna amenaza, advertencia, mensaje coactivo, conminación, contra un vecino molesto, adversario, médico incompetente, individuo que suscitaba envidia, o aquel que era rival en amores. También podía ser directamente un maleficio o maldición, que se formalizaba mediante una imprecación, acompañada de signos cabalísticos y dibujos, etc.., encargado por alguien, normalmente analfabeto, que se siente perjudicado, a un especialista en escritura, y que se colocaba en un lugar oportuno, para que el mensaje llegue al destinatario. Era material frecuente de las tumbas, en las que se introducían subrepticiamente las más de las veces. Las tablillas más antiguas portaban contenidos coercitivos, en los que se desea paralizar, estrangular, neutralizar una acción. La escritura era bustrofédica y empleaba todo tipo de maniobras gráficas pensadas para obtener sus objetivos: letras tumbadas, puestas al

---

[361] De hecho, en sociedades iletradas además de las repetidas violaciones de la costumbre, como el incesto, constituyen delitos públicos la brujería, la magia negra, algunas formas de sacrilegio y la desobediencia a la autoridad constituida, A.E. Radcliffe-Brown, (1996) 242.

[362] B. Malinowski, (1926) 76; 98/99; 112/113; R.W. Williamson, (1924); L. A. Filoialii & L. Knowles, (1983) 481/486. Los *horoi* de Solón simbolizaban igualmente una situación concreta, en este caso vinculada a una decisión humana, que afectaba a la tierra donde se hincaban. Se declaraba como propiedad sometida a hipoteca, y se alejaba así a posibles compradores. En la sociedad primitiva hay magia para deshacer las consecuencias del incesto del clan, el ejemplo más definido de elusión métodica de la ley, magia para destruir cosechas, para frustrar esfuerzos de un pescador, para hacer que los cerdos se escapen a la selva, para agotar los bananeros, cocoteros y palmeras ajenas, para echar a perder una fiesta o una expedición de *kula*. Esta magia, dirigida a instituciones establecidas y actividades importantes, es realmente un instrumento de delito suministrado por la tradición.

revés – entidad demoniaca -, letras repetidas en aliteración, o secuencia alfabética a la inversa[363].

En su etapa de desarrollo más elemental, el derecho está intimamente ligado a la magia y la religión, de forma que las sanciones legales marchaban juntas a las sanciones rituales. Por lo general la sociedad primitiva hacía frente a la brujería, que empleaba técnicas sobrenaturales, más que con la acción legal, con contramedidas del mismo carácter. De otra forma, a la magia individual, particular, se le contrapuso la magia de la comunidad, y como portavoz y delegada de ella, la respuesta con las mismas prácticas por parte del estado. En consecuencia, las sanciones fueron tanto laicas como religiosas, mágicas, o mezcla de todas, según la vía por la que el castigo hubiera quedado establecido. Lo importante era que la parte ofendida quedara satisfecha por considerar la sanción efectiva y fuese al tiempo si no aceptada de buen grado, al menos consentida por el infractor, de modo que el equilibrio quedara reinstaurado.

Estas sanciones eran propias de un colectivo o sociedad de gran conservadurismo y, en el caso romano, se trataba de una comunidad con caracteres todavía poco permeables para asimilar los desarrollos de la *civitas*. Por ejemplo, el ritual consistente en la maldición de cosechas que las Doce Tablas recogían no fueron necesariamente actos de índole arcaica y como tales sólo ubicables en fechas tempranas como el siglo V o anterior, conciliando la datación de la costumbre con el tiempo que la tradición fija para los textos, pues en el ámbito rural los límites temporales de este tipo de costumbres son tan imprecisos como las propias actividades que allí se desarrollan[364].

En su análisis de la comunidad isleña de Trobriand, Malinowski escribía que la magia maléfica que un individuo lanzaba sobre los jardines de sus rivales, expresaba las ambiciones particulares, contrapuestas a los intereses de toda la comunidad, que la magia comunal de los huertos solía atender."Que nadie eche mal de ojo sobre las cosechas", era aserto que causaba asombro a Séneca. A este respecto comparaba la sociedad primitiva en la que supuestamente tal mandato tenía vigencia, con los nativos de la villa de Cleones, Argos, para él los más crédulos e ingenuos del mundo. Según el preceptor de Nerón, los habitantes de Cleones creían que el granizo podía evitarse con un simple sacrificio, para lo cual tenían a unos individuos constantemente vigilando el cielo. E igualmente, sometían a juicio a aquellos a quienes les había sido encomendado el cuidado de prever la tormenta, en la creencia de que por su falta de interés habían sido azotados los viñedos o se habían abatido las espigas. "Y entre nosotros", - añadía – "en la Ley de las Doce Tablas – *in XII tabulis* – se prohíbe que nadie eche mal de ojo sobre las cosechas ajenas, - *ne quis alienos fructus excantassit* -. La antigüedad, en su primitivismo, creía que la lluvia podía atraerse y alejarse con cánticos. Era tan evidente

---

363 *Tabellae* de este tipo se encontraron entre los materiales empleados por Cneo Pisón para supuestamente para provocar la muerte de Germánico, segú Tac. *Ann.* ii.62; Ch. Daremberg/Ed. Saglio, (1969) vol.V, 3/5; G. Piccaluga, (1993) 52 y 53; P. Huvelin, (1901); E. Massonneau, (1933); A.M. Tupet, (1986) 2591/2614; A.M. Vázquez Hoys, (2001) 71/113; J.B. Rives, (2003) 313/319; G. MacCormack, (1969) 439 ss.

364 ¿Desde cuando hay ganadería?, ¿a partir de qué momento se roturaron los campos?. Hay encantamientos y maleficios agrícolas en el siglo V a.C., y probablememte antes, como los hay hasta el final del Imperio, según vemos en Amiano Marcelino, por ejemplo. El campo fue con mucho, espectador de aquel provechoso experimento que fue la *polis* o la *civitas*, y sus reglas y costumbres, ya maduras, cuando aquellas nuevas formas de convivencia comenzaban a elaborar las suyas.

que no podía suceder esto que, para convencerse de ello no había que ir a la escuela de ningún filósofo, siendo esto propio de una antigüedad primitiva, *rudis antiquitas*"[365].

En relación con la religión, hace un siglo Marcel Mauss aventuró que ésta tenía su origen en los fracasos y errores de la magia. Esto abría interesantes vías para obtener explicaciones plausibles sobre las primitivas leyes romanas y la tradición historiográfica sobre ellas. Para el sociólogo francés, respecto de las formas de relación más antiguas del hombre con lo sobrenatural, lo primero que se desarrolló fue la técnica, el ritual, las prácticas, que es lo que conocemos como magia. Cuando estas prácticas se mostraron insuficientes, se dio paso a la reflexión, al pensamiento introspectivo y la formulación teórica, naciendo así el dogma, el enunciado abstracto que cuestionaba y trataba de responder a las inquietudes del individuo. Era un proceso que iba de lo concreto, a lo abstracto. Se sabe que la religión romana primitiva tuvo esta conformación evolutiva.

Y si este esquema funcionaba en el campo del derecho, tendríamos que, a partir de un tiempo en el que la sociedad contaba con numerosas leyes escritas, la percepción filosófica posterior de que tales leyes no respondían a los ideales de quienes regían los destinos de la comunidad se consolidaba. A partir de ahí se daban las condiciones para que se forjara un movimiento de "liberación" de las mismas, pero sin ánimo de sustituirlas por otras, pues dada la estructura de poder vigente en aquella comunidad que cuestionaba, mejor que la ruptura resultaba más útil y conveniente proveerse de referentes, mirando al pasado y sin romper con el presente. Un pasado intuido como glorioso y heroico, ajeno a la veleidad política del presente, portador de normas ideales fruto de los mejores hombres de la República. Así, del dominio concreto de la ley, se pasaba a la recuperación de los viejos ideales que ya no necesitaban de una aprobación o ratificación en las nefastas asambleas, dominadas por los tribunos, pues ya eran leyes desde mucho tiempo antes, y de cuyo recuerdo, así como de su enunciado e interpretación esgrimía la aristocracia su monopolio, a voluntad, viejas y obsoletas, o nobles y siempre vivas, según conviniera, siendo éste el argumento abstracto del discurso político de toda la generación del final del República[366].

---

[365] B. Malinowski, (1995) 385. E. Adamson Hoebel, (1985) 452; A.E. Radcliffe-Brown, (1996) 249; cantos mágicos contra personas. *Qui fruges excantassit, et alibi*: *qui malum carmen incantassit*, Plin. *NH* xxviii.18.1; 3.10, cf. Agust. *Civ. Dei*, viii.19, que dice haberlo tomado de Cicerón, que a su vez lo tomó de las Doce Tablas, las leyes más antiguas de los romanos; Sen. *QN* iv.7.2/3. En el siglo I d.C. algunos contenidos que se adjudican a las llamadas Doce Tablas, producían risa, escepticismo, perplejidad y finalmente, indiferencia, entre gente culta, por lo que no es exagerado pensar que la actividad de los juristas era en ese tiempo más reservada y ajena a lo cotidiano que una centuria antes, una ciencia tan consagrada como bien engarzada en la maquinaría del poder, que no necesitaba ya disputar su razón de ser con políticos y magistrados en la vida cotidiana. Séneca avisaba de que los hombres más sabios, *homini sapientissimi*, rechazaban esta creencia. En la misma antigüedad, buena parte de los contenidos de las Doce Tablas, aquellos que resultaban probablemente plasmación de raros etnicismos, provocaban la misma extrañeza y rechazo que nos puede provocar a nosotros. Cosa distinta es que lo expresaran así, por ejemplo, con el asunto del descuartizamiento del deudor, el asunto del encantamiento de las cosechas, que ahora nos ocupa, y probablemente, la extravagante situación del *lance et licio*, entre otros. *Vid.* B. Inwood, (2003) 81/89; F. Zuccotti, (1988) 81/211; (1992) 361/368; Ch. Guitart, (1996); R.J. Rowland, (1970) 269.

[366] M. Mauss, (1991) 46.

En la Atenas de Dracón, hacia el 630 a.C., había una imprecación, *prórresis,* que se lanzaba contra los desconocidos, que se entendía que tenía un efecto independiente de sus posibilidades respecto de la acción humana. Tal imprecación servía de preludio a la venganza que iba a ejercerse, y a la que confería una eficacia religiosa, si bien podía ser posterior a los hechos y pronunciarse sobre la tumba de la víctima. La demanda de justicia en materia de homicidio se iniciaba con un rito tradicional de anuncio o exigencia: el acusador, que hacía el papel de vengador, lanzaba una "prohibición" contra el asesino, constriñéndolo a no volver a participar en actos religiosos ni y a aparecer en santuarios y lugares públicos. Esta imprecación constituía una especie de residuo formal de otras escenificaciones más antiguas en las que la acción de venganza podía hacerse preceder de amenazas, conjuros, maldiciones, en suma, de la llamada al concurso de lo sobrenatural[367].

En los primeros tratados de Roma con Cartago los cartagineses juraban por los dioses paternos – era obligado hacer un juramento – y los romanos por unas piedras, según la costumbre antigua, y además por Ares y por Enialio. En este juramento se decía: "si cumplo este juramento, que todo me vaya bien – se decía con una piedra en la mano – pero si obro o pienso de manera distinta, que todos los demás se salven en sus propias patrias, en sus propias leyes, en sus propios bienes, templos y sepulturas, y yo sólo caiga así, como ahora esta piedra". Y tras decir esto arrojaba la piedra de su mano. A mediados del siglo V un legado romano, que va al campamento de los ecuos, instalado en el Monte Álgido, les lanza la siguiente imprecación: "que esta sagrada encina y todos los dioses oigan que vosotros habéis violado el tratado, que nos asistan ahora a nosotros y a nuestras reclamaciones, y después a nuestras armas, cuando castiguemos la violación simultánea del derecho divino y humano"[368].

La reacción popular ante los diferentes conflictos que se suscitaban conjugaba la eficacia de las medidas a tomar, con una carga simbólica en su aplicación, que se pretendía garantizar mediante la firmeza del ritual y la expresiva conexión con el ámbito de lo religioso. Todo se juzgaba válido si contribuía a la efectividad del proceso. En su tratado sobre las leyes, Platón pormenorizaba un procedimiento de investigación por el cual quien denunciara un robo recibía la licencia para registrar la casa del presunto ladrón, durante un tiempo y en condiciones específicas. "Si alguien quiere hacer un registro en casa de cualquier otro, que se quede desnudo, es decir, con

---

[367] L. Gernet, (1984) 198 y 199. Maldiciones, conjuros e imprecaciones acompañan a la acción concreta y material que se ejecuta, como refuerzo de la efectividad de lo emprendido y manera de asegurarse su eficacia. Pero no sé si es lícito considerar que tales manifestaciones sobre la fuerza sobrenatural existieron por sí mismas, independientes, en una fase previa que el autor califica como de pre/derecho. De otra forma, ¿la sociedad que usaba del derecho, aún en sus formas más arcaicas, es secuela de una sociedad que se regía con fórmulas sagradas o sobrenaturales, o ésta es sólo la construcción con que todos rellenan las lagunas de obscuridad de los tiempos más antiguos?. De todas formas Pol. XXIII. 15, muestra que la pérdida de cosechas, en su caso por quema intencionada de la misma, distaba de ser un delito grave sin más, y dedica un largo párrafo a perorar sobre la trascendencia de ese tipo de actos, frecuentes en las guerras de su tiempo, vid. M. Pierart, (19739 427; sobre Dracón, A.Fuks, (1959) 24/34; A.R.W. Harrison, (1961) 3/5; R. Stroud, (1979); M. Gagarin, (1981); A.B. Gallia, (2004) 451/460; A. D'Ors, (1978) 815/825; B. Perrin, (1953) 34/49; 173/194.

[368] Pol. iii.25.6/9. Enialio, guerrero, en realidad es epíteto del propio Ares. Esta fórmula, que se vinculaba a costumbre muy antigua, aparece pronunciada a modo de anatema condicional, al estilo de las leyes arcaicas, "si no hago tal cosa ..., que pase esta otra cosa"; Livio iii.25.8; W.W. Buckland, (1939) 16 ss. Ritual fetial, en S. Albert, (1998) 214/227; R. Bloch, (1968) 231/248.

una tuniquilla y sin faja, y que de antemano jure ante los dioses indicados por la ley que ciertamente espera poder encontrar el objeto que busca, y con ello, ya puede entrar y registrar. El otro, que le permita registrar la casa, tanto lo precintado como lo que no lo está, y si alguien no permite registrar, que se le procese y si resulta condenado, que pague el doble del valor tasado para la cosa que se busca. Y si el dueño de la casa está ausente, que se permita el registro de lo no precintado en la casa, y que el buscador espere cinco días, y si no regresa, que con los reguladores de la ciudad, el buscador busque entre las cosas precintadas"[369].

Se trataba de un ritual que el filósofo recoge probablemente como resto de usos cuya vigencia en los tiempos en que el ateniense escribía desconocemos. Concluía el relato con una salida muy común en los compendios jurídicos que nos han llegado, desde los repertorios mesopotámicos a las Tablas romanas. Era común en ellos la ausencia de fallos ambiguos o que disintieran de la lógica simple y palmaria con que se planteaban los delitos y su castigo. Si en cualquier conflicto había un culpable y una víctima, un ofensor y un ofendido, era preceptivo que siempre se diera un castigo. Aún cuando la falta de pruebas hubiera impedido identificar al destinatario del mismo. En esos casos, de no probar los términos de la acusación, ésta se volvía en contra del acusador, como vemos para delitos específicos del Código de Hammurabi, o el dogal al cuello con que debían los interesados presentar sus proyectos de reformas de leyes, en Locri Epizephyrus, sur de Italia[370].

Tal muestra de folklore, con ligeras variaciones y aditamentos, fue incorporada al texto de las Doce Tablas, dentro de las normas relativas al robo y los procedimientos de averiguación y sanción. A fines de la República esta especie de *quaestio* ya resultaba anómala e ininteligible, sin que por ello dejara de ser referida en su correspondiente contexto, aunque sólo como el argumento extravagante que contribuía a rebajar el tono enjundioso de las controversias entre intelectuales y juristas.

La *quaestio cum lance et licio* era conocida por sus notas más sobresalientes y al menos para los restringidos círculos intelectuales de la ciudad, reunía las características de ser, en efecto, un vestigio de prácticas antiguas. Antiguas en tanto desconocidas, y *viceversa.* Aquel proceso recordaba una investigación mediante ordalía, que se practicaba cuando era imposible deducir la culpabilidad e inocencia de las partes de un conflicto. En este caso la prueba se obtenía mediante una escenificación física sin aparente interpelación a lo sobrenatural. Quién sospechara que en alguna casa concreta podrían encontrarse mercancías o cosas que le habían sido robadas anteriormente, sin que el dueño de la casa admitiera la acusación de robo, la ley le permitía penetrar en la casa, con tan sólo un cíngulo por toda vestidura, y un plato, para verificarlo,

---

[369] Platón, *Leyes,* 954 a – b.

[370] "Si un hombre le imputa a otro actos de brujería, pero no puede probárselo, el que ha sido acusado tendrá que acudir al divino río y echarse al divino río, y si el divino río se lo lleva, al acusador le será lícito quedarse con su patrimonio. Pero si el divino río lo declara puro y sigue sano y salvo, quien lo acusó de magia será ejecutado. El que se echó al divino río se quedará con el patrimonio del acusador", Código de Hammurapi, 35/56, falso testimonio no probado, muerte para el acusador, arts.3, 11, daños por negligencia del canal vecino, art. 55; J. Sanmartín, ed. (1999) 102; E. Szlechter, (1969) 73/102; W.L. Leemans, (1970) 63/66; Demost. XXIV.139. Otras leyes que protengen contra la magia, en Leyes Asirias Medias, tablilla A, 47, fines del sugundo milenio, 231, y en Éxodo, 22.17; 18, 10/14, Levítico, 20,2.

simbolizando la imposibilidad de introducir en la casa los objetos robados, y el recipiente para sacar y mostrar los encontrados.

Para Gayo esta ley era ridícula, puesto que impedía investigar el hurto si la víctima estaba vestida o desnuda, y agregaba que el plato de poco servía si el objeto buscado era de mayor tamaño que éste. El comentarista abordaba literalmente la tradición según la transcribía, despojada de cualquier simbología y descriptora de una situación que le resulta jurídicamente absurda e imposible, lo que conducía inevitablemente a la conclusión arriba expresada. Gayo era pragmático, nos explicaba el texto, pero no había entendido el contexto, sin que con ello estemos nosotros proclamando contar con la clave de aquel ritual. El propio Gelio, enseña que este extraño procedimiento caducó con el advenimiento de la *lex Aebutia*, de hacia el 125 a.C., de *rogator* y contenido desconocido, lo que genera enorme controversia bibliográfica sobre qué podría o no contener, incluyéndose entre las derogaciones la provisión de veinticinco ases como garantía por cierto tipo de delitos, el talión y las *quaestiones* sobre hurto, además de la que aquí analizamos. Piensa M.H. Crawford que la desnudez exigida era simbólica, en el sentido de no llevar armas, lo que no aumenta la certeza sobre los significados. En realidad no hay por qué buscar simbología en la desnudez del sujeto de la investigación, no es necesario rechazar la desnudez real del ciudadano en este rito, de la misma forma que se sabe que la presencia de jóvenes desnudos era básica en ceremonias como la que protagonizaban los *luperci,* o entre los participantes de algunas carreras en el circo[371].

3.6. Las deudas, la ley y la tierra.

El tema de las deudas estaba presente en la sociedad republicana de la última centuria, era un asunto grave que periódicamente se exacerbaba, fuente de disturbios y de alteración de la paz social, que nunca fue abordado en profundidad sino con medidas periféricas y ligeras, que iban dirigidas sólo a neutralizar la protesta mitigando los sufrimientos inmediatos de los endeudados. En un contexto de fuertes tensiones sociales, como el que caracterizaba al siglo I a.C., en donde no había sector de la sociedad que no estuviese en mayor o menor medida en conflicto, la manipulación de un texto que prescribían un cruel castigo por un delito que para las víctimas, los acreedores, perjudicados por las frecuentes *tabulae novae* de esos tiempos, juzgaban impune, en un contexto social deteriorado, una norma así re-elaborada, sin ánimo de exigir su vigencia, suponía una fuerte llamada de atención desde la autoridad que se admitía que transmitían los antepasados. Pero no deja de ser una conjetura más o menos sugerente[372].

---

[371] Gaii., iii. 193: *quae [res] lex tota ridicula est.*. Gaius, *Inst.* iii.191; M.H. Crawford, (1996) II, 617; P. G. Maxwell/Stuart, (1976) 1/4; J.G. Wolf, (1970) 59/79; E. Weiss, (1922) 455 ss. tab. viii, 15, Gell. xvi.10.8, habla de las sanciones, "los culpables cogido mediante lance et licio, recibirán las mismas penas que si hubieran sido sorprendidos in fraganti*",* ya que el efecto de esta pesquisa era darle a tal hurto carácter de manifiesto, *iubet id lex furtum manifestum esse,* Gell. xvi.18.9, y cuando el robo es descubierto por otros sistemas, la pena es la restitución del triple. *clavis ademit.*

[372] En siglo I a.C es de fuertes enfrentamientos: *optimates* y *populares*, senadores y publicanos, itálicos y romanos, tribunos y senadores, la plebe y los magistrados, o acreedores y deudores. Recordemos el aesinato del pretor A. Sempronio Aselión, en el 89, por proponer una ley que perjudicaba los intereses de los prestamistas, y los miedos a rescisión de deudas, expresados continuamente por Cicerón, en su condición de prestamista y muy amigo de los publicanos, igualmente en estos negocios. Escribiendo sobre Egipto, Diod. i.77.8, recogía una norma igualmente severa: a los que mataran a sus padres, se les

En todas las sociedades existe un interés por distribuir, regular u organizar en fases y periodos la noción del tiempo, probablemente por el muy humano deseo de crear la ficción de que, de esta forma, se consigue controlarlo y ponerlo al servicio de los ciudadanos. Recordemos cómo en las monarquías mesopotámicas y egipcia la llegada al trono del nuevo gobernante suponía el comienzo de una nueva época a partir de la cual el tiempo volvía a contabilizarse desde el año uno, en una forma relativa de datación que tantos problemas ocasiona a los arqueólogos e historiadores de aquellas culturas. La Grecia Clásica dispuso y manejó la noción de periodo, como una parte específica y delimitada de tiempo, y presuponía la idea de que ciertas cosas tenían caducados sus efectos si desaparecía el agente o la circunstancia más sobresaliente durante cuya existencia aquellas se habían originado.

Por ejemplo, en la Esparta del siglo III a.C todavía cada nueve años los éforos seguían consultando las señales celestes para extraer de ellas los datos que indicaban, una vez interpretados, si los reyes debían seguir o no en sus funciones. Desde tiempos tempranos se consideraba que nueve años era un periodo completo, cuya renovación debía venir marcada por algún tipo de ritual que, en este caso, mediante la censura de ciertos actos regios, simbolizase la subordinación formal del poder de los reyes, al resto de la comunidad cívica, a través de sus legados, los éforos. "Después de la muerte del rey, al principio de su reinado el sucesor libera a todos los espartanos que tenían alguna deuda con el estado o con el rey fallecido", escribía Heródoto, y al tomar posesión el arconte de Atenas, "mandaba proclamar al heraldo que cada uno quedara dueño y poseedor, hasta el término de su magistratura, de los bienes que poseía al entrar él en funciones", proclamaba Aristóteles al hablar de la constitución de los atenienses.[373]

En esta línea de cosas, era notorio que en Roma el comienzo del año como el comienzo del mes, el primer día de cada uno de estos periodos, marcaba el inicio de actividades, entre las que nos interesa aquí nombrar el pago de las deudas. Las *kalendae* era el día fijado para los pagos de los préstamos y su proximidad, motivo de preocupación para los deudores y de actividad para los prestamistas. Los ciudadanos atenienses y romanos reconocían ciertos periodos temporales no regulados ni oficialmente reconocidos en calendario alguno, que estaban presentes en la vida de sus ciudades y marcaban los límites anterior y posterior de sus acontecimientos cotidianos.

La identificación de estos periodos tenía lugar, en forma de tácito consenso social, con la llegada de los aires de cambio, y una vez que éstos eran confirmados, el inicio de un nuevo ciclo, para bien o para mal, se exigía que viniera subrayado de manera expresa por la aprobación de medidas sociales que manifestaran el deseo de afrontar los nuevos

iría arrancando pedazos de carne del tamaño de no más de un dedo y se le irán asando al fuego, estos trozos, hasta la muerte. *Vid.* P. Garnsey, (1988).

[373] Plut. *Agis*, 11. Una fórmula de control e intervención que recuerda la fiesta Sed a la que se sometían voluntariamente los monarcas egipcios del Imperio Antiguo, ceremonia de renovación de sus poderes para proseguir con vigor y fuerza los siguientes años de gobierno. En principio se programaban para cada treinta años, aunque luego los plazos se acortaron, en función de las necesidades políticas del momento; Herod. vi.59; Arist. *AP*. 56.2, Gernet, (1984) 245; el comiezo de la primavera en Roma, o el final de las campañas, con el sacrificio del *equus October*, eran ciclos programados en el calendario, pero igualmente marcaban el comienzo o el fin de tiempos específicos. En el ámbito agrario los ejemplos fueron múltiples.

tiempos, desde el punto cero, sin las cargas de los tiempos pasados. Naturalmente, este discurso carecía de fuerza alguna, ante la palmaria realidad de los contratos suscritos y las leyes en vigor, si desde alguna opción política con deseos de mejorar sus posiciones, o directamente, con aspiraciones de poder inmediato, no incorporase a su ideario de futuro los apoyos formales y escritos a estos cambios.

En este contexto de río revuelto, los más necesitados encontraban su oportunidad de obtener mejoras sin contrapartida. El lema era que las deudas contraídas debían seguir la suerte de los tiempos ya superados, de forma que el nuevo amanecer, la llegada de días venturosos, fuese aspiración que afectase a todos, tanto gobernantes como gobernados. Y de ahí, a la más laxa realidad de considerar cualquier suceso de calado social importante, ya fuese para bien o para mal, motor de la movilización de los endeudados, menesterosos y desheredados, siempre prestos a seguir las promesas que conjuraban sus miserias[374].

Deudas y tierras, en proporción variable según lugar y momento, fueron preocupaciones fundamentales ante la presencia en las ciudades griegas y romanas de una ingente cantidad de campesinos desarraigados, en la expectativa constante de apoyar cualquier voz que sugiriera un nuevo reparto de tierra. En su tratado sobre las leyes, Platón comparaba épocas, la suya, el siglo IV, y la de los legisladores arcaicos, el siglo VII y VI, y proclamaba la bondad y comprensión de aquellos tiempos, en los que los legisladores, a la hora de promover la "igualdad social" con los repartos, no encontraban la censura de los tiempos presentes, los tiempos del filósofo ateniense, en los que cualquier iniciativa de anulación de deudas y de repartos de lotes era frustrada al grito de que "no ha de moverse lo que no puede moverse", llenando de maldiciones al que lo promovía.

Para el filósofo ateniense redistribución de tierras y cancelación de deudas era presagio de tiranía y demagogia. Los ciudadanos de Itanos, en Creta prometían que nunca llevarían a cabo una redistribución de tierras, casas o almacenes, ni cancelarían deudas, según consta en un pilar de mármol preservado y fechado en el s.III a.C. Una ley de Delfos, anterior al compromiso de aquella villa cretense, consideraba un delito de maledicencia proponer siquiera cualquier medida que condujera a eso en la asamblea. Para los dorios ciertamente, todo ello se daba hermosamente y sin encono, se

[374]Al clamor de *tabulae novae*, la solicitud de cancelación de deudas fue denominador común de los cambios políticos, la inseguridad económica y la amenaza de guerra, a los largo del último siglo de la República, Caes. *BC* iii.1.3; 21:2; Cic. *phil.* vi.11; x.22; xi.14; *off.* ii.84; *Att.* v. 21.13; x.8.2; xi.23.3; xiv.21.4; Livio, xxxii.38.9; xlii.13.9; *per.* 111.2; 113.13; Plin. *ep.* ii.20.7; Sal. *Cat.* xxi.2; Suet. *Caes.* xliii.2. El lacedemonio Quilón – del que apenas tenemos noticias -, en tiempos de Filipo de Macedonia, promueve una revolución en Esparta. Juzgó que si, como Cleomenes, insinuaba al pueblo la esperanza de un reparto de tierras, la masa le seguiría al punto, de modo que se puso a realizarlo. Al no obtener apoyos, tras matar a los éforos, huyó a Acaya con doscientos de sus partidarios, Pol. iv.81.1/3. En el 181, un tal Querón, joven espartano de orígen plebeyo y educación vulgar, se gana reputación entre el pueblo mediante halagos y da un golpe de estado. Requisa las tierras que los tiranos habían entregado a las familias de los desterrados y las reparte sin equidad alguna entre los pobres, y luego dilapida los fondos públicos sin atenerse ni a las leyes ni a la opinión comun ni a los magistrados. Finalmente los aqueos vinieron, lo encarcelaron y repusieron la situación previa, Pol. xxiv.7. Perseo condona deudas que el pueblo tenía con la casa real en Macedonia, dentro de un conjunto de medidas para ganarse la confianza y el apoyo de los macedonios, Pol. xxv.3.3.

consolaba Platón: las tierras eran divididas sin discusión y no había deudas antiguas de importancia[375].

Si asumimos que las antiguas codificaciones fueron, entre otras cosas, un reflejo de los problemas más acuciantes de cada época, entonces fueron las deudas y la falta de tierras los asuntos que durante siglos centraron la atención de gobernantes y legisladores. En el mundo clásico eran deudas cuyos intereses desorbitados las hacían impagables y convertían en esclavos a sus titulares, y más que carencia de tierras, lo que había era la incapacidad o el desinterés de los estados por distribuir las existentes entre masas de campesinos desheredados, en unos sistemas políticos en los que el binomio tierra/campesino garantizaba el pleno disfrute de los derechos cívicos. Tácito elabora un valioso resumen de lo que para los romanos significaba el problema de las deudas, con ocasión de documentar la crisis financiera del año 33 d.C., durante el gobierno de Tiberio. "El mal de la usura era problema viejo en la Ciudad y causa muy repetida de sediciones y discordias, por lo que ya se la reprimía en los tiempos antiguos, en los que las costumbres estaban menos corrompidas", escribe el historiador latino.

El pasado al que Tácito alude se remonta a tres hitos concretos. En primer lugar, *nam primo*, los tiempos de las Doce Tablas, en los que por vez primera se fijó el interés de los préstamos, hasta ahora libre, según la costumbre, en una *uncia* al mes, una doceava del capital. Según Varrón, la pena para el usurero se cifraba en el cuádruplo de lo defraudado. El segundo hito, *dein*, los tiempos en que los tribunos sacaron una ley que reducía el interés a la mitad, acaso la *lex de fenore semunciario,* que suele fecharse a mediados del siglo IV, y finalmente, *postremo,* los tiempos de César y su *lex Julia de pecuniis mutuis,* aprobada ochenta y dos años antes, en la que se ponía límite al crédito y a la posesiones dentro de Italia, y que llevaba años olvidada, "*porque el bien público se pospone al beneficio privado*".

Apiano indicaba que a principio del siglo I a.C. los intereses se cobraban según costumbre y sin atención a ley ninguna. El pretor urbano del 89 a.C., Sempronio Aselión, trató de mediar entre acreedores y deudores, y "*transfirió a los jueces la dificultad planteada entre la ley y la costumbre".* El resultado debió ser que la antigua ley fue renovada, por lo que, como ya aludimos *supra*, los prestamistas fueron al Templo de Cástor y Pólux, donde el pretor hacía sacrificios, lo obligaron a salir de allí, lo persiguieron y, refugiado en una hospedería, fue degollado. La ley de César parece secuela a aquel exceso, y tras ella, de nuevo el olvido hasta que la situación explotó en

[375]Platón, *leyes,* 684 d/e; 736 c; *republica*, 565 e. Para Roma hay datos sobre treinta y nueve *leges agrariae* republicanas, por quince sobre préstamos, intereses y deudas en general, lo que arroja luz sobre la relatividad de ambos problemas. Entre los griegos, la nueva clase hoplita tenía suficientes recursos como para no estar interesados en movilizarse para que las tierras se repartieran, ni mucho menos como para solidarizarse con los más empobrecidos en esa linea, W. Eder, (2005) 251, lo que subordina el problema a los más necesitados. Cuando Filipo II de Macedonia organizó a las ciudades griegas en la liga panhelénica, una de las tareas más importantes era suprimir la sedición en el mundo griego, y dentro del catálogo de actos sediciosos se incluían la reedistribución de la tierra y la cancelación de deudas, Ps. Demostenes 17.15, Finley, (1981) 62. Se abría una nueva época par los griegos.

el año 33 d.C., cuando una multitud de acusadores se lanzó sobre quienes aumentaban sus caudales con la usura[376].

Entre carencia de tierras y deudas no pagadas como sucesos intermitentes, evolucionó la sociedad republicana que las fuentes literarias nos transmiten. Y en estas mismas fuentes observamos que ambos problemas manifestaron toda su virulencia, no en una Roma marcada por la división entre patricios y plebeyos, entre gentes viejas y nuevas, o entre romanos, latinos e itálicos, sino en una sociedad dividida por las diferencias de ingresos, en definitiva entre ricos y pobres. Del viejo binomio patricio/cliente de Dionisio, la Roma de los selectos linajes, la República de los privilegios y las asambleas de acceso restringido, de los tiempos anteriores a la expansión mediterránea, se accedía a la Roma de las asambleas tumultuosas, las funestas leyes de los tribunos y los repartos de trigo[377].

Cicerón recrea un tiempo muy anterior, en el que las medidas sociales para mitigar el problema de las deudas respondían a fines justificados, "siempre que la plebe se veía debilitada por las deudas con ocasión de una calamidad pública", y en cualquier caso, "se otorgaba una saludable mitigación y auxilio al caso, en beneficio de la seguridad de todos". Aquella conducta era similar a la que en su día puso en práctica Solón en Atenas, y el orador la asigna "algo después", *neque post aliquanto,* al senado, términos poco adecuados para los más de doscientos cincuenta años transcurridos desde aquel *aisymnetes* y la *lex Poetelia Papiria de nexis* del 326, pues la dureza de las Tablas con los morosos no permite pensar en ellas. En ese tiempo, continua, se suprimió el aprisionamiento de los deudores, *omnia nexa civium liberata,* y dejó después de practicarse tal tipo de sujeción, *nectier que postea desitum*[378].

Pilar básico del régimen político republicano era defender el modelo vigente de ocupación de la tierra, amenazado desde el último tercio del siglo II a.C., y un modelo de mercado sin otras reglas que las que acordaran libremente sus participantes. En el siglo I a.C. la tierra y el capital mueble fueron fuente de conflictos y graves

---

[376] Tac. *Ann.* vi.16 1/2; *Nostri maiores* condenaron al *fenerator* a pagar el cuádruplo de lo defraudado, Varro, *r.r.* I.1. Una *uncia* mensual suponía un interés del 100% anual, y, M. H. Crawford, (1996) 686, afirma que Roma probablemente tuvo un sistema monetario aunque naturalmente sin monedas, desde la monarquía. Ap. *BC* i.54. Probablemente una *lex Genucia de feneratione*, del 342, no más obsoleta que otras, como la *lex Cincia*, del 204, aún vigente en tiempos de Claudio, cuyo olvido temprano fue similar al que dieciséis años después sufrió la *lex Poetelia*, que derogaba el *nexum*; R. Pankiewicz, (1983) 257/264; N. F. Parise, (1991) 92/94; A.W. Lintott, (1999) 19/25. El *nexum,* en U. von Lubtow, (1936) 239/255; C.St. Tomulescu, (1966) 39/113; G. MacCormack, (1967) 350/355; L. Peppe, (1981); L.Savunen, (1993) 143/1159. Para A. Sempronio Aselión, *vid.* nota 372.

[377] Si atendemos a la información que sobre el modo de abordar las deudas nos transmiten los textos latinos y griegos, en ningún caso se testimonian medidas que asumieran al completo la reivindicación general de *tabulae novae.* Baste recordar los casos de Lúculo en Asia, o de César y Tiberio en Roma. Se dan facilidades, se recortan o amortizan capitales con pagos de intereses, pero no se ataca el sistema. En esta línea, W. Eder, (2005) 240.

[378] Cic. *rep.* ii. 59. En el relato de Dionisio se alinean a favor de la abolición de las deudas y el *nexum* M.Valerio Poblícola, hijo de Publio, el cónsul Agripa Menenio Lanato, para quien las deudas son la causa de las sediciones y de todos los males de las ciudades. En el lado opuesto, Apio Claudio dice que la destrucción de un estado tiene su origen en la abolición de las deudas, Dionisio. Deudas y repartos de tierra, en la base de todos los conflictos, Dionisio v. 64.1; vi. 83.4; 38.2; G. MacCormack, (1973b) 306/317; F. de Martino, (1975) 29/70; A. Magdelain, (1987) 811/817; M. Di Paolo, (1996) 275/288; Ch. Gabrielli, (2003).

desequilibrios que afectaron a todos los sectores de la población y en todos los órdenes. Mantener el orden tradicional de las cosas pasaba a ser punto esencial en el ideario de la clase dirigente de finales de la República. Al estar todas las formas de funcionamiento social basadas en pactos y acuerdos tácitos o expresos, el incumplimiento sistemático o la ruptura de esos acuerdos, suponía atacar directamente los cimientos del estado. A partir de ahí, el mantenimiento y defensa de ese pacto tácito, de esa *fides,* era valor indispensable y siempre presente para Cicerón en su formulación del estado[379].

Moses I. Finley al estudiar la economía antigua enfatizaba que, por encima de cualquier otra consideración, la realidad, la imagen más palpable y manifiesta de la economía greco-romana estaba vinculada a la propiedad privada de la tierra, ya fuesen, como él mismo indicaba, en forma de parcelas de unos pocos acres, ya de las inmensas posesiones de los emperadores y senadores romanos. Tierra privatizada como igualmente privada era la producción de bienes de consumo y su distribución a través del comercio. Un mundo que en Roma, decimos nosotros, por encima de la masiva orientación que las fuentes escritas nos dan sobre las características, funcionamiento y evolución de los distintos modelos de estado, del poder público y sus manifestaciones, en realidad fue un mundo de papel muy delimitado y las más de las veces, secundario en los desarrollos de la economía durante el casi milenio de su existencia[380].

Pero naturalmente estamos lejos de decir que ese concepto de propiedad que aplicamos a la sociedad clásica corresponda realmente al concepto de propiedad sobre las cosas, incluida la tierra, que tenían los propios clásicos, griegos y romanos, y no al nuestro. Y que además, sea cuál fuese la noción, ésta correspondiera a una u otra época de aquella sociedad, o peor aún, inalterable al paso del tiempo, a cualquiera de las épocas vividas por aquella sociedad, lo que a todas luces resulta imposible. Porque creemos innecesario advertir que ni siquiera hoy, en la cultura occidental actual, hay unanimidad sobre ese concepto referido a la tierra, que se enuncia diferente según el país y la cultura de que se trate, y en el que hay no poca carga etnocéntrica, acaso inevitable a partir de los datos de que disponemos, cuando se trata de los estudios que abordan Roma, en su proyección como cuna del Derecho[381].

---

[379] "Aquellos que para obtener la popularidad proyectan emprender una reforma agraria que arroja a los propietarios de sus tierras o cancela las deudas, destruyen los mismos fundamentos de la república y la concordia de los ciudadanos, la cual no puede subsistir cuando se priva de sus bienes a unos para darlos a otros ... nada hay tan eficaz para mantener la solidez y la firmeza de un estado como la confianza, la cual no puede existir si no se establece como principio la obligación del pago de las deudas. Durante mi consulado nunca se pugnó por no pagarlas. Ciudadanos de toda clase y procedencia recurrieron a todos los medios imaginables con el exclusivo fin de no pagar sus deudas, pero hallaron en mí una fortísima resistencia, gracias a al cual la república se vio libre de esta calamidad. Jamás hubo tantas deudas y nuca se pagaron tan fácilmente", Cic. *off.* ii. 22;24; *vid.* A.M. Honore, (1961).

[380] M.I. Finley, (1973) 29; (1976). Las definiciones de la propiedad son obra de los comentaristas y tratadistas modernos, J.Arias Ramos /J.A. Arias Bonet, (1986) 231; P. Guiraud, (1904) 221/225; M.N. Andreev, (1955) 142/146.

[381] De hecho M. I. Finley, (1981) 217, renunciaba asímismo, a debatir la aplicabilidad de términos como "privada" y "propiedad" para posesiones primitivas y arcaicas. Para él hubo un derecho libre y sin trabas a disponer de todos los bienes muebles - un derecho concedido tanto a un *filius* familias como a un *pater familias* -; y que la contínua circulación de riquezas, ante todo por regalos, la transmisión de la hacienda de un hombre mediante la herencia, los bienes muebles e inmuebles en conjunto, se daba por descontado como el procedimiento normal después de su muerte.

En relación con la Atenas Arcaica el historiador P. J. Rhodes aporta una interesante teoría sobre uso y propiedad de la tierra. Escribía este autor que una pregunta del tipo "quién poseía la tierra que era trabajada por los *hektemoroi,* en los tiempos inmediatamente anteriores a Solón", era adecuada para ser discutida en relación con situaciones temporales diversas. El autor prescindía así de conectar cuanto se dijera sobre este asunto, con una sociedad específica, como la ateniense, en un momento concreto. Así, en una comunidad donde no había leyes escritas, y con ninguna o poca escritura, difícilmente podía existir la propiedad como un concepto legal, según los parámetros que nosotros utilizamos habitualmente para definir las leyes y las clases de propiedad al uso.

El ciudadano X labraba la tierra limitada por el arroyo, el bosque y la tierra labrada por Y, y todos sus vecinos y allegados saben que sus antepasados la labraron antes que él. Esto, que debe ser inseparable del conocimiento de esta situación en el entorno inmediato, por sí mismo supone su título de autoridad sobre su tierra. Igualmente todos deberán conocer que una sexta parte del producto de la tierra del ciudadano X es adeudado y por tal hecho, entregado al señor local, y que si X no cumpliera con esta obligación, el señor local pasaría a disponer de X y de su familia como lo estimara conveniente. Por lo tanto, podemos decir que la tierra pertenecía a X en la medida en que éste pagara su correspondiente cuota al señor local, y nadie podría poner en tela de juicio su derecho a ésta. Finalmente, aquella tierra pertenecía a la familia del ciudadano X en el sentido de que si X moría mientras la ocupaba, la tierra pasaría a sus hijos, como herederos, pero era un hecho que también pertenecía al señor local en la medida en que si no le pagaban la cuota, podía esclavizar a X y despojarle de su tierra.

A este respecto vale la pena adelantar la fórmula con la que la sociedad primitiva, a la que luego nos referiremos, integraba sin conflicto el pago por uso o disfrute de la tierra sin menoscabo de los derechos de las partes. Cuando un extraño era recibido en calidad de colono dentro de los dominios rústicos de una comunidad, se esperaba de él que una vez terminada la cosecha, hiciera un regalo al poseedor del derecho de propiedad sobre la tierra que él había cultivado, pero sin relación ni con un porcentaje determinado, o un tributo o una cuota determinada, sino como mero reconocimiento de su relación de dependencia[382].

En su largo poema sobre la naturaleza, Lucrecio volvía al tópico de la felicidad humana de un supuesto estadio previo de igualdad, fruto del reparto, que se quebraría con la consolidación de la propiedad privada, generadora de la discordia, la desigualdad y el conflicto. Como mal menor, pues era ello ajeno a la filosofía, las leyes aspiraron a restaurar aquella mítica y utópica igualdad, que eliminara los males sociales. En su epítome, Justino hablaba de una Italia poblada por aborígenes, horizonte previo a la fundación de Roma, en la que tal era el grado de justicia imperante que su rey Saturno no tenía a nadie reducido a condición servil, nadie poseía nada en propiedad y todos los bienes eran comunes e indivisos para todos, como si hubiese un único patrimonio. La tradición de esta suerte de comunismo primitivo era

[382] P. J. Rhodes,(1981) 95; L. Mair, (1998) 157. La efectividad del derecho de posesión se sustenta en el testimonio de los miembros de la comunidad, o al menos de una parte cualificada de la misma. El hebreo Boaz compra los campo de la viuda Rut de Moab, y a ella misma, para desposarla, en presencia de diez ancianos como testigos, *Rut,* iv.2/10.

eco de un postulado similar fechado varios siglos antes, en Platón, que lo introduce en su tratado sobre las leyes, con relación al reparto ideal de la tierra. Propugnaba Platón que los lotes de tierra que se repartieran debían ser todos iguales, pero que dado que unos venían a la ciudad con más dinero que otros, esta diferencia económica debía consignarse agrupando a los ciudadanos en cuatro bloques o clases, de manera que los cargos y todos los honores fuesen distribuidos dentro de una desigualdad proporcional. Entre los límites superior e inferior de esa riqueza no podía existir más del cuádruplo de diferencia, debiendo pagar la mitad de su exceso a los dioses, y otra mitad al pueblo como multa quien sobrepasase esas medidas[383].

El argumento es que en el origen de las primeras comunidades, se daban las condiciones para que todos tuviesen lo necesario para vivir, y al no haber necesidad ni de hierro ni de oro y plata, o sea, de los metales, la sociedad podía ser justa, sin violencia, sin celos ni envidias. La injusticia, la violencia, las guerras, envidias, etc.., era el resultado de la mala distribución de las cosas. Por consiguiente, para eliminar esas lacras, lo mejor era siempre empezar desde cero, como en la Esparta de Licurgo, o en la del rey Agis del siglo III, o con la remisión de deudas que los romanos de la República reivindicaban de cuando en cuando, al grito de *tabulae novae*, o en la solución que daba Cicerón, en su tratado sobre los deberes, acerca del problema de las propiedades de los confiscados por Sila, y la mediación de Arato.

La justicia se asimilaba en estos casos con un inicio, con un comenzar desde cero, dejando a un lado cualquier situación preexistente, de una especie de nueva fundación, de pensar las cosas como si se dieran desde sus orígenes. Lo dice Livio cuando comienza el libro VI, en el que anuncia que va a proseguir la historia de la ciudad como si de una refundación se tratara. Desde este punto de vista, las Tablas pudieron ser el comienzo, el nacimiento de una sociedad que evolucionaba ahora inserta en el Derecho, que ya no vivía al margen de ese Derecho, que tan gran predicamento y peso específico llegó a alcanzar a fines de la República. El Derecho "nace" por entero, de golpe, a través de una legislación que, como en otras ciudades griegas, se vinculaba a los momentos iniciales de cada pueblo. La República era el régimen que sucedía tras la monarquía, y era probable que ese tránsito fuese manifiesto a mediados del siglo V, como desde una objetiva heterodoxia sugiere el sueco Einer Gjerstad, entre otros. Nacía el nuevo régimen, y nacía con sus leyes ya escritas[384].

---

[383] Just. *epit.* xliii.1.3; "los reyes ... fundaron ciudades y edificaron fortalezas ... dividieron el ganado y los campos y los entregaron conforme a la belleza, las fuerzas y el ingenio de cada uno ... más tarde se reconoció la propiedad privada y fue descubierto el oro que con facilidad hizo perder la estima por la fuerza y la hermosura", Lucrecio, *nat.* v. 1109/1115; Platón, *leyes,* 744 b/745 a. La teoría del comunismo primitivo sugiere que en uno de los estadios universales del desarrollo de la sociedad se caracterizó por la ausencia total de propiedad privada. Esto no se ve respaldado al menos respecto de los objetos materiales muebles, ya que hasta las sociedades más primitivas creen que los efectos personales, tipo armas, ropa, recipientes, adornos y demás, no pueden utilizarse o cogerse sin el consentimiento de su "propietario", aunque es remota la posibilidad de que su hurto o apropiación provoque graves conflictos, M. Harris, (1994) 296.

[384] Tras la catástrofe, el diluvio en este caso, no sobrevivió más que algún ganado, algunas reses, muy insuficiente para sustentar la vida de sus pastores, no quedó nada de los sistemas políticos, de la ciudad, o de las leyes, ... los supervivientes, que desconocieron todo lo anterior, nacieron sin virtud ni vicio, lo que implica que desapareció la sedición y la guerra, y andando el tiempo, evolucionaron a como hoy lo conocemos que está todo, y por la soledad se querían unos a otros y el alimento no era objeto de disputa, teniendo abundancia de todo, de carne, pastos, leche, caza, vestidos, mantas, viviendas, enseres, y no

Pero apenas unos decenios después, este sentimiento es sustituido por su contrario, acaso como reflejo de la desesperanza y la comprobación de la crisis de aquel ideal de *polis* que llevó a Atenas a liderar a una buena parte de los griegos. El elogio a lo privado e individual, la exaltación de la riqueza y el interés particular, encaja en una literatura que no puede dejar de manifestar su decepción por la deriva de las instituciones. Poder y propiedad sólo podían ser defendidas si la aristocracia actuaba como un grupo homogéneo. Únicamente tendría éxito si funcionaban como un grupo monolítico, y fue un hecho que en Atenas la aristocracia no era un grupo cohesionado ni homogéneo.

En su tratado sobre la política, Aristóteles aludía al sentimiento de satisfacción que producía en el ciudadano la idea de la propiedad, la certeza de ser propietario, aunque a continuación ampliaba cuál era su noción de esta situación al mostrarse favorable al sistema de una propiedad individual, integrada por la comunidad del uso de todos los bienes. Y consciente de que esta regulación podía estar en contra de los usos ancestrales, recordaba que correspondía al legislador acostumbrar a los ciudadanos a estas nuevas situaciones. En apoyo de esta tesis, Aristóteles se extendía escribiendo sobre la eficacia del modelo lacedemonio. En Laconia, decía el estagirita, los ciudadanos, poseyéndolo todo personalmente, cedían o prestaban a sus amigos el uso común de ciertos objetos. Así, cada cual usaba los esclavos, los caballos y los perros de otros, como si les perteneciesen en propiedad, y esta mancomunidad se extendía a las provisiones de viaje cuando la necesidad sorprendía a uno en despoblado[385].

En el Código de Hammurabi, se admitía una forma de adquisición de las cosas como resultado de la posesión de las mismas durante un tiempo delimitado. Aplicado a las tierras, la adquisición por el uso, la futura *usucapio* romana, requería tres años. El soldado que durante tres años no cultivaba su campo, lo perdía a favor del que durante esos tres años lo hubiera ocupado y trabajado, pero tal consecuencia no tenía efecto si el citado soldado regresaba antes de ese tiempo, por lo que recuperaba todo lo suyo. En la sociedad asiria de finales del segundo milenio había *usucapio* que entrañaba posesión, pues la ley especificaba que la adquisición de una casa o una finca era firme si tras anunciarla en Asur tres veces en un mes, nadie reclamaba ser dueño de la misma.

En el Imperio Antiguo egipcio el único bien suficientemente respetado y duradero como para arrojar luz sobre su propia situación jurídica, era la propia sepultura, la única forma de propiedad privada documentada en esta época. Así, resulta excepcional cualquier información sobre bienes y los modos de tenencia de los mismos. En la tumba de Metjen, alto funcionario del faraón Snefru, IV Dinastía, varias inscripciones atestiguan los bienes disfrutados en vida por este personaje. Estos bienes habían sido tenidos y disfrutados en vida por el enterrado en virtud del reconocimiento que de esta

necesitaban para nada el hierro, ... pero tampoco había ricos, pues no había ni oro ni plata ... era una sociedad sin violencia, ni injusticia ni celos ni envidias ..., Platón, *Las leyes,* 678e/679a/b.

[385] Arist. *Pol.* II.2. 1263 a. En el siglo I d.C. Séneca hace una reflexión similar, cuando escribe que "los hombres no consienten que sus propiedades – *praedia* - sean ocupadas por nadie, y si se presenta una disputa sobre la manera de establecer los límites de sus propiedades, recurren rápidamente a las piedras y a las armas: permiten que otros intervengan en su vida, más todavía, son ellos mismos los que introducen en ella a sus futuros propietarios - *possessores eius futuros*. Sen. *dial.* X.3.1. W. Eder, (2005) 247 y 249.

situación le había otorgado el mismo faraón. Tal reconocimiento venía garantizado por una orden real, que debía haber estado convenientemente archivada[386].

En la Roma Primitiva, el uso continuado de las cosas confería la posesión de las mismas, pero en una sociedad más compleja tal determinación, dictada por la costumbre, resultaba insuficiente. Realidad y costumbre se conciliaron cuando los poderes públicos pusieron por escrito la norma, interpretándola y adaptándola a las nuevas situaciones. Así, respetando el contenido de base, el de que el uso reiterado confería derecho sobre las cosas, el límite temporal graduó igualmente la existencia y disfrute o no del citado derecho. Algo que debió ocurrir en tiempo posterior al siglo V a.C. De otra forma, tal costumbre debía ser en su enunciado lacónico y conciso, una realidad en esa sociedad del V, pero sólo la acumulación de casos y situaciones diversas, en conexión con una sociedad más compleja y evolucionada sentó la necesidad de introducir matizaciones a ese derecho. De esta manera, la *possessio* y *usufructus* de bienes se reguló en función de plazos concretos, un año, dos años, según de qué clase de se tratara, y parece más probable que ello correspondiera a un tiempo posterior al que la tradición fijaba para las Tablas[387].

De hecho, la *usucapio* de las Tablas comentada por tratadistas como Cicerón a finales de la República, aparece inmersa en accesorios anacrónicos, como el hecho de que presuponga una sociedad con un estatuto de ciudadanía perfectamente desarrollado y completado, que adquiere consistencia y refuerza su perfil en presencia de un sector bien definido de no ciudadanos, ajenos a estos derechos. O que tales derechos deban dirimirse y reconocerse en presencia del pretor, como encargado de la jurisdicción civil, algo obvio para el jurista de siglo I a.C., pero inviable en la Roma del siglo V, y parece argumento forzado justificarlo como utilización de la denominación de los primitivos cónsules[388].

Al final de la República los juristas habían dado nombre y definido, con mayor o menor acierto, muchas situaciones de hecho que contaban con la fuerza de su práctica durante siglos, como garantía de su validez. Así, la posesión efectiva de las cosas, resultado de la capacidad real para hacerlo, que desde tiempos primitivos había sido

---

[386] Entre estos bienes se contaban ello, un dominio sin cosecha pero con ganado menor y personal a su cuidado, terreno cuadrado y cercado, con árboles frutales y viñas, G. Husson y D. Valbelle, (1998) 96; B. Menu e I. Harari, (1974) 125/154.

[387] Código de Hammurabi, arts. 30 y 31; Código de Assura, ii.6, hac. 1075 a.C.; Cic. *top.* iv.23, *tab.* vi, 3; en tiempos de Rómulo, la posesión de tierras o ganados eran distintivos de riqueza, *pecuniosi, quod tum erat res in pecore et locorum possessionibus, ex quo pecuniosi et locupletes vocabantur,* Cic. *rep.*ii.16. Sobre los usos de la tierra en la Roma Arcaica, A. Watson, (1983) 403/409; L. Capogrossi Colognesi, (1980) 29/65; A. Burdese, (1985) 39/72; G. Tibiletti, (1948) 173/236. El problema de la *occupatio* privada del *ager publicus* nace después de la conquista del *Sabinum,* E. Gabba, (2005) 123, si bien la tradición vincula parcelaciones a la monarquía, como las que atribuye al augur Atto Navio, de tiempos de Tarquinio Prisco, de las que se hace eco Cic. *de div.* i.31, aunque era un hecho conocido por todos los escritores, G. Piccaluga, (1969) 151/208.

[388] Cic. *off.* i.12.37, *tab.*iii.3/6; Gell. xx.10.6/8, *apud praetorem*, tab. vi.5. No otra cosa que *usucapio* fue la forma de matrimonio denonimada por *usus,* citada por Gaius, *Inst.* i.111, como regulada en las Doce Tablas, tab.vi.4, que junto con la *coemptio,* por compra, constituían formas de uniones legadas por la costumbre. J. A. Crook, (1967) 140. Sólo un *civis* podía tener *dominium ex iure Quiritium,* pero ¿cuándo quedaron bien definidos y delimitados el *status* de los *cives* libres con relación a los *peregrini* ?. La tierra en la Roma arcaica, F. Bozza, (1939); F. Serrao, (1981) 51/180.

uno de los modos cotidianos de acceder a los bienes, quedó englobada dentro del término *mancipium,* que tiene que ver con *manus* y *capere*, el poder que se tiene sobre las cosas, y la fuerza que se necesita para ejercerlo. Los individuos que tenían los bienes, personas o cosas, por *mancipium*, estaban capacitados para esgrimir tal realidad ante los demás miembros de la comunidad, que así se los reconocía, y de la misma forma, para disfrutar de los rendimientos que la explotación de aquellos bienes pudieran generar en su beneficio. Pero en la práctica de la economía cotidiana, se daban con frecuencia situaciones en las que la capacidad real sobre las cosas y sobre sus rendimientos aparecía disociada en dos personalidades, individuales o colectivas, de modo que los contenidos de aquel *mancipium* inicial, quedaban desdibujados y con tenues contornos que hacían necesarias nuevas definiciones.

De esta manera, siguiendo la realidad de las situaciones, los juristas procedieron a continuación a distinguir entre quienes ostentaban la titularidad de poderes y facultades sobre esas cosas, aquellos que las habían adquirido por *mancipium*, y aquellas otras personas distintas a las anteriores, que se beneficiaban de los rendimientos que esas mismas cosas generaban, del aprovechamiento de esos bienes, sin haber intervenido necesariamente en la primitiva captación de los mismos. A esa primera situación se llamó de *dominium,* y de *usufructus* a la segunda. Con el tiempo, *dominium* reforzó e hizo más nítido su significado, pasando a determinar el sentido de su contenido con nuevos términos. Así, se añadió *proprium*, que refiere a lo personal, a lo individual y exclusivo de uno sólo, y de ahí, el sustantivo derivado, *propria*, las cosas o bienes propios, que son o pertenecen a uno, y por ende la *proprietas,* lo que es de uno, la propiedad, que en tiempos tardíos podía sustituir a *dominium*, o dar lugar a un nuevo híbrido, *dominus proprietatis*, concepto ciertamente redundante que no alteraba su sentido[389].

Aulo Gelio utiliza un diálogo ficticio entre un jurista, Sexto Cecilio, y un filósofo, Favorino, para poner de manifiesto las contradicciones existentes en las Tablas. Leyes absurdas y duras hasta la crueldad, frente a leyes de una frívola suavidad. El jurista justificaba tales divergencias en razón de las costumbres, los gobiernos y los vicios que había que castigar, que obligaban a cambiar las leyes con frecuencia. Tan absurdo era solventar con veinticinco ases el castigo a quien infligiese heridas a otro, como proceder al descuartizamiento del deudor entre los acreedores. Confesaba Cecilio que jamás había escuchado que tan horroroso castigo se hubiera aplicado a nadie[390].

---

[389] Eran *res mancipi*, según Gayo, las tierras, las casas y ciertos animales, J. A. Crook, *(*1967) 141. Síntesis, a partir de datos de J. A. Arias Ramos /J.A. Arias Bonet, (1986) 233. Como en los tiempos primitivos las formas de acceder al *mancipium* de las cosas era o por ocupación o por herencia, recaía sobre el poder unitario del *paterfamilias* la titularidad del mismo. Titularidad que no se adquiría, sino que se heredaba. Entre *possessio* y *proprietas* media la diferencia que corre entre el hecho y el derecho, y la generalización del término *propietas* es obra de los juristas postclásicos, J. Iglesias, (1965) 232, 233 y 293; G.G. Archi, (1981) 205. Por tanto la *propieta*s no es algo de la República Arcaica. Rómulo dio a cada familia dos *iugera,* y a eso se le denominó *heredium*, porque su titularidad era transmitida por herencia, por lo que para algunos juristas en realidad lo que se transmitía al *pater* era el usufructo de las cosas, Varro, *rer. Rust.*, i.10; *Cod. Iustin.* ii.19.7; en las Tablas el término villa no aparece en ninguna parte; lo que se usa es *hortus*, cercado, mientras que para *hortus* en el sentido moderno de jardín, el término que se emplea es *heredium*, Plin. *NH* xix. 50; tab.vii,4.

[390] Gell. xx.1.1/55; 22; Tert. *Apol.* iv.9.fines del s. II d.C. Quint. *Inst. or.* iii.6.84 no duda que en tiempos primitivos se aplicara tal castigo, pues luego asegura que ya no se aplicaba a nadie.

El asunto tiene su origen en el contenido de las Tablas sobre el procedimiento a seguir con los morosos. De todo el texto, es indudable que la parte final, la que se refiere al castigo reservado para los deudores recalcitrantes, excede cualquier expectativa y resta atención al resto del documento. En esa otra parte del mismo, la que entra, más o menos, en el curso lógico de la ortodoxia de los procesos, hay sentencias que hubieran sido una fuente de inspiración de no poca burla y sarcasmo a un Cicerón – recordemos su alegato contra los jurista en su defensa de Murena - abrumado de tanta insustancialidad presentada con tan solemne como huera palabrería.

Aquel texto arcaico preveía un plazo de treinta días para que el deudor pagara. Si concluido el plazo no había pagado, el pretor convocaba entonces a las partes. Aunque en el texto de Gelio se cita pretor, en otras fuentes no aparece tal término, sino que el traductor moderno restituye una laguna con el término *consul*, entre corchetes, y añade que con la prevención de que en ese tiempo el cónsul se llamaría *praitor*. Pero sigamos. Si el deudor persistía en el impago y tampoco pagaba nadie por él, entonces el acreedor podía llevárselo con cadenas de un peso de 15 libras, o superior, si así era su deseo – *quindecim pondo ne minore aut si uolet maiore uincito* -, teniendo el encadenado que mantenerse a sí mismo durante el tiempo en que estuviere en esa situación, y si no lo hace, decía el texto, que fuera entonces el acreedor quien lo mantuviera con una libra de trigo diario, o más trigo, si así lo quiere – *ni suo uiuit, qui eum uinctum habebit, libras farris endo dies dato. Si uolet, plus dato"* -.

En tal situación podría estar un máximo de 60 días, tiempo en el que comparecerá hasta tres veces en el *comitium,* durante el día de mercado, o sea, cada nueve días, y en el tercer *nundina* el deudor será ejecutado o vendido *trans Tiberim,* lo que suele interpretarse como fuera del país, al ser en ese tiempo el río la frontera natural del *ager romanus.* Supuestamente la *lex Poetelia* del 326 abolió esta situación, la esclavitud por deudas avaladas con la propia persona y no pagadas, el *nexum*, pero hay evidencia posterior de que tal situación se siguió dando[391].

En realidad, *trans Tiberim* representó el exterior, el territorio fuera de los límites, ajeno, no sólo en el siglo V sino prácticamente hasta el siglo I a.C., por lo que una venta realizada en la otra orilla del río pudo tener el mismo significado durante varios siglos. No parece símbolo suficiente de arcaísmo. Cicerón habla de adquirir unos *horti trans Tiberim*, para el santuario de su hija, y dice que se avecinaban tiempos en los que muchas fincas cambiarían de mano, *mutatione dominorum*. La crítica dice que aunque hablaba de *domini,* Cicerón desconocía el significado de *dominium*. La realidad es que

[391] Dias *iusti* en los que no se podía iniciar acción penal ninguna, De ahí que *iustitium* era tiempo de vacación judicial cf. Gaius, *Inst.* iv.21; iii.78; *Dig.* xlii.1.4.5; L. 16. 234.2; Quint. iii.6.84; Tertull. *Apol.* 4; Dio Cass. fr.12. Gell. xv.13.11; xx.1.19; 42; 45/49; "Y convirtieron la pena capital en un despligue de crueldad espantosa, ya que los decenviros permitieron que en caso de que los acreedores fuera varios, el cuerpo del deudor fuera descuartizado – *tertiis nundinis partis secanto* - y repartido entre los acreedores si así lo querían. B. Albanese, (1992) 50/70; C. A. Cannata, (1987). Y he subrayado estas palabras de la Ley para que no pienses que tanto horror pueda encogerme" Gell. xx.1.50/53; Sal. *Cat.* 33; Cic. *Flacco,* 48; Quint. *Ist. Or.* vii.3.26/7; *Lex Urs*.i. 21; 61; Dionisio xvi. 5.3; V.L.D. Nobrega, (1959) 499/507; J.A. Crook,(1967) 173. La venta más allá del Tiber, se explicaría porque la otra orilla del río ya no era territorio romano cuando la fórmula fue consagrada, M. H. Crawford, (1996) 629. El padre de Cesón Quintio, Lucio Quintio Cincinato, para escapar de la justicia a causa de un juicio contra su hijo, del que era fiador, vivía en un tugurio, *trans Tiberim*, a mediados del siglo V a.C., Livio iii.13.10.

trans Tiberim, fue *ripa etrusca*, al menos hasta la toma de Veyes, a principios del siglo IV a.C, y que en torno al 200 el control del senado sobre esa región era efectivo. Pero no hubo expansión urbana sobre la misma, al menos hasta el final de la República y parece que, en materia penal, solía ser ámbito de exilio. Cuando se inició su urbanización, no parece que allí se construyeran edificios de interés, y cuando Augusto instituyó en aquel territorio la catorce región, lo que vino es a sancionar una expansión urbana de hecho de hecho, ajena a una previa planificación que conozcamos, dando lugar a barrios de los que se dice que estaban habitados por pescadores y comerciantes.

La tradición indica además que se respetaron ciertos parajes rústicos - *prata Mucia* y *prata Quinctia* - en los que se decía habían tenido lugar episodios memorables de los tiempos primitivos de la República. Fuese cierto o no, el caso es que *trans Tiberim* no se vio afectada por la presión urbana que se vivió en los tiempos de César, dispuesto a emprender grandes obras públicas, con desvío del propio río por detrás de los Montes Vaticanos, para ganar para la Ciudad buena parte del primitivo Campo de Marte[392].

En realidad sólo encontramos estupor y escepticismo en los autores que mencionan aquel feroz castigo para los deudores. En los intelectuales del siglo I a.C. aquella pena de descuartizamiento conectada al impago simplemente era un salvajismo inasumible al que, incrédulos y perplejos, no dedicaban mucho tiempo para no empañar la admiración que el conjunto de las Doce Tablas les inspiraba. Era la transcripción de una sanción ancestral tan dura como olvidada, acaso aplicada para otros delitos más graves que el de las deudas, y que no sabemos por cuál mecanismo de transmisión o re-elaboración, llegó a enunciarse en semejante disposición que, a los propios romanos, llenaba de desconfianza.

Finalmente, Cicerón hace referencia al asunto de las servidumbres de paso, y escribe que las Tablas entendían sobre los derechos de vado entre propiedades y los espacios que debían quedar abiertos para los transeúntes, de modo que ante una supuesta apropiación de estos espacios, aquel código primitivo preveía el recurso a tres árbitros especiales. El sistema de arbitraje fue inherente al dominio privado, y como extensión de éste, visible en algunas actuaciones del poder público, siendo probablemente tan antiguo como la misma comunidad en la que operaba. De hecho a lo largo de nuestro análisis hemos expuesto varias veces cómo en resolución de los conflictos de las comunidades primitivas, se dejaba autonomía a las partes, o más correcto sería decir, que las partes no se sentían encorsetadas ni mediatizadas por poder alguno a la hora de actuar en procesos. Sólo cuando faltaba el acuerdo, una de las partes o ambas podían solicitar la intervención de terceros, que acostumbraba a ser uno o varios individuos, en número impar, que actuaban como consejo. Pero somos escépticos sobre la posibilidad de que en los tiempos de las Tablas, funcionasen ya esa suerte de comisiones o seudo-

---

[392] Cic. *Att.* xii.19.1, *cogito interdum trans Tiberim hortos aliquos parare et quidem ob hanc causam máxime*; Livio xxvi.34.7/10, del 211, sobre los capuano. Allí estaba el Janículo, un montículo donde la tradición sitúa una *arx* ocupada por etruscos, de modo que en tiempos de Cicerón, podría seguir denotando las afueras de la ciudad. *Trans Tiberim*, la *XIIII regio* de Augusto, una de las cinco que estaban *extra muros*. *Prata Mucia*, del joven C. Mucio Escévola, que en el 508 hizo frente desde esa zona, territorio etrusco, a Porsenna, y el senado le recompensó dándole allí un terreno, y *prata Quinctia*, porque allí tenía Lucio Quinctio Cincinato su parcela, de cuatro *iugera*, que según la tradición él mismo trabajaba. Livio ii.13.5; iii.26.8, 458 a.C.; Suet. *Aug.* xxx.1; año 7 a.C.; Dio Cass. lv.8.7; Dionisio, i.28.1; M. H. Crawford, (1996) 629; G. Urso, (1996) 285/295.

tribunales de jueces, *arbitri*, que, nombrados por el senado, al menos con seguridad desde el siglo II a.C resolvían disputas territoriales entre villas[393].

Por lo demás, pudo haber servidumbre donde no hay propiedad, en sentido clásico, pues se dan - y se reivindican y ejercen - derechos de paso y de uso, sobre caminos y lugares, en los que hay ocupantes, posesores y usufructuarios. Es más, lo que parece anacrónico es que ello se legislara en tiempos arcaicos, pues eran derechos obvios, indiscutibles, que nadie podía negar. Cuando en tiempos más tardíos se consolidaron las *possessiones* y los poseedores, fue entonces cuando surgieron los problemas para que esas antiguas convenciones se respetaran. Ese es el hito a partir del cual esta constatada la necesidad de regularlas por ley, y si además esa regulación se arraiga en usos muy antiguos, e incluso, se incrustan en los códigos más respetables, se consigue un plus de autoridad y de garantías de su cumplimiento generalizado[394].

3.7. La tierra entre los primitivos actuales. La Roma Arcaica.

"Entre los salvajes, el aprovisionamiento de caza y pesca es algo que se realiza en comunidad, de modo que quienes se apropian de piezas cazadas o pescadas, o de cualquier otro objeto cuya provisión y disfrute se efectúa en común, son juzgados indignos. No se entiende que robaran a sus semejantes unas cosas de las que no tenían necesidad, pues podían disponer de ellas libremente". Estas observaciones eran precisadas hace ya más de dos siglos, por los enciclopedistas que cuestionaban con firmeza el concepto de propiedad defendido por sociedad estamental francesa de fines

---

[393] "Teniendo en cuenta lo que las Doce Tablas ordenan sobre las franjas de paso de cinco pies – *ambitus* - que deben dejarse entre las propiedades, no vamos a permitir que éste (el filósofo estoico Zenón de Chipre) se coma esta franja en la propiedad donde se sitúa la Academia y vamos a pedir, para marcar esa linde, no el árbitro que prevé la Ley Mamilia - *lex Mamilia Roscia Peducaea Alliena Fabia,* entre 110/60 a.C., sobre los límites entre los territorios de colonias y municipios, reducía de tres a uno los árbitros que debían decidir sobre ello -, sino los tres árbitros que prevén las Doce Tablas", Cic. *leg.* i.21.55. Estos tres jueces serían Ático, Cicerón y su hermano Quinto, los interlocutores del diálogo. Unos *arbitri* hicieron *aestimationes* de las *possessiones* y tierras, y pagaron a los acreedores según lo tasado, Caes. *BC* iii.1; cinco *arbitri* se nombraron para resolver los litigios entre Pisa y Luna, Livio, xlv.13. 10/11; Varro, *Ling.* v.22. Cuando se trataba de evaluar cantidades en relación con demandas e indemnizaciones, aquellos tribunales estaban formados por un número impar de jueces, de tres hasta once, *recuperatores*, frecuentes como indeseado efecto de las conquistas; tab. vii. 5/8, caminos sujetos a servidumbres y daños causados por el agua de lluvia. *Si per publicum locum rivus aquae ductus privato nocebit, erit actio privato ex Lege XII Tabularum ut noxa domino sarciatur*, "Si un particular es dañado por el agua del canal de un acueducto que discurre por un lugar público, por la Ley de las Doce Tablas tendrá derecho a una acción legal para que se le repare el daño que le ha sobrevenido", Paulus?, *ap.* Dig. xliii.8.5.

[394] La visión de J. Iglesias, (1965) 233, parte de supuestos distintos. Según el romanista, en el antiguo derecho romano no existían servidumbres legales, en tanto no existía propiedad. Gaius, *Dig.* x.1.13, indicaba que todas las provisiones sobre lindes, que figuraban en la *tabula* vii.3, se tomaron de la legislación de Solón, y resumía su contenido: si un propietario levanta un muro poco firme junto a la linde de su vecino, no puede sobrepasar esa linde. Si levanta un muro macizo, debe dejar un espacio de un pie entre la linde del vecino y su muro; si lo que levanta es un edificio, entonces, dos pies; si cava un hoyo o una trinchera, debe dejar un espacio igual a la profundidad del mismo; si cava un pozo, debe dejar de separación una brazo; si planta un olivo o una higuera, debe dejar nueve pies de distancia con la propiedad del vecino, o cinco pies cuando se trata de cualquier otra clase de árbol. Pero al traductor moderno de Gayo no le gustaba este reconocimiento de copia del modelo griego y en nota dice que no tiene constancia de que las Doce Tablas copiaran la ley griega, lo que no deja de ser una pobrísima negación de la evidencia.

del siglo XVIII[395]. Creemos útil y sugerente ampliar esta mirada al campo de las culturas primitivas, donde la noción de la propiedad en relación con toda clase de bienes, incluido el bien de la tierra, se nos muestra más desembarazado de reformulaciones, intereses y argumentaciones, que fueron más fruto de las ideologías que de sus verdaderos significados económicos o sociales.

En cada una de las sociedades primitivas la propiedad tuvo un significado específico distinto, según cómo las costumbres y la tradición del grupo entendió el conjunto de funciones, ritos y privilegios que el término conllevaba. Entre la pura propiedad individual y el colectivismo se daban toda una gama de combinaciones intermedias. La noción de propiedad se presentaba como la relación, con frecuencia muy compleja, entre un objeto determinado y la comunidad de cuyo patrimonio formaba parte el objeto, el modo de conexión que cada sociedad había dispuesto entre el individuo y el bien en concreto, lo que en teoría ampliaba los tipos de propiedad que pueden darse al número de sociedades existentes en los distintos puntos del globo. Resultaba obvio que para un jurista inglés actual los derechos de propiedad que eran determinantes para el rey de los lozi y para sus súbditos, a orillas del río Zambeze, en Zambia, África Oriental, no serían en absoluto derechos de propiedad, según los principios recogidos en la sociedad de aquel experto, sin que ambas realidades desvirtúen lo más mínimo la integridad y validez de ese mismo concepto en los grupos étnicos respectivos[396].

Desde el análisis sociológico, hoy se amplía los significados puramente materiales del concepto, adaptándolo a nuestras realidades, y se añade que la propiedad no consiste sólo en poseer bienes materiales, sino también en el derecho a poseer estos bienes en todas las situaciones posibles frente a las reivindicaciones de otros individuos. Porque si tal derecho no le está reconocido al individuo por el grupo, cualquiera puede hacer una reclamación y tomar esa propiedad, aunque no sea su dueño real, lo que en efecto nos recuerda el paradigma de J.P. Rhodes, que vimos *supra* cuando se refería a los griegos. Naturalmente, estamos lejos de decir que la reiteración del modelo literario utópico de la igualdad y el comunismo en el reparto de los bienes, constituyera prueba fehaciente del modelo de propiedad de los tiempos primitivos. Muy al contrario, para nosotros la reiteración de tal mito fue expresión de varias situaciones. En primer lugar, en los escritores, y no sólo como escritores sino también como meros ciudadanos, hay constancia de una falta de fe y un desencanto ante la ruptura del equilibrio social y la generación de conflictos, que la perduración en su tiempo de los tipos de propiedad de cualquier clase de bienes supuso para el modelo de sociedad de la época.

En segundo lugar, aquella utopía sobre la comunidad de bienes de los tiempos más antiguos, a la que anteriormente aludimos, reflejaba la ignorancia sobre cómo fuese ese modelo de propiedad en los tiempos más antiguos, y finalmente, muy dentro del estilo

---

[395] J.P. Brissot de Warville, (1780), girondino guillotinado, panfleto contra la propiedad. Diderot, J. J. Rousseau, Voltaire, D'Alambert o Montesquieu. Para Rousseau, por ejemplo, el hombre verdaderamente natural, no tenía propiedad. La propiedad privada era un derecho individual sagrado, pero limitado a una parcela de tierra que fuera suficiente para que, con su propio trabajo, pudiera vivir el ocupante con su familia. Era función de la sociedad prevenir la desigualdad entre los hombres, evitando la acumulación de riquezas.

[396] B. Malinowski, (1926) 127; L. Mair, (1998) 156, clasificaba los derechos sobre la tierra en derechos de uso y derechos de administración. Sobre la propiedad, , el cap. 6, de R. H. Lowie, (1950); H. Williamson, (1989) 17/26; L. Kalinoe, (1993).

de la retórica clásica, a partir de esa "oportuna ignorancia", que libera al autor de cualquier conexión con supuestos lógicos y racionales a la hora de emitir sus hipótesis, se produce la colmatación de esa laguna en el conocimiento, acudiendo a la imaginación propia de cada escritor, a su capacidad individual de evocación de ideales paradigmáticos. Y en esa recreación de "aquellos tiempos" que la nostalgia determina como mejores, lógicamente no cabe reproducir los "errores" del presente, de modo que el escenario que se idealiza es justamente el reverso de las situaciones que los escritores vivían en su entorno inmediato.

Quede como hipótesis la idea de que, desde la falta de constatación por parte de los propios escritores clásicos de cuáles fuesen los modos de propiedad de la tierra, en los "primeros tiempos", y somos conscientes de la vaguedad de ese marco cronológico, es factible para nosotros imaginar que tal modo se identificase con el acto de ocupación y posesión efectiva del bien en concreto. Sin otro documento de titularidad, para el caso concreto de la tierra, que el derecho a explotarla y vivir de sus rendimientos, tal como se venía haciendo por una misma familia durante generaciones. Pero prosigamos con los primitivos[397].

Como acabamos de escribir, es un hecho que la propiedad de la tierra rebasa la temporalidad del propio individuo que la disfruta. Al sudoeste de Togo, Africa Oriental, las tribus seminómadas que cultivan grandes territorios de una manera itinerante, unos campos con chamiceras y largos barbechos, están divididas en linajes y cada uno de éstos dispone de un terreno cuyo primer ocupante ha sido su antepasado, tierras que no puede ceder ni empeñar sin el consentimiento de toda la tribu. Entre los haidas, aborígenes del archipiélago de la Reina Carlota, en la Columbia británica, costa norte del Pacífico, la tierra, hasta donde admitimos que se constata alguna clase de propiedad, pertenecía al clan, el cual disfrutaba de derechos reconocidos para definir los terrenos de caza, las corrientes frecuentadas por el salmón, las aldeas y los sitios para acampar, etc... El jefe era el depositario de todas esas tierras y derechos en nombre del clan, pero tampoco podía venderlas ni arrendarlas o cederlos, aunque en casos excepcionales le era permitido enajenarlas como indemnización para zanjar una disputa, o como una dote cuando una de sus hijas se casaba con otro jefe.

Entre los aborígenes del archipiélago de Samoa, del Pacífico Sur, la unidad social y económica era la familia, que a diferencia de la nuestra, podía abarcar medio centenar de individuos. En nuestra opinión, su jefe guardaba muchas analogías con la figura indoeuropea del *paterfamilias* romano. En la familia samoana este jefe, *matai,* era dueño de las tierras cultivadas por los miembros de la familia y podía enajenarlas por venta o regalo, pero los animales y utensilios domésticos pertenecían a la familia en

[397] J. W. Vander Zandem, (1990) 493. El *ius civile*, completado en tiempos tardíos, lógicamente desconocía la *possessio,* que decía J. Iglesias, que era hija de la práctica social, porque según el romanista caía fuera del campo de los derechos, afirmación que no comparto, en tanto que significaba dejar fuera del derecho todo cuanto los juristas romanos consideraron inúitil a sus planteamientos. Pese a lo cual más adelante admite sin ambages que ese modo de tenencia, la *possessio,* producía efectos jurídicos, porque llevaba a la adquisición de la propiedad. En relación con la ocupación, *occupatio,* reconoce que fue el modo primitivo de adquisición de la tierra, J. Iglesias, (1965) 248, 294 y 295. Para E. Gabba, (2005) 117, el problema de la *occupatio* privata del *ager publicus* nace después de la conquista del Sabinum. Por lo demás, el término "poseer" tal como nostros lo utilizamos carece de sentido cuando se aplica a una sociedad indígena", B. Malinowski, (1995) 127.

común. Finalmente, y cambiando de ámbito geográfico y temporal, en el Norte de Europa durante el Medievo la tierra era ante todo la propiedad de los antepasados y la posesión sólo se convertía en propiedad si se justificaban antecedentes lejanos[398].

Como era de esperar, en todas las sociedades surgen disputas sobre los derechos que los individuos invocan en torno a la propiedad de los bienes. Una familia nuclear puede considerar un área concreta como "suya" con las condiciones bajo las que otros puedan usarla, y las consecuencias que tiene la violación de esa "propiedad". Si el permiso para utilizar el área se otorga siempre libremente y su explotación sin permiso suscita simplemente alguna queja o insultos, entonces no es correcto ni es aplicable aquí usar el concepto moderno de "propiedad". La existencia de diversos tipos de derecho de propiedad que se sobreponían y que competían hacía inevitable la aparición de conflictos. Por ello, una de las funciones del sistema legal de una sociedad era proporcionar fórmulas para saber aplicar una resolución a dichos conflictos.

Tratándose de la tierra, en los pueblos en los que no se cosecha para la venta no se piensa en la tierra como recurso al que deba sacarse el máximo provecho, de forma tal que si alguien posee derechos sobre una tierra que nadie explota, no tratará de obtener un beneficio exigiendo a otro una renta por su utilización. Puede ocurrir que la gente posea derechos de propiedad sobre una tierra que en realidad no cultiva, porque esté a barbecho, o sean unos terrenos sobrantes porque ahora la familia tiene menos miembros. Si un extraño quiere cultivarla, deberá obtener la aprobación del grupo que tiene esos derechos, lo que provoca la apariencia de una propiedad comunal desde el observador externo. Cuando la tierra es abundante, cualquiera que pueda desbrozar y cultivar un terreno tiene derecho a lo que produzca, pero cuando hay escasez de tierra, las ideas sobre la tenencia son complejas, y cada individuo debe sustentar sus derechos sobre la tierra basándose en los criterios que su sociedad tiene por legítimos. En Costa de Marfil no se niega la tierra a quien quiere alimentarse; tras la estación de las lluvias, cualquiera puede ir a ella y cultivar productos alimenticios[399].

En la mayoría de las sociedades tribales el derecho que tiene el individuo a usar la tierra que ha cultivado es bastante seguro, y es difícil distinguir la *renta* que se le paga al propietario del *tributo* que se le ofrece al gobernante en cuanto dueño simbólico de la tierra. Los zandés del Zaire consideran la tierra como una fuente de vida sagrada. Pertenece al grupo que la repartió entre los hombres; no es ni alienable ni transmisible. El que la tiene en usufructo puede empeñarla si tiene deudas, lo cual permite la

---

[398] P.E. Goddard, (1924); E. Sapir, (1916) en la sociedad samoana, todos los miembros estaban emparentados por sangre, adopción o matrimonio; al cabeza de familia se le trataba con respeto por rango, realizaba los deberes religiosos y las ceremonias con dignidad y decoro; tenía un teórico poder de vida y muerte sobre sus subordinados, pero tal poder dependía en realidad de sus cualidades personales y si se hacía impopular podía ser depuesto. Todos los nobles, que eran los jefes de familias, se reunían en un lugar predeterminado y combinaban funciones de legislación y justicia y organización de las empresas de la comunidad. Allí se tomaban las decisiones, pero los asuntos se habían discutido privadamente de antemano, de modo que a la asamblea ya sólo se llevaban las decisiones. E. Schultz, (1911); R.W. Williamson, (1924); A. Gurevic, (1972).

[399] M. Harris, (1994) 296; Ph. K. Bock, (1977) 414 y 419; L. Mair (1998) 153 y 156; A. Th.Koby, (1978).

acumulación por los más ricos y la formación de una clase privilegiada; pero el que empeña conserva eternamente el derecho de recuperarla si consigue los medios para hacerlo. Cada una de las tribus de los primitivos habitantes de Tasmania, a unos doscientos kilómetros al sureste de Australia, tenía sus terrenos de caza reconocidos por los demás, que eran propiedad del grupo en su conjunto; no existía la propiedad privada de la tierra, aunque se reconocía la propiedad privada de objetos, como las armas, los amuletos y los adornos[400].

En algunas comunidades de la Alta Birmania, hoy Burma, la tierra es "propiedad" del jefe, y el campesino individual tiene derecho a la tenencia permanente, que puede traspasar a otro sin que ello afecte a la propiedad soberana del jefe, cuyos derechos de propiedad no pueden traspasarse con facilidad. Son derechos ritualmente determinados que recaen sobre miembros de un determinado linaje. Para los lozi de Zambia, la palabra que utilizan para definir lo más parecido a lo que nosotros traducimos como propiedad, contiene diversas acepciones. El término es *bung'a,* que refiere a los derechos de cualquier tipo que se atribuyen a un *status* determinado. Así, la esposa es *bung'a* de su marido, no por lo que ha pagado de dote por ella, sino por la autoridad que posee sobre ella. Y un cacique posee *bung'a* sobre sus tropas, sobre las tierras de la aldea, y los huertos, sobre los parientes, sobre los hijos. Este *bung'a* permite al cacique autorizar al recién llegado a establecerse en las tierras, quedarse en la aldea, y todo ello sin que nadie pueda responder oponiéndose. El *bung'a* del soberano se expresa en el derecho a exigir tributos y servicios a los habitantes de su país y en el derecho a nombrar a algunos de sus súbditos, jefes de aldea, etc... Así, el "jefe posee el país y cuanto hay en él". Para los lozi en definitiva, no hay tanto propiedad, como los derechos a disfrutar de los bienes, a ejercer y a ejecutar sus deseos sin restricciones, una gama de potencialidades tan amplia como ambigua que todos reconocen incluidas en aquella voz nativa[401].

El tipo de propiedad de la tierra en la Roma Primitiva era parecido al *bung'a* que hemos descrito para los lozi en líneas anteriores. Era una noción que en parte se recogía en el concepto de *manus*, como sinónimo de autoridad y fuerza efectiva y real sobre las cosas - pero no solamente en él -, y que se sustanciaba en el ejercicio del derecho al uso y beneficio de las cosas, más que en la mera ostentación de la titularidad sobre las mismas. Pero no fue éste el transmitido sino el vigente en los tiempos de los analistas y sus transcriptores, que lo aplicaron a los tiempos remotos de la Ciudad.

La "literalidad" de los pactos o acuerdos que en un momento dado se configuran por escrito, pueden no contener la realidad vigente, en materia de relación del individuo con sus propiedades. En la Roma Primitiva, los derechos sobre las cosas carecían de una rúbrica formal escrita, pese a lo cual estaba fuera de toda duda la realidad de esos derechos. Cuando en tiempo muy posterior, ya del dominio del acto escrito, se contemplaba ese pasado remoto, los derechos del individuo hacia esos bienes no podían definirse más que con los parámetros formales que se conocían y con los que el jurista o autor literario estaba familiarizado. Estos parámetros eran los del documento escrito y el registro, realidad que solía resumir todos los derechos a los de un sólo

[400] Ph. K. Bock, (1977) 416; M. Bachelet, (1968); C. Lord, (1924) 456/463; *vid,* R. Giblin, (1928).
[401] E. R. Leach, (1976) 177; L. Mair, (1998) 154/155, recogiendo a M. Gluckman, (1955); *vid.* también, M. Chanock, (1985).

beneficiario, despreciando los de cualquier otro usuario. Las descripciones de las fórmulas de conexión hombre/tierra en los historiadores que se ocuparon de los tiempos primitivos pudieron incurrir en lo que se convino en llamar paralogismo anacrónico[402].

En la sociedad primitiva los derechos sobre la tierra se repartían entre todos los individuos vinculados con alguna de sus formas de explotación, dominio, tenencia o aprovechamiento. En este sentido cuando con la llegada y consolidación de la sociedad colonial se comenzaron a realizar las primeras escrituras de propiedad, se ponía fin a los derechos de todos aquellos individuos que no figuraban en el registro como propietarios, lo que resultaba una injusticia que provocaba de inmediato el rechazo y las protestas de los perjudicados. Entre los loDagaa del norte de Ghana la consecuencia del registro e inscripción de parcelas, con la alienación de los derechos de los otros usufructuarios, fue que durante algún tiempo los damnificados quemaban las cosechas, en señal de su disconformidad y desconcierto. En consecuencia, podemos decir que la inscripción de títulos de propiedad, en su acción simplificadora de adjudicar a uno o dos individuos la titularidad de una tierra, fue excluyente y de efectos realmente nocivos para los usos y costumbres de los afectados, pues no recogía la realidad de toda una jerarquía de derechos de amigos y parientes sobre esa misma tierra. Aquella medida seguramente inspirada en el deseo de "garantizar" los derechos de los campesinos nativos de Ghana en realidad cercenó, en su labor de síntesis, las posibilidades de uso y disfrute de los tradicionales propietarios sobre sus tierras, y sobre todo conculcó el derecho consuetudinario del resto de usufructuarios[403].

Así se comprobó en la sociedad de los loDagaa. Pese a esa nueva situación de la titularidad de la tierra que comportaba su registro en escrituras, el campesinado que permaneció ajeno al proceso se situó automáticamente en un modo de ocupación ilegal, pese a lo cual no fue desalojado, tanto por las dificultades que para las autoridades habría supuesto, como para evitar que la tierra quedara sin cultivar. De igual forma no se constataron iniciativas por parte de los ocupantes de cambiar esa situación, pese a que les proporcionaba alguna ventaja en relación con la facilidad de movilidad y ante los impuestos[404].

Los efectos de la aplicación de los derechos de la sociedad colonial, sociedad moderna en general, sobre la comunidad primitiva, de los loDagaa o de cualquier otra en general, constituyeron una auténtica revolución burocrática o administrativa, de

---

[402] Usar términos que tienen significados muy conocidos, aunque no siempre muy exactos en nuestra propia cultura, puede hacernos caer en lo que se viene llamando paralogismo patético de la antropología social, o sea, el error de asimilar sin previa crítica nuestras propias instituciones con instituciones desconocidas, J. Beattie, (1986) 220. De otra forma, hasta qué punto lo que en el campo de la ley y la costumbre se adscribe al pasado más antiguo, no es sino una traslación diacrónica de las situaciones vividas por romanos posteriores, algo que en el plano de la narración historiográfica es un hecho comprobado en Livio y Dionisio.

[403] J. Goody, (1980) 136/155; (1990) 189.

[404] J. Goody, (1990) 191. Se harán inscripciones en registros que se depositarán en los templos como monumentos de madera de ciprés, cuyo texto deberá perdurar también en los tiempos venideros. sobre los repartos de lotes, Platón, *leyes,* 741 c.

repercusiones graves puntualmente – préstamos que requerían titularidad sobre el bien, transmisión hereditaria -, pero de escasos efectos en lo cotidiano. El registro y la escritura, pese a su indudable capacidad de consolidar una realidad, eso sí, falseada, no modificó esa realidad más que en términos oficiales y formales. En el contexto cotidiano del grupo todo siguió igual, los individuos con derechos de uso o dominio de la tierra, siguieron disfrutándolos, y a menos que se produjera una intervención directa de los poderes públicos en ese ámbito, probablemente para fines diferentes a los estrictamente agrarios, había garantías y certeza de que se mantendría esta doble realidad sin cambios.

En la República romana, los repartos agrarios de Tiberio Graco eran los mismos que se adscribían al siglo IV, a las leyes Licinia-Sestiae. Supuestamente se legalizó una situación de hecho, la acumulación de tierras públicas en manos de propietarios de la clase dirigente, con las salvedades y atenuaciones a la norma que paralelamente se dieron. Pagarían desde ese momento un canon anual, de cuantía desconocida, probablemente simbólica, por el usufructo de ese dominio, pero sobre todo como reconocimiento de subordinación a la ley y el Derecho. La realidad es que desde tiempo inmemorial, la clase dirigente poseyó la tierra de hecho, y las anexiones territoriales sirvieron para aumentar proporcionalmente la extensión de las tierras disfrutadas por las principales familias.

Ninguna de las leyes del siglo IV ni del siglo II modificó en esencia esta situación, los dominios usufructuados por la elite gobernante siguieron midiéndose por miles de yugadas, lejos de los límites que la tradición fija en las leyes Gracas, y aún a mediados de la última centuria de la República, los tribunales de justicia sentenciaban a favor de quienes invocaban su derecho a disfrutar de esas tierras, sus tierras desde generaciones, sin la obligación de abonar canon alguno. Recordemos el caso del *saltus* de Terencia, esposa de Cicerón, - Cic. *Att.*ii.4.5 - y su litigio con los publicanos, que no consiguieron hacer efectivos sus derechos de cobro sobre los predios en litigio.

Los diferentes procesos posteriores de colonización afectaron a territorios no asignados ni ocupados ni usufructuados previamente por las grandes familias, pues no es lógico imaginar que quienes aprobaban los proyectos de ley no velaran por sus intereses particulares, y así fue en tanto el senado mantuvo la unidad de acción entre sus facciones. Esta unidad se quebró en el siglo I a.C., en los años ochenta y de nuevo al final de los cincuenta, y el enfrentamiento entre los diversos sectores de la clase dirigente, dio al traste con los usos y privilegios seculares de quienes en el fragor de la contienda perdían el poder y pasaban a sufrir las consecuencias de la revancha del adversario

4. Las Doce Tablas. Análisis crítico.

El sociólogo Paul Veyne de nuevo nos sirve de referencia cuando afirmaba que en la sociedad romana se legislaba cuando la ley o la costumbre se mostraban insuficientes para resolver las cuestiones y conflictos. Esto era así porque en la práctica, el derecho romano no tenía vocación intervencionista, sino que aspiraba a actuar sólo cuando se le interpelaba, dejando la resolución del resto de las cosas a los acuerdos entre los particulares. Ésta era una forma de decir que la ley romana mostraba una cierta tendencia a situarse en un segundo plano dentro del escenario social, a ir por detrás de los acontecimientos. De cualquier clase de acontecimientos, precisamos nosotros. La ley en Roma deseaba estar al margen de lo cotidiano, se definía como instrumento respetuoso con la costumbre y era indicio de las mayores o menores dificultades que el estado debía afrontar, el mayor o menor número de normas en uso y la frecuencia con que éstas eran apeladas por los grupos[405].

A partir de esta reflexión, las transformaciones que el estado y la sociedad romana sufrieron con la expansión por el Mediterráneo, nos permite delimitar dos fases en la evolución de la Ciudad en relación con sus necesidades normativas y de redefinición del Derecho. La primera fase corresponde a la *polis*, desde los inicios hasta el siglo III, en el que el estado es desbordado por la complejidad de gobernar y administrar una Italia de *socii et peregrini.* La segunda, el estado conquistador e imperialista, que incorpora regiones y pueblos, tan eficaz en sus éxitos militares como incapaz de asumir la transformación de las instituciones a la misma velocidad con que las legiones conquistaban nuevos territorios.

Que hubo más leyes en esta segunda fase que en la primera, es axioma que apenas necesita aclaración. El estado imperialista, la Roma que se extendía de un lado al otro de Mediterráneo, promulgó las leyes que la antigua ciudad-estado no ofrecía porque no necesitaba. Pero la legislación que se documenta en autores como Livio, fue relativamente abundante para los tiempos anteriores a esta expansión, si tenemos en cuenta la ausencia de información que para esa fase el mismo historiador declara en su relato. Tal es el número de leyes citadas en el texto de Livio que éste casi podría definirse como una historia de la legislación romana en relación con los asuntos públicos. Pero si analizamos sucesivamente las leyes, como las relativas a la *provocatio ad populum*, o algunas *agrariae,* o las que se englobaron en el 367 en las *leges Licinia Sestiae*, y la *Sempronia* del 137, entre otras, nos veríamos obligados a reflexionar sobre la autenticidad de cuantas se mencionan. Son normas que teniendo un difícil emplazamiento cronológico en tiempos primitivos, presentan su correlato en otras más tardías, de unos contenidos tan análogos que, desde la cautela que debe presidir nuestro análisis textual, no podemos dejar de advertir esta circunstancia iterativa[406].

---

405 "La posición del derecho, no como regulador de las conductas, sino como respuesta a los conflictos que se le proponen. El derecho no se pronuncia, no se ocupa, si no se le arguye", P. Veyne, (1991) 81/117. Las Doce Tablas contienen lo que se percibía como que era necesario en un momento concreto, a la luz de la experiencia. "Los códigos antiguos dan regulaciones sólo en aquellos asuntos donde la ley es dudosa, o donde una reforma se ve como necesaria y realizable", decía D. Daube, (1939/1941) 23/55, y M. Kaser, (1973), 523/546.

406 Livio, *praef.* 6; vi.1.2. En la mágnífica síntesis de T. Lecaudey, (2002) 187 pp., annexes, I/VI, ignorando las leyes de fecha desconocida, se contabilizan 649 para toda la República, desde el 509 al 40 a.C. De ellas, el 22'49% se fechan entre el 509 y el 242, y el resto, 77'51 %, desde esa fecha al 40 a.C. Para ese amplio periodo primitivo, que incluye ahora la Monarquía, Livio dedicó apenas diecinueve libros, el 13'5% del total de su obra, y 123, el 86'5%, para las dos centurias que siguieron hasta el año 9 a.C. Los problemas agrarios del siglo V son revestidos con los temas de la cuestión tardo/republicana del *ager publicus.* La ley agraria de Espurio Casio es insostenible con el discurso de Dionisio, y la agraria Licinia Sestia, inaceptable tal como la formula la tradición histórico/literaria, F. d'Ippolito, (1975) 197/210; D. Capanelli, (1981) 3/50; E. Gabba, (2005b) 117 y 119. Sobre la *provocatio ad populum*, R.A. Bauman, (1973) 34/47. Lo que se establece en las *leges Licinio/Sestiae*, del 367, y *lex Genucia*, del 342, Livio vi.35.3; vii.42.1/2, que uno de los cónsules ha de ser forzosamente plebeyo, en realidad pertenece al siglo II a.C. , R. Billows, (1989) 112/133; F.D. Cason, (1985) 174/184; A. Burdese, (1966) 342/358;

Hay ciertos temas en la antigüedad que, pese a venir revestidos con la aureola de la fama capital con la que los antiguos los vivieron, ello no redundó en una información abundante y clarificadora, que desde el análisis historiográfico actual, nos permitiera conocer las claves principales de aquellos acontecimientos. Sobre el asunto de las Doce Tablas, en la Roma de mediado el siglo V, los escritores clásicos nos legaron una abundante información, pero que en su mayor parte eran copias de copias y versiones análogas sobre los mismos sucesos y las mismas valoraciones, envuelto todo ello en la deformación y manipulación que suele acompañar a la trasmisión de los acontecimientos que se juzgan de relieve.

Toda la tradición acerca de las leyes y las legislaciones antiguas descansa en un esquema en el que, por encima de las variantes locales, hay elementos esenciales que se juzgan comunes en todos los procesos que se testimonian. Desde tal creencia ya en el siglo XVIII Edward Gibbon escribía que las leyes de Solón habían sido transferidas a las Doce Tablas, y que a su vez en ambas había pruebas de la común descendencia de Egipto o Fenicia, aunque tal sintonía no había sido reflejada por los propios legisladores de Atenas y Roma. Un siglo después Henry Maine escribía que, con referencia a la sociedad antigua, tras el periodo de las leyes no escritas, se pasaba al periodo de los códigos, como el de las Doce Tablas, que aparecen en Italia, en Grecia y en todo el mundo helenístico, enmarcados en un mundo de comunidades que progresaban, y cuyos gobiernos las grababan en tablas para que el pueblo las conociera. Las Tablas pertenecían a esa clase de legados que casi todas las naciones podían mostrar como ejemplo. Desde el comienzo al fin de su historia, los expositores de la ley romana emplearon un lenguaje que presuponía que todo el cuerpo de su sistema de leyes descansaba en las Doce Tablas, un documento escrito. Al menos simbólicamente, los romanos posteriores consideraron a aquel documento como la fuente del Derecho[407].

Eran noticias que con algunas variantes repetían los pormenores de unos sucesos que la posteridad poco a poco descontextualizó y convirtió en referente de las esencias patrias. La abundante literatura, imprecisa, vaga y no pocas veces contradictoria, genera enorme interés y curiosidad en la investigación, lo que se traduce en una inmensa bibliografía, pues se cuentan por miles los trabajos que con formato de libros y artículos se vienen publicando desde hace más de un siglo. Hasta el punto que su manejo resulta tarea quimérica, pues como ya alguien puso de manifiesto, hay tantas teorías al respecto como historiadores de Roma y romanistas, lo que sin duda obliga a no olvidar la humildad y la cierta dosis de escepticismo que deben presidir nuestras reflexiones[408].

L. Amirante, (1983) 1/27, da como histórica sólo la ley del 300; (1986) 88/89; L. Rodríguez Ennes, (1992/1994) 483/488; E. Hermon, (1994/1997) 119/142; K. Bringmann, (1986) 51/66; K.Fritz von, (1950) 3/44.

[407] No tuvo especial aceptación la hipótesis de R. Yaron, (1974) 323/257, sobre una influencia semítica en las Doce Tablas, más allá de los enunciados generales, comunes a muchas legislaciones. Las Doce Tablas representaron para Roma lo que Homero para los atenienses, Cohen (1989) 92; H. Maine, (1972); J. Gaudemet, (1988) 315; Ninguna codificación antigua de las que conocemos incluyó la asunción de tal caracter trascendente, ser única fuente de ley, en contra de Livio iii.34.6, *fons omnis publici privatique iuris,* W. Eder, (2005) 245.

[408] "Finally, the early history of Rome is notiously a field where there are as many theories as scholars; we tried as far as possible to avoid adopting a particular view of Early Roman Society. Scholars have

Tras la fuerte reacción en contra que generó la crítica rigurosa y pormenorizada de algunos autores de principios del siglo XX, que negaban verosimilitud a las diversas partes del relato historiográfico sobre las Tablas, las hipótesis de trabajo de los tratadistas se situaron en posiciones intermedias, lo que equivalía a aceptar el núcleo fundamental del relato, despreciando, negando o sometiendo a revisión algunos de los puntos y elementos presentes en los hechos. Desde los años ochenta esa posición de crítica moderada o intermedia se comienza a revisar y nuevas interpretaciones y enfoques de los textos vuelven a incidir analíticamente sobre la veracidad de los datos suministrados. Sin pretender por nuestra parte compendiar la realidad actual, pues dado lo enconadas de las posiciones y las innumerables matizaciones que acompañan a cada investigador en sus posiciones, ello escapa a cualquier intento de síntesis, sí podemos afirmar, a partir de nuestras lecturas, que encontramos argumentos y razones, mejor o peor presentados y defendidos, para todas las posiciones. Y que en ellos conviven todas las opiniones, desde las más críticas, que niegan veracidad alguna a lo transmitido, hasta las que admiten una parte del argumento, reinterpretan algunos textos o simplemente, se atienen a la legitimidad del relato literario, que asumen sin cautelas[409].

Esa tradición, como *supra* vimos, supeditaba la elaboración de leyes y códigos a la iniciativa de hombres de cualidades destacadas, personajes de un fuerte carisma y sólidas convicciones, adecuadas a la ingente tarea a la que estuvieron llamados.

---

also adopted the most divergent views about the most basic aspects of the Twelve Tables: we have sought to give prominence to the comparative evidence provided by other early latin texts", M. Crawford (1996) vol. 2, 557. El autor, consciente de la consolidada tradición historiográfica, falsa o real, que hay en torno al tema, evita cualquier divergencia crucial sobre el común de las opiniones, lo que generaría reacciones inmisericordes, y simplemente, no se inmiscuye, más allá de algunos comentarios no comprometedores. Un poco antes, p. 556, el autor admite que a mediados del V se aprobó algo, sin especificar que ese "algo" fueran esas Tablas. Para el autor el peso de la tradición y la posterior investigación es muy grande, como para no aceptarlo de alguna forma."It is naturally possible to hypothesise that whatever was promulgated in 451/450 BC was very dfferent from what our sources represent as the Twelve Tables". Las leyes tenían un efecto estabilizador y retardado, cambiaban con más lentitud que la sociedad y la economía, lo cual provocaba el que los textos legales fueron menos manipulados y destruidos que los textos históricos de la tradición analística, W. Eder, (2005) 242.

[409] A favor, "todos sabemos que las Doce tablas se colocan a mediados del siglo V ... y es uno de los hechos mas seguros de la historia arcaica de Roma", art. de M. Bretone, (1989) 119; G. Poma, (1984) 15/52; R. Martini, (1999) 22; A. Drummond, (1994) 117, opina que es plausible su datación en la república primitiva. A favor de la monarquía tal como nos la trasmiten, excepto para el caso de Rómulo, H. Last, (1928) 370ss.; en contra, E. Pais, I (1898) 558; I.2, 545; 631; (1909); (1915) 203; 454, que no niega la autenticidad del texto, sino que lo que nos ha llegado es fruto de varias redaciones, y otros, en el artículo de F. de Martino, (1972) 219 y 232, donde además recuerda que una parte de la investigación pone hoy fin a la monarquía a mediados del siglo V, siguiendo las tesis de E. Gerstad, (1953/1973); el más crítico, G.C. Lewis, (1855), y G. Baviera, (1925) 1/51; L. Amirante, (1991) 79ss.; *idem,* (1990) 391; E. Ferenczy, (2001) 2001/2012, la influencia griega en las Doce Tablas, es prueba de que la codificación fue más tardía. Las Doce Tablas son un invento del 225 a.C.", J.M. Nap, (1925); "Es sabido que fuera de hipotéticas reconstrucciones de las Doce Tablas y de algunos textos legales conservados en inscripciones, son muy escasas las fuentes respecto a los cuatro primeros siglos del Derecho Romano. No adoptaremos sin embargo la postura hipercrítica de E. Lambert, (1903) 501/626, que pensaba que las Doce Tablas eran una compilación de la República Media, o incluso del siglo II a.C. sobre la base de provisiones del siglo V a.C.; aunque hay que aceptar que gran parte de las teorías romanistas e incluso de los anticuarios romanos, se han de considerar como hipótesis", M. Mauss, (1991) 224. aquello que se promulgó en el 451/450 fue muy diferente a lo que nuestras fuentes nos presentan como la Ley de las Doce Tablas, M.H. Crawford, (1996) vol.II, 556/557. Nosotros vamos más allá y nos preguntamos cómo comprobar que a mediados del siglo V se publicara algo parecido a eso.

Hombres en cuya selección participó la propia divinidad, directamente o a través del oráculo, como encontramos en los códigos orientales, o el consenso de los miembros de una clase, como en el mundo de la *polis*. Todos ellos respondían al patrón del "hombre bueno", arquetipo de valores bien reconocidos ya por el mismo Aristóteles, cuando con relación a la credibilidad como fuente de persuasión, decía que se debía creer a los hombres buenos de modo más pleno y con menos vacilación que a los demás, porque sobre esta confianza descansaba la creencia en la bondad de sus obras[410].

Pero el arquetipo difiere notablemente en el caso de Roma. En la Ciudad, el relato tradicional no converge con los modelos orientales o griegos. Los legisladores no fueron héroes ni líderes importantes, no responden al arquetipo de "hombres buenos", ni estuvieron conectados a la divinidad, por lo que no recibieron de ella las leyes, sino que estas leyes primero fueron arrancadas por el pueblo, ante la parálisis legislativa de la nobleza, y finalmente se promulgaron y luego sus artífices desaparecieron. Su elaboración y presentación no fue acogida en un clima de consenso, sino envuelta en una atmósfera de hostilidad y convulsión, de revuelta y violencia, hubo protestas, reivindicaciones, tumultos e incluso muertes. Las leyes se aprobaron y se publicaron para evitar males mayores, en un contexto de presión y exigencia de medidas sociales y políticas.

Pero Livio y Dionisio no hablan de su contenido concreto, y de lo que conocemos de ellas por otras fuentes, vemos que poco tuvieron que ver con las reivindicaciones políticas y sociales que supuestamente las motivaron. Todo lo que rodea a la historia de las Doce Tablas fue violento, desapacible, inadecuado y tenso. No es un periodo de confianza y estabilidad el de las Doce Tablas, pero la posteridad se apropia de ellas y las revaloriza, convirtiéndolas en paradigma de la equidad y desarrollo de la *civitas,* pasando a ser un referente de todo el desarrollo jurídico del estado romano y de su Imperio[411].

En Roma, la ley fue laica, puro acto de la sociedad civil. Las Tablas contenían prescripciones religiosas, pero ello no implicaba que fueran mandatos de los dioses. Tales prescripciones pertenecían a un ámbito que anteriormente, en un tiempo impreciso, estuvo ocupado por la religión. Así, religión y normas laicas no iban unidas, sino que eran sucesivas o consecutivas, y con campos propios de actuación. Al no estar las leyes de las Tablas mediatizadas por lo sobrenatural, su tiempo fue aquel en el que los poderes laicos gozaban de cierta madurez, autonomía e independencia. Tiempo que la tradición situaba a mediados del siglo V a.C[412].

En la Ciudad no hay ese modelo de legislador que recibe el mandato de los dioses en forma de leyes, porque es posible que el relato de los decenviros y de la codificación

---

[410] E. Gibbon, (1984) chap 44, Idea of The Roman Jurisprudence. H. Maine, (1972); Arist. *Retórica*, E. Aronson, (2000) 84/85; En Grecia los legisladores realizan su obra en un contexto laico, a diferencia de Moisés, Hammurabi, o Salomón, S. C. Humphreys, (1997) 542.

[411] Fiel al relato de Livio, M. Humbert, (2005) 6, las Tablas, inseparables del conflicto entre patricios y plebeyos; sobre plebeyos y patricios, Gagé, J., (1970) 5/30; R.E.A. Palmer, (1970); A. Drummond, (1989) 89/115.

[412] M. Humbert, (1998) 92.

fuese más tardío que el de los tiempos primitivos. La analística no incorporó un relato similar al de Licurgo, Solón, o Carondas, y en el momento histórico en que éste se confeccionó no cabía una configuración del tipo tradicional, para esta clase de asuntos no cabía un argumento exclusivamente mítico, con dioses bajando a la tierra o comunicándose con los hombres mediante apariciones y señales, y héroes dictando pautas primigenias de conducta a seguir en una sociedad ya bastante compleja. La sociedad en la que se configura el relato de las Doce Tablas – no la sociedad que sirve de escenario -, era demasiado laica, descreída y desconectada con las potencias intangibles, como para aceptar sin más un argumento del tipo de Licurgo o de otros griegos.

Por el contrario, la sociedad romana podía asumir sin dificultad que las leyes, los nuevos preceptos, las reformas, sólo podían surgir de un cierto consenso, como resultado de la presión de unos grupos o sectores sociales sobre otros, como fruto de la lucha, incluso callejera, la reivindicación permanente y la protesta, porque tales situaciones eran frecuentes en su momento histórico, tales argumentos estaban en consonancia con las situaciones vividas, las presentes o las de un pasado reciente. Y en esas situaciones no había dioses que desempeñaran un papel determinante en el conflicto que enfrentaba a los diversos sectores de la sociedad. No olvidemos, como ya advirtió Mary Beard, que el siglo I a.C. era ya un siglo de total crisis religiosa, en el que los valores de la religión tradicional, o ya habían desaparecido, restando de su recuerdo las enjundiosas y estériles controversias de los cenáculos de filósofos y diletantes, estando su valoración completamente desprestigiada y sometida a un completo escepticismo.

Podemos por tanto pensar que la historia final de las Doce Tablas fue reelaborada en un escenario de laicismo y escepticismo religioso, dominado por el empuje de un presente pleno de cuestiones sociales, políticas y económicas que colmaban las preocupaciones del ciudadano romano de la época. Preocupaciones y problemas que con intensidad variable según los tiempos, eran las mismas que estaban presentes en Roma desde tiempos primitivos y que fueron causa de las luchas que acabaron con la disolución de la República[413].

La crítica historiográfica acepta hoy en mayor o menor grado la influencia de los modelos legales griegos como fuente de inspiración de las Doce Tablas. El relato del viaje de la embajada senatorial a Atenas y el sur de Italia, a conocer las leyes de Solón y de las ciudades griegas de la región, alguna de las cuales a mediados del siglo V a.C. ya acumulaba doscientos años de existencia, son el instrumento literario con el que los escritores clásicos prueban las evidentes analogías entre ambos modelos legislativos. Esta tradición se fragua a partir de una admiración más extendida hacia la cultura griega de una elite intelectualmente privilegiada de la sociedad romana. Es la admiración de un sector culto que, a la hora de reflexionar sobre el pasado de su ciudad, a falta de cualquier clase de noticia literaria fiable e información de cualquier otro tipo, se mira en el espejo de la civilización griega, y recompone los vacíos, sus numerosas lagunas de conocimiento con los datos obtenidos de las obras de determinados autores griegos, de cuyo pensamiento son ávidos lectores y fieles

---

[413] J. Gaudemet, (1979) 90; Beard, M. *et alii, (*1998) 2 vols.

seguidores de sus doctrinas. Sin entrar a valorar en detalle la incoherencia de buscar en la Atenas de la democracia radical unas leyes favorables a la nobleza como eran las de Solón. Valía el fin que con tal relato se buscaba[414].

El capítulo de Livio sobre las Tablas genera una primera exposición provisional de objeciones críticas, en orden a la verosimilitud de los hechos que se describen. Pero delimitar ahí el debate sería agotarlo en el análisis epidérmico. Hay otras circunstancias que no deben omitirse, cuyo esclarecimiento pueden ayudar a una mejor comprensión de los hechos. A lo largo de la narración, cuyos prolegómenos se inician en el 461 y que concluyen en el 449 con la publicación de las Tablas, se introducen episodios entre legendarios y novelescos, como el de Apio Herdonio, Cesón Quinctio o el ultraje y muerte de Verginia. La historiografía ha tratado con extensión y profundidad, desde diversos ángulos, el significado y las simbologías que el análisis permite. Nosotros sólo entresacamos las circunstancias que vienen al caso.

Ninguna de las tradiciones sobre la historia de las Doce Tablas está exenta de leyenda, y aunque coinciden en el argumento principal, la elaboración de un código de leyes, las distintas versiones existentes recogen significativas variantes de detalle en el relato de los hechos. Hay discrepancias sobre si fueron una o dos comisiones, sobre la identidad de sus integrantes; sobre la embajada previa y los lugares que visitaron, en un tiempo en que Roma era un estado insignificante; sobre la intervención decisiva del tribuno de la plebe Terentilio Harsa, cuando aún la institución no se había creado; la anacrónica *concordia ordinum* que presupone entre las fuerzas políticas; el papel de un Apio Claudio, primero reformador, luego tirano, el episodio de Virginia, y la ratificación final de las Tablas redactadas en la asamblea centuriada.

Se describe allí un tribunado de la plebe reivindicativo y negociador, maduro en su funcionamiento, de competencias definidas. Un senado que a duras penas actúa arrastrado por los acontecimientos, casi timorato, que acepta presiones, negocia, cede posiciones y reconoce la influencia de la plebe, que en realidad es el *plethos,* la chusma, la muchedumbre de las calles, no identificable con la imagen que Dionisio nos da de la plebe arcaica, y todo eso, a mediados del siglo V a.C. Se describe una sociedad en la que la clase dominante segrega al resto a través de las leyes y las costumbres, fomentando la idea de inferioridad de un grupo respecto a otro. Para Livio y Dionisio la mecánica interna de los hechos es la misma que rige en los acontecimientos contemporáneos. Ante unas determinadas circunstancias, que los

---

414 Las evidentes semejanzas entre las leyes de los decenviros y las leyes de Solón y otras ciudades griegas, Ferenczy, (2002) 2005; J. Delz, (1966) 69/83, incluso de la legislación de Solón, Fr. Wieacker, (1971) 757/784. Para un intelectual romano del siglo I a.C. es difícil no admitir el peso global de la cultura helénica, en una Roma llena de templos e imágenes que imitaban los modelos griegos, donde la economía del Imperio se sustentaba en los ingresos y rentas que la *prima clssis* obtenía de las provincias helénicas, las que más *vectigalia* y mejores *cursus honorum* prodigaban, una Roma donde el griego era la lengua del exterior, y no entendía el refinamiento, el lujo, la novedad, pero tampoco la ciencia, la filosofía, el arte y las formas más primitivas del derecho internacional, sin la referencia continuada a las tierras de la Hélade y las regiones helenísticas. No es posible una formulación romana sobre cualquier tema trascendente sin adivinar un trasfondo helénico. Se piensa que Fabio Pictor pudo ser el primer escritor romano que habría hablado de la influencia griega sobre la legislación decemviral, Ferenzcy, (1984) 2004. Por el contrario para M. Humbert, (2005) 50, la influencia griega en las Tablas fue "*puramente fortuite e marginali*".

escritores juzgan similares a las ya conocidas e incluso vividas en los tiempos próximos a su entorno, los sucesos evolucionan de la misma forma y desencadenan consecuencias previsibles. El esquema es trasladado al escenario del siglo V[415].

Pero la depuración de los datos nos conduce a identificar ese tribunado reivindicativo con el de los Gracos y tiempos posteriores. La Atenas de Pericles no podía ser el lugar idóneo para que la embajada de una república de importancia media buscara y copiara las, en ese tiempo, ya sobrepasadas leyes de Solón. La necesaria *concordia ordinum* que permitiera llevar a cabo aquel proyecto recopilador era impensable en aquel contexto de instituciones aún balbuceantes, y resulta difícil de asumir el protagonismo otorgado a la figura de un Apio Claudio versátil, que en poco tiempo actúa de cónsul, reformador, líder de la plebe y finalmente, tirano, papel éste último que la lógica literaria le otorga y le obliga a desempeñar para justificar su defenestración política inmediata como consecuencia de sus actos. Por lo demás, y ello suele ser resaltado en la mayoría de los autores actuales, no hay relación entre los motivos políticos y sociales que llevaron a la iniciativa legislativa de las Doce Tablas y lo que finalmente conocemos del contenido de éstas[416].

La segunda comisión y la aprobación del texto en las centurias, concita mayoría de opiniones que lo consideran invención de la analística, aunque no fueron éstos los únicos artificios. Se sigue el relato de los hechos que llevaron a la elaboración de las Tablas, tal como nos lo trasmiten Livio y Dionisio de Halicarnasos, pero curiosamente ninguno de los dos informa sobre el contenido de las normas aprobadas. Probablemente porque no tuvieron a mano un documento donde consultarlas, ni consideraron necesario incluirlo, dado el contenido a base de sucesos significativos y correlativos de las narraciones generales en las que se insertaban. De hecho ninguno de los dos historiadores se encuentra entre las fuentes de consulta de Aulo Gelio, que sumaron más de doscientas, siendo éste de los autores altoimperiales que más información aporta sobre los contenidos de las Tablas. Así, siguiendo el argumento de ambos escritores augústeos, para una parte de la crítica el decenvirado fue fruto de los cambios políticos del siglo V, un símbolo del conflicto entre patricios y plebeyos. Esos conflictos llevaron a la creación de aquella comisión y a la elaboración de las Doce Tablas, las cuales fueron expresión de la defensa del ciudadano contra la opresión de la

---

[415] E. Aronson, (2000*)* 317.

[416] Livio iii.9.2/13; 10.5;14.1; 32.1/35.11; 37/57.10; sobre la plebe arcaica, Dionisio, ii.8.1/10.4. Lisias, xxx.2/5 cita las leyes de Dracón y las de Solón entre las recuperadas e incluidas en la codificación que Atenas emprendió a fines del siglo V, lo que permite sospechar que si no se encontraban perdidas, sí al menos fuera relegadas a un segundo plano. No hay embajada a copiar leyes griegas, pero el historiador latino necesita dejar patente en su relato una justificación de la presencia de normas y prescripciones que tenían su correlato en la legislación ateniense. Se era consciente de aquellas analogías y no se podía presentar una narración verosímil sin introducir los modos de aquella conexión evidente. Así, en las Tablas subyace un conocimiento de las leyes de Solón, aparentemente recuperadas y sistematizadas en la codificación que se hizo a fines del siglo V, y de nuevo desempolvadas un siglo después, en el paréntesis conservador del gobierno de Demetrio de Fáleron, 317/307 a.C, acaso vía por la que los intelectuales romanos de los siglos II y I a.C. conocieron el legado jurídico de Atenas, *vid.* J. Muñiz Coello, (2004) 164/173. Los tribunos del V son como los tribunos de los populares de fines del siglo II, escribe T. J. Cornell, (2005) 60.

oligarquía. En suma, se acepta y se pasa a comentar sin serios reparos el discurso de la analística[417].

Cuando la autoridad del senado se hallaba en su auge y el pueblo obedecía pacientemente, se decidió que los cónsules y los tribunos de la plebe abdicaran de su magistratura, y que se nombraran unos decenviros con poder supremo y exento de la *provocatio*, los cuales debían tener el *imperium maximum* y redactar unas leyes. Las discrepancias surgen en achacar a plebeyos o patricios la iniciativa de las Tablas. Para Michael Crawford no hay necesidad de aceptar el relato tradicional de un primer colegio de legisladores en respuesta a una presión popular y plebeya. Las Doce Tablas pudo ser el resultado de una autorregulación hecha por la elite patricia, de modo que las provisiones quedaban ahora fijadas por escrito. Esta hipótesis fue ya mantenida hace más de un siglo por Henry Maine, que veía en códigos como las Doce Tablas y otros similares una protección contra el fraude de los privilegiados y la espontánea depravación de las instituciones nacionales. Para Walter Eder la nobleza patricia usó las Doce Tablas para abolir el tribunado de la plebe, mediante la misma fijación de las leyes, la regulación de las penas, y la introducción del derecho de apelación en el *comtiatus maximus*, todo lo cual redundó en contra del *ius auxilii* de los tribunos[418].

Los romanos consideraron las Doce Tablas como un bloque, al que se referían como conjunto o citando *tabulae* específicas del mismo, que distinguían por su numeración con relación al resto. Esta concepción como bloque podía ser reflejo de un vago y superficial conocimiento del documento, que no permitía a los autores mayores precisiones que las que realizaban. Todos los autores del siglo I a.C. escribían y citaban un texto que conocían por referencias orales o escritas, que sólo unos pocos habían llegado a ver, y éstos a su vez, en copias de versiones muy resumidas de un original que sólo era un elemento del recuerdo. A partir del siglo II d.C., juristas como Gayo comenzaron a hablar de *lex duodecim tabularum*, con un significado próximo al de *ius,* el derecho, como una idealización a la que, como escribía Livio, se hacía fuente de todo el derecho. A partir de ahí es lógico que nos preguntemos de qué material dispusieron aquellos que escribieron sobre las Tablas[419].

Para Michel Humbert las Doce Tablas es un conjunto heteróclito de prescripciones destinadas a disipar la oscuridad o las contradicciones de un derecho constituido, esencialmente, por las costumbres ancestrales. No tienen vocación globalizadora, el legislador interviene para eliminar divergencias, reducir incertidumbres de un derecho no escrito y restablecer las sentencias de los pontífices sobre los puntos de discordia, en una interpretación y doctrina uniforme. En esta definición el autor proyecta los elementos y fases características que se dan en la elaboración de los códigos, como sabemos para el *Corpus Iuris Civilis*, que no creemos presentes en ese llamado

---

417 A. Ruiz Castellanos, trad. y ed. (1991) 5; *Les lois des romains,* 25; G. Poma, (1984); La embajada enviada a Grecia a copiar las leyes es una invención del último siglo de la República, en R. Martini, (1999) 21, una ficción literaria, según E. Ferenczy, (1984) 2001.

418 Las fuentes indican una contradicción entre las pretendidas demandas de las clases bajas y los beneficios finales consecuencia de la codificación, W. Eder, (2005) 244 y 258; M. H. Crawford, (1996) 560; H. Maine, (1972) daba por hecho que con las Doce Tablas al tiempo que se conjuró el privilegio de los poderosos, fueron soporte del estado de derecho de la oligarquía.

419 M. Humbert, (1998) 87/89; E.H. Warmington, (1979) xxxi, habla de *lex* como acto de parlamento, probablemente mediatizado por la noticia de su aprobación por las centurias.

conjunto heteróclito que son las Tablas, como él bien califica, en las que no se da una guía o directriz unificadora[420].

Las Doce Tablas era un cuerpo de estatutos que reflejaban los modos de vida de una comunidad formada principalmente por pequeños terratenientes, cultivadores y ganaderos, que practicaban un comercio escaso y se movían en niveles simples de desarrollo cultural. Esos estatutos fueron interpretados por expertos en Derecho a lo largo de generaciones, acaso primero por los pontífices y luego por los juristas, no quedando exentos de contaminaciones e influencias externas, a partir de la acumulación de doctrina de los pretores, desde medidos del siglo IV. Como argumento sometido al paso del tiempo, la cuestión de las Doce Tablas experimenta fenómenos de síntesis y reducción similares a los que se detectan por ejemplo, para el argumento de los poemas homéricos.

Como en la Guerra de Troya descrita en la Iliada, la sociedad de las Doce Tablas no es una sociedad concreta sino genérica. En ese cuerpo de normas hay un resumen de sociedades de varias épocas, que se sintetizan en el momento de la recopilación de ese cuerpo de leyes, formando una imagen que es reflejo de costumbres de varios momentos cronológicos distintos. Considerando que básicamente las costumbres eran del ámbito agrario y rural, es consecuente que el modelo final resultante aporte la apariencia de sociedad agrícola y ganadera, de caracteres y fórmulas primitivas. Una sociedad de estructura sencilla, a la que se conecta con fórmulas procesales de cierta complejidad, de forzada congruencia en el conjunto[421].

Las Doce Tablas destilaban banalidad, simplicidad, aplicación cotidiana, en definitiva, las prescripciones que contenían no podían ser una novedad o un secreto para la sociedad que la albergó, resaltaba M. Humbert. Realmente era difícil adivinar en qué parte de ese conjunto de normas seudo-reveladas figuraba la ciencia pontifical. En efecto, nada hay de divino o de sagrado en lo que los autores nos han transmitido como texto de las Tablas, todo son usos de lo más común y laico. Su contenido parece un cajón de sastre de cosas muy diferentes y dispersas, pero en conjunto todas referidas a procedimientos judiciales, a asuntos de actuación con relación al derecho y a las leyes. Y dentro de esta gama de temas, hay allí asuntos muy técnicos y restos o recuerdos de procedimientos que parecen arcaicos, frutos de los usos y costumbres, de tiempos en los que aquellas fórmulas técnicas no existían, tiempos en los que la sociedad funcionaba de forma distinta con relación al derecho. Nada hay en ellas que responda a la atmósfera de normas relevantes y perfectas, vitales para entender a la sociedad romana posterior. No podemos decir que Roma no se entienda sin las Doce tablas, pues de lo que sabemos, ninguna institución ni política ni económica ni social estuvo regulada en ese documento, pero sí podemos decir que no se entiende el Derecho

[420] M. Humbert, (1998) 88 y 91.

[421] Para H. Maine, (1972) en las Doce Tablas lo civil y lo religiosos aún estaban confundidos. Para M. H. Crawford, (1996) 561, las Tablas respondían a los principios que justificaron a todas las leyes, pues contenían lo que era percibido como una necesidad en ese momento particular a la luz de la experiencia. Para el autor por tanto, las Tablas son análogas a los códigos antiguos que sólo dan regulaciones en aquellos asuntos donde la ley es dudosa, o donde una reforma se necesita de forma urgente y practicable.

Romano posterior, o más concretamente la historia de una parte de la romanística posterior sin tener en cuenta aquel documento[422].

Gran parte de los asuntos que se citan en el articulado de las Tablas, en una primera impresión pueden en efecto ser adscritos a una sociedad arcaica, pues recogen costumbres cuya vigencia y objetividad están fuera de duda. En efecto, en las Tablas hay contenidos que nos refieren a tiempos en los que aún no estaba asentado el derecho, entendido éste como norma emanada de un estado. De ahí que en aquel compendio de normas figuraran algunas que sólo tenían una explicación lógica, desde la prevalencia de los usos que eran propios de los tiempos primitivos, los tiempos del prederecho, como ya hemos señalado anteriormente en alusión a la valoración antropológica de los hechos. Pero el conjunto de mandatos y expresiones que, según se admite, constituyó el núcleo de aquel documento, no presenta un armazón interno, un esquema argumental unitario que podamos homologar, en su formato con un cuerpo de leyes coetáneas, sistematizadas y con algún orden interno, o que sintonice en su contenido con lo que los historiadores describen en sus textos. Carecemos del hilo conductor que debía establecer la unidad del conjunto, y esta carencia plantea una interpretación más aséptica y objetiva de los datos.

Las instituciones privadas que se dejan entrever en las Tablas pensamos que existían arraigadas en los hábitos y usos cotidianos de la sociedad romana primitiva. Pero no estaban escritas en formato de norma pública ninguna, porque llegado el momento en que deseara servirse de ellas, la comunidad no las necesitaba. Cuando el uso de la escritura estaba ya plenamente extendido en el funcionamiento cotidiano de las instituciones del estado, en el senado, las asambleas, los tribunales, etc.., el normal desenvolvimiento de la justicia hizo habitual la invocación de antiguos preceptos, que ante un conflicto obligaba a los juristas y abogados a la *interpretatio* y la *fictio*, del material más antiguo supuestamente preservado, y era la ocasión para que el experto mostrara su habilidad en sobreponer sus argumentos y versiones a las opciones del adversario. Usos y costumbres antiguas se escribieron y se re-escribieron, conservando en las expresiones cuanto de antiguo y arcaico del lenguaje favoreciera su aceptación sin reservas, como un fiel reflejo del modo intachable y venerado de proceder de los *maiores* y *patres*. En ese contexto, cualquier ubicación de norma en aquel acervo de autoridad y proceder ecuánime, otorgaba un marchamo de sabiduría y reflexión prudente a quien así lo invocara[423].

Cuando se fija o cristaliza la tradición sobre la elaboración de las Doce Tablas, repugnó vincular el hecho, considerado trascendental y símbolo de la fortaleza del sistema político, a los tiempos más primitivos y oscuros de la Ciudad, indispensables como cuna "del renacimiento que vino después" – parafraseando a Livio en el libro VI -, pero dominados por la incuria de las guerras y las revueltas, propias de un sistema político imperfecto, como se peroraba de la monarquía. De modo que desde la óptica

---

[422] M. Humbert, (1998) 94.

[423] Todas las instituciones de la familia - emancipación, testamentos, herencias -, todavía se regían por la costumbre no escrita. Aunque rechacemos la embajada a Atenas, la inspiración en las leyes de Solón, y la influencia de Hermodoros de Éfeso, aún así, la influencia griega está presente y así la sintieron los romanos de tiempos posteriores, aunque fuese sólo de Sicilia y Sur de Italia, E.H. Warmington, (1979) xxviii.

del historiador de los tiempos augústeos, descartada la monarquía, era obligada su adscripción a la República, crisol de las virtudes de todas las fórmulas de gobierno, y dentro de ella, a sus momentos iniciales, los más convenientes, para que el régimen desde el que se escribía "el modo en que ocurrieron las cosas", una República agotada y sin conciencia del inminente regreso a aquel denostado régimen de un solo gobernante, pudiera sancionar el sistema político vigente tanto desde el ámbito de lo público, las leyes allí recogidas, como del privado, la autoridad de las mismas definida por su probada antigüedad[424].

El uso de esquemas, como recurso simplificador para la interpretación de los hechos, no es exclusivo de época alguna, sino que podemos rastrearla en general en todos los escritores de la sociedad antigua. Así, cuando se intenta recoger por escrito una larga tradición oral se recurre a un esquema universal por el cual, el texto final paraece surgir como resultado de un supuesta "recuperación" de sus componentes, de la integración de sus diversas partes. Partes o elementos que supuestamente se desgajaron de la composición primordial, a causa de siglos de transmisión incontrolada.

Llevando esta teoría al campo de la aplicación, se piensa que El *Libro de los Reyes* persa fue reunido gracias a la labor individual y por separado de los nobles expertos en la Ley de Zoroastro, que reunieron cada una de sus partes dispersas. Escribía Cicerón que casi todas las cosas que ahora están incluidas en partes, estuvieron dispersas y disociadas en otro tiempo. Por ejemplo, en la música, los números, las voces y los modos; en la geometría, las líneas, los intervalos, las formas y las magnitudes; en la astrología, la revolución del cielo – *caeli conversio* -, el orto, el ocaso y los movimientos de las estrellas. Así entendía el abogado de Arpino la evolución de las ciencias: primero existían las partes de las ciencias, y a partir de éstas, se podía establecer su compendio. Antes de que existiera la historia, existían sus partes. Por lo tanto las Doce Tablas se entenderían como el resultado final de la compilación de sus partes dispersas[425].

Por un prurito de equiparación a los viejos modelos y patrones helénicos, aquellos que una buena parte de la clase intelectual romana admiraba desde el pleno contacto con aquella cultura en el siglo II a.C., se consideraba deseable disponer de un relato sólido y coherente, según el modelo ofrecido por los griegos con relación a su pasado legislativo. Este relato debía tratar igualmente, de los tiempos en que Roma configuró las leyes que se suponía habían sido soporte del posterior desarrollo del Derecho. Esta tradición fraguada a partir de los modelos helénicos, compartía espacio con otra tradición que hablaba de un cuerpo de leyes propias muy antiguas, supuestamente primordiales en la construcción del estado republicano primitivo. En suma, dos tradiciones de noticias, una sobre la plenitud alcanzada por los griegos en sus desarrollos legislativos, y otra en relación con un cuerpo de leyes propias remontables a los primeros tiempos de la República.

[424] "La existencia del sistema político no implica necesariamente la existencia de la ley, es decir, de un sistema de derecho", A. R. Radcliffe-Brown, (1952). Las Tablas no fueron tanto obra "republicana" como "republicanizada". Sobre la historia en Livio, A. Fontán, (1974) 21/36; J.Luce, (1977).

[425] Cic. *de orat.* i. 187; J.Signes Codoñer, (2004) 247. Esta hipótesis era válida para explicar el modo en que habían llegado a reunirse las partes de grandes obras de conjunto, como la Iliada y la Odisea.

Ambas tradiciones estaban ya maduras cuando Cicerón, Livio y Dionisio redactaran sus tratados y relatos, pues ya ellos informaban sobre un cuerpo jurídico aparentemente codificado que en su tiempo ya era viejo. Livio y Dionisio incorporaron lo que les pareció más conveniente de ambas fuentes de información, la filohelénica y la de las Tablas, para sus fines didácticos, a partir de las noticias de que disponían y con las que estaban más familiarizados, lo que no era mucho, pues aparte del discurso histórico en el que las leyes se insertaron, todo lo referente a su contenido estaba desde hacía tiempo en manos de los eruditos del derecho, segmento profesional con el que Cicerón mantenía mayores relaciones que los historiadores citados, como además manifiestan sus comentarios.

El resultado de la conjunción de estas circunstancias fue un capítulo que, en los relatos históricos, aparece claramente postizo y desconectado con el acontecer que se viene describiendo. Un capítulo que se muestra artificiosamente insertado en un contexto con el que difícilmente puede avenirse, y que los propios narradores, Livio o Dionisio, advierten y tratan de acompasar al argumento general utilizando los recursos narrativos y retóricos disponibles a su alcance. Así, el capítulo de las leyes se conecta al argumento general como una respuesta o efecto de la lucha social y política que se viene describiendo para el momento, que es a su vez una retroacción al pasado de los tiempos más próximos del cronista. La necesidad de encajar este supuesto cuerpo de normas del derecho, en el contexto cronológico adecuado y sin que los momentos anterior y posterior se resientan en credibilidad o chirríe la estructura general del relato, obligan a desarrollarlo en varios capítulos, utilizando de los recurso retóricos adecuados para asegurar la línea de coherencia y credibilidad al argumento, de modo que se intercalan discursos y episodios novelescos que aseguran y refuerzan la atención y el consenso para que la unidad del argumento quede preservada. Y así lo entendieron sus autores, pues el resultado no estaba previsto para observadores tan críticos.

Creemos ahora necesario establecer algunas ideas previas antes de continuar con nuestras reflexiones. La intelectualidad romana no fue ajena a los patrones de conducta que presidieron las reacciones colectivas, cuando se afrontaban hechos que sobrepasaban la esfera de lo individual y tenían que ver con su ideario y con los valores que les aglutinaba frente al resto de la sociedad. Hablamos de la búsqueda del consenso y la unanimidad, como valores deseables en todos los órdenes de la vida política y cultural, como objetivo necesario para preservar el equilibrio social, la sociedad de fuerzas antagónicas neutralizadas, cuyo discurso teórico se construía sobre la noción de la *aequitas*. Una clase intelectual que laboraba para el poder político, ya fuese con la pluma directamente a su servicio, ya bajo la cómoda cobertura de los círculos culturales de los clanes influyentes, ya desde la presión cotidiana del entorno, no podía construir su utopía ajena al cúmulo de valores heredados que daban vida a su función, y que eran razón de ser del grupo dirigente que les sostenía.

Ante una tradición que hablaba de las normas reguladoras de todo un pueblo, que homologaban a este pueblo al pasado de sus vecinos, y que convertía a sus gobernantes en los custodios y transmisores a las generaciones futuras de aquel legado cívico, ante tal herencia no cabía expresión distinta a la de la unanimidad y consenso. En este sentido, la descripción que nos proporciona la sicología social es elocuente. La ilusión de unanimidad en los individuos se conecta con las fuertes presiones a favor de la conformidad en el caso del pensamiento colectivo. Este pensamiento se caracteriza por la ilusión de la invulnerabilidad, los estereotipos compartidos, el moralismo, la racionalización, esa misma ilusión de la unanimidad que citamos, la conformidad con respecto a las presiones grupales, la autocensura y la presencia de "guardianes" de dicho pensamiento.

En las empresas, grandes proyectos o asuntos que competen a la colectividad, los individuos recelosos se muestran renuentes a expresar sus dudas sobre cualquier empresa o proyecto colectivo, por temor a incurrir en la desaprobación de los demás miembros. Esa unanimidad, que podemos calificar de pensamiento colectivo, se define por la conformidad y el acatamiento, y en ella influyen el tamaño del grupo – cuanto mayor sea, mayor acatamiento y conformidad origina -; la cohesión del mismo, la publicidad de su conducta, ya que así el inconformismo no pasará inadvertido, y la dificultad de la tarea, que nos mueve a adherirnos – a asumir - a lo que otros ya hicieron[426].

La influyente ascendencia y autoridad de las Tablas fue fruto de su identificación con las señas de identidad de todo un pueblo, legado puro de la romanidad, elogiado, ratificado y consolidado a lo largo de siglos por las mejores cabezas y plumas de aquella sociedad, todo lo cual convirtió en secundario el celo por enriquecer y conservar el soporte documental probatorio, que asegurara la solvencia de la tradición transmitida. Nos referimos lógicamente al tipo de datos y elementos probatorios que podían esperarse de modo de hacer historia, de ilustrar el pasado, que encontramos entre los historiadores y tratadistas romanos. Con el tiempo aquel soporte probatorio, en la medida en que lo hubo, fue sustituido paulatinamente por la convicción axiomática, la palmaria e indiscutible certeza que determina la naturaleza de las cosas que no necesitan ser comprobadas. Liberadas así de las ataduras a una tradición concreta, las Tablas quedaron expuestas a cualquier manipulación interesada y de conveniencia[427].

---

[426] Éxito, reconocimiento y conformidad son los lemas preferidos del mundo moderno, donde todos parecen anhelar la anestesiante seguridad de ser identificados con la mayoría, Martin Luther King, *Strength to love*, 1963. J. W. Vander Zandem, (1990) 267, 465 y 472. Esto es aplicable al discurso pasado y presente sobre las Doce Tablas.

[427] Por el contrario, entre los griegos fue legado semejante la obra atribuida a Homero, un valor que como las Tablas, transcendió las generaciones y se mostraba casi eterno. Pero entre los griegos esta tradición sí conservó su elemento probatorio, la versión de aquellos poemas que, sin entrar en análisis textuales que aquí no proceden, están a la altura esperada y dan una imagen unitaria y completa de aquel documento. Señalaba J.Signes Codoñer, (2004)140, que era difícil explicar que la literatura griega diera comienzo con una obra como la homérica, en el siglo VIII, mientras que de los siglos siguientes sólo se nos conservaran míseros fragmentos de obras poéticas de escasa extensión. Es paralela la situación de la tradición literaria romana, con las Doce Tablas, para el siglo V, y luego carencia de noticias hasta fines del siglo III, y desde este siglo, los fragmentos recogidos por referencias de la obra de quien pasó por ser el poeta nacional, Enio, y las lejanas y nada trascendentales referencias a Nevio, Pacuvio, Andrónico, Accio o Pictor. En ambos casos una insalvable época obscura literaria, que los propios griegos y romanos no se cuestionaron probablemente porque con Homero unos y con las Doce Tablas, los otros, dispusieron del material suficiente, y para ellos, válido, para poder ilustrar unos orígenes que no sólo fueran suministrados por el mito, la fábula o la leyenda. Homero viene a explicar a los griegos de manera fehaciente lo que la tradición venía afirmando sobre los orígenes de cada pueblo, y para los romanos las Doce Tablas, eran la prueba tangible de que junto a los relatos y mitos sobre los orígenes, la Roma verdadera, aquella Roma que como decía Livio en su prefacio había que distinguir a partir del 390, libro VI, contaba también con otra clase de documentos.

Para los juristas y tratadistas del final de la República y comienzos del Imperio, cualquier costumbre o norma escrita de la que tuvieran conocimiento, con independencia del contexto temporal y geográfico concreto al que se adscribiera, cualquier prescripción de contenido y aspecto arcaico, o en general, poco acorde a los tiempos desde los que se invocaba, podía ser identificada como norma integrada en cualquiera de las Tablas. Esta práctica se extendió entre los profesionales del derecho, a medida que aumentaba la distancia temporal entre el documento, cuyos presuntos rasgos originales transmitía la tradición, y los nuevos intérpretes de aquellos arcanos de significados, tan crípticos como desvaídos[428].

En la moderna reconstrucción del contenido de las Tablas, vemos fórmulas de actuación judicial para determinados litigios y según qué clase de delitos, algo que supone una regulación previa de la práctica judicial, a iniciativa de las escuelas de juristas, cada una en función de su influencia ante los poderes públicos y según las épocas. Y junto a estas fórmulas de procedimiento, hay en aquéllas ritos y costumbres que poco tienen que ver con lo anterior, aunque aparecen "readaptadas" para presentarlas perfectamente involucradas o insertadas en un contexto de formularios, creados y usados de forma exclusiva por los juristas a partir de cierto momento.

Nos resulta complejo asumir que ciertas costumbres de perfil decididamente primitivo, homologables a prácticas populares, extendidas y aplicables en circunstancias determinadas, como eran las que afectaban a la tradición sobre conflictos y sanciones, tuvieran en el siglo V las formas de expresión oral conque se nos presentan, apenas unos vocablos de significados tan imprecisos y vagos, que en manos de los juristas, como técnicos del lenguaje, podían significar cualquier noción jurídica y su contraria. Sentimos la impresión de estar ante artificios del lenguaje, inspirados en el recuerdo de ciertas costumbres ciertamente arcaicas, que se revistieron de autoridad y se reforzaron como válidas y de uso preceptivo, precisamente por sugerir una vigencia y un arraigo que podía cifrarse en siglos[429].

Además, estas reconstrucciones que buscan el aumento de nuestros conocimientos sobre el derecho y la ley en la sociedad romana, probablemente no observan ciertos principios básicos de cautela que los historiadores de la antigüedad conocemos para otras técnicas. Era práctica común en los tiemposde la arqueología tradicional, respetar en lo posible un principio de buena práctica, como era dejar sin excavar aquellos

[428] La corriente historiográfica tanto antigua como actual es poco crítica con las Tablas, aunque son abundantes los autores que depuran los datos suministrados por la tradición literaria, pero esa actitud casi desaparece por completo al entrar en el análisis de los contenidos de fómulas y procedimientos. Son minoría los escépticos, hasta el punto de limitar la controversia y etiquetar esas posiciones, no sin cierta razón, en propias de la extravagancia y la incredulidad *quasi* patológica. El texto que cita la locución adverbial *trans Tiberim,* es de los símbolos más esgrimidos por los ortodoxos para demostrar la antigüedad del documento. Aunque la vigencia de la alienidad de aquella otra orilla del río alcanzara los tiempos de Augusto. El estilo lapidario de las tablas contrasta con la "verbosidad" de las leyes de final de la República. *Les lois des romains,* 25.

[429] En las Doce Tablas viejas normas de la costumbre se unen a prescripciones nuevas, J. Gaudemet, (1988) 314. Por otro lado es preciso precaverse contra el riesgo de admitir como perteneciente al texto de las XII Tablas todo lo que aquellos autores refieren a las mismas, en virtud del fenómeno de la concentración histórica, propio de los escritores de la antigüedad, V. Arangio Ruiz, (1957) 3, llamó "concentramento storico" la atribución a una persona real o imaginaria de todas las instituciones o actividades que estan conformes con las características personales generales.

sectores cuya especial complejidad pudiera comprometer el resultado de la excavación. Si no se disponía del tiempo o de los medios adecuados, se dejaba virgen esa zona para otros arqueólogos que eventualmente pudieran disponer de técnicas más depuradas. Historiadores y arqueólogos conocemos de los daños irreparables que antaño, el olvido de esta práctica, hoy ya superada, ha ocasionado en algunos yacimientos.

En las recomposiciones actuales de las Tablas, la voluntad de la investigación en proporcionar una aproximación objetiva del documento puede ser tan meritoria como a veces, de indeseables efectos. Rellenar esa especie de *puzzle* que forman las noticias relativas a las prescripciones de las Tablas es una tarea tan enjundiosa como de resultados inciertos. Nos encontramos con un articulado, usando de la nomenclatura que le es propia, constituido sólo por frases inacabadas o incompletas y vocablos inconexos, imperativos y prescripciones que han sido interpretados, revisados, corregidos, restituidos una y otra vez por generaciones de juristas, sin conocer siquiera el número de veces que fueron de esta forma alterados por carecer de una referencia fiable al original. Más allá del número de piezas en que la tradición indica que fueron publicadas, ignoramos la extensión o tamaño real de cada una de ellas, pero nada de esto es óbice para que nuestro deseo de completar esa cognición que nos llega a retazos, cuyas partes perdidas sólo intuimos, y que consideramos fundamental para adquirir otros conocimientos, nos motive para intentar una reelaboración, que avisamos provisional, de aquel elogiado documento.

Recreamos el texto a partir de fuentes, lugares, épocas, autores y temáticas tan antagónicas, confusas, heterogéneas y diversas, que difícilmente lo consideraríamos válido si afectara a asuntos cotidianos y de nuestro conocimiento directo. Con tales datos reconstruimos el "cómo pudo ser", dando forma y poniendo límites a lo que desconocemos, y aunque de manera no expresa, pues conscientemente declaramos saber que estamos ante una reconstrucción provisional e incompleta, a la hora de la consulta específica, asumimos de hecho que todo lo que se ha recopilado sobre esa materia, es realmente "todo" lo que las Doce Tablas ordenaban sobre la misma. Y este "todo" son las cuatro, ocho o veinte referencias incompletas, fragmentarias, a veces absolutamente abstrusas y de opacidad manifiesta, y nos enbarcamos en nuestras investigaciones, dando por hecho que las citas referidas a una tabla concreta, en unión a otras citas igualmente asignadas a esa tabla, constituyen el total de los mandatos escritos de la citada tabla, sin dudar de la fiabilidad de tal aserto[430].

[430] De hecho no debemos olvidar que la relación del individuo con las instituciones del estado no es necesariamente idéntica a la que este mismo individuo mantiene con su entorno cotidiano, como miembro de un grupo. Esta doble realidad se solventa con una doble pauta de actuaciones. Cuando al nativo se le preguntaba sobre su actitud ante una situación determinada, sobre qué haría en tal y cual caso, contestaba lo que debería hacer: es decir, exponía la mejor línea de conducta posible en esas circunstancias determinadas. Actuando de informante del antropólogo, al nativo no le cuesta nada recitar el ideal de la ley. Pero sus sentimientos, propensiones y parcialidades, las libertades que se toma para la satisfacción de sus propios deseos, así como su tolerancia ante las faltas de los otros, todo esto se lo reserva para su conducta de la vida cotidiana. Y aunque esa sea la forma evidente y palpable de su forma de conducirse, no admitirá fácilmente que en ocasiones esté actuando por debajo del nivel fijado por la ley. Hay por tanto una doble conducta a la hora de afrontar las situaciones. Una conducta expresa el ideal vigente de comportamiento, el ideario o pronunciamiento teórico de la sociedad sobre ese respecto, lo que en cada caso la norma social, la costumbre, sanciona como "lo que debe hacerse", y la otra

Consolidamos el armazón de aquello de lo que los clásicos, - no todos los clásicos – nos hablaron, sin ajustar nuestro análisis posterior a la cantidad y calidad de la información efectiva que aquellos nos proporcionaron, y como afectos de un *horror vacui* cuya elusión justifica cualquier medio, aprovisionamos aquel esbozo con el material indiscriminado de que disponemos. Finalmente aquel elaborado documento es utilizado como soporte de nuevas hipótesis y principios, que generarán nuevos conocimientos, pero éstos ya sin la sombra de la controversia y la necesaria interpretación y readaptación de los textos. Muy en la línea en que trabajaban los antiguos juristas y se indicaba en el prólogo del Digesto[431].

VI
Roma y la construcción del pasado. Recuerdo, ficción y realidad.

1. El pasado y la memoria. Modelos de comportamiento.

La memoria de una sociedad es la memoria de los grupos que la forman. Puede ser natural o artificial, valiéndose ésta última de instrumentos como los entornos, ámbitos de dimensiones reducidas, específicas, y de características tales que nos permiten ser abarcados con la memoria e imágenes, y éstas últimas, las imágenes, que nos refieren a las representaciones que se tienen de los sucesos ya acaecidos.

Es axioma que todas las sociedades ostentan como patrimonio colectivo su referencia a un pasado, que puede ser más o menos extenso, comprensivo o no de la totalidad de su historia, y por supuesto, conocido o desconocido en el presente en distintos grados, desde la manifestación rica y compleja de lo que se consideran los tiempos anteriores, hasta la palmaria ignorancia de cualquier suceso anterior a ese presente. Cuando un pueblo desconoce su pasado, lo que funciona igual que si careciera del mismo, como si no existiera, ese pasado se reconstruye con miras a salvaguardar el orgullo del pueblo, o incluso a configurarlo, a partir de los datos que se elaboran en el presente, sean ciertos o falsos, y por supuesto, no desaprovecha la ocasión para orientarlos con fines moralizantes, didácticos y partidistas. En algunos gobiernos actuales de Melanesia, en el Pacífico Sur, se han inventado precontactos antiguos entre sus antepasados, y costumbres que en realidad nunca existieron, a fin de solventar problemas de identidad nacional, en estados que nunca antes habían sido naciones[432].

---

manifiesta los comportamientos cotidianos, lo que en realidad se hace, algo que suele tener poco que ver con lo sancionado por la ley o la costumbre. Malinowski, (1926) 143

431 "Cualquier reconstrucción de las Doce Tablas tiene caracter puramente conjetural", A.Guarino, (1991) 225/232; M.H. Crawford, (1996) vol.II, 556/557.

432 Las costumbres en esa área del Pacífico, M.J. Matsuda, (1988) 135/146; C. MacLachlan, (1988) 368/386; B. Narokobi, (1989) 17/26; M. Halbwachs, (1968) 73; E. Hobsbawm & T. Ranger, eds. (1983); *Ret. Herenn.* iii.16.29. Esta política de invención no es inadecuada, salvo cuando se instrumentaliza para marginar a otros pueblos, M. Jolly, (1992) 49. Algo que aplicado a grupos sociales, ya denunciaban los sofistas del siglo IV, que recordaban a sus oyentes lo fácil que era que la clase gobernante se apropiara de méritos y responsabilidades que ahora se sacralizaban y sancionaban por su inserción en ese pasado, en el cual se inscribían los ancestros de sus defensores presentes.

En el proceso de depuración de datos que supone el recuerdo del pasado, la memoria de lo acaecido, está probado que por encima de los sucesos ordinarios, homologables a lo que calificamos de cotidianos, el individuo retiene y recupera cuantos sucesos venían individualizados por su carácter extraordinario y poco comunes. Se recuerda lo concreto, frente a lo abstracto, y lo inaudito y excepcional frente a lo ordinario y habitual. Para los historiadores clásicos resultaba más complejo describir lo genérico frente a lo determinado, siendo más fácil hacer crónica de sucesos destacados, de los grandes eventos que afectaban al mayor número de ciudadanos, aquellos asuntos que implicaban a las muchedumbres o a la clase gobernante, sucesos claramente perceptibles y netos de contenidos, como las luchas civiles, las guerras exteriores, los efectos de las revueltas, las hambrunas, las pestes masivas, sucesos fruto de los cataclismos naturales, o sucesos resultado del quehacer humano en todas sus posibilidades.

Las cosas ordinarias se borran de la memoria con facilidad, se escribía en el siglo I a.C., mientras que las cosas destacadas y novedosas permanecen más tiempo en la mente. Por eso recordamos lo grande e inusual, y olvidamos lo que vemos y oímos cada día. Nadie se sorprende cada día por la salida del sol, pero sí por el eclipse". Todo ello constituía argumento y no el ocuparse de los cambios que sobrevenían del mero paso de los años, que se producían a lo largo del tiempo y que, sin ser perceptibles en el día a día, transformaban a fondo la sociedad que los protagonizaba. Cambios éstos últimos que sólo podían constatarse desde la propia percepción y definición que cada uno hiciera de los mismos, y cuya expresión literaria era ajena al campo de la historiografía[433].

Se reverenciaban las historias de los sucesos importantes y casi todos solían adscribirse a las generaciones míticas, cuya estructura - no sus contenidos - era generalmente aceptada como cierta, puesto que todo el mundo las conocía y se sentía motivado para memorizar, mal que bien, alguna de sus fuentes. Antigüedad y universalidad eran valores que ejemplificaban la rectitud y las buenas maneras. El paso de los años hacía más coherentes los recuerdos, pero también menos precisos, de modo que el resultado era una forma de historia personal que el individuo reescribía, en la que sin caer en la mentira voluntaria, daba como real y veraz lo que él creía que había sucedido.

Al hablar de los errores en la representación del recuerdo, éstos se constatan habitualmente en los detalles, como consecuencia de un mecanismo que el sujeto aplica al proceso, por el cual en el momento de recuperación de los datos, al intentar reconstruir el pasado de una forma coherente, éste se racionaliza usando esquemas que contienen las actitudes y conocimientos generales sobre este tipo de situaciones presentadas en los relatos originales. En suma, la reconstrucción de un pasado que se ignora se hace con esquemas que contienen nuestros conocimientos sobre realidades y situaciones parecidas a las que queremos reconstruir.

La ausencia de información sobre los tiempos más antiguos, provoca una tendencia a la reorganización de los datos disponibles, probablemente dispersos, vagos, oscuros e inconexos. Esta situación mueve a crear un cuadro coherente de lo que creemos que

[433] *Ret. Herenn.* iii.22.35/36. Se describía, todo lo más, el cambio violento, la ruptura, como una nota pesismista de advertencia sobre las consecuencias de cualquier cambio, A. Momigliano, (1984) 61.

pudo haber ocurrido, a partir de lo que nos ha llegado, cuadro que suele ser más preciso, completo y acabado, que el que resultaría de manera efectiva a partir de la información de que se dispone. La "ventaja" de este cuadro artificioso es que anula el desagrado y desaliento que produce la fragilidad y el vacío del argumento literario, neutraliza el desánimo para el artista por la obra incabada, y por todo ello, resulta reconfortante y sereno, armónico y estético, ideales éstos que nadie ponía en cuestión que debía estar siempre presentes en el *modus operandi* de los escritores. No hay una intencionada falsedad en los relatos que adoptan tales formas, sino la expresión del autor sobre cuándo y de que forma habían ocurrido aquellos hechos que se narraba[434].

Nuestra imagen del pasado esta muy influenciada por las ideas que los demás tienen de ese mismo pasado. De otra manera, en la configuración que hacemos del pasado, confluyen las opiniones ajenas que nos llegan sobre ese mismo recuerdo. Un individuo incorpora a su personalidad los patrones de conducta que son prevalentes en la sociedad o grupo que le rodea. Un suceso se reconstruye con la imagen que de ese hecho nos llega con posterioridad al mismo. Así, lo que en el siglo I a.C se decía y escribía sobre la Roma del V, era deudor de lo que se había escrito o se decía sobre esa misma época antes de ese siglo I, y sobre todo, lo que dijeron los escritores y personas que tenían influencia en los autores del s. I a.C.[435].

Pero ese relato no sólo muestra la influencia de otras ideas, sino que además pretende en uno u otro grado un reconocimiento y estima por parte de sus lectores. Esto es una de las razones sicosociales de la comunicación: todos pretendemos la estima social, que se consigue cuando se cumplen bien con los roles sociales, presentando una buena imagen, mediante el ocultamiento de fallos y defectos, por lo que pueden realizarse actos comunicativos en los que se quiere dar a entender la propia valía. La motivación de prestigio presenta la comunicación como un acto de buena imagen propia y del grupo, para defender posiciones de poder.

Por lo demás, se considera sensato y razonable dejarse influir por hombres a los que se estimaba como de grandes valores morales, expertos y fidedignos. Esta comunicación va dirigida a interlocutores semejantes o de *status* superior, nunca a personas inferiores o de menor reputación. El relato histórico, dirigido a lectores u oyentes del mismo medio social del autor, como Cicerón, o de medio social más alto, como afirmamos de Livio, buscaba una estima y reconocimiento social que se lograba reforzando y sancionando con la narración que se presentaba, el papel y los comportamientos de los grupos influyentes a los que se dirigía. Se ocultaban fallos y defectos, por mor, bien de la búsqueda de perfección en la obra literaria, por un lado, bien por mor de presentar una buena imagen que validara el conjunto. De hecho, ambos escritores se quejaban de un mismo problema, la escasa utilidad de la información disponible para investigar siquiera el pasado inmediato. Y ello era consecuencia del prurito de ennoblecimiento,

---

[434] Algo asi hemos expuesto con relación a la tradición tardía sobre las Tablas. A. Fernández/ E. Diez, (2001) 164; B. Malinowski, (1995) 322; E. Aronson, (2000) 149. Véanse aspectos relativos a estos fenómenos en la introducción.

[435] Lo que recordamos sobre algo se ve afectado de manera significativa por la información relacionada que nos pueda llegar con posterioridad sobre ese evento, E. F. Loftus, (1997) 51/55; E.F. Loftus, (2000) 116/118; E.F. Loftus & J.E. Pickell, (1995) 720/725; E. Aronson, (2000) 146; J. W. Vander Zandem, (1990) 250

de convertir en prestigioso linaje, pleno de honores, autoridad y respeto, cualquier trayectoria vital mediocre y corriente.

Después de escribir sobre los sucesos del año 322 a.C., Livio expresaba la dificultad de proseguir su relato, con las fuentes de que disponía. Éstas consistían en los *elogia* y los textos privados relativos a las *imagines maiorum*, con genealogías y distinciones falsas o que nunca existieron, se quejaba el patavino. A su juicio no había escritor coetáneo a los hechos en que pudiera confiar para la información de su relato. Unos decenios antes Cicerón denunciaba la distorsión que afectaba a las narraciones históricas, con falsos triunfos, consulados inexistentes y relaciones que nunca existieron. Tiempos en los que el más humilde se jactaba de pertenecer a familia de la cuna más noble, en virtud de la similitud del apellido. "Yo mismo", decía el orador, "podría clamar descender de Manio Tulio, aquel patricio que fue cónsul con Sulpicio, diez años después de la expulsión de los reyes". En una sociedad estructurada según arraigados valores de jerarquía, se daba por supuesta la autoridad y solvencia del discurso de los privilegiados que los elaboraban[436].

Polibio advertía de fiarse sólo del portador de los datos y no de los datos mismos, cuando hablaba de Fabio Pictor como fuente de información. Para él, Pictor gozaba de una fama injustificada, que aumentaba la confianza de todos hacia sus escritos, sólo porque era coetáneo a los hechos de los que hablaba, y sobre todo, porque era senador, lo que le proporcionaba mucha autoridad. Pero la realidad es que nadie lo leía, porque si lo leyeran podría concluirse que sus relatos no podían ser asumidos, afirmaba el historiador griego[437].

El poder de la elite descansa, no en la coacción o la violencia, sino en su capacidad para inducir a la masa a aceptar su visión del mundo. Las minorías son influyentes frente a las mayorías por su estilo de conducta, por la consistencia y claridad en sus puntos de vista, siempre que los ideales que encierren no sean vistos ni dogmáticos ni extremistas, y en los comportamientos, por su firmeza de sus posiciones a lo largo del tiempo, en el pasado y en el presente. Esta influencia de la minoría coincide con una pérdida de confianza del grupo mayoritario en sus propias opiniones. En suma, la minoría romana influye porque no tiene que medirse con ninguna otra corriente de opinión que se exprese igualmente y con la misma fuerza por escrito. Paralelalamente, el poder de los juristas, como especialistas que eran, derivaba de su conocimiento, experiencia, de las habilidades o idoneidad particulares que poseían o los demás creían que poseían[438].

Por otro lado, es un hecho que la capacidad de control de las alternativas ajenas confiere poder. Cuando los argumentos de alguien son aceptados, esto le supone poder y prestigio, pues hay una inclinación constante a controlar o intentar controlar la

[436] Livio, viii. 40.3/5, Plut. *Numa*, 21; Cic. *Bruto*, xvi.62. Al intencionado falseamiento de los textos, confesado por los escritores clásicos, M.I. Finley, (1982) 700, ensombrecía aún más el panorama con la mención de la corrupción masiva que afectaba a la tradición manuscrita, y en el caso de la economía, agravada por la indiferencia de la mayoría de los escribanos por los asuntos de esta materia.

[437] Pol. iii.9.1/5; R. Syme, (1958) 185/201; D.Timpe, (1972) 928/969; G.P.Verbrugghe, (1980) 2157/2173.

[438] J. W. Vander Zandem, (1990) 486 y 493; M. Hewstone *et alii*, coords., (1993) 349 y 352.

conducta de los demás para que estos no entorpezcan la expansión del propio yo. De esta forma, el relato, como forma de comunicación, puede actuar para primar un modelo de actuación concreta, por encima de las alternativas ajenas, modulando estas conductas en la dirección que uno desea. Esto en sí justifica el relato histórico y por supuesto, el modo de presentación de los hechos, de ese relato histórico[439].

Las personas se resisten a aceptar información que vaya en contra de sus creencias. Dicho de otra forma, tendemos a buscar confirmación a nuestras hipótesis y opiniones originales. Es más probable que se nos ocurran ideas similares a las que nos hemos enfrentado de manera reciente, o que surgen con frecuencia, y que por lo tanto, empleemos estas ideas para interpretar los acontecimientos sociales. Esto puede ser aplicable al conocimiento que los escritores del siglo I a.C. transmitían sobre la Roma Primitiva. En relación con el argumento transmitido por la tradición sobre esos tiempos primitivos, era un hecho que entre los miembros de la clase dirigente el prejuicio estaba demasiado enraizado en sus propios sistemas de creencias, resultaba demasiado coherente con su conducta cotidiana como para sentirse influenciados con cualquier clase de dato que esa tradición pudiera transmitir.

Una persona considerará ajena a su margen de aceptación cualquier mensaje extremadamente discrepante, pero sólo si el comunicante no es muy fidedigno. Así en el relato sobre las leyes, los ideales y valores de los autores, los analistas, y el público, la elite nobiliar, debían estar por tanto en consonancia, pues en realidad unos y otros pertenencían al mismo grupo de intereses. Aunque Dionisio y Livio, que no eran clase dirigente pero sí muy sumisos a esa ideología, interpretaban según la experiencia más reciente, sumada a la experiencia de los analistas igualmente próximos en el tiempo, que eran los que utilizaban. Así, todos los problemas sociales, agrarios, de deudas, que acaecían desde el final del siglo II a.C., se interpretaban desde esta visión artificiosa como una continuación de los que venían sucediendo desde los comienzos de la República[440].

La exposición voluntaria del individuo a la información tiende a ser sumamente selectiva. Esta selección viene determinada por algunas razones determinadas. Acabamos de decir que solemos incorporar a nuestra memoria la información que es consistente con nuestros puntos de vista, aquella que coincide con nuestras expectativas en una situación dada, en tanto que la restante la almacenamos como indiscriminada amalgama. A partir de este hecho, intentamos dar forma a un esquema que sea congruente con nuestra idea de cómo sucedieron, o cómo debieron haber sucedido las cosas. Llegamos a distorsionar los recuerdos hasta tal punto que podamos encajarlos en la imagen general que tenemos de nosotros mismos. Esta imagen general se define como un auto-esquema, puesto que está formado por los recuerdos, sentimientos, creencias coherentes acerca de nosotros mismos, que ensamblamos y utilizamos como un todo integrado. En suma, distorsionamos el pasado para que encaje en nuestras opiniones, pretendemos buscar en la interpretación de los datos una

[439] G. Pastor Ramos, (2000) 345/346; E. Aronson, (2000) 84/85.
[440] E. Aronson, (2000) 105, 127, 154 y 319.

confirmación de nuestros esquemas mentales previos, en lo que se ha venido en llamar la memoria autobiográfica[441].

De la misma manera, cuando ocurre un hecho notable intentamos atribuirle una causa, lo que es una tendencia general demostrada, o sea, el conocer las causas que explican los comportamientos, más allá de la información dada. Las causas que asignemos pueden ser apropiadas o erróneas, funcionales o disfuncionales, pero en cualquier caso siempre coherentes con nuestras creencias y prejuicios. Algo que comprobamos en los textos historiográficos clásicos, cuando los autores extraían causas y consecuencias de los sucesos En relación con la historia griega, se ha comprobado que algunos cronistas áticos eran de ideología tradicionalista, seguían los modelos narrativos clásicos, apreciando el detalle erudito, pero no ignoraban el cambio ni alababan invariablemente el pasado como modelo. En algunos casos proyectaron el presente sobre el pasado y así hicieron de Teseo un rey democrático, y en la analística romana el rey Servio Tulio pasaba por ser un rey filántropo que amaba a su pueblo, capaz de remediar con su propio dinero las necesidades de su pueblo[442].

Decía Louis Gernet que en historia ocurre a veces que el recurso al buen sentido es lo contrario de la verdadera respuesta. En defintiva, venía a decir que cuando analizamos la conducta humana no es infrecuente que la razón y la lógica no presidan los actos cotidianos que analizamos. Llegaba el profesor a tal reflexión en su intento de descifrar el verdadero significado de los *horoi* atenienses de tiempos postsolonianos.

2. Los romanos y el pasado de la Ciudad. Mito y memoria.

Posiblemente sea Cicerón quien de los clásicos haya escrito las líneas más bellas acerca de la noción de historia. "La historia es, en verdad, testigo de los tiempos, luz de la verdad, vida de la memoria, maestra de la vida, mensajera de lo vetusto, ¿por cuál otra voz sino por la del orador es encomendada a la inmortalidad?", escribía en su tratado sobre el orador, dejando claro que tal actividad literaria se encontraba entre las que debía ejercitar el orador que se preciara. Pero es sabido que los tratados de Cicerón no trataban de mostrar realidades, sino de fijar el ideal de un modelo práctico. No hablaba de la realidad de las instituciones, como hacía Polibio, no hablaba de cómo eran las cosas en la vida cotidiana, sino de cómo eran los enunciados teóricos de las instituciones, o las leyes, en estado puro. Recordemos por ejemplo cuando refiriéndose a su reciente tratado sobre la república, escribía a su íntimo Ático que él se había pasado todo el tiempo reflexionando sobre el político ideal, ése que con tanta diligencia hemos tratado en nuestros libros, "¿no recuerdas a aquel dirigente de la República, al que queríamos que todas las cosas le fueran consultadas?", le preguntaba[443].

---

[441] J. W. Vander Zandem, (1990) 232. Llamamos esquema al marco mental sobre un tema específico que nos ayuda a organizar los datos / condicionando frecuentemente nuestro comportamiento hasta el punto de llevarnos a la confirmación, H. Markus, (1977) 63/78, en E. Aronson, (2000) 149; R.A. Baron & D. Byrne, (2005) 85, 86 y 88.

[442] En lo que suelen los sicólogos sociales llamar "error de atribución definitiva", E. Aronson, (2000) 289; los ejemplos son numerosos. El presente o el pasado inmediatos son el recurso para rellenar las extensas lagunas de conocimiento que los historiadores debían de salvar, A. Momigliano, (1984), 58.

[443] L. Gernet, (1984) 319; Cic. *de orat.* ii.36; *consumo igitur omne tempus considerans quanta vis sit illius viri quem nostris - libris - satis diligenter, ut tibi quidem videmur, expressimus. tenesne igitur moderatorem illum rei publicae quo referre velimus omnia*?, Cic. *Att.* viii.11.1, fines de febrero del 49.

Por encima de aquellas nobles consideraciones, o acaso convencido de que no disentía de ellas, Cicerón homologaba la composición de la historia a los mismos protocolos del discurso. La historia debía ser compuesta tal como componíamos el discurso. Lo que implica supeditar los hechos, su descripción, las causas, la verdad de lo sucedido, etc., a las exigencias del discurso perfecto. Ningún político contemporáneo de Cicerón utilizaba el discurso sino para brillar en las causas y en el foro, a diferencia de los griegos, que usando de él asi mismo para la política, trocaban las causas judiciales por las demás cosas ilustres, como escribir historia: "de hecho", concluía el orador, "hemos oido decir que aquel Herodoto fue el primero que ornamentó este género." Para quien leyera discursos de historia, la pauta retórica obligaba a dejar a un lado la mayor parte de sus más nobles cualidades, *plerasque eius uirtutes.*

Era actividad la historia propia de poetas, y en cierta forma poesía sin verso, escrita por el mero placer de narrar, *ad narrandum*, no de demostrar, *ad probandum*, obra compuesta no para impulsar una acción, sino para la memoria de la posteridad y para la fama del orador con talento, por lo que debía practicarse usando de las expresiones alejadas del lenguaje corriente y de las figuras más libres de la elocución, pues eso evitaba el hastío que al oyente produce el monótono mecanismo narrativo. Quintiliano, que es el autor de estas reflexiones, sólo continuaba el discurso ciceroniano, en el que únicamente podía considerarse elocuente aquel que supiera acomodar su discurso al *decorum*, a lo que resultaba conveniente en cada caso, de manera que el relato histórico debía ser ante todo conveniente.

Al comentar las diferencias entre *annales* e *historia,* Aulo Gelio subrayaba el valor inestimable que tenía la historia por encima de aquellos. Si los anales trataban de lo ya sucedido, *quod factum*, y cuando había sucedido, *quoque anno gestum sit*, lo que recordaba un diario, la efeméride de los griegos, esto era a todas luces insuficiente, en relación con el objetivo de la historia. Ésta se interesaba en conocer con qué objeto y por qué razón habían pasado las cosas. Unos *annales* no motivaban al hombre a defender a su patria, ni le alejaban de hacer el mal, y escribir una y otra vez en qué consulado comenzó una guerra, en cuál acabó, o quien triunfó en Roma, qué decretó en ese tiempo el senado, o que ley fuera aprobada y con qué motivos se hicieron todas estas cosas, todo esto, decía el anticuario, era contar historias a los niños, no escribir historia, *id fabulas pueris est narrare, non historias scribere*[444].

En la sociedad clásica la historia del cambio no implicaba necesariamente una noción de progreso, ni necesariamente una noción de movimiento circular. Los grandes historiadores griegos y latinos estaban dominados por el sentido de la renovación, desarrollaron sus obras en una atmósfera de situaciones que se iban sucediendo y

---

El orador de Arpino fue maestro en frases brillantes, como la de "la salud del pueblo ha de ser suprema ley", Cic. *leg.* iii.3.8, *salus populi suprema lex esto,* o la que citamos. Cicerón y la historia, P. Boyance, (1940) 388/392; M. Pallase, (1945); J. Heurgon, (1971) 219/230; K./E. Petzold, (1972) 253/276; F.Sartori,(1973) 379/397; P.A. Brunt, (1979) 311/340.

[444] Cic. *leg.* i.5, *opus ... unum hoc oratorium maxime*; la historia real se definía como una adquisición sucesiva de "cosas buenas y útiles", *de rep.* ii.21*; de orat.* ii.55; Quint. x.1.31; Cic. *Orat.* 123; Gell. v.18.8/9. No está de más recordar aquella advertencia que nos hacía A. Momigliano, (1993) 94, cuando escribía que los estudios históricos estaban cada vez más empeñados en explorar el pasado remoto, donde las conjeturas eran inevitables, y que sólo un control estricto podía impedir la creación y por último, divulgación, de una historia imaginaria en gran escala. S.C. Humphreys, (1987) 216 ss.

registraron los hechos que los reflejaban. En este sentido, las leyes eran puntos de inflexión, el resultado de las mutaciones, e incluso podían ser agentes de las mismas, lo que adquiría un enorme valor simbólico cuando del conjunto de leyes más veneradas se trataba. Con la perspectiva del tiempo ya pasado, para los intelectuales romanos las Doce Tablas se convirtieron en el hito fundamental a partir del cual la Ciudad transformó sus instituciones, dejando atrás la oprobiosa monarquía y, tras media centuria de prometedores balbuceos, sentando las bases de la República, desde cuya madurez de cuatro siglos podían hacerse estas valoraciones. Se pensaba que sólo leyes importantes posibilitaban transformaciones importantes, como las que suponían el paso de la monarquía al gobierno de la aristocracia[445].

Para los romanos, la historia significaba continuidad, o sea, la herencia de instituciones del pasado escrupulosamente mantenidas en las formas en que fueron recibidas, y el ajuste de la vida a moldes de hábitos ancestrales. Pasado cuya admiración algunos consideraban excesivo, por cuanto se imponía a cualquier otra consideración. Los analistas y sus herederos no podían imaginar a sus antepasados hablando con lengua y modos distintos a los de sus contemporáneos, pese a que hoy se afirma que existió más alteración del latín en el periodo entre Tarquinio el Soberbio y el decenviro Apio Claudio, siglo y medio aproximadamente, que en los más de doce siglos que transcurrieron entre éste último y Carlomagno. La atribución de las principales instituciones como el senado o los *flamines* a los primeros reyes, era consecuencia de que para un espíritu republicano resultaba difícil imaginar que Roma pudiera haber vivido mucho tiempo sin senado y sin sus sacerdotes. Como resultaba difícil imaginar que el latín que se habló al final de la monarquía hubiera sido incomprensible para Plauto, en la primera mitad del siglo II a.C. Así, tuvieron cuidado en conservar los memoriales de ese pasado, guardaban en sus casas los retratos ancestrales como símbolo visible de la contínua y vigilante presencia de los antepasados, dirigentes de sus actos, mantuvieron las antiguas tradiciones de su propia historia común en un grado desconocido para los griegos. Tales tradiciones se veían afectadas sin duda por la tendencia inevitable a proyectar hacia tiempos más antiguos las características propias de la reciente Roma Republicana[446].

El discurso greco-romano, sea oral o escrito, estuvo al servicio de los intereses políticos de cada momento, pues lo verdaderamente importante era convencer al lector o al auditorio, no decir la verdad. Cualquier discurso, incluso el aparentemente más riguroso, era un producto literario manipulado, e incluso el rigor podía servir para el enmascaramiento más eficaz de un fin último, que era la persuasión, pues como decía Gorgias, el sofista, el orador más eficaz era el que mejor engañaba a los auditorios. El

---

[445] A. Momigliano, (1984) 52 y 53.

[446] Es vicio de la malevolencia humana alabar siempre lo pasado y sentir hastío por lo presente", Tac. *dial.* 18; ¿No basta el mismo prestigio de los antiguos para hacer más aceptable su doctrina y sobre todo para aumentar en los hombres el deseo de imitarlos? Prestigio=*auctoritas*; cf. Arist.*Ret.* 1376b4 y 1378 a5; Cic. *de orat.* i.6.23; i.39.180; ii.81.333; iii.2.5. "Al fijar al final de la vida la elección de gerontes, consiguió que no se descuidara tampoco en esa edad la perfección de cuerpo y alma ... concedió a los ancianos la capacidad de decisión en juicios de pena capital con lo que consiguió hacer la vejez más valiosa que la fortaleza física de los que están en la flor de la edad", Jenof. *Rep.* x.1/2; R.G. Collingwood, (1986) 42; G. Dumezil, (1974) 26; G. Devoto, (1972) 451; *Vid.* S. Boscherini, (1988) 52 ss.; J. Poucet, (1985) 201. El latín y las expresiones de las Tablas, en F. Sbordone, (1964) 334/339; J. Guillen, (1968) 43/111; L. Fascione, (1983) 13/21; S. Boscherini, (1988) 45/54.

mejor historiador era el orador, y a éste, le estaba permitido mentir, siguiendo las licencias que su técnica le permitía. El propio Cicerón admitía que cuando hablaba de Coriolano, por ejemplo, inventaba, pero eso no le situaba en peor lugar que a otros, es más, se limitaba a hacer lo que todo hacían, incluidos los griegos, como Clitarco y Estratocles cuando escribían sobre Temístocles, el estratega ateniense de la primera mitad del siglo V a.C. Polibio decía que por encima de las preferencias personales, la narración histórica debía ser objetiva, lo que a veces nos podía llevar a alabar a nuestros enemigos y reprochar a los allegados[447].

Los antiguos no dudaron de la historicidad fundamental de sus tradiciones. Dudaron del nacimiento milagroso de Rómulo y Remo, de la ascensión de Rómulo, del carácter animal de la loba que les alimentó, y detalles de este tipo. Pero por el contrario, consideraron histórica la presencia de los jovénes fundadores, el episodio de los orígenes de los sabinos, la fusión de ambos linajes, el relato biográfico de Numa, la destrucción de Alba Longa por Tulo Hostilio o la fundación de Ostia por Anco Marcio. Plutarco contaba que veintitrés años después de la caída de Roma, una nueva irrupción de los galos desde el Adriático dió a Camilo su quinto nombramiento de dictador, y tras una campaña rápida y triunfal, los puso en fuga por segunda vez. Y ello, habiendo cumplido ya los ochenta años. Aulo Gelio decía haber leído en los *annales* que L. Sicinio Dentato, tribuno de la plebe, cuando eran cónsules Espurio Tarpeyo y Aulo Eternio, - año 454 a.C. -, era un guerrero de increíble energía, siendo por ello llamado el Aquiles romano. Cita sin rubor que luchó en ciento veinte batallas, fue herido cuarenta y cinco veces, siempre de frente, nunca en la espalda, tuvo ocho coronas de oro, una *corona obsidionalis*, tres *murales,* catorce civicas, ochenta y tres torques, más de ciento sesenta *armillae*, dieciocho *hastae*, veinticinco *phalerae* y estuvo en nueve triunfos con sus generales[448].

Timothy J. Cornell atenuaba la desapacible sensación que debía producirle el análisis racional de los datos a cerca de la información sobre los tiempos primitivos, y al menos por un momento permitía que su intuición expresara las reflexiones que el conjunto del material le inspiraba. El ilustre profesor británico estaba convencido de que el relato sobre la Roma Arcaica no era necesariamente una leyenda o una falsedad en su totalidad, sino que lo que nuestras fuentes habían preservado tuvo mucho que ver con lo que realmente sucedió. Pero aquellos sucesos fueron transmitidos a través de una narración seudohistórica, construida mediante conjeturas e interpretaciones secundarias, con un embellecimiento retórico y una armazón plausible. Pese a todo, escribe el británico, indudablemente había un trasfondo de realidad en todo aquello[449].

---

[447] D. Plácido, (2005) 88; Cic. *Bruto*, 42. Pero Pol. i.14.3/5; pero en xii.12.4/5 distinguía dos clases de mentiras, la intencionada y la debida a la ignorancia. A éstos últimos debíamos perdonarlos, pues se desviaban de la verdad porque la desconocían, pero debemos mostrarnos irreconciliables con la mentira intencionada de los segundos, entre los que se citaba a Timeo de Tauromoenium.

[448] J. Poucet, (1985) 40; Gell. ii.11.1/4; Plut. *Cam*. xl.2. Un año antes, siendo tribuno militar, se puso personalmente al frente de un ejército que huía de los prenestrinos y volscos, lo hizo reaccionar, contratacó, causó gran mortandad entre los enemigos, y aún atacó a los etruscos y a los tusculanos, a todos los cuales venció, antes de regresar a Roma. Dice el de Queronea tenía mayor mérito, porque Camilo convalecía en ese momento de una enfermedad, Plut. *Cam.* 37/38. .

[449] T. J. Cornell, (1986) 48.

Según Cicerón autores como Catón, Pictor y Pisón desconocían cuáles eran los instrumentos que servían para ornamentar el discurso. Entre otras cosas porque esos artificios, en efecto, se consideraba que habían sido importados hacía poco tiempo de los griegos, y aquellos pensaban que mientras se entendieran lo que decían, el único mérito del decir era la brevedad. Salvo Celio Antípatro, los demás no fueron embellecedores de cosas, *exornatores,* sino tan sólo narradores, *narratores.* Las primeras narraciones eran por tanto mediocres, porque no cumplían con las reglas del exorno, sus autores desconocían los recursos de la oratoria y hacían piezas sencillas en las que el único mérito era buscar la verdad. Los *commentarii* de César sobre la guerra de las Galias eran la antítesis de lo que debía ser una obra de arte. Se consideraban sobrios, sin artificio pero elegantes, desprovistos de todo ornato oratorio, como un cuerpo al que se desnuda. Tenían la belleza de la concisión y claridad, muy deseable en cualquier relato de historia, pero sólo los necios utilizarían ese material, puesto que perderían el tiempo tratando de emperifollar esa narración, en tanto que los discretos simplemente no la considerarían[450].

Por ello, no resultaba en absoluto contradictorio que cuando Cicerón descendía a la realidad de las cosas, aquí la práctica de la historia en Roma, a tenor de su conocimiento de la analística y lo que él entendía como canon de la retórica, la brillante definición que hiciera en otro de sus tratados sobre la oratoria, se reservara a los que se ajustaban a sus parámetros formales, que para él habían consagrado los griegos, y desde un tono pesimista y acre diera paso a la seca alusión al modo romano de hacer historia, que calificaba con indiferencia y desprecio. Para los intelectuales romanos del último siglo republicano la historia era sobre todo un arte de los griegos, y lo único que justificaba la mediocridad del narrador romano era su bisoñez, pues se entendía que la historia era actividad reciente, y por tanto, con todos los defectos de lo no madurado y como tal, susceptible de mejorar con el tiempo[451].

El prefacio de Livio reflejaba toda clase de consideraciones morales, patrióticas y didácticas, que se presentaban como justificantes para alterar, omitir y reinterpretar los hechos, y con relación a los defectos de Dionisio de Halicarnasos en el sentido que hoy damos a aquellos términos, éstos eran plenos. Desde nuestros parámetros actuales, podemos calificar de errónea su forma de hacer historia, de practicar una equivocada discriminación del material, de introducir de vez en cuando difusas ornamentaciones retóricas en los sucesos que narraba, dudosas y arbitrarias analogías con lo griego, y de no ser más afortunadas la interpretación de los términos técnicos romanos, además de

---

[450] Para Pol. i.64.3/4 la constitución romana era un espectáculo tan bello como desconocido, pues quienes se ocuparon de documentarlo, o eran nulos e incompetentes o sus relatos eran inútiles por confusos. Cic. *de orat.* ii. 51/54, se conformaba con que el romano que escribiera historia no fuera mendaz. "Muchos siguieron tal forma de escribir, sin ornamento alguno, como Pictor, Catón y Pisón, sólo *narratores* de cosas, entre los nuestros, cuyo único mérito, al no dominar cuáles son las cosas que ornamentan el discurso, es la brevedad, aunque sobresale en mayor sonoridad de voz un varón óptimo, íntimo de Craso, Celio Antípatro, un embellecedor de las cosas, o Ferécides, Helánico o Acusilao, los tres del siglo V, entre los griegos".

[451] Cic. *de orat.* ii. 53/54; *Bruto*, 262; cf. Suet. *Iul.* 56.2. Mientras que Herodoto, Tucidides, Polibio o Jenofonte eran modelos para otros historiadores griegos, lo que nos permite decir que nuestros juicios actuales sobre ellos están a la misma altura que los juicios que los griegos tenían de ellos, A. Momigliano, (1984) 47, los romanos del último siglo republicano no se sentían muy abocados a cultivar la historia, al carecer de esa clase de referentes nacionales, que a duras puras identificaban a Enio o a Fabio como precedentes.

adolecer a lo largo de toda su obra de una falta de comprensión de las instituciones políticas de la antigua Roma y tendenciosidad manifiesta. Por lo demás, no podemos esperar un panorama mejor a partir de lo que sabemos de los autores perdidos. La posición crítica hacia Livio del historiador augústeo C. Asinio Polión no parece que se sustentara en argumentos exclusivamente literarios.

La villa de Patavium, Padua, patria de Livio, próspera ciudad de *equites,* se pronunció por la causa senatorial en el 43 a.C., lo que se conecta con las expropiaciones que tuvo que soportar en los meses que siguieron a cargo del historiador, C. Asinio Polión, procónsul del 40/39 a.C. cuando era gobernador de la Cisalpina. Este es el mismo que critica la *patavinitas* de Livio, y quien como Salustio, llega a la historia desde la experiencia y la desilusión de la política, mientras que Livio llega desde la retórica de un privado. El estilo de Polión era *durus et siccus*, parecía un siglo más antiguo que su época, de estilo sencillo, sólido, recordaba al de los primeros analistas romanos, y el arcaísmo era un rasgo consecuente y laudable en la historiografía romana[452].

La concepción que Cicerón reflejaba en sus tratados retóricos a mediados del último siglo republicano, era naturalmente una muestra sólo de la opinión de una parte de esa intelectualidad, aunque posiblemente la más significativa, aquella que identificándose con los mismos valores de un *homo novus* que había alcanzado los máximos honores en la carrera política, hacía suyos además los valores ortodoxos de los grupos dirigentes tradicionales. Para el orador de Arpino no eran comparables un César, o su correligionario Salustio, y menos aún las historias de un Licinio Macro, excesivamente cercano a la plebe, con el buen hacer de Tuberón o de su mismo amigo Ático, y desde luego ajenos a cualquiera de los griegos que el citaba con frecuencia[453].

El orador ideal debía conocer la sucesión de los hechos y la historia del pasado, sobre todo de nuestra ciudad, escribía Cicerón, pero también de los pueblos dominantes y de los reyes ilustres. La penuria de fuentes literarias sobre el pasado de la Ciudad, al menos de fuentes que para el orador merecieran la pena utilizar, debía ser manifiesta, hasta el punto de haber sido la causa que mantuvo alejadas a las mejores plumas de la práctica de esta actividad literaria. Este vacío quedaba reflejado en el no disimulado entusiasmo que le produjo el conocimiento de la obra que Ático concluyó sobre los setecientos años de historia de la Ciudad, reunidos en un solo libro - *liber annalis* -, obra calificada por el orador como verdadera tabla de salvación para el estudioso, al haber ordenado todos los sucesos según el momento en que ocurrieron sin olvidar ninguno importante[454].

---

[452] P.G. Walsh, (1955) 369/383; C.W. Westrup, (1950/1955) 105; Cic. *phil.* xii.10; Str. p. 169, Plin. *ep.* i.14.6; Str. 213, Marc. xi.16.8; Tac. *Dial.* xxi.7; R. Syme, (1987) 607; (1985) 136, 569 ss. Todo lo cual nos recuerda que la subjetividad del historiador siempre ha sido inerradicable, según según F. Ankersmit, (1989) 57/81, en D. Plácido, (2005) 88; Asinio, historiador, G. Zecchini, (1982) 1265/1295; sobre la *patavinitas,* J. Whatmough, (1933) 95/130; K. Latte, (1940) 56/60.

[453] Antonio: ¿De cuál orador y de cuál hombre insigne en el decir piensas que es el escribir historia?. Cátulo: Si escribe como los griegos, de uno sumo; si escribe como los nuestros, para nada es menester un orador: basta con que no sea mendaz", ... no obstante, no desprecies a los nuestros, dice Antonio, pues también los griegos al inicio emborronaron – *scriptitarunt* –, como nuestro Catón, Pictor o Pisón. Cic. *de orat.* ii. 51.

[454] Cic. *Orat.* 120; recopilación en forma breve de la Historia Universal, Cic. *Bruto*, 14; ¿Acaso no veis cuán grande tarea del orador es la historia? ... ¿Quién ignora que la primera ley de la historia es no decir

"Aquellos tiempos" o los "tiempos primitivos" era la metáfora con que se suavizaba la dura realidad de una ignorancia histórica sobre la época arcaica. Tanto de Roma como de los griegos. ¿Dónde comenzaban y terminaban aquellos tiempos primitivos", de los que sólo llegaban tradiciones, leyendas, y mitos?. En Roma el hito del asalto de los galos, 389/387, era punto final de una época, como escribía Livio al iniciar su sexto libro, pero ésta era tan sólo una referencia y creemos que demasiado benévola y optimista. Nuestra dependencia informativa de las obras griegas y romanas que han sobrevivido no nos permite ser optimistas acerca de su conocimiento de los tiempos antiguos. Si en Livio los "tiempos primitivos" concluían con la salida de los galos de Roma, tal como indicaba al comienzo del libro VI, tal situación – y ello sin entrar en el análisis de la dudosa información que continúa hasta casi el 300 – peca de optimismo en relación con el conocimiento manifestado en otros autores. Es sabido que pese a que Polibio es de nuestras mejores fuentes para el estudio de la Grecia de los siglos III y II a.C., no hay evidencia de que el conocimiento del megalopolitano sobre los tiempos de la Grecia Primitiva reposaran en cimientos tan sólidos[455].

Para la mayor parte de los historiadores griegos y romanos la duración prolongada del pasado era en sí misma una cualidad positiva. Para Polibio, el pasado de la Ciudad se construía como antítesis de aquel otro modelo, el de los griegos, que primero se admiraba, luego se emulaba y finalmente, se superaba y aún se conquistaba y anexaba. Poco se podía decir de las constituciones de Atenas y de Tebas, pues su crecimiento fue anormal, su periodo culminante, breve, los cambios que sufrieron fueron insólitamente violentos, su gloria un relámpago imprevisto y fortuito, por así decirlo. Había diferencia entre la admiración de lo que era antiguo y el aprecio de lo que duraba prolongadamente, aunque frecuentemente los dos sentimientos coexistían.

Detrás de la enumeración de defectos de la constitución ateniense se escondían las virtudes que para Polibio hicieron perfecta a la constitución romana, es más, el griego resalta aquellas, para él, imperfecciones de la que fue *polis* más admirada del mundo conocido, porque eran el reverso de las virtudes que justificaron la posición hegemónica de Roma en su tiempo. Así, el anómalo desarrollo o crecimiento, lo efímero de su culminación o apogeo, la violencia de sus cambios y transformaciones y la escasa duración de su gloria, era el negativo contrapeso de las bondades que a su juicio, llevaron a Roma a ser la dueña del mundo: un desarrollo o crecimiento que fue progresivo y continuado a lo largo del tiempo, sin cambios drásticos ni perturbadores, para llegar a una fase de culminación o apogeo suficientemente dilatada como para que los frutos o gloria de este atemperado devenir fueran bien visibles y disfrutados por todo el pueblo romano. Esa es la visión que el megalopolitano tenía del estado romano[456].

---

algo falso; depués, que nadie se atreva a no decir algo verdadero, que no exista sospecha de parcialidad al escribir ni de rencor? Cic. *de orat.* II.62.

[455] "La época arcaica, por desgracia, es aquélla sobre la que, por definición, no tenemos apenas otra información que la suministrada por textos posteriores. Menos mal que nos quedan las Historias de Heródoto, cuya autenticidad nos es indiferente, pues se trata de tomarlas como documentos *sicológicos"*, escribía L. Gernet, (1984) 160; S. Flory, (1980) 1/65; F.W.Walbank, (2002) 189. Todo lo anterior al 200, es primitivo, un periodo nebulosa y escasamente organizado

[456] Polibio, vi. 43. A. Momigliano, (1993) 170; cf. (1984) 86.

La realidad de los analistas no mejora nuestra valoración. Apenas son fiables para noticias anteriores al 200 a.C. pues utilizan esos periodos previos para hacer propaganda del modelo aristocrático o incluso de ciertas familias, introducen invenciones o manipulan el presente con episodios prefabricados que aseguran tomar del pasado. En el tratado sobre los deberes Cicerón decía reconocer que la gloria alcanzada por Escipión no podía de ninguna forma compararse con la suya, y ello pese a que "no nos queda ningún recuerdo de su ingenio, obra alguna que fuera fruto de sus descansos y de sus soledades, y esta carencia misma de monumentos escritos, acreditativos de su genio excepcional, nos prueba que Escipión, ocupado siempre con pensamientos y cosas que la meditación les descubría, no estuvo nunca realmente ocioso y solo". El cónsul del 63 a.C. confiesa que las generaciones que siguieron al Africano no contaron con documentos escritos, "acreditativos de su genio excepcional", que ayudaran a perpetuar la memoria de aquel gran personaje de la República, pese a lo cual se manejaba una bien elaborada y coherente imagen de su personalidad y sus proezas, después de haber pasado un siglo y gracias a la conservación y transmisión oral de este recuerdo.

Porque todavía a principios del siglo II a.C. admitiendo un uso cotidiano de la escritura en casi todos los ámbitos, no resultaba infrecuente su relegación a plano secundario cuando los individuos o grupos familiares se mostraban ajenos a cualquier forma de ocio literario. En la semblanza del héroe nacional otorgaba consistencia la descripción de grandes hombres en los que el arado, la vida frugal y la ausencia de cualquier lujo, combinaba a la perfección con la fuerza de su discurso en los foros o de su brazo en los campos de batalla, sin que se valorara el quehacer literario. Se sabía de Escipión lo que aquellos que le conocieron o escucharon, e incluso quienes nunca le trataron pero vivieron en la Roma de su tiempo, contaron a otros, o en menor medida, quisieron dejar constancia escrita de la impresión que les inspiró el personaje, con toda la carga de insolvencia documental que ello significa.

Cicerón escribía que su época había heredado una imagen de la Republica ya empalidecida por el tiempo, imagen que no sólo no la renovó con sus auténticos colores, sino que ni siquiera la conservó en su forma y contorno. Y se preguntaba qué era lo que quedaba de aquellas antiguas costumbres, aquellas en las que según Enio se encontraban las bases de aquel estado. Los círculos intelectuales de la última centuria republicana tenían una imagen muy desvaída de los tiempos anteriores, imagen que en cualquier caso era más positiva que la que ellos mismos tenían de su propio tiempo, algo lógico por la honda crisis que les había tocado vivir, pero que daba pie para alimentar un esquema bien idealizado de "aquellos tiempos", que desde luego contrastaban con los presentes y se presentaban como modélicos[457].

Cicerón habla de las innumerables *leges de iure civile*, que se aprobaron "en epoca de nuestros padres", y cita varias que se adscribían al siglo II a.C. Parece por tanto que para el orador una centuria, unas tres generaciones, de abuelos a nietos, era el tiempo máximo del que se podía conservar algun recuerdo, vía oralidad, y más allá de ese límte, el observador se internaba en el oscuro ámbito del mito y lo sagrado. En este mito no había espacio para los actos humanos, pues el elemento humano había sido

[457] Pero las Doce Tablas en alguna forma, deben ser aceptadas, escribe O.F. Robinson, (1997) 68, aunque no dice por qué razón; Cic. *rep.* v. 1; *off.* iii.1.

completamente eliminado, y sólo quedaban los dioses como personanjes que protagonizaban los sucesos. Naturalmente, las acciones divinas registradas por el mito no eran sucesos fechados en el pasado, porque si bien se concebían como acontecimientos ocurridos, se trataba de un pasado sin fechas, que era tan remoto que nadie sabía cuándo había ocurrido. Era un pasado fuera de toda cuenta del tiempo, al que se le nombraba como "el principio de las cosas". A este tenor era significativo el interrogante del arpinate. "¿Quién conoce efectivamente, la existencia de un orador argivo, corintio o tebano de aquellos tiempos? ... Hasta el día de hoy no he oido decir que haya existido ningun orador lacedemonio"[458].

Escribía el profesor Plácido que la relación del hombre antiguo con su realidad se presentaba enmascarada a través de los mecanismos del mundo imaginario. En efecto, lo imaginario tiñe y se apodera de la imagen del pasado, porque en realidad es ese mismo hombre el que construye el mito como vehículo para asumir el pasado que desconoce. Al estudiar a los griegos, decía Gernet que los datos de la leyenda contienen un valor inapreciable. Gracias al mito no sólo los pensamientos muy antiguos han podido atravesar las edades, sino que perpetúan una parte del inconsciente social y su transposición ofrece una valiosa imagen de la sociedad en que surge ese mito o leyenda. Según la retórica vigente a fines de la República, el relato de los sucesos adoptaba tres formas de presentación, como *fabula,* o relato legendario (=mito griego), como *historia*, con hechos reales pero alejados de la propia época, y como *argumentum*, una ficción, diferente de la *argumentatio* de la prueba judicial, que trataba aquélla de acontecimientos inventados que sin embargo, podrían haber ocurrido, como los argumentos de las comedias[459].

Según describía el antropólogo Malinowski, las condiciones sociológicas y culturales del tiempo actual también se reflejan en las narraciones míticas. Los personajes míticos de las leyendas indígenas vivían en las mismas casas, comían las mismas comidas, manejaban las mismas armas y utensilios que se utilizaban en los tiempos contemporáneos al observador polaco. Por el contrario, en nuestras historias, leyendas y mitos históricos tenemos todo un conjunto de condiciones culturales distintas que nos hacen sentir que un suceso histórico distante, y más aún si es mítico, ocurre en un marco de condiciones culturales completamente distintas de aquellas en que vivimos ahora[460].

En todo pueblo vive una tradición común de cultura que anima todas las formas manifiestas de su vida, sus costumbres y sus instituciones jurídicas, religiosas y sociales. La tradición tiene unas condiciones, un ritual en el punto de partida y unas consecuencias de derecho; es, a su manera, eficaz. La esencia de esta tradición es difícil de describir, pues es algo consustancial a los valores e ideas más profundas de ese pueblo al que acompaña en su devenir, enriqueciéndose, a traves de muchas generaciones. Bajo la forma de mito, religión, poesía, filosofía y arte vive un espíritu

---

[458] Cic. *Balbo*, viii.21; *Bruto,* 50; R.G. Collingwood, (1986) 24.

[459] D. Plácido, (2005) 88. "La historia comienza donde acaba la tradición", escribía M. Halbwachs, (1968); *Ret. Herenn.*I.13. El relato histórico por tanto, podía participar de la ficción, de la leyenda y de os sucesos antiguos; L. Gernet, (1984) 161.

[460] B. Malinowski, (1995) 299 y 312. La única excepción es la eficacia mucho mayor de la magia en el mundo del mito. Sobre su concepción del derecho, I. Schapera, (1957) 139/156.

que expresa una manera de entender la vida. Para hacernos una idea en relación con lo que tratamos, como bien advertía Arnaldo Momigliano, la aristocracia romana no tenía necesidad de libros para conocer y defender sus tradiciones. Todos la conocían y podían formularla en sus ideas generales y con pocas variaciones. La simple aparición de un erudito procedente de las marismas de Sabina, como era M. Terencio Varrón, entregado a recopilar los elementos más significativos de esas tradiciones, a mediados del siglo I a.C. podía ser tomada como una señal de crisis[461].

La tradición histórica romana podría definirse como la suma de lo que sucesivas generaciones de romanos creyeron sobre su pasado. Cada una de esas generaciones reconstruyó el pasado según su propia imagen. Sobre la República, no fue esa tradición un documento objetivo de archivo, ni una reconstrucción crítica objetiva, sino una construcción ideológica ideada para controlar, justificar e inspirar. Los puntos en común que encontramos en Cicerón, Diodoro, Dionisio y Livio indican que todos partieron y conocieron una tradición básica común. En esa materialización de la tradición la distorsión no suele provocar alarma, a diferencia del olvido, pues frecuentemente aquélla se ve acompañada de la sensación fuerte y sincera de que lo que el autor recuerda de un evento puede ser incompleto, pero no inexacto o completamente falso[462].

Polibio se permite clasificar el modo en que hacían historia los autores que él conocía. Hablaba así de un estilo que llamaba genealógico, que cautivaba a los que lo escuchaban por puro gusto. Aquellos autores que trataban de colonias, de fundaciones de ciudades y de parentescos, como Éforo, que atraían a los curiosos y a aquellos otros a quienes les daba por las tradiciones antiguas, mientras que el que estudiaba la política se interesaba por los hechos de los pueblos, ciudades y monarcas, entre los que se incluía el mismo Polibio, que decía acomodarse así a un único tipo de público[463].

Hablando de sucesos supuestamente acaecidos en los tiempos de Rómulo, Numa y Tarquinio, decía Cicerón que no había que dar mucho crédito a este tipo de cosas, pues eran cosas de poetas, no de historiadores, ya que estos últimos se referían a la verdad, y los poetas, al placer, aunque en Herodoto o Teopompo de Quios, siglo IV, encontremos infinidad de leyendas. Con la representatividad que queramos otorgar al orador en la cultura de su tiempo, lo cierto es que a fines de la República se consolidaba la idea de que cuanto se había escrito y escribía sobre la antigua monarquía era pura fábula[464].

Para historiadores como Herodoto, Tucídides, Jenofonte y Polibio, los "tiempos primitivos" con los que solían comenzar sus obras eran una edad de mito y fantasía bastante más que una sucesión de sólidos sucesos históricos. El mito se definía como un credo sobre la creación, la naturaleza del mundo, el poder de los dioses y sus vidas,

---

[461] A. Ross, (1994) 95; A. Momigliano, (1984) 59; L. Gernet, (1984) 172.

[462] T. J. Cornell, (2005) 50 y 52; A. Fernández/ E.Diez, (2001) 161. Una generación supone un periodo de treinta o treinta y cinco años.

[463] Pol. ix.1.4.

[464] Cic. *leg*. i. 5. Pese a lo cual autores como Dionisio, i.64. 4; ii.56.2, no se inmutan cuando describen la desaparición del cadáver de Eneas, o el de Rómulo, éste cuando se disipó la tormenta, lo que confirmaba la entidad divina de ambos.

los orígenes de un pueblo, su historia, destino y misión, la lucha entre el bien y el mal, el origen de la vida y su significado, el lugar de la humanidad respecto de los dioses y de la naturaleza: la filosofía, la poesía, la religión, de formas diversas, se ocupan de los mismos objetos. En el mito, aunque las condiciones circundantes fueran similares, ocurrían toda la clase de hechos que no sucedían hoy en día, y los personajes aparecían dotados de poderes que ni los hombres de hoy ni sus antecesores históricos habrían poseído nunca. Mito y realidad se diferenciaban en que en aquel ocurrían cosas que en ésta no podían ocurrir, algo que de todas formas no pasaba desapercibido a la sociedad que los manejaba[465].

George Dumezil, historiador de las religiones, nos dio un esquema sobre la elaboración y transmisión de ese pasado por sus propios artífices, que concuerda en líneas generales con nuestras conclusiones. Escribía el insigne francés que cuando los intelectuales de un pueblo eran inducidos, por reflexión autónoma o por imitación de vecinos prestigiosos a representarse "los primeros tiempos", solían proceder con fórmulas previsibles. Daban un significado de conjunto a las leyendas o retazos de leyendas de que disponían – generalmente el de una creación progresiva de la realidad social de la que tenían experiencia – distribuyéndolas y orientándolas de acuerdo con los esquemas conceptuales, antiguos o recientes, que se les imponían.

En el contexto de los relatos sobre los orígenes de Roma, se fue consolidando una interpretación del pasado elaborada a base de acontecimientos, más o menos conectados unos con otros, que adquirió una forma final de verosimilitud y credibilidad proporcional al arte y profesionalidad de sus autores finales, los analistas, trama que en algún caso, seguía fielmente el protocolo del discurso retórico, que arrinconó en los ficheros de los eruditos las variantes poco satisfactorias y que se hizo popular cuando fueron adoptadas pronto por los poetas y luego por el resto. Se trataba de una obra erudita y artificial que posteriormente arraigó en la conciencia nacional, llegando a formar parte integrante y esencial del orgullo de todo romano. Probablemente esta versión se nutrió de los restos de una tradición que en el caso del orígen de la Ciudad, remontaba al siglo IV a.C. Entre el 400 y el 300, habiéndose Roma erigido en la mayor potencia de Italia, se decidió construir un pasado oficial, del que los propios griegos aportaron un hermoso legado a aquellos primos jóvenes, los romanos. Más tarde éstos continuaron el trabajo por su cuenta y así nació la introducción a la analística, la historia de los orígenes.

Las construcciones históricas relativas a los soberanos y a los antepasados de las dinastías reales se realizaron mediante la yuxtaposición, forzada y más o menos ficticia, de retazos de leyendas ya descompuestas. Esta yuxtaposición tuvo como consecuencia una nueva deformación de aquellos retazos mutilados. Pero los principios de construcción y los esquemas que se encontraban en el origen de estas deformaciones secundarias, a su vez se basaban en tradiciones que podían ser muy antiguas. Principios y esquemas constituyeron los hechos, que el historiador francés calificaba de "hechos secundarios", sin estar seguros de que fueran en todo caso, de origen tardío, y aunque hayan representado un papel director en la constitución del material histórico.

---

465 F.W.Walbank, Polybius, (2002) 170. A. Ross, (1994) 95; B. Malinowski, (1995) 300.

Todo ello fragüó una apariencia erudita, incluso con pretensiones críticas, con la duración de los reinados cuidadosamente señalada, los acontecimientos importantes perfectamente fechados, todos los lugares situados con exacta precisión, en un esfuerzo constante que sustrajo todo lo maravilloso con que los datos venían revestidos y los convirtió en verosímiles[466].

3. Datos sobre la Roma Primitiva. Apuntes al debate historiográfico.

La controversia sobre los tiempos remotos de la Ciudad está llena de enjundiosas polémicas, a veces agrias, y desde luego, supone una acalorada y activa presentación de teorías, hipótesis y planteamientos, que pueden significar cualquier cosa que queramos, menos falta de interés y hasta pasión por parte de los investigadores. Al igual que en el caso de las Tablas, parafraseamos a Michael Crawford, cuando afirmaba no sin ironía que las posiciones intelectuales en torno a la historia de los primeros siglos de existencia del estado romano, son tantas cuantos historiadores hay, de manera que no hay nadie que estudie Roma que no sostenga su propia argumentación de "cómo sucedieron o pudieron suceder las cosas". Naturalmente, en las posiciones que se asumen en la enorme bibliografía que el tema ha generado y genera, pueden verse las preferencias de los autores, que de manera grosera y simplista, agrupamos en dos grandes escuelas virtuales, a su vez, con matizaciones y grados de pertenencia a cada una de ellas, según unos adscriben a los otros y viceversa, en función del apasionamiento, exclusividad o relatividad con que se mantengan las opiniones.

Así, se va desde la fiel observancia y asunción del relato literario transmitido por los autores clásicos, en un extremo, al rechazo más o menos completo de cuanto esa información transmite, dando el protagonismo de los hechos a la arqueología. Entre esos dos puntos extremos se articulan hipótesis de trabajo que matizan y cuestionan ambas posiciones teóricas, vinculándose más o menos a uno de los lados, en función de los supuestos y datos manejados, y presentándose como soluciones más abiertas y eclécticas, en donde escepticismo, cautela, sentido común y evidencias, se combinan con la conjetura, lucubración, capacidad de análisis y no poco instinto, en una mezcla que no siempre es necesariamente negativa, y que se plasma en lúcidas, pero también a veces sólo seductoras interpretaciones, que pueden ser bienvenidas si sirven para abrir nuevas perspectivas.

De esta manera, frente a la línea de investigación que fundamenta su análisis en la corroboración y comentario del relato historiográfico disponible, aquel que básicamente se sustenta en Livio y Dionisio, aceptando en líneas generales, e incluso en algunos casos extremos, de forma total y absoluta la versión legada por la tradición, frente a esta posición, decimos, se articulan otras versiones. Éstas incluyen en el elenco de los autores utilizados a todos los historiadores griegos y romanos conocidos, y en realidad, a todos los autores de los que dispongamos alguna información. Se practica un análisis exhaustivo de la información y se depura y selecciona de cuanto pueda falsear la realidad de los hechos, buscando el significado y las posibles causas que justifiquen la forma en que las noticias nos han llegado.

[466] G. Dumezil, (1977) 245/ 246 y 252/253.

El papel atribuido a otras clases de información, como la epigrafía, la numismática o la propia arqueología de campo, la evidencia de los restos monumentales, de edificios, tumbas o murallas, puede asumirse desde posiciones maximalistas, dando a esta fuente carácter primario en las interpretaciones, frente a la información literaria, o graduando el uso de las mismas, como complemento, refuerzo o sustitución de aquella, en función de las necesidades impuestas por la propia investigación, y por supuesto, las preferencias, y no pocas veces, conclusiones preconcebidas y difícilmente evitables, del mismo investigador que las utiliza.

En realidad, expuestas estas consideraciones que pueden servir para entender el actual estado de la investigación, el pronóstico de estos estudios, y sobre todo, la confianza en una siempre deseable clarificación de posturas y la manifestación de unas conclusiones, no parece que vaya a ser un resultado inmediato. Parece axioma que en cualquier campo de estudio en el que los datos y certidumbres son escasos y además se obtienen por vías no esclarecidas o consideradas heterodoxas, proseguir el análisis del material en tales circunstancias suele estar desaconsejado. Si pese a todo éste se continúa, el investigador debe estar dispuesto a asumir como válida una actividad científica, en la que por definición, la falta de evidencias se suplirá con la hipótesis afortunada, la construcción lógica de causas y efectos y la formulación teórica factible, aunque esa "factibilidad" parta de nuestras propias nociones, sea referida desde nuestro contexto actual y no al que es objeto de nuestro estudio, por otra parte inaprensible y sólo intuido, de nuevo, con nuevas y aventuradas hipótesis. Llevado al campo de los estudios de la Roma Arcaica, denominación que ya es paradigma de imprecisión, por cuanto tampoco hay acuerdo sobre la idoneidad de este término, que deja indefinidos los límites superior e inferior del marco temporal al que se refiere, todo ello se traduce en un marasmo de teorías, exposiciones, propuestas y conclusiones, que con mayor o menor acierto, con mejor o peor fortuna, vienen alimentando una cada vez más inabarcable bibliografía.

En un discurso que Dionisio de Halicarnasos pone en boca del cónsul Cayo Claudio Sabino, y que éste dirige al senado, pero sobre todo a su sobrino Apio, a la sazón líder de la segunda comisión de decenviros que elaboraron las Tablas, menciona por separado los tres sectores en que a su juicio se agrupaban los romanos, y que ya se mostraban hartos de los actos de los decenviros. El primer sector agrupaba a los que él llama hombres de mérito, hijos a su vez de los hombres de mérito, a quienes competía desempeñar los sacerdocios y magistraturas y disfrutar de los restantes honores que sus padres habían disfrutado. No es difícil identificarlos con las viejas estirpes patricias y plebeyas, los *optimates* de tiempos posteriores, aquellos que monopolizaban oficios y privilegios desde siempre, la *prima classis* en cuanto a ingresos y aristocracia tradicional usufructuaria de los beneficios de la *res publica*. Dionisio les presentaba indignados por haber perdido sus privilegios hereditarios.

Venía después el sector integrado por aquellos que ocupaban un rango medio en la Ciudad, ciudadanos que sólo defendían una tranquilidad libre de responsabilidades. Acusaban a los decenviros, por boca de aquel Claudio, de haber cometido toda clase de atropellos y violaciones a sus derechos, desde la apropiación injusta de sus bienes, a los ultrajes a sus mujeres casaderas y otras muchas y graves insolencias. Finalmente, el tercer sector, el más nutrido y al tiempo, más perjudicado de los tres, era el de la plebe más pobre, que según el historiador, para ese tiempo, siglo V a.C., carecía aún del derecho a elegir magistrados o participar en votaciones, ni era convocado a las asambleas ni participaba de ningún otro beneficio político. Este sector odiaba por todo ello a los decenviros, a los que calificaba de tiranos. Los tres grupos correspondían a diversos niveles de ingresos, escasamente cuantificados para aquel tiempo, como era la *prima classis*, o la *classis* simplemente, con los más ricos y poderosos del cuerpo ciudadano, el *populus,* compuesto por la ciudadanía con ingresos inferiores a los anteriores, sin otra especificación, y la *plebs,* término aquí usado en su acepción tardorepublicana como muchedumbre, la masa no cualificada, de ingresos mínimos o sin ingresos, desheredados, actores pasivos y mendicantes, a la espera de la generosidad de sus patronos[467].

4. Las fechas de la fundación.

Conservamos más de veinticinco versiones griegas diferentes sobre la fundación de Roma. Por consiguiente, parece lógico que la tradición romana construya su modelo de explicación de los orígenes de la Ciudad a partir del modelo colonial transmitido en la historiografía griega. Por otra parte tal modelo era análogo en gran medida al modelo fundacional de las colonias romanas, a partir de los asentamientos militares de fines del siglo II a.C. en la Galia Cisalpina, y fue un proceso constante e intenso a lo largo de todo el siglo I a.C., tanto en Italia como en las provincias, de modo que resultaba familiar y bien insertado en los procedimientos políticos habituales de aquella centuria. Tiempo en la que escribieron los analistas más utilizados por los historiadores augústeos[468].

No acabamos de entender por qué la historiografía actual ha optado, en relación con las fechas transmitidas por las fuentes literarias sobre la fundación de la Ciudad, por admitir y hacer suya la que sitúa los hechos a mediados del siglo VIII a.C., despreciando cualquier otra opción de las que esa misma tradición escrita presenta. Se ha presentado tal decisión como la más adecuada, por ser la más atestiguada, a partir de una afirmación de Marco Varrón, que aseguraba que el hecho fundacional se había producido en una fecha que nosotros transcribimos en el 754. Y a partir del 754/753 se construye todo un relato, del que la fuente primaria sobre la que reposa nuestro actual esquema de sucesos, Livio y su *Ab urbe condita,* transmite escasas convicciones para los primeros tres siglos y medio, que desaparecen según confiesa tras el "renacer" de la Ciudad después de la expulsión de los galos del territorio romano[469].

---

[467] Dionisio xi.10.3, Gell.vi.13, habla sólo de una *classis* y el resto, *infra classem*, para los tiempos primitivos, E. Gabba, (2005) 117; J./Cl.Richard, (1977) 229/236; T. J. Cornell, (2005) 58, admite que el sistema serviano es reflejo de condiciones tardías, pero no lo lleva más allá del 400 a.C. *vid.* J. Muñiz Coello, (2007) (en prensa). Por consiguiente, al ser la Roma de las cinco *classes* censitarias una realidad muy posterior al rey Tulio y aún a los tiempos de la República Primitiva, no hay fiabilidad en los actos que se vincularon a este escenario político y social. Así, no consideramos fiable la existencia de diez tribunos, a razón de dos por cada una de las cinco *classes,* a partir del 457 a.C., treinta y seis años después de la creación de la institución, Livio ii.33.2, del 493 a.C.; iii.30.7, del 457 a.C.

[468] J. Poucet, (1985) 57 y 189. No obstante la arqueología desmonta, hasta hoy, la visión de una Roma colonia de Alba y bajo la colonia de Lavinium.

[469] Una de las razones que se esgrime para ello, la de ajustar los 119 años que los *fasti capitolini* establecen entre el primer consulado y el saco de Roma por los galos, obliga a situar a éste en el 390, frente al 387 sostenido por Polibio, por ejemplo, para luego optar por el 754/753, para la fundación, para

Pero el mismo Varrón decía en uno de sus diecisiete libros *rerum humanarum*, que desde su tiempo al reinado de Rómulo, *ad Romuli initium*, había más de 1100 años. Para el analista Lucio Casio Hemina los griegos Homero y Hesiodo vivieron ciento sesenta años después de la guerra de Troya, o sea, hacia el 1024, el mismo número de años que faltaban para la fundación de Roma, según Nepote, por lo que ésta se produjo en torno al 910, fecha muy similar a la que concluía Quinto Enio, que la situaba siete siglos antes de su propio tiempo, por tanto igualmente en torno al año 900. El analista L. Cincio Alimento, del siglo II a.C. proponía el cuarto año de la doce Olimpiada, lo que supone la fecha de 729/728 para la fundación de Roma. Q. Fabio Pictor, por el mismo procedimiento de contabilizar las Olimpiadas indicó el año 748/747. Timeo de Tauromoenium, en el siglo III, la supone fundada treinta y ocho años antes de la primera Olimpiada, en el 814/813, coincidiendo con la de Cartago. Catón el Censor, autor que era considerado autorizado y serio, hablaba de cuatrocientos treinta y dos años después de la guerra de Troya, lo que supone el 752, en coincidencia con la cronología de Eratóstenes, del que sólo conocemos por referencias, como de casi todos los demás. Como Callias, autor de una biografía del tirano Agatocles, que situaba esa fundación tres generaciones después de Eneas. Polibio, según Dionisio, aseguraba estar convencido de que Roma se había fundado en el segundo año de la séptima olimpiada, año 751, apoyándose en el testimonio exclusivo de una tablilla custodiada por el pontífice máximo. Dionisio asume igualmente tal fecha, en coincidencia con el arcontado de Cárope en Atenas[470].

Pero no poseemos ninguno de los tres libros de la *Chronica*, de Nepote, que versaba sobre los tiempos primitivos, alabada por Cátulo, en los que acaso justificaba su datación del año 900, y carece de utilidad para este cometido, el de la reconstrucción de los primeros tiempos de Roma, el poema *Annales*, de Quinto Enio, el autor nacional más celebrado en los círculos intelectuales del final de la República. Apenas un par de obras, y además incompletas, quedan de las más de setecientas que se atribuyen a Varrón, lo que nos impide conocer sus argumentos, nada queda de los analistas de las dos últimas centurias, base documental sobre la que los relatos que conservamos dicen haber basado todas afirmaciones, salvo las imprecisas referencias que autores posteriores nos transmiten sobre lo que dicen que escribieron y que ellos oyeron o leyeron. Nos queda un mutilado libro sexto de la Historia Universal de Polibio, aquella *archaeologia* en la que acaso nuestra fuente más seria y crítica echase luz a este tema. Por supuesto, nada queda de Timeo que no sea la sesgada y negativa visión que de él nos traza un Polibio que en este caso, abandona su habitual objetividad y se deja llevar por sus fobias personales.

Estos datos indican que hay pocas cosas seguras en torno a la fundación, y que en realidad el panorama no mejora si lo extendemos a los llamados tiempos primitivos. La fecha del 754/753 a 751, la finalmente adoptada por la tradición y por la historiografía actual, posee los mismos fundamentos y argumentos probatorios que el 728, el 814 o el

---

conciliar con los 244/245 años de la monarquía. Pero el argumento no deja de ser una adhesión comentada al supuesto ofrecido por la tradición.

[470] Dionisio, i.71.5; 72.5 =*FGH* 564 F 5, Dionisio i.74.1/3; Polibio, VI.11 a. 2; Gell. i.16.3; xvii.21.3; J. Poucet, (1985) 17, 138; O. Skutsch, (1985) 315, n.1; F.W.Walbank, (2002) 175; V.L.da Nobrega, (1966) 815-826.

.

900, esto es, ningún otro que no se refiera a nuestras preferencias personales. Preferencias que conjugan el peso de una opinión transmitida a partir de una tradición fragmentaria que juzgamos más verosímil, cierta y documentada, sin contar con evidencias que lo apoyen, y la conveniencia de esquivar el vacío que supondría aceptar una opinión distinta, carente de un relato amplio y específico que se sustente y sea base para la historia de la Ciudad, que se articule y desarrolle sobre esa fecha tanto para los orígenes, como para los tiempos que siguieron.

La historiografía actual, recogiendo una decisión que viene de siglos, ha elegido una posición intermedia, equidistante de las fechas fundacionales propuestas, sin cuestionarse no ya la pertinencia de arraigar la investigación en los términos de aceptar un planteamiento de fundación, sino el huero beneficio al conocimiento que reporta optar por situarse a mitad de camino en un conjunto de opciones, cada una de las cuales tan poco fiables como la elegida. Se elige la posición que juzgamos más moderada, como si del ejercicio de la prudencia se derivara algún suplemento de fiabilidad y certeza para una opción que fue elaborada con los mismos argumentos espúreos que sirvieron para las otras. En suma, de todas las ficciones, la más "equilibrada", porque habrá de servirnos para justificar y otorgar confianza al resto del proceso[471].

Practicamos la historia de los tiempos primitivos como ejercicio puro de la sinécdoque, concluyendo el todo desde la parte y asumiendo una síntesis incompleta a partir de los dos autores de que disponemos, como fuente para todo el periodo. Con Livio y Dionisio, más los complementos y matices que encontramos en Gelio, Plutarco, Cicerón, Varrón y otros escritores, recomponemos un armazón global de aquel periodo contando con apenas un 10% de las piezas. Una sombra de la realidad, pese a todo preferible al desánimo que el vacío de la información provoca en el historiador, en una tarea abrumadora y desalentadora por otras dificultades. Trocamos las conclusiones así obtenidas, siempre relativas y provisionales, en absolutas y generales, y desde esa precaria base las convertimos en fundamentos suficientes de nuevas teorías, que distorsionarán aún más la visión que ya tengamos de los acontecimientos.

Si aceptamos el esquema tradicional transmitido para la Monarquía, difícilmente podremos luego cuestionar el esquema que a continuación enlaza con el comienzo de la República, de la cual es éste una consecuencia. Ello nos obliga a asumir una monarquía que, con las críticas puntuales que queramos resaltar a cada uno de los reyes, en Livio sólo tenía siete monarcas para 245 años, a generación de 35 años por monarca, además de un modelo de relato en el que los periodos y las fases evolutivas se suceden en una narración plana y sin soluciones transitorias de continuidad que

[471] De igual forma, las opciones que usan la fecha del 400 o finales del siglo V, como principio o fin de alguna etapa o proceso, aparentan cierto tono de objetividad y y rigor analítico. Dado que, con la información disponible, no conocemos que la sociedad romana sufriera cambios internos o que instituciones políticas afrontaran nuevos retos, con huella perceptible en las fuentes, sospechamos que bajo ese tipo de referencias vuelve a encontrarse la fuerte presión del relato tradicional, en este caso concretado en el saco de Roma por los galos y su posterior expulsión, hacia el año 387 a.C., que supone el inicio de una nueva era, en palabras del historiador de Patavium, "de este segundo renacer desde sus raíces, la historia será más fiable, Livio vi.1.1/3; Plut. *Numa,* i.1/2.

articulen de forma natural, las diversas etapas de desarrollo que dan forma a los siglos[472].

Pero además esta opción historiográfica que nosotros hacemos nuestra, consciente o no de asumir el relato tradicional para elaborar el cuadro de los tiempos de la Roma Primitiva, no es neutral, y en virtud de su mayoritaria aceptación y consolidación como punto de partida de cualquier investigación, con el tiempo pasa a convertirse en pauta de análisis, una regla que cristaliza como procedimiento ortodoxo, evidencia asentada y fuente de referencia, a partir de la cual cualquier enfoque distinto, que difiera en su método de este punto de partida, recibe la atención que suele otorgarse al que discrepa. Es un hecho que el mantenimiento de las hipótesis ortodoxas, por ejemplo, aquellas que hablan de los años 754/751 como punto de partida para la Ciudad, - pero no sólo en ese punto - apenas requiere esfuerzo probatorio alguno, por cuanto se supone que su confirmación quedó certificada antaño suficientemente y en la forma oportuna[473].

Por el contrario, las hipótesis alternativas deben demostrar y convencer de sus propuestas, con el rigor que se exige cuando se preconizan escenarios distintos o se cuestionan supuestas certezas bien arraigadas en el acervo de las "cosas sabidas". Haciendo uso de la terminología procesal, es un hecho que en este asunto la carga de la prueba recae en los heterodoxos, algo usual en cualquier clase de sociedad cuando alguno de sus valores se pone en entredicho. Aunque sea anécdota acaso exagerada - o no? - recordemos que entre los locrios suritálicos, cualquier propuesta individual de reforma o cambio de alguna ley, entrañaba un riesgo capital para el promotor de la iniciativa, que debía acudir a la asamblea con un dogal al cuello, para presentar su

---

[472] Tal conducta forma parte de nuestras pautas cotidianas de comportamiento. En nuestras democracias actuales, por ejemplo, la norma regula que cualquiera que sea el número de los votantes, aunque fuese mínimo, la opción mayoritaria asumirá la representación de la comunidad en su conjunto, y la estadística no existiría sin la ficción de tales presupuestos. Los relatos de Livio y Dionisio, los más completos de los disponibles para los tiempos primitivos, adoptan ese formato y nos permiten articular una historia continuada desde los inicios hasta bien avanzada la República. Pero estos autores no fueron referencia de la máxima autoridad en su tiempo, frente a plumas como la de Marco Catón, Lucio Pisón, Elio Tuberón o Cayo Polión, por recordar historiadores que los propios romanos admiraban. Por lo demás, no parece deseable plantear el origen de la Ciudad a imagen e imitación de los modelos coloniales *ex novo*, tanto griegos como romanos, indudablemente presentes aquellos, en las plumas griegas que primero elucubraron sobre la leyenda de los descendientes troyanos, y cotidianos éstos, entre los analistas que resultaron artífices finales del la leyenda de la fundación de Roma, tal como ellos la heredaron, manipularon y finamente, transmitieron a Livio y Dionisio de Halicarnasos. De hecho, los romanos disfrutaban las historias de Sicilia y de Pirro, de Timeo, en la época de Cicerón y de Varrón, como se ve en Varro, *r.r.* ii.5.3 (fr.42); Cic. *Att.* v.7.18; *Bruto*, 63 (fr.138).

[473] Esta tendencia es manifiesta en una parte de la romanística actual. Las posiciones más críticas tienen ya más de un siglo, y carecen por tanto de efecto en la actualidad, pero la referencia a ellas está presente aún en casi todos los trabajos sobre el tema, como si se necesitase del extremo para dar equidistancia a las propias convicciones. De otra forma, calificamos de extremas aquellas opiniones que difieren de las nuestras, que sin mayor argumentación que la dialéctica, se revisten con el halo de la modearadas. "Dogmas" que no necesitan de demostración, por ejemplo, en W. Kunkel, (1965) *Historia del Derecho Romano*, [Köln-Graz, 1964] 33, "Es digna de crédito la conexión que señalan los historiadores romanos entre la ley (de las Doce tablas) y las incipientes luchas de patricios y plebeyos"; A. Torrent, (2002) *Derecho Público Romano y sistema de fuentes,* Zaragoza, 122, "Hoy es opinión común la sustancial autenticidad de la obra decenviral, a la que hay que desnudar obviamente de algunas anécdotas falseadas", M. Marcos Celestino, (2000) La Ley de las XII Tablas, *Helmántica* 155, 378, "Hoy día se consideran históricos y fuera de dudas la existencia de una ley común a patricios y plebeyos datable a mediados del siglo V a.C.".

propuesta. De rechazarse, dice la fuente que era ahorcado allí mismo con el dogal que portaba. No se cambió ley alguna en doscientos años[474].

5. La ciudad primitiva ...

Se afirma que si la fama de Roma tenía que ver con su poderio, y éste a su vez, con la fuerza de sus instituciones, manifestada en su expansión territorial, urbana y demográfica, entonces la Ciudad no tuvo renombre fuera de Italia hasta el siglo IV, el siglo que se inició con la sumisión etrusca, que pudo contemplar la disolución de la liga latina, la implantación de las primeras colonias y el desarrollo de campañas de larga duración, iniciadas con Veyes y continuadas contra el Samnium. En un contexto narrativo del siglo IV escribía Trogo Pompeyo a principios del siglo I d.C. que hasta los escitas, de las lejanas regiones entre el Danubio y el Don, tenían noticia de la fuerza arrolladora de los ejércitos romanos, con los que jamás se habían enfrentado[475].

Para el tesalio Cineas, notorio orador y hombre de cultura, de regreso de Roma, donde había mediado como embajador del rey Pirro del Épiro, primer tercio del siglo III, el senado romano no era sino un "consejo de muchos reyes". Para su contemporáneo Timeo de Tauromoenium, la Roma de ese tiempo era ciudad ciertamente importante, pero no diferente a otras ciudades de su entorno, referido éste a los pueblos de la Italia Central. Ciudades cuyos orígenes eran recordados a través de las correspondientes leyendas sobre su fundación, de las que la de Roma era una más, pero cuya fama, divulgación y proyección fuera de sus fronteras, fue un hecho *a posteriori* más que un síntoma de su fortaleza en origen[476].

---

[474] Demost. xxiv. 139. Salvo excepciones de incontenible entusiasmo hacia el mensaje, cualquier mensaje de los autores clásicos, - más frecuente entre los romanistas que entre los historiadores - la opción que toma como referencia el relato tradicional en los términos en que nos ha llegado, suele suscitar reservas parciales en los mismos autores que los asumen, que ante algunos episodios literarios se ven obligados a aplicar salvedades y establecer algunas críticas y reinterpretaciones puntuales, necesarias a su juicio para preservar la validez general del relato.

[475] Trogo, en Justino, *epit.* ii.3.5, A. Alföldy, (1965) 318/335. Las noticias que llegaban de Roma a los griegos de la Hélade debieron ser vagas y confusas en tanto no se produjeron acontecimientos de resultados comunes para ambos pueblos. No consta en las fuentes griegas impacto alguno a causa del asalto y posterior expulsión de los galos que asaltaron Roma hacia el 387, en forma de alusión directa y coetánea en los textos, más allá del comentario de Plut. *Cam.* xxii. 3, que asegura que Aristóteles tuvo conocimiento de ello. Es posible que de este asalto se tuvieran más noticias en Grecia cuando tras devastar Macedonia, los galos tomaron el emblemático baluarte religioso de Delfos, hacia el 279, costando tres años su expulsión del territorio, y que coincidió en Italia con una invasión de senones y boyos, con los que los romanos tuvieron que enfrentarse, estando en plena guerra contra el Samnium y contra Pirro del Épiro, en el sur. Estas invasiones, con el asalto a Delfos, conectarían en la memoria romana, vía comerciantes y soldados, con el recuerdo de la sufrida hacía ya más de un siglo en Roma, lo que unido a las noticias que llegaban a Grecia sobre las campañas inicialmente victoriosas del rey Pirro, facilitarían a los escritores griegos una imagen de *polis* ciertamente influyente en Italia, con ejércitos poderosos, capaces de contener y expulsar a sus enemigos y de medirse con adversarios como el epirota, de potencia probada entre sus coterráneos. El poema *Alexandra,* de Licofrón, coetáneo de Timeo, de forma y contenidos ciertamente complejos de interpretar, alude en algunos versos a la guerra de Pirro.

[476] Plut. *Phyr.*13; Ap. *sam.*x.3; Just. xviii. 2.11. F.W.Walbank, (2002) 173. Esta bien recordar a E. Gabba, (2000) 243, cuando concluye que, "non si puo certamente parlare di Roma come di una cittá potente. La Roma dei Tarquinii – fines del VI - non era grande. E comunque la struttura urbana cittadina non era, anche in questo caso, conferma di stabilitá política". F. Castagnoli, (1973/1974) 123/131.

Las evidencias arqueológicas sobre el asentamiento primitivo, muy escasas y discontinuas, muestran que para el periodo comprendido entre el 630 y 575, fase lacial IV B, la arquitectura urbana consistía en unas pocas villas de cabañas, con techumbres de paja y barro entretejidos, de las que algún modelo nos ha llegado en forma de urna funeraria. Este modo de ocupación evolucionó paulatinamente hacia casas construidas con muros de ladrillos secados al sol y estucados al interior, y techumbres de tejas, que ahora se alzaban sobre basas de piedra por toda cimentación. Esta fórmula de hábitat se fue extendiendo y superponiéndose hasta hacerse mayoritario sobre el modelo de habitación en cabañas hacia el 550, pero el aspecto general de esta arquitectura doméstica siguió siendo modesto al menos durante otros veinticinco años, hasta el 525 a.C. En este contexto arqueológico encuentra difícil acomodo la información literaria sobre la construcción de un monumento que se decía excepcional como fue el Templo de Júpiter Capitolino, inaugurado justo en el primer año de la República, siempre siguiendo el relato tradicional disponible[477].

En el ámbito del primitivo *forum boarium*, al sur del Capitolio, bajo la antigua Iglesia de San Omobono, existen restos arqueológicos de dos templos fundados en el siglo VI, que podrían ser identificados con los edificios gemelos de Mater Matuta y Fortuna, adscritos por los escritores antiguos a Servio Tulio, e igualmente son fuentes literarias las que nos hablan de un tercer templo obra de este rey y dedicado a la diosa Diana, que completaría la lista de las construcciones monumentales fechadas en el siglo VI, por el momento. Siete son los templos que los textos informan para el siglo V y otros siete para el IV, cifras que contrastan con las cuarenta fundaciones documentadas para el siglo III, casi el doble que para todos los siglos anteriores[478].

A principios del siglo V la extensión del *ager romanus* se estimaba en unos 850 kms cuadrados, que se distribuía según Livio en veintiún distritos o tribus locales y el casco urbano de la Ciudad. Se han hecho proyecciones de la población que de manera hipotética, ocuparía aquel territorio, combinando los datos de extensión total y espacio mínimo cultivable, y los números que se deducen resultan sugerentes. Dedicando a cultivo el 15% del total del territorio, o lo que es lo mismo, de esos 850 kilómetros cuadrados unas 12.750 hectáreas o 51.000 *iugera,* se ha calculado que producirían cosechas suficientes para alimentar a unas 35.000 personas, lo que permite hablar de algo menos de 10.000 *assidui*, campesinos ciudadanos que poseerían su respectiva parcela de tierra. Resultan más fiables estas cifras que las derivadas de los censos transmitidos por los autores clásicos, fundamentalmente Livio y Dionisio, para ese siglo. Estos dan cifras que estimamos improbables, como los 150.700 *cives* para el 498, o los 110.000 del 493, cantidades completamente desechadas por los especialistas. No está de más recordar que en el 461, se consideraron suficientes tres días para que los ciudadanos romanos que habían sido despojados de sus bienes por los saqueos que

---

[477] Lacial IV B, 630/580, J. Poucet, (1985) 29, 136 y 157; autores que siguen esa fecha tardía, R. Bloch, (1971) 59/60; C. Ampolo, (1980) 567/576; E. Gjerstad, (1953/1973); F. de Martino, (1972) 219; J. Poucet, (1985) 162. E. Gjerstad, (1966) 6; 15. hasta el 575 a.C. P. Carafa, (1997) 599/600, adelanta esa cronología y habla de un primer pavimento del foro y del *comitium*, para el 700/675, siendo el tercer pavimento del foro y el sexto del *comitium*, en la primera mitad del siglo V.

[478] Dionisio iv.27.7; Livio x.46.14; Ovid. *Fasti,* vi. 475; 569 ss, para el de Fortuna; Livio v.19.6, para Mater Matuta, la evidencia arqueológica, en T. Hölscher, (1978) 320; Russell T. Scott, (2005) 104; M. Pallottino, (1977) 216 ss., cf. W. Eder, (2005) 244. Del siglo V son el de Castor y Polux, Saturno y Apolo.

volscos y hérnicos realizaron en el *ager romanus* un par de años antes, pudieran recuperarlos si los identificaban, en el botín que el cónsul L. Lucrecio Tricipitino les había capturado y que exponía en el Campo de Marte. Un plazo de tres días, lo que supone unas doce horas hábiles por día, es adecuado para niveles de afectados en conexión con aquellos 35.000 habitantes calculados[479].

Desde la toma de Veyes en 395 tras diez años de guerra, la tradición indica que muchos romanos manifestaron su deseo de trasladarse a vivir a la ciudad etrusca, vacía tras la venta de su población superviviente como esclava. Se consideraba que además de que su territorio era más fértil y extenso que el de Roma, gozaba de una mejor situación, y contaba con unos espléndidos edificios tanto públicos como privados. Naturalmente, los incendios provocados en Roma por los invasores galos en el 389 sirvieron para renovar esos proyectos. Una parte de los ciudadanos consideraban inútil reconstruir y volver a habitar Roma, teniendo a Veyes intacta a tan pocos kilómetros de distancia, e incluso se había dado instrucciones a los tribunos de la plebe para que prepararan un proyecto de ley que hiciera oficial la propuesta de secesión. Es más, se barajaba una opción moderada de crear una segunda república en Veyes, que compartiera gobierno con Roma, si la resistencia al abandono de ésta contaba con muchos apoyos. El proyecto no prosperó, gracias supuestamente a la retórica de Camilo, el que expulsó a los galos, que consiguió convencer de las ventajas de seguir en la Ciudad. Pese a todo, muchos romanos emigraron a Veyes con sus familias, como se deduce del plazo que el senado les dio para volver a Roma, so pena de ser condenados a muerte en caso de incumplirlo[480].

De este relato nosotros destacamos un detalle marginal. Livio da por hecho que la ciudad de Veyes de principios del siglo IV tenía capacidad para albergar a una buena parte de los romanos, ya que según su propio relato, era la mayoría de la plebe, frente a la minoría del poder, quien lo exigía. En ningún apartado del largo discurso que pone en boca de Camilo para apoyar la reconstrucción, se alude a algo tan poco retórico pero determinante, como la incapacidad técnica del proyecto por desigualdad de las

---

[479] J. Beloch, (1926) 178, hablaba de 822 kms, cf. A. Drummond, (1994b) 246, y G. de Sanctis, (1933) 290, entre 900 y 1000, cf. J.-C. Richard, (1978) 308. Ambas hipótesis estan razonadas, por lo que, parafraseándonos a nosotros mismos, optamos por el "artificio" de una cifra más o menos equidistante. Las tribus para el 495, en Livio, ii.21.7. T. J. Cornell, (2005) 56. Para los censos del 500 al 393, Dionisio, v.76; vi. 96, P.A. Brunt, (1971) 27, dice: these unauthenticated figures should be rejected as fabrications. En ese botín se encontraban los bienes de los que habían sido despojados cuando aquellos pueblos devastaron el *ager romanus,* y llegaron a las mismas murallas de la Ciudad, aprovechando la crisis desatada por una epidemia, Livio iii.7; 10.1. O sea, en tres días era suficiente para que la población de la ciudad se pasara por el sitio. Livio III.3.9, y 117.319 *cives* en 459, Livio III.24.10. Se vendió lo que quedó sin que fuera reclamado por sus dueños. Los 35.000 habitantes los calcula C. Ampolo, (1980) 15/31, *vid.* además, S. Quilici Gigli, (1978) 567/575.

[480] Livio v.22.1; 24.5/6, *Veii agerque Veientanus in conspectu sit, uberior ampliorque Romano agro? Urbemquoque urbi Romae vel situ vel magnificentia publicorum privatorumque tectorum ac locorum pareponebant*; v.55/54; vi.4.5/6. El *ager pupinius*, al nordeste de Roma, era arquetipo de suelo árido, Cic. *agr.* ii.96; Varro, *r.r.* i.9.5. Str. v.3.7 habla del fértil suelo de los alrededores de Roma, pero especifica que esas tierras pertenecían a las ciudades vecinas, aunque fueron romanas tras su conquista. En el mismo texto atribuye al rey Marcio la incorporación del Aventino a la ciudad. La tierra de Roma producía una buena espelta o escanda, que es un trigo de baja calidad, de paja dura y corta, propio de tierras áridas, a diferencias de las tierras de las ciudades vecinas, Dionisio ii.25.2; viii.8.2. Hay por tanto cierto consenso en que el suelo romano primitivo era malo para el cultivo, y por tanto insuficiente para dar suministro a una población grande.

respectivas poblaciones. Simplemente, se da por hecho que en la Veyes del 389 cabía la Roma incendiada por los galos. Pero la Roma de los muros "servianos", que en realidad se fechan por los mismos años del saco galo, ocupaba 426 hectáreas - de las que 285 eran *pomoerium* -, frente a las 242 hectáreas de Veyes. De ambas ciudades eran notorias sus construcciones monumentales, y los diez años que costó a Roma la sumisión apoyan la impresión de que fueron adversarios de fuerzas bastante equiparadas. Dejamos planteada esta significativa divergencia entre el relato literario y la arqueología[481].

6. ... y el territorio.

En el siglo V y por causas no determinadas, en Italia se constatan una serie de movimientos de pueblos que afectaron a las poblaciones ya instaladas, como Roma, que experimentó la llegada de una población a los límites de sus *agri,* en un flujo irregular pero constante a lo largo de esa centuria, aunque con una incidencia mayor en la primera mitad de esa centuria. Esa población, a su vez acaso forzada a abandonar sus tierras por la irrupción de otra en fase migratoria, se estableció en las zonas próximas a Roma, aquellas que sin estar dentro del territorio comprendido en sus dominios, habitualmente delimitados por una muralla, se ofrecían deshabitadas y con las condiciones necesarias para acoger nuevos grupos. En Roma esta área estaba al sur del Palatino, y comprendía los terrenos que había entre el Tíber, al oeste, aquella colina y el Foro de los Bueyes al este y el Aventino, incluido como lugar de asentamientos, al sur[482].

Allí, en terrenos no controlados por la Ciudad, se instalaron gentes que, imposibilitados para continuar con las condiciones anteriores de vida, habitualmente conectadas con la agricultura y ganadería, ya fuese por falta de tierras o por la calidad de las mismas, aprovecharon la vecindad de Roma para desarrollar otros modos de economía, que cubrieran las necesidades de abasto de los habitantes propios y de aquella. Fabricaron objetos, crearon pequeñas industrias y sobre todo, traficaron, comerciaron, en definitiva, crearon un gran mercado de toda clase de productos, cuyo cliente principal eran los romanos, la comunidad que se asentaba al norte, detrás de los muros. Pero sobre todo, aquellos inmigrantes conformaron una comunidad distinta, como una nueva ciudad, que se rigió con sus propios magistrados e instituciones, ajenos a las magistraturas e instituciones de los del norte, ajenos a su *civitas*, con los que mantenían necesarias pero a veces, tensas relaciones sociales y económicas. Con el paso de los años, cuando ya la unificación urbana era un hecho, resultado del paulatino crecimiento de ambas comunidades, se fue haciendo familiar en la conciencia colectiva la idea de que tras aquella conjunción de intereses, la fusión institucional y política era el paso siguiente en el proceso[483].

---

[481] A. Drummond, (1994b) 247; T. J. Cornell, (2005) 56; A. Momigliano, (1994) 84.

[482] Esta hipótesis, con alguna variante, es ya vieja, pero para nosotros sigue siendo sugerente. Aquellos asentados pasarían a ser *cives sine suffragio*, con una condidción de semiservidumbre, similar a clientes, en relación con Roma, J. Binder, (1969); J.-C. Richard, (1978) 271/272; vid. A. Rathje, (2001/2003) 57/68.

[483] Los *cives* arcaicos habitaban en la Urbs, y los clientes, que no eran *cives*, al no poseer los derechos de aquellos, en el *ager*, A. Magdelain, (1971) 103/127. La *lex de Aventino publicando*, 456 a.C., sería el reflejo literario de la presión demográfica en los alrededores de la Ciudad, A. Drummond, (1994) 139.

Pero el crecimiento incontrolado de la población, unido a la concatenación de cierto número de catástrofes naturales, que ocasionaron a su vez destrucción de cosechas, escasez, carestía y hambruna, fuente y consecuencia de otras desgracias como pestilencia, guerras y nuevos movimientos migratorios, todas esas situaciones afectaron de forma directa y continuada a las condiciones de vida de la Ciudad, que se endurecieron a partir sobre todo de la segunda mitad de la centuria. Roma y el Lacio entraron en una época de austeridad y rigor, manifestada en la pobreza que se percibe en los ajuares arqueológicos, y que la tradición literaria recoge, interpreta y transmite con datos que por encima del argumento al que sirven, traducen casi todos los aspectos hasta ahora reseñados[484].

A fines de la República se tenía la convicción de que el Monte Aventino estaba conectado con los tiempos más antiguos de la Ciudad, desde su papel decisivo como sede y baluarte de la reivindicación plebeya. El Aventino era una colina situada al sur de Roma, la de mayor tamaño de todas, con un perímetro que Dionisio de Halicarnasos calculaba en dieciocho estadios, unos tres mil doscientos metros, aunque probablemente la modificación del entorno, completamente edificado en su tiempo, hacía difícil el cálculo, pues en otro lugar de su historia, salvo error del copista, habla de doce estadios, dos mil ciento treinta y un metros. En realidad eran dos elevaciones, una mayor que la otra, que no sobrepasaban los cincuenta metros, lo que facilitaba la ocupación humana. Junto a la realidad de su urbanización, en el siglo I a.C existía el recuerdo de tiempos en los que el lugar estaba ocupado por un bosque frondoso de árboles de diversas especies, entre los que destacaban el laurel, de los que es probable que se hubiese conservado algún ejemplar, pues había un paraje que se conocía como el *lauretum.*

Tanto la colina, como los espacios aledaños, al norte, hacia el foro, por el *vicus tuscus* – barrio etrusco -, al oeste, con límites en la orilla de Tíber, y al este, con el lugar donde se emplazaría el Circo Máximo, y el Palatino, ocupando el distrito del Velabro y anejos, todo ese espacio en el siglo I a.C. estaba ocupado por una población de censo medio o bajo, una población de baja extracción, adscrita a las tribus urbanas, plebe en el sentido de la masa tumultuaria de los Gracos, con una vitalidad económica y demográfica ajena a su papel marginal en las instituciones. Como suele acontecer en

[484] Guerras, *seccessiones* de la plebe, su continuo rechazo a las levas, la continua reivindicación política en asambleas y calles, el episodio de la codificación, con los excesos de los decenviros, con capítulos exacerbados como el de Verginia, - cómo no -, las pestes, hambrunas, en fin, son los elementos de crisis que la tradición enumera a lo largo de la centuria y que, tomados literalmente, proporcionan la información que la arqueología silencia. A. Drummond, (1994) 131, que cita a ecuos y volscos como causas de migraciones. En este punto, es sugerente la posición de J. Poucet, (1985) 125, cuando afirma que los historiadores deben ser prudentes cuando intentan confirmar la arqueología con la tradición, pues aquella suele aportar sólo vagos indicios susceptibles de ser interpretados de múltiples maneras, siendo una de ellas en el sentido de la tradición. La evidencia literaria y arqueológica de Roma representan dos facetas de la misma sociedad, y ambos elementos se corroboran uno con el otro. En contra, "cualquier investigación seria debe utilizar ambos elementos en orden a producir una reconstrucción integrada que debe responder a las demandas de una consistencia y coherencia internas", T. J. Cornell, (2005) 56. Una posición intermedia, ecléctica, que examine cada caso, cada texto y cada contexto, parece más conveniente. Para A.R. Dyck, (2004) 403, la desaparición de los vasos áticos en Roma entre 450/400 se conecta con la redución del lujo y los costes en los funerales, cf. Cic. leg. *ii*.23.59.

comunidades que han superado las dificultades iniciales y se consolidan ajenas al cualquier entorno adverso[485].

Habitaba gran numero de construcciones dispuestas de manera abigarrada, dedicadas a viviendas, tiendas y centros de mercado. El monte acogió algunos templos, el más antiguo el dedicado a la diosa Diana, asignado por la tradición al rey Tulio, y más tarde, en el 396, otro de Juno Regina, y de la Libertad, del 214, edificios que poco a poco fueron rodeados de viviendas, aunque la propia extensión de la colina, 550 u 800 metros cuadrados, según el perímetro por el que optemos, ciertamente limitaba su número. Entre el monte y el Tíber, en el mismo siglo V se alzó, como no podía ser de otra manera, un templo dedicado a Mercurio, dios de los comerciantes, que además del culto fue sede de corporaciones de mercaderes, muy activa en el vecino *forum boarium*, como muestra de la influencia de este sector económico emergente y en los primeros tiempos extraño al patriciado. Al lado del templo de Mercurio se alzó el emblemático Templo de Ceres, Liber y Libera, sede de los archivos de la plebe[486].

Al describir a los primeros atenienses, Trogo Pompeyo construye un arquetipo a partir de un argumento negativo, esto es, describe el origen de aquellos pioneros por lo que no eran, poniendo en esta proposición todos los caracteres negativos, que asigna a otro pueblo sin mencionarlo. En nuestra opinión el modelo negativo que el historiador tenía en mente era el romano, que intencionadamente omite identificar. Así, los atenienses no llegaron en su desarrollo a lo más alto, como otros pueblos, desde un comienzo oscuro. No fueron ni extranjeros ni deshechos de un pueblo reunido de todas partes, sino que nacieron en el mismo suelo que habitaron y su patria era también la de sus orígenes. Por lo que no caben parentescos con otros griegos, y menos aún, con troyanos.

Esta imagen negativa sobre los orígenes de los primeros romanos no fue excepción de un solo autor, sino que supuso un contrapunto, ciertamente despreciado, cuando no velado, de la leyenda sobre los primeros romanos, encomiástica e idealizada, y era recogida por una tradición preocupada sobre todo por refutarla. En el libro primero de su *bellum poenicum*, Nevio, a fines del siglo III citaba las rudas tribus itálicas, habitantes de los bosques, inexpertas en armas. Livio eludía entrar en el fondo de la cuestión y se limitaba a citar a los primeros habitantes del Lacio como hombres rudimentarios, mientras que Dionisio de Halicarnasos creía necesario lavar esa imagen, la de Roma como refugio de bárbaros, fugitivos y vagabundos, ciudad de aluvión que integraba a todos cuantos marchaban a establecerse en ella, al compararla y exaltarla

---

[485] La colina del Aventino no estuvo incluida en el *pomoerium* como sí las otras seis, nada menos que hasta tiempos del emperador Claudio, sin que sepamos la causa. Según la tradición, a mediados del siglo V era un lugar perteneciente a la ciudad y como tal, de uso público. Pero algunos patricios la habían ocupado de hecho con viviendas, algunas legales, otras no, de modo que a iniciativa plebeya se aprobó una ley que reguló aquel espacio, que se concedió a los plebeyos, que dividieron el espacio y construyeron allí sus casas. Str. v.3.7; Gell. xiii.14.4/7; Dionisio X.31.2; 32; Livio i.31.3; 32.3/4; iii.31.1; P. Martin, (1974) 145.

[486] Los pequeños comerciantes pequeños y los artesanos no eran *cives*, no estaban censados, Dionisio, xi.25; 43.6; iv.26.4. Toda la zona era del dominio de vendedores, bien enumerados por Horacio cuando cita "pescaderos, fruteros, pajareros, drogueros y la turba impía del *vicus tuscus*, gorrones y charcuteros, el Velabro y todo el mercado", Hor. *sat.* ii.3.227/230; Plaut. *Curc.* 483; *capt.* 489; Macrob. *sat.* i.10.15. En el Velabro había un mercado de aceite.

como una ciudad griega, como señalaba sus aborígenes de origen enotrio y éste, del arcadio Evandro[487].

Hubo eco de aquella noticia en Cicerón y sus reflexiones aumentan nuestras sospechas. "¿Pero qué es un estado?" – se cuestionaba, retórico, el arpinate -, "¿cualquier grupo de salvajes incivilizados?, ¿cualquier multitud de bandoleros o fugitivos que se reúnen en un lugar?. No es eso, me dirás, ciertamente. Por consiguiente nuestra comunidad no era un estado en los tiempos en que las leyes carecían de fuerza". En suma, existía conciencia de que los tiempos anteriores distaban de haber sido tal como los relatos los presentaban, idealizados en una Roma civilizada, campeona de la ley y el derecho. Es más, se ocultaba esa Roma sin leyes ni Derecho, se omitía en el relato y finalmente se daba cuerpo a su inexistencia, valga el juego de palabras. No había tal Roma salvaje y ácrata, refugio de fugitivos, multiétnica y sin señas de identidad propias. Y se recrea la única Roma que se admite, la Roma que todos desean y que, desde el peso de la realidad esplendorosa desde la que se escribe, todos asumen como propia en una aspiración que ya es realidad por el consenso de todos[488].

El discurso de la analística no podía aceptar antecedentes oscuros para el estado que dominaba el mundo y elaboró una explicación plausible y verosímil de los orígenes, de acuerdo con los prejuicios y creencias que se mantenían a cerca del pasado de la Ciudad. Se asume la antigüedad de la presencia de aquellas poblaciones en el *ager romanus*, aunque ésta se justifica dentro de la lógica de la conquista. Pero se parte de una salvedad. Al igual que la antigüedad del nexo sabino/romano se explica a través del ejercicio de la violencia, sea mediante la derrota y muerte del rey Tacio - curiosamente, con sepultura en el Aventino -, sea a través del rapto de sus mujeres, el relato tradicional avala la idea de una desvinculación total con los primeros romanos, los fundadores, y su argumento se refiere al tiempo y forma de su incorporación a la historia de la Ciudad. Quedaba incólume el vínculo con el pueblo troyano, con quien los romanos se sentían emparentados[489].

Así, las poblaciones que se asentaban al sur del Palatino, durante el siglo V, procedían de las ciudades latinas capturadas por los ejércitos romanos. Entre ellas se citaban Telenas, Politorio, Ficana y otras próximas, cuyos campos fueron rápidamente distribuidos entre colonos romanos. Naturalmente, estas poblaciones permanecieron en situación marginal durante siglos respecto a Roma, y su situación de *subditi* y *dediticii*

---

[487] Cn. Nevio, en Macrob. *Sat.* vi.5.9; *rudes artium homines*, Livio i.7.8; Dionisio i.89.1/2; Justino, *epit.* II.6.4. Era necesario fundar una ciudad ya que a ambos hermanos se les habían unido muchos criados y prófugos, y los de Alba no consideraron que los prófugos pudieran vivir con ellos ... se daba asilo en la ciudad a todo el que llegaba, todo esto es invención de los latinos, transmitido por Fabio Pictor, Roma poblada de prófugos y sabinas raptadas, dice el traductor, Plut. *Rom.* ix.2/6.

[488] *Quae est civitas? Omnisne conventus etiam ferorum et immanium? Omnisne etiam fugitivorum ac latronum congregata unum in locum multitudo? Certe negabis, non igitur erat illa tum civitas cum leges in ea nihil valebant,* Cic. *parad.* iv.27. En *rep.* i.58, intenta encauzar esa fama denigrante que definía como bárbaro al pueblo romano. La imagen de Roma, como ciudad de bandidos, era consistente en Dionisio i.89; i.4.1/2. Descrédito de Roma, en Mitrídates, Just. xxxviii.6.7/8; Sal. *Hist.* iv.69.17; cf. T.J. Cornell, (2001) 51-52. Livio ii. 1.3/6, da la misma idea de una Roma Primitiva habitada por fugitivos y vagabundos, pero la atribuye al tiempo de todos los males, al último de los Tarquinios.

[489] Dionisio iii.38.2/4; 43.1/2; Suet. *Claud.* 25. La tendencia helenocéntrica atribuía a un solo personaje la fundación de Roma, conectado al ciclo troyano, con implicaciones epónimas, como Rhome, Rhomanos, Rhomos, Rhomis, J. Poucet, (1985) 189.

justificaba el carecer de la *civitas* romana, lo que explicaba su difícil integración en las instituciones políticas romanas. De hecho la búsqueda de *agri* que cultivar fue reflejo de la morfología del campo romano, sin condiciones agrícolas adecuadas y ahora, cada vez más incapaz de alimentar a una población que sobrepasaba su capacidad de abastecimiento. Esa búsqueda de *agri* y el posterior reparto aparece como problema acuciante y está presente en casi todas las decisiones políticas de esa centuria.

En el siglo V Roma perdió la rica llanura pontina, con la consecuente crisis alimentaria. Todavía un siglo después la determinación con que la Ciudad enfocó la guerra contra Veyes y la inmediata distribución de sus tierras, marca las imperiosas necesidades de fuentes de producción que paliaran los déficits en cosechas cada vez más frecuentes. Por su parte Livio testimonia legados para ir a comprar trigo a los volscos, a Cumas en dos ocasiones, cuatro a Etruria, dos a Sicilia, dos a Campania y una a la misma Veyes, entre el 508 y el 427[490].

7. Dos notas breves: caudillos y monedas

En la Roma del siglo V, junto a las maduras, o acaso mejor, "maduradas" instituciones republicanas que la tradición nos caracteriza, el poder es ejercido de hecho y en un grado no menor por personajes privados que destacan del común por su riqueza o ascendencia, y que surgen con una frecuencia y periodicidad que contrasta con la fortaleza de un estado supuestamente consolidado. Son tiempos de caudillajes y poderes personales, bien identificados y documentados desde al menos dos centurias antes en las necrópolis etruscas y de las comunidades de la Italia Central, los señores de la guerra o *condottieri,* según las afortunadas calificaciones con que la historiografía actual ha usado para distinguirlos[491].

Las fuentes escritas nos los describen suficientemente poderosos como para promover intentonas contra los poderes públicos, individuos que movilizan contingentes de hombres armados de varios cientos e incluso de miles de individuos, a sus expensas y sostienen guerras en nombre de sus causas o al servicio del estado, o ponen en jaque al mismo en función de sus intereses y alianzas con los enemigos de aquel. Su fuerza reside en su pertenencia a un linaje noble y muy respetado por todos, fortalecido y consolidado en el tiempo por una trama extensa de nexos y relaciones, lo que se traduce en tierras, ganados, casas, toda clase de bienes, y sobre todo, una extensa familia, amigos, allegados, deudos, esclavos y clientes. Se asemejan a los príncipes o caudillos de las ciudades etruscas próximas a Roma, con los que ésta mantuvo contactos hostiles tras la expulsión del último Tarquinio, en un episodio que queda marginado en el argumento de la historiografía. Por lo demás, la tradición integra en el relato literario los actos de poder de estos caudillos sin menoscabar la autoridad y el

[490] Livio, ii.9.6; 34.3; 41.8; 51.7; 54.2; iv.13. 2; 25.4; 51.5; A. Drummond, (1994) 142.

[491] La iscripción del *Lapis Satricanus*, con una dedicación a Mamars o Marte, por parte de los *sodales* o compañeros de armas de Poplios Valesios, acaso identificable con Publio Valerio Publícola, primer cónsul de la República, T.J. Cornell, (1988) 95; *vid.* además, J. Cels-Saint-Hilaire y C. Feuvrier-Prévotat, (1979), 103/144; J. Bremmer, (1982) 133/147; C. Ampolo, (1970/1971) 37/68. "During the 5th century the pressure for centralized control was nearly matched by the independent behavior of aristocrats supported by their private armies", R.E. Mitchell, (1996) 268, en un excelente trabajo, que trata asuntos como las Doce Tablas, la sociedad arcaica, etc.., más allá de lo que sugiere el título.

ámbito de poderes y competencias convencionales que atribuyen a República Primitiva[492].

Hasta fines del siglo IV, como la mayoría de las villas de la Italia Central, la Ciudad se manejó sin moneda propia, de modo que hay que pensar que para los tiempos anteriores los intercambios y transacciones se realizaron con bienes de valor preestablecido y de fácil aceptación entre los implicados. En el siglo III Timeo consideraba proverbial la abundancia de bueyes, era tópico la consideración de Italia como un país de pastores, hasta el punto de que el mismo nombre Italia se hacía derivar de un término griego que significaba bueyes. La tradición se hace eco de estos valores y los integra en el relato sobre los primeros tiempos de la Ciudad. Rómulo y Remo tuvieron disputas con los vaqueros del rey Numitor, que tenían sus establos en el Aventino. El mítico Caco, era pastor cuyo ganado pastaba en el llano, al pie de las colinas, y guardaba en la cueva donde él mismo vivía. En las laderas del Palatino, como en las de otras colinas, había en efecto grutas que constituían refugios naturales contra la intemperie y vivienda misma para una población dedicada al pastoreo. En una de esas grutas, al parecer del Aventino, cubierta según Dionisio por un espeso encinar, se erigió un altar al dios Pan Liceo, o Lycaion, culto supuestamente traído a Italia por el arcadio Evandro, que luego los romanos llamaron Lupercal, de fiestas arraigadas, que conservaban todos su ritual arcaico aún en el Imperio[493].

Esta imagen se corresponde con lo que en ese mismo tiempo Teofrasto describía al hablar de un Lacio como una tierra cubierta de espléndidos bosques, esto es, tierra virgen, salvaje, no cultivable, pues la realidad era que los fértiles y extensos campos

[492]Caudillos etruscos como Porsenna o Tolumnio, lartes de Clusio y Veyes, respectivamente, los hermanos Vibenna, Caele y Aulo, de la inscripción de Lyon, con el discurso de Claudio, Plut. *Poplic.* 16; Livio, ii.9; iv.17; Dionisio, v.21.1; xii.5.1. Al negarse los tribunos a una nueva leva, el senado pide a los patricios y sus clientelas que ayudaran a los de Túsculo contra los ecuos. Apio Herdonio, hac. 460, sabino, de padres desconocidos, poderosos por su riqueza, reunió 4.000 hombres de entre sus clientes y servidores, como el *eques* Espurio Melio, con riqueza como para alimentar a toda la plebe romana, hasta el punto de ser visto como una amenaza política. Attus Clausus, que emigró a Roma desde el sabino, con los suyos, que eran no menos de 5.000. Kesón Quincio, hijo de Cincinato, joven noble patricio, era capaz de reunir una banda de secuaces suficientemente grande como para alterar el orden en la Ciudad, al igual que el legendario Cn. Marcio Coriolano, poderosos por separado o en unión del privado Atio Tulio, igualmente de los volscos. 306 Fabios se ofrecieron voluntarios contra Veyes y encontraron la muerte. Furio Camilo, capaz como privado, desde su villa próxima a Ardea, a unos 30 kms al sur de Roma, de armar una tropa armada y dirigirla a la guerra. Para todos ellos, Plut. *Cam.* 23; Livio ii.16.4; 37; iii.14/15; iv.13.1; v.32; Dionisio v.40.3; ix. 15.2; 22.1; x. 10.6; 14.1; 43.2; xiii.5.1. J. Gagé, (1983) 107/120; J.-Cl.Richard, (1988) 526/553; R. Hirata, (1986/1987) 7/22, D. Briquel, (1990) 86/108; Ph. Fabia, (1929); E. Noé, (1977) 641/665; (1979) 21/116; A. Boittiglieri, (1977) 7/20; A. Carandini, (1997) 602/606; A.W.J. Holleman, (1986) 377/378; (1976) 210/218; Th. Piel, (2002) 23/35.

[493] No había templos ni estatuas en la Roma del VII. Desde la centuria anterior, los únicos vestigios materiales de cultos fueron aras y restos de construcciones de cultos helénicos o fenicios, que jalonaban los caminos que conducían a Roma, levantados por los comerciantes que frecuentaban la ciudad. Algunas de ellos persistieron luego "romanizadas". Así, hubo varios santuarios de Afrodita, luego “romanizados” para Fortuna o la diosa Marica, en Roma misma, en el *portus tiberinus*, en las bocas del río Liris, en Antium, Satricum, Ardea o Lavinium. Las creencias religiosas de los romanos de ese tiempo eran de las que calificamos como animistas, "con ritos pobres y sin un Capitolio que se elevara al cielo, sino con altares provisionales a ras del suelo y vasos samios y un perfume tenue, y la presencia de un dios en ningún lugar. Porque todavía entonces el ingenio de griegos y etruscos no había inundado la ciudad de estatuas que los representaran", en las críticas y lúcidas palabras de Tert. *apol.* xxv.12/13, Teofrasto, *hist. plant.* V.8.3; Str. V.3.2; 7; M. Torelli, (1994) 49/50.

que había alrededor de las colinas donde se asentaban los pobladores no les pertenecían, sino que eran parte de los *agri* de villas próximas como Collatia, Antemnae, Fidenae, Labicum, a no más de 30 estadios – 5,3 kms. – de Roma[494].

Es probable por tanto que, junto al ganado los metales fueran patrones de intercambio reconocidos, si bien desconocemos el formato y peso de las piezas que se utilizaban en los tiempos anteriores al 320, la datación más alta de las piezas que conservamos. Desde finales del siglo IV se utilizaban lingotes que los especialistas nombraron como *aes signatum* y sólo poco antes de la Primera Guerra Púnica, entre el 289/270, en discos llamados *aes grave*, con un peso standard de una libra, 324 grs., que bajó a los 270 gramos desde la Primera Guerra Púnica. A mediados del siglo V la tradición habla de ganado, ovejas y bueyes, como bienes con los que se satisfacían las multas, lo que no fue óbice para que la tradición hablara de pagos de multas en *asses* dentro de las Doce Tablas, que son insertadas por Livio veinte años antes de que la *lex Iulia Papiria*, año 430 a.C., estableciera el valor en dinero de bueyes y ovejas, respecto del pago de las multas[495].

[494] Dionisio i.79.12.

[495] M. H. Crawford, (1974); J. Poucet, (2000) 297/298; P. Thomsen, (1978) 9/30. Justo tres años antes de las Tablas, la *lex Aeternia* fijó la multa del juramento procesal, que se pagaba en ganado. Pese a ello, Livio iii.31.5/6 habla de multas de 10 y 15.000 *asses*, impuestas a T. Romilio y T. Veturio Gémino. En 434, los censores Lucio Papirio y Publio Pinario expropiaron mucho ganado en aplicación de la ley a muchos particulares, por lo que decidieron rebajar la estimación de las reses, algo que tomó cuerpo como *lex Iulia Papiria* en el 430. El buey se estimo en 100 *asses* y la oveja en diez. Dionisio x.48.1. Había una multa llamada suprema, que consistía en dos bueyes y treinta ovejas, pero una escasez de ovejas cambió las valores y se pasó a pagar treinta bueyes y dos ovejas, Gayo iii.223; iv.14; Cic. *rep.* ii.35.60; Gell. xi.1/3; xvi. 10.8; xx.1.12; Plin. *NH* xvii.1.17; G.S. Bucher, (1995) 13; F.W.Walbank, (2002) 176.

VII
BIBLIOGRAFIA

ACCARDI/PASQUALINI, (1938) s.v. Fictio, *Nuovo Digesto italiano,* V, Torino.

ACHARD, G., (2002) Tite/Live et les grecs, *Hommages à Carl Deroux*, II, Bruxelles 2002, 3/11.

ADAMSON HOEBEL, E., (1967) The Political Organization and Law/ways of the Comanche Indians, *Law and Warfare*, P. Bohannan, ed., Garden City, N.Y., [1940], 183/204.

ADAMSON HOEBEL, E., (1941) Law ways of the Primitive Eskimos, *Journal of Criminal Law and Criminology*, 13, 663/ 683.

ADAMSON HOEBEL, E., (1985) *Antropología y experiencia humana,* [New York 1948] Barcelona.

ADAMSON HOEBEL, E., (1954) *The Law of Primitive Man: a Study in Comparite Legal Dynamics,* Cambridge Mass.

ADCOCK, F. E., (1927) Literary tradition and early Greek Codemakers, *Cambridge Historical Journal* 2, 95/109.

ADDABBO, A.M., (1991) "Carmen magico" e "carmen religioso", *Civiltà classica e cristiana,* 12, 11/27.

ALBANESE, B., (1980) Una congettura sul significato di iniuria in XII tab. 8.4, *Iura,* 31, 21/36.

ALBANESE, B., (1992) Cum nexum faciet mancipiumque, *Ann. Sem. giur. Univ. Palermo*, 42, 50/70.

ALBANESE, B., (1992b) La menzione del meridies in XII Tab. 1, 6/ 9, *Ann. Sem. giur. Univ. Palermo,* 42, 95/113.

ALBANESE, B., (1995) Sulle cause di diffissio diei in XII Tab. 2, 2, *Ann. Sem. giur. Univ. Palermo*, 43, 176/198.

ALBANESE, B., (1995b) Sull'Introduzione di Gaio al suo commento delle XII Tavole, (D.i.2.1), Ann. Sem. giur. Univ. Palermo, 43, 7/30.

ALBANESE, B., (1995c) Suprema e sol occasus in XII Tab. 1, 9 e nella lex Plaetoria de praetore urbano, *Ann. Sem. giur. Univ. Palermo*, 43, 103/122.

ALBANESE, B., (1995d) Le XII Tavole e il calendario, *Ann. Sem. giur. Univ. Palermo*, 43, 136/152.

ALBANESE, B.,(1998) Osservazioni su XII Tab. 1. 4: il vindex per adsidui e proletarii, *Index* 26, 15/40.

ALFÖLDY, A., (1965) *Early Rome and the Latins,* Ann Arbor.

ALLAM, S., (1978) Le Droit Egyptien Ancien, *ZÄS* 105, 1/6.

ALLAM, S., (1984) La problematique del 40 rouleuax de lois, *Festchrift Westendorf,* Göttingen, 447/452.

AMELOTTI, M. (2002) Leggi greche in diritto romano, *Minima Epigraphica et Papyrologica* 6, 11/24.

AMIRA, K. VON, & ECKHARDT, K.A., (1960 y 1967) *Germanische Recht*, 2 vols., Berlin, vol. 1, 82/88; 98/107; 110/119.

AMIRANTE, L. (1983) Sulla provocatio ad populum fino al 300. *Iura,* 34, 1983, 1/27,

AMIRANTE, L., (1986) A proposito della "*provocatio ad populum*" fino al 300, *Iura* 37, 88/89.

AMIRANTE, L., (1991) *Una storia giuridica di Roma*, Napoli.

AMIRANTE, L., (1990) Per una palingenesi delle XII tavole, *Index* 18, 391/401.

AMPOLO, C. *et alii*, (1980) La formazione de la cittá nel Lazio, *DdA*, n.s.2, 15/31.

AMPOLO, C., (1970/1971) Su alcuni mutamenti sociali nel Lazio tra VII e il V secolo a.C., *DA* 4/5, 37/68.

AMUNDSEN, L., (1947) Notes to the Preface of Livy, *Symbolae Osloenses* XXV, 31/35.

ANDERSEN, O., (1989) The Significance of Writing in Early Greece. A Critical Appraisal, K. Schousboe & M.T. Larsen, eds., *Literacy & Society*, 73/90.

ANDO, C., (2005) "Interpretatio Romana", *CPh* 100.1, 41/51.

ANDRE, J., (1976) Les Etymologies d'*adsiduus* et la critique textuelle, *RPh* 50, 22/23.

ANDREEV, M. N., (1955) La propriété immobilière à Rome jusqu'à la loi des Douze Tables, *Vestnik Drejnev Istorii*, 51.1, 142/146.

ANDREWES, A. (1974) The survival of Solon'saxones, Bradeen, D.W. & MacGregor, M. F. (eds) (1974) *Phoros. Tribute to B. D. Meritt,* New York 21/28.

ANKERSMIT, F., (1989) The use of Language in the Writing History,

ANKUM, H., (1990) Papiniano, ¿un jurista oscuro?, *Seminarios complutenses de Derecho Romano*, I, Madrid, 33/64.

ANTHES, R., (1952) *Die Maat des Echnaton von Amarna*, Baltimore.

APPLETON, CH., (1924) Trois episodes de l'histoire ancienne de Rome: les sabines, Lucrece, Virginie, *RHD* 4e ser. 3, 193/271; 592/670.

ARANGIO RUIZ, V., (1957) *Storia del Diritto Romano*, Napoli.

ARANGIO RUIZ, V., (1980) *Historia del Derecho Romano*, Madrid.

ARCHI, G.G., (1959) Il concetto della proprietà nei diritti del mondo antico, *RIDA* 6, 229/249.

ARCHI, G.G., (1976) *Teodosio II e la sua codificazione*, Napoli.

ARENS, P. & LÜKE, W., (1999) *Zivilprozeßrecht: Erkenntnisverfahren, Zwangvollstreckung*, 7th, Munich.

ARGÜELLO, L.R., (1993) *Manual de Derecho Romano*, Buenos Aires,

ARIAS RAMOS, J., (1968) *Derecho Público romano e historia de las fuentes,* 8ª ed., Valladolid.

ARIAS RAMOS, J. /ARIAS BONET, J.A., (1986) *Derecho Romano*, Madrid 18ª ed.

ARIAS BONET, J. A., (1956) Prueba testifical e *obvagulatio* en el antiguo derecho romano, *Studi in onore di P. de Francisci*, vol. I, Milano, 283/301.

ARONSON, E., (2000) *El animal social,* [New York 1972], Madrid.

ASHERI, D. (1969) *Leggi greche sul problema dei debiti*. Pisa.

ASSMANN, J., (1999) *Maat, l'Egypte Pharaonique et l'idée de justice sociale,* Paris.

ATKINSON, K.M.T., (1939) Athenian legislative procedure and revision of laws, *Bulletin of the John Rylands Library* (Manchester) 23.1, 107/150.

AUBENQUE, P., (1980) La loi chez Aristote, *APhD* 26, 147/157.

AUERBACH, J.S., (1983) *Justice without Law*, New York/Oxford.

BACHELET, M., (1968) *Systèmes fonciers et réformes agraires en Afrique Noire*, Paris.

BAINES, J., (1983) Literacy and Ancient Egyptian Society, *Man* 18, 572/597.

BALOGH, E., (1948) Cicero and the Greek Law, *Scritti Ferrini* 3, 1/27.

BARON, R.A. & BYRNE, D., (2005) *Psicología Social*, Madrid 2005.

BARTON, R.F., (1969) *Ifugao Law,* University of California Publications in American Archaeology and Ethnology, 15, [1919] Berkeley.

BASTID/BRUGUIÉRE, M., (1998) L´esprit de la codification chinoise, *Droits*, 27, *la codification/*3, 129/147.

BATEMAN, J. M. (1958) Lysias and the law, *TAPhA* 89, 276/285.

BAUMAN, R. A. (1973) The Lex Valeria de Provocatione of 300 B.C. *Historia*, 22, 34/47.

BAUMAN, R., (1985) *Lawyers in Roman Republican Politics: A Study of the Roman Jurists in Their Political Setting, 316/82 BC.* Münchener Beiträge zur Papyrusforschungen und Antike Rechtsgeschichte 75. Munich.

BAUMAN, R.A., (1993) The Rape of Lucretia, quod metus causa and the Criminal Law, *Latomus*, 52, 550/566.

BAUMAN, R.A., (2003) The XII Tables Tradition: Hellenism and Chauvinism in Collision, *Hommages à Carl Deroux*, Pol Defosse, ed., vol. III, Bruxelles, 449/459.

BAVIERA, G., (1925) Contributo critico alla storia della lex XII tabularum, *Studi in Onore di Silvio Perozzi,* Palermo, 1/51.

BEARD, M. y otros, (1998) *Religions of Rome,* 2 vols. Cambridge.

BEATTIE, J., (1986) *Otras Culturas*, Mexico.

BELOCH, J. (1926) *Römische Geschichte bis zum Beginn der punischen Kriege,* Berlin/Leipzig.

BERANGER, A., (1972) Les jugements de Cicéron sur les Gracques, *ANRW* I.1, 1972, 732/763.

BERCHEM, D. VA, (1966) Rome et le monde grec au Vie siécle avant nôtre ére, Mélanges A. Piganiol, R. Chevalier, ed., Paris, 739/748.

BERGER, A., (1932) art. Tabulae Duodecim, *RE,* IVA, 1, 1900/1949.

BERGH, G.C.J.J. VAN DEN, (1995) The Concept of Folk Law in Historical Context: a Brief Outline, *Folk Law. Essays in the Theory and Practice of Lex non Scripta,* A.D. Renteln & A. Dundes, eds., Wisconsin University Press, 5/32.

BERNABÉ, A., /ALVAREZ PEDROSA, J.A., (2000) *Historia y Leyes de los Hititas. Textos del Imperio Antiguo*, Madrid.

BERTHIAU, D., (2004) *Histoire du droit et des institutions*, Paris.

BERTRAND, J./M/. (2000) La fiction en droit grec. La loi sur l'homicide dans une inscription de Locride, *RHDFE* 78, 219/231.

BESELER, G., (1925) Aequitas, *ZRG, röm./abteil.* 45, 453/455.
BETANCOURT, F., (1995) *Derecho Romano Clásico*, Sevilla.

BETTINI, M., (1978) Storiografia di senatori e storiografia di letterati, *Aspetti del pensiero storico latino,* Torino 1978, 43/104.

BETTINI, M., (1986) *Antropologia e cultura romana*, Roma.

BIANCHI, E., (1997) *Fictio iuris. Ricerche sulla finzione in diritto romano dal periodo arcaico all'epoca Augustea*. Padova.

BICKEL, E., (1931) Die lex regia vom Blitztod, Beiträge zur römischen Religionceschichte, III, *RhM*, 80, 279/298.

BILE, M., (1993) Une relecture des Lois de Gortyne d'apres M. Mauss et Cl. Lévi/Strauss, *Actas del II Coloquio Interbacional de Dialectología Griega*, Madrid, 23/28.

BILLOWS, R., (1989) Legal fiction and political reform at Rome in the early second century B.C. *Phoenix,* 43, 112/133.

BINDER, J., (1965) *Die Plebs. Studien zur römischen Rechtsgeschichte,* [Leipzig 1909] Roma.

BISHOP, J., (1868) *The First Book of the Law*, Boston.

BIONDI, B., (1965) Lex e ius, *RIDA* 12, 169/202.

BIRKS, P. B. H., (1969) The early history of *iniuria. RHD* 37, 163/208.

BIRKS, P. B. H. / McLeod, G., (1987) *Justinian's Institutes*, Cornell University Press.

BISCARDI, A. (1970) La "*gnome dikaiotate*" et l'interpretation des lois dans la Grece ancienne, *RIDA* 17, 219/232.

BLACKMAN, A.M., (1925) Oracles in Ancient Egypt, *JEA* 11, 176/185; 249/255.

BLATT, F., (1942) Written and Unwritten Law in Ancient Rome, *C & M*, 1942, 137/158.

BLOCH, R., (1968) Reflexions sur le plus ancien droit romain, *Studi in onore di G. Grosso*, I, Torino, 231/248.

BLOCH, R., (1971) *Origines de Rome,* Paris.

BOAS, F., (1888) The Central Eskimo, *Bureau of American Ethnology,* Annual Report, 6, Washington, 399/669.

BOCK, PH. K., (1977) *Introducción a la moderna Antropología Cultural,* [1969] Madrid.

BODEL, J., (2001) *Epigraphic Evidence: Ancient History from Inscriptions*, London.

BOECKER, H.J., (1980) *Law and the Administration of Justice in the Old Testament and Ancient East*, Minneapolis.

BOITTIGLIERI, A., (1977) Il "caso" di Appio Erdonio, *AAN* 88, 7/20.

BONNER, R.J. (1911) Administration of justice in the age of Homer, *CPh* 6, 12/36.

BONNER, R.J., (1912) Administration of justice in the age of Hesiod," *CPh* 7, 17/23.

BONNER, R.J., (1968) *The Administration of Justice from Homer to Aristotle*, [Chicago 1938] New York.

BORING, T.A., (1979) *Literacy in Ancient Sparta*, Leiden.

BOSCHERINI, S. (1988) La lingua della legge delle xii tavole, *Societa e diritto nell'epoca decemvirale.* Atti del convegno di diritto romano, Copanello 3/7 giugno 1984. Napoli, 45/54.

BOTSFORD, G.W. & SIHLER, E.G., eds., (1965) The Laws of Gortyn, in *Hellenic Civilization*

BOTTÉRO, J., (1961) Désordre économique et annullation des dettes en Mésopotamie à l'époque páleobabylonienne, *JESHO* 4, 113/164.

BOTTÉRO, J., (1982) Le "Code" de Hammurabi, *Annali della Scuola Normale Superiore de Pisa*, 12, 416/426.

BOTTOMORE, T.B., (1973) *Introducción a la sociología*, [London 1962] Barcelona.

BOVE, L., (1971) *La consuetudine in diritto romano*, Napoli.

BOWMAN, A.K. Y WOOLF, G., eds., (1994) *Cultura escrita y poder en el Mundo Antiguo,* [Cambridge University Press 1994] Barcelona.

BOYANCE, P., (1940) Sur Ciceron et l'histoire (Brutus 41/43), *REA* 388/392.

BOYER, G., (1965) De la fiction dans l'ancien droit oriental, *Mélanges,* Dauvillier, J., & Nougayrol, J., eds. Tolouse.

BOZZA, F., (1939) *La possessio dell'ager publicus*, Milano.

BREASTED, J.H., (1925) *A History of Egypt from the Earliest Times to the Persian Conquest*, London, 2ª ed.

BREASTED, J.H., (1935) *Ancient Records of Egypt*, vol. 2, Chicago.

BREMMER, J., (1982) The suodales of Poplios valesios, *ZP* 47, 133/147.

BRETONE, M., (1963) Ius Papirianum, *NssDI*, IX, 386ss.

BRETONE, M., (1971) *Tecniche e Ideologie dei Giuristi Romani.* Napoli.

BRETONE, M., (1989) Le XII Tavole e il senso della tradizione, *Roma tra oligarchia el democrazia. Classi sociali e formazione del diritto in epoca medio/repubblicana*, Napoli.

BRETONE, M., (1993) Il testo giuridico, *Spazio letterario di Roma Antica*, I, G. Cavallo, P. Felici, A. Giardina, eds., Roma, 433/467.

BRETONE, M., (1995) Sesto Elio e le dodici tavole, *Labeo* 41, 70/82.

BRIANT, P., (1996) *Histoire e l'Empire perse de Cyrus à Alexandre*, Paris.

BRINGMANN, K., (1975) Die grosse Rhetra und die Entstehung des spartanischen Kosmos, *Historia* 24, 513/538.

BRINGMANN, K., (1986) Das "Licinisch/Sextische" Ackergesetz und die gracchische Agrarreform, *Symposion fur Alfred Heuss.* Kallmünz, 51/66.

BRINK, H., VAN DEN, (1970) Ius fasque, *Labeo* 16, 140/176.

BRINK, H., VAN DEN, (1968) *Ius fasque. Opmerkingen over de dualiteit van het archaischromeins recht,* Amsterdam.

BRIQUEL, D., (1988) La tradition sur l'origine de l'ecriture en Italie, *RPh* 62, 251/271.

BRIQUEL, D., (1990) Le témoignage de Claude sur Mastarna/ Servius Tullius, *RBPh* 68, 86/108.

BRISSOT DE WARVILLE, J.P., (1780) *Recherches philosophiques sur le droit de propriété considéré dans la nature, pour servir de premier chapitre à la "Théorie des lois" de M. Linguet,* s.éd. n.I, Paris.

BRUNS, C.G., (1909) *Fontes iuris Romani Antiqui*, Tübingen.

BRUNT, P.A., (1971) *Italian Manpower, 225 B.C. – 14 A.D.*, Oxford.

BRUNT, P.A., (1979) Cicero and the Historiography, Filias Xarin. *Miscellanea di Studi Classici in Onore di Eugenio Manni*, vol. 1, Roma 311/340.

BUCK, A. DE, (1937) The Judicial Papyrus of Turin, *JEA,* 23, 152/164.

BUCHER, G.S., (1995) The *annales maximi* in the Light of Roman Methods of keeping Records, *AJAH* XII, [1987], 2/61.

BUCKLAND, W.W., (1939) Ritual Acts and Words in Roman Law, *Festschrift Paul Koschaker,* Weimar Böhlau, 16/26.

BUJUKLIC, Z., (1998) Leges regiae: pro et contra, *RIDA* 45, 89/142.

BURDESE, A., (1966) Riflessioni sulla repressione penale romana in etá arcaica, *BIDR* 69, 342/358.

BURDESE, A., (1985) Le vicende delle forme di appartenenza e sfruttamento della terra nelle loro implicazioni politiche tra IV e II secolo a. C. *BIDR* 88, 39/72.

BÜRGE, A., (1974) *Die Juristenkomik in Ciceros Rede "pro Murena". Übersetzung und Kommentar,* Zurich.

BURNS, A., (1981) Athenian Literacy in the fifth Century B.C., *JHI* 42, 371/387.

CALERO SECALL, I., (1997) *Leyes de Gortina*, Madrid.

CALZADA GONZÁLEZ, A. & CAMACHO DE LOS ríoS, F., coords., (2005) *El Derecho penal: de Roma al Derecho actual. VII Congreso Internacional y X Iberoamericano de Derecho romano*, Madrid, 429/440.

CAMASSA, G., (1986) Il "pastorato" di Zaleuco" *Athenaeum* 64, 139/146.

CAMASSA, G., (1987) La codificazione delle leggi e le istituzioni politiche delle città greche della Calabria in età arcaica e classica" in Settis, S. (ed) *Storia della Calabria. I La Calabria antica* I, Roma/Reggio. 619/56.

CAMASSA, G., (1992) Aux origines de la codification écrite des lois en Grèce, *Les savoirs de l'ecriture,* M. Detienne, dir., Lille, 130/155.

CANCELLI, F., (1959) *Leggenda e storia della Dodici Tavole*, Rome.

CANCELLI, F., (1996) *La giurisprudenza unica del pontefici e Cneo Flavio. Tra fantasie e favole romane e romanistiche*, Roma.

CANFORA, L., (1989) Lire à Athènes et à Rome, *Annales* 44.4, 925/938.

CANNATA, C.A., (1987) Tertiis nundinis partis secanto, *Studi in onore di Arnaldo Biscardi*. Milano.

CANTARELLA, E., (1979) *Norma e sanzione in Omero. Contributi alla protostoria del diritto greco,* Milano.

CANTARELLA, E., (1984) A proposito di diritto e prediritto, *Studi storici* 25, 75/81.

CANTARELLA, E., (1987) Tra diritto e prediritto: un problema aperto" *DHA* 13, 149/81.

CANTARELLA, E., (1996) *Los suplicios capitales en Grecia y Roma,* Madrid.

CAPANELLI, D., (1981) Appunti sulla rogatio agraria di Spurio Cassio, *Legge e società nella repubblica romana,* vol. I, 3/50.

CAPOGROSSI COLOGNESI, L., (1980) Alcuni problemi di storia romana arcaica. Ager publicus, gentes e clienti, *BIDR*, 83, 1980, 29/65.

CARAFA, P., (1997) La cronologia dei constesti. L'etá orientalizzante e arcaica, *La nascitá di Roma. Dei, lari, eroi e uomini all'alba di una civiltá,* Torino, 599/600.

CARANDINI, A., (1997) Il "chiefdom" e i re divini del Lazio, *La nascitá di Roma. Dei, lari, eroi e uomini all'alba di una civiltá,* Torino, 602/606.

CARBONNIER, J,., (1955) Nocturne, *Droits de l'antiquité et sociologie juridique. Mélanges Lévy/Bruhl.* Paris, 345/350.

CARCOPINO, J., (1937) Les prétendues lois royales, *MEFRA* 54, 344/376.

CARDASCIA, G., (1969) *Les lois assyriennes*, Paris.

CARDONA, F.L., pról. y trad., (2003) Montesquieu, *El espíritu de las Leyes*, [Genéve 1748] Barcelona.

CARDOZO, B.N., (1924) *The Growth of the Law*, New Haven, Conn.

CAREY, C., (1994) Legal Space in Classical Athens, *Greece & Rome* 41, 1/15.

CARMICHAEL, C., (2001) The Divine in the Law, *Law & Religion*, Current Legal Issues, volume 4, R. O'Dair & A. Lewis, eds., Oxford, 27/44.

CARMICHAEL, C., (2000) The Ten Commandments – in what sense, religious?, R. Ahdar, ed., *Law & Religion*, Burlington, 17/28.

CARTLEDGE, P. et al. eds., (1990) *Nomos: Essays in Athenian Law, Politics and Society,* Cambridge.

CASON, F. D. (1985) La tradizione annalistica sulle più antiche leggi agrarie. Riflessioni e proposte, *Athenaeum*, 63, 174/184.

CÀSSOLA, F., (1982) Diodoro e la storia romana, *ANRW* II.30.1, Berlin/New York, 724/773.

CASTAGNOLI, F., (1973/1974) Topografia romana e tradizione storiografica su Roma arcaica, *Archivio Classico* 25/26, 123/131.

CASTELLO, C. (1990) Sulla legislazione attribuita a Caronda nel secondo Mimiambo di Eroda, *Symposion. Vorträge zur Griechischen und Hellenistischen Rechtsgeschichte,* [Siena/Pisa, 1988], Köln, 361/368.

CASTRO, A., (1999) Sulla "fictio iuris", *Labeo* 45.3, 486/491.

CASTRO, A., (1998) *La herencia yacente en relación con la personalidad jurídica*, Sevilla.

CAVAIGNAC, E., (1934) Les invasions gauloises et l'Italie centrale, *RC* 51, 112/115.

CAVALLO, G., et elii, dir., (1993) La produzzione del testo, *Lo spazio letterario di Roma Antica,* I, Roma.

CELS/ SAINT/HILAIRE, J. & FEUVRIER/PRÉVOTAT, C., (1979) Guerres, échanges, pouvoir à Rome à l'époque archaïque, *DHA* 5, 103/144.

CÊRNY, J., (1962) Egyptian Oracles, R. Parker, ed, *A Saite Oracle Papyrus from Thebes*, Providence 35/48.

CHANOCK, M., (1985) *Law, Custom and Social Order: the Colonial Experience of Malawi,* New York & Cambridge.

CHANTEUR, J. (1980) La loi chez Platon, *APhD* 26, 137/146.

CHURCHIN, L.A., (1983) The lex Cincia and lawyers' fees under the Republic, *EMC* 27, 38/45.

CHURRUCA, J. de, 1994) *Introducción histórica al Derecho Romano,* Bilbao,

CIULEI, G., (1944) Die XII Tafeln und die römische Gesandtschaft nach Griecheland, *ZSS* 64, 350/354.

CIULEI, G., (1972) *L'equité chez Cicéron,* Amsterdam.

CLANCHY, M.T. (1979) *Memory to Written Records*: *England 1066/1307*, London.

CLINTON, K. (1982) The nature of the late fifth/century revision of the Athenian law code, *Studies in Attic Epigraphy, History and Topography presented to Eugene Vanderpool,* Princeton, 27/37.

COCKS, R., (1988) *Sir Henry Maine: a Study in Victorian Jurisprudence*, Cambridge.

COHEN, D., (1989) Greek Law/Problem and Methods, *ZSS* 106, 81/105.

COLDEN C., (1922) *The History of the Five Indian Nations of Canada,* 2 vols., New York.

COLEMAN, H., ed., *Working with Language. A Multidisciplinary Consideration of Language Use in Work Texts*, Berlin/New York, 57/82.

COLEMAN/NORTON, P.R., (1950/1951) Cicero's Contribution to the Texts of the Twelve Tables, *CJ* 46, 51/60; 127/134.

COLLINGWOOD, R.G., (1986) *Idea de la historia*, [Oxford 1946] Mexico.

COMERCI, G., (1977) *Carmen, occentatio*, ed altre voci magico/diffamatorie dalle XII tavole a Cicerone. *BSL* 7, 287/306.

COMPERNOLLE, R. VAN (1981) La legislation aristocratique de Locres Epizephyrienne, dite legislation de Zaleukos, *AC* 50, 759/769.

CONLEY, J.M. & O'BARR, W.M., (2003) Back to the Trobriands: the Enduring Influence of Malinowski's "Crime and Custom in Savage Society", *Law and Social Inquiry* 27, 847/874.

COOK, S. A., (1903) *The laws of Moses and the Code of Hammurabi*, London.

COPE, E.M., (1970) *An Introduction to Aristotle's Rhetoric,* [London 1867] Hildesheim, 239/244.

CORBIER, M., (1987), L'ecriture dans l'espace public romain. *L'Urbs. Éspace urbaine et histoire (Ier siécle ávant J./C. / IIIe siécle aprés J.C.),* Rome, 27/60.

CORBINO, A.,(1988) XII Tab. 2. 2. e la presenza del magistrato nel processo privato romano dell'epoca decemvirale, *Mélanges J. Iglesias, Estudios en homenaje al profesor Juan Iglesias,* Madrid, 1179/1186.

CORDANO, F. (1982) Leggi e legislatori calcidesi, *Miscellanea greca e romana* 6, 89/98.

CORNELL, T.J., (1988) La guerra e lo stato in Roma arcaica (VII/V sec.), *Alle Origini di Roma,* Atti del Colloquio a Pisa il 18 e 19 settembre 1987, a cura di Enrico Campanile, Pisa, 89/97.

CORNELL, T.J., (2005) The Value of the Literary Tradition concerning Archaic Rome, *Social Struggles in Archaic Rome. New Perspectives on the Conflict of the Orders,* ed. By Kurt A. Raaflaub, (1986) Oxford, 47/74.

CORNELL, T.J., (2001) Cicero`s on the Origin of Rome, *Cicero`s Republic,* J.G.F. Powell &J.A. North, London, 51/52.

CORNELL, T.J., (1991) The tyranny of the evidence: a discussion of the possible uses of literacy in Etruria and Latium in the archaic age, J.H. Humphrey (ed.). *Literacy in the Roman World,* Journal of Roman Archaeology Supplementary Series, no. 3, 7/33.

COSTA, E., (1927/1928) *Cicerone giureconsulto*, 2 vols., Bolonia.

CORSANO, M., (1988) *Themis. La norma e l'oracolo nella Grecia antica*, Lecce.

CRAIK, E.M., (1993) Unwritten laws, *LMC* 18, 123/125.

CRAWFORD, M.H., (1974) *Roman Republican Coinage*, 2 vols., Cambridge.

CRAWFORD M.H.,(1988) 'The laws of the Romans: knowledge and diffusion', in *Estudios sobre la Tabula siarensis*, J. González y J. Arce, eds., Madrid, 127/140.

CRAWFORD, M.H., (1996) *Roman Statutes*, 2 vols., London.

CROOK, J.A., (1967) *Law and Life of Rome*, London.

CROOK, J.A., (1995) *Legal Advocacy in the Roman World*, Cornell University Press.

CULHAM, P., (1989) Archives and Alternatives in Republican Rome, *CPh* 84, 100/115.

DAIN, A., (1964) *Les manuscripts*, Paris.

DALBY, A., (1995) The Iliad, the Odissey and their Audience, *CQ* 45, 269/279.

DALZELL, A., (1955) C. Asinius Pollio and the Early History of Public Recitations at Rome, *Hermathema* 86, 1955, 20/28.

DAREMBERG, CH. /SAGLIO, ED., (1969) *Dictionnaire des Antiquités grecques et romaines*, vol. V, [Paris 1919] Graz 3/5.

DAUBE, D., (1939/1941) Nocere and noxa, *Cambridge Law Journal*, 7, 23/55.

DAUBE, D., (1947) *Studies in Biblical Law*, Cambridge University Press.

DAUBE, D., (1981) *Ancient Jewish Law. Three Inaugural Lectures,* Leiden.

DAVIES, J.K., (1996) Deconstructing Gortyn: When is a Code a Code?", L. Foxhall & A.D.E. Lewis, *Law in its Political Setting. Justification not Justice*, Oxford [1985], 33/56.

DAVIES, J. K., (2005) *The Gortyn Laws*, M. Gagarin & D. Cohen, eds., Cambridge University Press, 305/327.

DEKKERS, R., (1935) *La fiction juridique: étude de droit romain et de droit comparé,* Paris.

DELSALLE, P., (2000) *Une histoire de l'archivistique*, Québec.

DELZ, J., (1966) Der griechische Einfluss auf die Zwölftafelngesetzgebung. *Museum Helveticum* 23, 69/83.

DETIENNE, M. (ed.) (1992) *Les savoirs de l'écriture en Grèce ancienne*, Lille.

DEVOTO, G., (1972) Storia politica e storia lingüística, *ANRW* I.2, 457/461.

DIAMOND, A.S., (1957) An Eye for an Eye, *Iraq* 19, 151/155.

DIAMOND, A.L., (1971) *Primitive Law, Past and Present*, London.

DÍAZ TEJERA, A., (1975) Análisis del libro vi de las Historias de Polibio respecto a la concepción cíclica de las constituciones, *Habis* 6, 23/34.

DIELS, H., & KRANZ, W., (1951/1952) *Die fragmente der vorsokratiker,* I/III, Dublin/Zurich.

DILIBERTO, O., (1992) *Materiali per la palingenesi delle XII Tavole*, I, Cagliari.

D'IPPOLITO, F., (1975) La legge agraria di Spurio Cassio. *Labeo* 21, 1975, 197/210.

D'IPPOLITO, F., (1985) Das ius Flavianum und die lex Ogulnia, *Zeitschrift der Savigny/Stiftung für Rechtsgeschichte,* römanistische Abteilung, 102, 91/128.

D'IPPOLITO, F., (1986) *Giuristi e sapienti in Roma arcaica*. Rome /Bari.

D'IPPÓLITO, F., (1992) Il commento gaiano, *Index* 20, 279/289.

D'IPPOLITO, F. de, (1993) *Questioni decemvirali*, Napoli.

DOMINGO, R., ed., (2004) *Juristas universales,* Madrid/Barcelona, 4 vols., vol. 1, Juristas antiguos.

D'ORS, A., (1977) *Derecho Privado Romano,* Pamplona.

D'ORS PÉREZ PEIX, A., (1978) Sobre hechizo de cosechas en las Doce tablas, *Homenaje a Julio Caro Baroja,* Madrid, 815/825.

DOW, S., (1959) The lawcodes of Athens, *Proceedings of the Massachusetts Historical Society* 1, 3/36.

DOW, S., (1963) The Athenian anagrapheis, *HSCP* 67, 37/54.

DRIVER, G.R. & MILES, J.C., (1935) *The Assyrian Laws*, Oxford.

DRIVER, G.R. & MILES, J.C., (1940) Ordeal by Oath at Nuzi, *Iraq* 7, 132/138.

DRIVER, G.R. & MILES, J.C., (1952/1955) *The Babylonian Laws,* 2 vols., Oxford.

DRUMMOND, A., (1989) *Early Roman clientes, Patronage in Ancient Society*. Ed. by A.Wallace/Hadrill, London, New York, 1989, 89/115.

DRUMMOND, A., (1994) Rome in the Fifth Century I: the Social and Economic Framework, The Rise of Rome to 220 B.C., *The Cambridge Ancient History*, VII.2, 171/242.

DRUMMOND, A., (1994b) Rome in the Fifth Century II: the Citizen Community, *The Cambrigde Ancient History* VII.2, 113/171; 172/242.

DUCOS, M., (1978) *L'influence grecque sur la Loi des Douze Tables*, Paris.

DUCOS, M., (1984) *Les romains et la loi: recherches sur les rapports de la philosophie grecque et la tradition romaine à la fin de la Republique*, Paris.

DUMEZIL, G., (1974) *La religion romaine archaïque*, Paris.

DUMEZIL, G., (1977) *Mito y epopeya*, Barcelona.

DUXBURY, N., (1989) Foundations of Legal Tradition: The Case of Ancient Greece, *Legal Studies* 9, 241/260.

DYCK, A.R., (2004) *A Commentary on Cicero, de legibus,* Michigan University Press.

EDER, W., (2005) The Political Significance of the Codification of Law in Archaic Societies: an Unconventional Hyphotesis, *Social Struggles in Archaic Rome. New Perspectives on the Conflict of the Orders,* Kurt A. Raaflaub, ed., [Berkeley 1986] Oxford, 262/300.

EFFENTERRE, H. VAN, (1985) Droit et predroit en Grece depuis le dechiffrement du Lineaire B", *Proceedings of the 7th International Symposium at the Swedish Institute at Athens,* 1985, 3/7.

EFFENTERRE, H. VAN, & FRUZÉ, F., (1994) *Nomisma. Recueil d'inscriptions politiques et juridiques de l'archaïsme grec*, I, Rome.

EICHLER, B.L., (1987) Literary Structure in the Laws of Eshnunna, *Language, Literature and History. Philological and Historical Studies presented to Erica Reiner*, 71/84.

ELLICKSON, R.C. & THORLAND, CH.D., (1995) Ancient Land Law: Mesopotamia, Egypt, Israel, *Chicago/Kent Law Review* 71, 321/411.

ELLUL, J., (1970), *Historia de las Instituciones en la Antigüedad,* Madrid.

ELLUL, J., (1974) Loi et sacré, droit et divin. Da la loi sacrée au droit divin, *La sacré. Etudes et Recherches*, a cura E. Castelli, Paris.

EMBER, C.R. & Y EMBER, M., (1997) *Antropología Cultural*, Madrid.

EPSTEIN, A.L., ed., (1974) *Contention and Dispute: Aspects of Law and Social Control in Melanesia,* Australian National University Press, Canberra.

EVANS PRITCHARD, E.E., (1961) *Anthropology and History*, Manchester.

EVANS/PRITCHARD, E.E., (1977) *Los Nuer*, [Oxford 1940] Barcelona.

FABIA, PH., (1929) *La Table Claudienne de Lyon*, Lyon.

FALLERS, L.A., (1969) *Law without Precedent*, Chicago.

FALK, Z.W., (1964) *Hebrew Law in Biblical Times*, Jerusalem.

FARIÑAS DULCE, M.J., (2001) La "ficcion" en la teoría juridica de Hans Kelsen, *Revista Crítica Jurídica,* 18, 105/110.

FELSTINER, W., ABEL, R,.L. & SARAT, A., (1980/1981) The Emergence and Transformation of Disputes: Naming, Blaming, Claiming, *Law and Society Review* 15, 631/654.

FENSHAM, F.C., (1962) Widow, Orphan, and the Poor in Ancient Near Eastern Legal and Wisdom Literature, *JNES* 21, 132/34.

FERENCZY, E., (1970) The career of Appius Claudius Caecus and the censorship. *AAASH* 18, 71/103.

FERENCZY, E., (1972) Vom Ursprung der decemviri stlitibus iudicandis, *ZSS* 89, 388/344.

FERENCZY, E., (1982) Uber die alte Klientel, *Oikumene* 3, 193/201.

FERENCZY, E., (1983) Romische Gesandschaft im periklischen Athen, *Oikumene* 4, 37/42.

FERENCZY, E., (1984) La legge delle XII tavole e le codificazioni greche, *Sodalitas* 4.

Scritti in Onore di Antonio Guarino, Napoli, 1984, 2001/2012.

FERNÁNDEZ, A./DIEZ, E.,(2001) Memoria y distorsión, *Psicología de la memoria*, A. Sánchez Cabacos & M.S. Beato, eds., Madrid.

FERNÁNDEZ DE BUJÁN, A., (2005) *Derecho Público Romano*, Cizur Menor,

FERNÁNDEZ DELGADO, J.A., (1994) Técnica oral, didactismo, atesoramiento doctrinal. Orígenes de la poesía épica, *Nova Tellus* 12, 75/106.

FERRARY, J.- L., (1984) L'archeologie du de *re publica* (2,2/37,63): Cicéron entre Polybe et Platon, *JRS* 74, 87/98.

FERRARY, J.- L., (1988) *Philhellénisme et Imperialisme. Aspects idéologiques de la conquête romaine du monde hellénistique,* Roma.

FILOIALIÌ, L.A., & KNOWLES, L., (1983) The Ifoga: the Samoan Practice of seeking forgiveness for Criminal Behaviour, *Oceania* 53(4), 481/486.

FINKELSTEIN, J.J., (1961) Ammisaduqa's Edict and the Babylonian Law Codes, *JCS* 15, 91/104.

FINKELSTEIN, J.J., (1968) Law in the Ancient Near East, *Encyclopedia Biblica*, vol. v, (1968), 588/614, reprinted en *Jewish Law and Decision/Making: A Study Through Time*, Aaron M. Schreiber, ed., 1979.

FINKELSTEIN, J.J., (1965) Some New *Misharum* Material and Its Implications", in *Studies in Honor of Benno Landsberger on His Seventy/Fifth Birthday*, Chicago, 233/246.

FINKELSTEIN, J.J., (1969) The Laws of Ur/Nammu, *JCS* 22, 66/82.

FINLEY, M.I., (1965) La servitude pour dettes, *RD* 43,159/184.

FINLEY, M.I., (1973) *The Ancient Economy*, Berkeley.

FINLEY, M.I., ed., (1976) *Studies in Roman Property,* Cambridge.

FINLEY, M.I., (1981) *Economy and Society in Ancient Greece*, London.

FINLEY, M.I., (1981) Land, Debt and the Man of Property in Classical Athens, *Economy and Society in Ancient Greece,* M.I. Finley, ed., London, 62/76.

FINLEY, M.I., (1982) Le document et l'histoire économique de l'Antiquité, *Annales* 37, 697/713.

FINLEY, M.I., (1985) *Studies in Land and Credit in Ancient Athens, 500/200 B.C.: The Horos Inscriptions*, Rutgers University Press, New Jersey.

FINLEY, M.I., (1995) *El mundo de Odiseo*, (New York 1954) Madrid.

FIRMAGE, E.B., WEISS, B.G. & WELCH, J.W., eds., (1990) *Religion & Law: Biblical/ Judaic and Islamic Perspectives,* Winona Lake, Ind., VII.

FISHER, N.R.E., (1992) *Hybris. A study in the values of honour and shame in ancient Greece.* Warminster.

FISHER, N.R.E., (1990) The law of *hybris* in Athens, *Nomos. Essays in Athenian Law, Politics and Society,* Cambridge, 123/145.

FITZPATRICK, P., (1980) *Law and State in Papua New Guinea*, London.

FLINTOFF, (1988) Naevius and the Roman Satire, *Latomus* 47, 593/603.

FLORY, S., (1980) Who read Herodotus's Histories ?, *AJPh* 101, 1/65.

FOLEY, J.M., (1988) *The Theory of Oral Composition. History and Methodology*, Bloomington, Ind.

FONTÁN, A., (1974) Tito Livio, historiador de Roma, *Arbor* 337, 21/36.

FONTANELLA, F., (1996) Ius pontificum, ius civile e ius naturae in de legibus ii. 45/53, *Athenaeum* 84, 254/260.

FONTANELLA, F., (1998) Introduzione al "de legibus" di Cicerone. II. *Athenaeum* 86, 1998, 179/208.

FORD, C.S., ed., (1967) *Cross/Cultural Aproacches: reading in Comparative Research,* New Haven.

FORSYTHE, G., (1999) *Livy and Eary Rome: a Study in historical Method and Judgment*, Stuttgart.

FRANCIOSI, G., (1986) Una ipotesi sull'origine della clientella, *Labeo* 32, 263/281.

FRANKLIN, J.L., (1991) Literacy and the parietal inscriptions of Pompeii, *Literacy in the Roman World,* M. Beard *et alii*, JRA 3, 77/98.

FRAZER, J.G., (1911/1915) *The Golden Bough*, London.

FRAZER, J.G., (1993) *El folklore en el Antiguo Testamento,* [London 1907/1918], reimp. Madrid.

FRAZER, J.G., (1932) *Some Superstitions of the Ancients,* Garnered Sheaves, MacMillan & co., London.
Frederiksen, (1965)

FRIER, B.W., (1979) *Libri Annales Pontificum Maximorum: the Origins of the Annalistic Tradition,* Rome.

FRIER, B.W., (1985) *The Rise of the Roman Jurists: Studies in Cicero's Pro Caecina*, Princeton.

FRIER, B. W. (1993) Why did the jurists change Roman law ? Bees and lawyers revisited, *Legal Change in Western Tradition : Omaggio a Peter Stein.* Naples, 135/149.

FRITZ, K. VON, (1950) The Reorganisation of the Roman Government in 366 B.C., *Historia* 1, 3/44.

FRITZ, K. VON, (1954) *The Theory of the Mixed Constitution in Antiquity. A Critical Analysis of Polybius'Political Ideas*, New York.

FUKS, A., (1959) Le code draconien, *Scholia* 3, 24/34.

FULLER, Lon Luvois, (1969) *The Morality of Law*, [1964] New Haven, Conn.

GABBA, E., (1966) Considerazioni sulla tradizione letteraria sulle origini della Repubblica, *Les origines de la Republique Romaine*, Entretiens Fondation Hardt XIII, Vandoeuvres/Géneve, 133/174.

GABBA, E., (1998) La Roma dei Tarquinii, *Athenaeum* 86, 235/243.

GABBA, E., (2005) Proposta per un quadro storico di Roma nel V sec. A.C., M. Humbert, (a cura di), *Le Dodici Tavole. Dai Decemviri agli Umanisti*, Pavia , 117/124.

GABRIELLI, CH., (2003), *Contributi alla storia economica di Roma repubblicana*, Como.

GAGARIN, M., (1973) Dike in the Works and Days, *CPh* 68, 81/94.

GAGARIN, M., (1974) Dike in Archaic Greek Thought" *CPh* 69, 186/197.

GAGARIN, M., (1979) The Athenian law against hubris, G. W. Bowersock, W. Burkert & M. C. J. Putnam (eds.) *Arktouros. Hellenic studies presented to B. M. W. Knox*, Berlin/NewYork, 229/236.

GAGARIN, M., (1981) *Drakon and early Athenian homicide law*, New Haven.

GAGARIN, M., (1982) The organization of the Gortyn law/code, *GRBS* 23, 129/146.

GAGARIN, M., (2005) *Early Greek Law,* Berkeley; reeditado en *The Cambridge Companion to Ancient Greek Law,* M. Gagarin & D. Cohen, [1986] Cambridge University Press, 305/327.

GAGE, J., (1970) La "plebs" et le "populus" et leurs encadrements respectifs dans la Rome de premiere moitie du Ve siecle av. J./C., *RH* 94 , 5/30.

GAGÉ, J., (1983) Questions sur la guerre de Porsenna, *In memoriam Prof. Euripides Simoes de Paula,* São Paulo, 107/120.

GAILLAND, J., (1975) Que représentent les Gracques pour Cicéron?, *BAGD* 34, 1975, 499/531.

GALLEGO, J., (2001) Poder popular y escritura de la ley en la Atenas democrática, *Anales de Historia Antigua, Medieval y Moderna* 34, 7/34.

GALLIA, A.B., (2004) The Republication of Draco's law on homicide, *CQ* 54.2, 451/460.

GAMORAN, H., (1971) The Biblical Law Against Loans on Interest, *JNES* 30, 127/134.

GANSINIEC, Z., (1957/1958) La propriété publique et privée au début de l'époque archaique, *Eos* 49, 45/64.

GARCÍA GARRIDO, M., (1957) Sobre los verdaderos límites de la ficción en derecho romano, *AHDE* 27, 305/342.

GARCIA GONZALEZ, C.,/J./M., RASCÓN GARCIA, (1993) *Ley de las XII Tablas. Estudio preliminar, traduccion y observaciones,* Madrid.

GARNSEY, P., (1988) *Famine and Food Supply in the Graeco-roman World,* Cambridge.

GAUDEMET, J., (1938) Coutume et raison en droit romain, *RHD* 17, 141/170.

GAUDEMET, J., (1970) L'interpretation des lois et des actes juridiques dans le monde antique, *RIDA* 17, 235/249.

GAUDEMET, J., (1979) L'Autorité de la Loi et de la Coutume dans l'Antiquité, *Etudes de Droit Romain, I,* Universitá di Camerino, 81/112.

GAUDEMET, J., (1979b) La loi et la coutume. Manifestations d'autorité et sources d'enseignement à Rome, *Etudes de Droit Romain,* I, Universitá di Camerino, 5/27.

GAUDEMET, J., (1979c) Tradition romaine et ideologie grecque dans la conception de la "res publica" au dernier siècle de la Republique, *Etudes de Droit Romain* II, Universitá di Camerino, 147/160.

GAUDEMET, J., (1988) La Codification. Ses formes et ses fins, *Estudios en Homenaje al prof. J. Iglesias,* Madrid, 309/327.

GAUDEMET, J., (1996) Codes, collections, compilation, les leçons de l´histoire. De Grégorius a Jean Chappuis, *Droits* 24, La Codification/ 1, Paris, 3/16.

GAVRILOCK, A.K., (1997) Technniques of Reading in Classical Antiquity, *CQ* 47, 56/73.

GELB, I. J., *et alii,* (1989) *Earliest Land Tenure Syistems in the Near East,* Chicago.

GELDNER, H., (1972) *Lucretia und Verginia: Studien zur virtus der Frau in der griechischen und romischen Literatur*, Mainz.

GERNET, L. (1948/1949) Droit et predroit en Grèce ancienne, *L'Année sociologique,* 3e, 21/119.

GERNET, L., (1955) Observations sur le loi de Gortyne, *Droit et societé dans la Grèce ancienne,* Paris, 51/59.

GERNET, L., (1984) *Antropología de la Grecia Antigua*, Madrid.

GIBBON, E., (1984) *The Decline and Fall of the Roman Empire,* [London 1766/1788] 8 vols., Madrid.

GIBLIN, R., (1928) *The Early History of Tasmania,* London.

GIOFFREDI, C., (1962) Su i concetti di *Themis* e *Dike* in Omero, *BIDR* 65, 69/78.

GJERSTAD, E., (1953/1973) *Early Rome,* 6 vols., Lund.

GJERSTAD, E., (1966) The origin of the Roman Republic, *Les origines de la Republique Romaine*, Entretiens Fondation Hardt XIII, Vandoeuvres/Géneve, 1/30.

GLEAVE, R., (2001) The "First Source" of Islamic Law: Muslim Legal Exegesis of the Qur'an, *Law & Religion*, Current Legal Issues Volume 4, R. O'Dair & A. Lewis, eds., Oxford 2001, 145/161.

GLUCKMAN, M., (1955) *The Judicial Process among the Barotse of Northern Rhodesia,* Manchester University Press.

GLUCKMAN, M., (1965) *Politics, Law and Ritual in Tribal Societies*, Oxford.

GODDARD, P.E., (1924) *Indians of the Northwest Coast*, New York.

GOETZE, A., (1949) Mesopotamian Laws and the Historian, 69 *JAOS,* 69, 115/120.

GOETZE, A., (1956) *The Laws of Eshnunna*, New Haven.

GOETZE, A., trans., (1950) The Hittite Laws, *Ancient Near Eastern Texts*, J. B. Pritchard, ed., Princeton.

GOLDENWEISER, A.A., (1913) Remarks on the Social Organization of the Crow Indians, *American Anthropologist*, 15.2, 281/294;

GONZÁLEZ FERNÁNDEZ, J., (1996) *Corpus de Inscripciones latinas de Andalucía*, t. IV, vol. II. Sevilla, Sevilla.

GOOD, E.M., (1967) Capital Punishment and its Alternatives in Ancient Near Eastern Law, *Stanford Law Review* 19, 947/977.

GOODY, J., (1980) Rice burning and the Green Revolution in Northern Ghana, *Journal of Development Studies* 16, 136/155.

GOODY, J., (1985) *La domestización del pensamiento salvaje*, [Cambridge 1977] Madrid.

GOODY, J., (1990) *La lógica de la escritura y la organización de la sociedad*, [Cambridge University Press 1986] Madrid.

GORDON, C., (1957) *Hammurapi's Code: Quaint or Forward* Looking?, New York.

GREENIDGE, A.H.J., (1901) *The Legal Procedure of Cicero's Time*, Oxford: Clarendon Press.

GREENEDGE, A.H.J.,(1905) The Authenticity of the Twelve Tables, *EHR* 20, 1/21.

GRIFFITHS, J. G., (1994) Isis as Maat, Dikaiosune and Justitia, in *Hommages a Jean Leclant,* vol. 3 (*etudes* asiatiques, C. Berger et al. eds.,) 255/264.

GRIFÓ, E., (1972) La legge delle XII tavole, Osservazioni e problemi, *ANRW* I.2, Recht, Berlin/ New York, 115/133.

GUARINO, A., (1959) Il "dossier" di Lucretia, *Labeo* 5, 211/217.

GUARINO, A., (1991) Una palingenesi della XII Tavole?, *Index* 19, 225/232.

GUILLEN, J., (1968) El latín de las XII tablas, *Helmantica* 19, 43/111.

GUIRAUD, P., (1904) La propieté primitive à Rome, *REA* 6, 221/225.

GUITART, CH., (2006) *Recherche sur le "carmen" et la priére dans la litterature latine et la religion romaine,* 6 vols., Thése pour le Doctorat, Paris.

GULLIVER, P.H., (1979) *Disputes and Negotiations: a Cross/Natural Perspective,* New York.

GUREVIC, A., (1972) Représentations et attitudes è l' égard de la proprieté pendant le Haut Moyen Age, *Annales*, E.S.C, 3, 523/547.

GURNEY, O.R., (1990) Laws and Institutions", cap. *in The Hittites*, London [1981] 94/96.

GUTERBOCK, H.G., (1954) Authority and Law in the Hittite Kingdom", *JAOS* 17, 16/24.

HALL, H. R., (1932) *Ancient History of the Near East from the Earliest Times to the Battle of Salamis*, London 8ª ed. 127.

HALPIN, A. K. W., (1976) The usage of *iniuria* in the Twelve Tables, *The Irish Jurist* 11, 344/354.

HALWACHS, M.,(1968) *La mémoire collective*, [Paris 1950].

HAMNETT, I., (1977) ed., *Social Anthropology and Law*, London.

HANSEN, M. H., (1978) *Nomos* and *psephisma* in fourth/century Athens, *GRBS* 19, 315/330.

HANSEN, M. H. (1990a) *Aspects of the Athenian law code of 410/9/400/399 B.C.* New York.

HANSEN, M. H., (1990b) Diokles' law (Dem. xiv 42) and the revision of the Athenian corpus of laws in the archonship of Eukleides, *C & M* 41, 63/71.

HARRIS, J., & WOODS, I., eds., (1993) *The Theodosian Code,* London.

HARRIS, E.M., (1993) Law and Oratory", in *Persuasion: Greek Rhetoric in Action*, Ian Worthington, ed., New York, 130/150.

HARRIS, M., (1994) *Antropología cultural*, Madrid.

HARRIS, W.V., (1989) *Ancient Literacy*, Cambridge, Mass.

HARRISON, J.E., (1912) *Themis*, Cambridge.

HARRISON, A.R.W., (1961) Drakon's protos axon, *CQ* 11, 3/5.

HARRISON, A. R. W., (1955) Law/Making at Athens at the end of the fifth century B.C., *JHS* 75, 26/35.

HARTLAND, E. S., (1969) *Primitive Law (The Worlds of Learnings and Discovery)*, [London 1924] New York.

HAUSMANIGER, H., (1981) 'Benevolent' and 'Humane' Opinions of Classical Roman Jurists, *Boston University Law Review* 61, 1138.

HAVELOCK, E.A., (1978) *The Greek concept of justice: from its shadow in Homer to its substance in Plato*, Cambridge, Ma.

HAYES, W.C., (1973) Egypt: internal Affairs from Thutmosis I to de Death of Amenophis III, *The Cambridge Ancient History* II.1, 313/416.

HERMON, E. (1994/1997) Les lois Licinia/Sextia: un nouvel examen. *Ktèma,* 19, 119/142.

HEURGON, J., (1971) L'interpretation historique de l'historiographie latine de la République, *BAGB* IV.2, 219/230.

HEWSTONE, M. *et alii*, coords., (1993) *Introducción a la Sicología Social,* Barcelona.

HINOJO ANDRÉS, G., (1986/1987) Los juicios de Cicerón sobre los Gracos, *SHHA* IV/V, 101/109.

HINZ, W., (1997) Persia, c. 1800/1550 B.C., *The Cambridge Ancient History,* II.1, 2ªed.

HIRATA, R., (1986/1987) Monarchia di Porsenna, *Annuario dell'Istituto di Cultura Giapponese di Roma,* 7/22.

HIRSCHFELD, O., (1903) *Die Monumenta des Manilius und des Ius Papirianum*, Sitzungsberichte der Preussischen Akademie der Wissenschaften zu Berlin, Berlin 1903, 2/12.

HIRZEL, R., (1907) *Themis. Dike und Verwandtes*, Leipzig.

HOBSBAWM, E., & RANGER, T., eds., (1983) *The Invention of Tradition*, Cambridge.

HÖLKESKAMP, K.-J. (1992), Arbitrators, Lawgivers and the "Codification of Law", Archaic Greeze: Problems and Perspectives, *Métis* VII, 1/2, 49/81.

HÖLKESKAMP, K.-J., (1992) Written Law in Archaic Greece, *PCPhS* 38, 87/117.

HÖLKESKAMP, K.-J., (1999) *Schiedsrichter, Gesetzgeber und Gesetzgebung im archäischen Griecheland,* Historia/Einzelschriften 131, Wiesbaden.

HÖLKESKAMP, K.-J., (2005) What's in a Code?. Solon's Laws between Complexity, Compilation and Contingency, *Hermes* 133, 3, 280/293.

HOFFNER, H.A., (1997) *The Laws of the Hittites, a Critical Edition*, Leiden, New York, Colonia.

HOLLEMAN, A.W.J., (1976) Myth and Historiography, the Tale of the 306 Fabii, *Numen* 23 ,210/218.

HOLLEMAN, A.W.J., (1986) The first Claudian at Rome, *Historia* 35, 1986, 377/378.

HOLMES, O.W., (1899) Law in Science and Science in Law, *Harvard Law Review*, 12, 443/463.

HÖLSCHER, T., (1978) Die Anfänge römischer Repräsentationskunst, *RhM* 85.

HONORÉ, A.M., (1974) The Background to Justinian's Codification, *Tulane Law Review* 48, 859 ss.

HONORÉ, T., (1977) *Tribonian*, London.

HONORÉ, T., (1986) The making of the Theodosian Code, *ZRG* 103, 162/164.

HOOKER, J. T. (1988) The Life and Times of Lycurgus the Lawgiver, *Klio* 70, 340/345.

HORNUNG,, E., (1996) *L'esprit du temps des pharaons*, Paris 1996.

HOZ, J. de, (2004) La escritura en Grecia arcaica y clásica: funciones y modelos, *La escritura y el libro en la Antigüedad,* J. Bartolome, *et alii,* eds., Madrid 2004, 211/235.

HUMBERT, M., (1988) Le tribunat de la plèbe et le tribunat du peuple: remarques sur l'histoire de la *provocatio ad populum*, *MEFR* 100, 431/503.

HUMBERT, M., (1990) La crise politique du Ve siècle et la législation décemvirale, *Crise et transformation des societés archaïques de lÍtalie antique au Ve siècle av. J./C.,* Table Ronde Ècole fr. De Rome, 1987, 263/287.

HUMBERT, M., (1998) Les XII Tables, une codification ? *Droits,* 27, La Codification/3, Paris, 87/111.

HUMPHREYS, J.H., (1991) Literacy in the Roman World, *Journal of Roman Archaeology,* supplementary Series, no. 3, Ann Arbor, 35/58.

HUMPHREYS, S.C., (1987) Law, Custom and Culture in Herodotus, *Arethusa* 20, 211/220.

HUMPHREYS, S.C., (1988) The Discourse of Law in Archaic and Classical Greece, *Law & History Review*, 6, 465/493.

HUMPHREYS, S.C., (1997), Leggi, tribunali, procesi, en *I greci. Storia, cultura, arte, societá*, 2, Torino, 541/565.

HUSSON, G. Y VALBELLE, D., (1998) *Instituciones de Egipto,* Madrid.

HUTTON, P., (1993) Decoding the Legends of Roman Law, in *History and the Art of Memory*, 39/43.

HUVELIN, P., (1901) *Les tablettes magiques et le droit romain*, Mâcon.

IGLESIAS, J., (1965) *Derecho Romano*, Barcelona [1958],

IGLESIAS, J., (1992) *Miniaturas histórico-jurídicas*, Barcelona, 93/116

IMBERT, J., (1962) La loi et la coutume, manifestations d'autorité et sources d'enseignement dans la Grèce antique, *Travaux et Recherches de l¡Istitut de Droit Comparé de l'Université de Paris,* 23,13/23.

IMMERWAHR, H. R. (1985) The date of the construction of Solon's Axones, *BASP* 22, 117/121.

IMPARATI, F., (1964) *Le leggi ittite*, Roma 1964.

INWOOD, B., (2003) Natural Law in Seneca, *Studia Philonica* 15, 81/99.

JACKSON, B.S., (1972) Principles and Cases: The Theft Laws of Hammurabi, *Irish Jurist* 7, 161/170.

JACKSON, B.S., (1995) Modelling Biblical Law: The Covenant Code, *Chicago/Kent Law Review* 70.4, 1745/1827.

JEFFERY, L.H., (1990) *The Local Scripts of Archaic Greece*, [Oxford 1961] Oxford.

JOCELYN, (1969) The poet Cn. Naevius, P. Cornelius Scipio, and Q. Caecilius Metellus, *Antichthon* 3, 32/47.

JOCHELSON, W., (1928) *Peoples of Asiatic Russia*, New York.

JOLLY, M., (1992) Spectres of Inauthenticity, *Contemporary Pacific* 4/1, 1992, 49/72.

JOHNSTON, D., (2000) The Jurists, *Cambridge History of Greek and Roman Political Thought,* C.Rowe & M. Schofield, eds., 616/634.

JOHNSTON, A., (1983) The extent and use of literacy, Hägg (ed) *The Greek Renaissance of the Eighth Century B.C.: Tradition and Innovation*, 63/68.

JOHNSON, A.C., COLEMAN/NORTON, R.R., BOURNE, F.C., (1961) *Ancient Roman Statutes.* Austin.

JONES, A.H.M., (1966) The Lykurgan Rhetra, *Ancient Society and Institutions*, 1966, 165/176.

JOSSELIN DE JONG, J.P.B. de, (1995) Customary Law: a Confusing Fiction, *Folk Law. Essays in the Theory and Practice of Lex non Scripta,* A.D. Renteln & A. Dundes, eds., Wisconsin University Press, 111/118.

KALINOE, L. (1993) Determining ownership of customary land in Papua New Guinea: Re Hides gas land project case, *Melanesian Law Journal* 21, 1/12.

KASER, M., (1949) *Das altrömische "ius". Studien zur rechtsvorstellung und rechtgeschichte der römer*, Göttingen .

KASER, M., (1949) Religione e diritto in Roma antica, *Annali del Seminario giuridico di Catania* 3, 77/98.

KASER, M., (1973) Die Beziehung von lex und ius und die XII Tafeln, *Studi in memoria di G. Donatuti,* Milan II, 523/546.

KELLER, F.L. von, (1883) *Der römische Civilprocess und die Actionen*, 6th ed. rev. A. Wach, Leipzig: Bernhard Tauchnitz, 337/38.

KELLY, D.R., (1996) Hermes, Clio, Themis: historical Interpretation and Legal Hermeneutics, *Law in History* I, D. Sugarman, ed., Hants, 417/442.

KELLY, C.M., (1999) La burocracia romana tardía a través de sus archivos, A.K.Bowman y G.Woolf, eds., *Cultura escrita y poder en el Mundo Antiguo,* [Cambridge University Press 1994] Barcelona, 253/276.

KELLY, J.M., (1966) *Roman Litigation*, Oxford.

KENNEDY, G.A., (1994) *A new History of Clasical Rhetoric,* Princeton, N.J.

KERN, F., (1985) *Kingship and Law in the Middles Ages*, [Oxford 1939] Westport, Conn.

KIRK, G.S., (1976) *Homer and the Oral Tradition*, Cambridge.

KLÍMA, J., (1966) *Droits cunéiformes: Introduction bibliographique à l´histoire du droit et à l´ethnologie juridique*, Bruselas.

KOBY, A. T., (1978) Projection des formations sociales sur l'espace: exemple du pays Odzukru en Côte d'Ivoire, *Maîtrise de l'espace agraire et développement en Afrique tropicale,* Actes du Colloque de Ouagadougou, 4/8 diciembre, 35/38.

KOLBERT, C.F., (1979) *Justinian: the Digest of Roman Law,* New York.

KOROSEC, V., (1968) Growth of Legislation in Ancient Mesopotamia, *Studi in Onore G. Grosso,* IV, Torino, 267/284.

KOROSEC, V., (1970) La sorcellerie et l'ordalie dans les texts Hittites historiques et juridiques, *Studi E. Volterra* VI, Milano, 413/418.

KRAMMER, S.N., (1954) Ur/Nammu Law Code, *Orientalia* 32, 40/51.

KRAUS, F.R., (1958) *Ein Edikt des Königs Ammi/saduqa von Babylon*, Leiden.

KUNKEL, W., (1965) *Historia del derecho Romano*, Barcelona.

KUNKEL, W., (1973) *Roman Legal and Constitutional History*, Oxford.

LAMBERT, G., (1902) Le problème de l'origine des XII Tables, *RD* 26, 5/6; 381/436.

LAMBERT, E., (1902) La question de l'authenticité des XII Tables et les annales maximi, *Nouvelle Revue historique de droit français et étranger*, 26, 149/220.

LAMBERT, E., (1903) Histoire traditionelle des XII Tables et les critéres d'inauthenticité des traditions en usage dans l'ecole de Mommsen, *Mélanges Ch. Appleton. Etudes d'histoire du Droit dédiées à M.Ch.Appleton 'a l'occasion de son XXVe anniversaire de profesorat,* Lyon, 501/626,

LANDAUER, C., (2004) Henry Sumner Maine's Grand Tour: Roman Law in Ancient Law, *Law & History*, Current Legal Issues, vol. 6, A. Lewis & M. Lobban, eds., Oxford 2004,133/157.

LANDSBERGER, B., Babylonischen Termini für Gesetz und Recht, *SDIOP* II, 221/222.

LANG, M. (1967) Kilonian Conspiracy, *CPh* 62, 243/249.

LARA PEINADO, F., ed. (1986) *Código de Hammurabi*, Madrid.

LAST, H., (1928) The Hellenistic Monarchies and the Rise of Rome, *Cambridge Ancient History*, VII.

LATTE, K., (1940) Livy's Patavinitas, *CPh* 35, 56/60.

LEACH, E.R., (1976) *Sistemas políticos de la Alta Birmania. Estudios sobre la estructura social kachin,* [London 1970] Barcelona.

LEBEN, CH., (1998) Maïmonide et la codification du droit hébraique, *Droits* 27, *la codification*/3, 113/128.

LECAUDEY, T., (2002) *Les lois de la République et du Haut/Empire romains*, Rapport de la recherche bibliographique, mars.CNRS, Paris.

LEEMANS, W.F., (1970) Le faux témoin, *RA* 64, 63/66.

LERMINIER, E., (1974) *Histoire des legislateurs et des constitutions de la Gréce antique*, [Paris 1852] reimp. Scientia Verlag Aalen.

LEMOSSE, M., (1957) Les lois de Gortyne et la notion de codification, *RIDA* 4, 131/137.

LEMOSSE, M., (1954) Loi des XII Tables et droit gentilice, *RHD* 32, 471 ss.

LEPOINTE, G., (1955) L'*occentatio* de la d'après Saint Augustin et Cicéron. *RIDA*, vol. 3e série, II, 287/302.

LERMINIER, E., (1974) *Histoire des legisleteurs et des constitutions de la Gréce antique*, [Paris 1852], reimp. Scientia Verlag Aalen.

LEVI, M. A., (1968) *La lucha política en el Mundo Antiguo*, Madrid.

LEVI, M.A., (1992) *Plebei e patrizi nella Roma arcaica*, Como.

LEVI, M. A., (1995) Le gentes a Roma e le XII Tavole, *DHA* 21.1, 121/147.

LEVI, M. A., (1996) Patres, plebs e populus nella Roma arcaica. *Atti della Accademia Nazionale dei Lincei,* Rendiconti, 9.7, 445/449.

LEVY, E., (1949) Natural Law in Roman Thought, *SDHI* 15, 1/24.

LEVY, E., (1977) La Grande Rhetra, *Ktema* 2, 1977, 85/103.

LÉVY/BRUHL, H., (1949) *Année Sociologique*, 3ª serie, 601.

LEVY/BRUHL, H., (1957/1958) *La loi des XII Tables*, Paris.

LEWIS, A.D.E. & Ibbetson, D.J., (1994) *The Roman Law Tradition*, Cambridge University Press.

LEWIS, G.C., (1855) *An Inquiry into the Credibility of Early Roman History*,

LINTOTT, A. W., (1999) La servitude pour dettes à Rome, *Carcer. Prison et privation de liberté dans l'Antiquité classique.* Paris, 19/25.

LIOU/GILLE, B. (2000) La figure du legislateur dans le monde antique, *Revue Belge de Philosophie et d'Histoire,* 78 (1), 171/190.

LIPPMANN, W., (1922) *Public Opinion*, New York.

LIVERANI, M., (1995) *El Antiguo Oriente. Historia, sociedad y economía,* Barcelona.

LLEWELLYN, K.N., / ADAMSON HOEBEL, E., (1953) *The Cheyenne Way. Conflict and Case Law in Primitive Jurisprudence,* University of Oklahoma Press [1ª ed. 1941].

LLOYD/JONES, H., (1971) *The Justice of Zeus*, Berkeley & Los Angeles.

LOFTUS, E.F., (1997) Creating Falses Memories, *Scientific American* 227, 51/55.

LOFTUS, E.F., (2000) Remembering what never happened, *Memory, Counsciousness and the Brain*, E. Tulving, ed., Philadelphia, 116/118.

LONG, G., (1875) Lex Duodecim Tabularum, *A Dictionary of Greek and Roman Antiquities,* John Murray, London, 688/690.

LORD, C., (1924) Critical Notes on the Observations made by the early Explorers concerning the Aborigines of Tasmania, *Reports of the Australasian Association for the Advancement of Science*, XVII, 456/463.

LOWIE, R.H., (1912) Social Life of the Crow Indians, *Anthropological Papers of the American Museum of Natural History,* vol. IX, New York, 179/247.

LOWIE, R.H., (1920) *Primitive Society*, New York.

LOWIE, R.H., (1950) *Social Organization*, London.

LOZANO CORBÍ, E., (2000) Origen de la propiedad privada y de sus limitaciones, *Estudios de Derecho Romano en memoria de Benito María Reimundo Yanes*, Burgos I, 569/578.

LUCE, J., (1977) *Livy. The Composition of his History*, Princeton.

LUBTOW, U. v., (1936) Das altromische *nexum* als Gesellschaft, *ZRG* 56 , 239/255.

LUEBTOW, U. v., (1996) Zum Nexumproblem, *Mélanges U. von Luebtow. Beiträge zur Geschichte des Römischen Rechts,* vol. I. 1996, 199/264.

MACCORMACK, G., (1967) Nexi, iudicati and addicti in Livy, *ZRG* 84, 350/355.

MACCORMACK, G., (1969) Formalism, Symbolism and Magic in Early Roman law, *Tijdschrift voor Rechtsgeschiedenis* 37, 439.

MACCORMACK, G., (1973a) The lex Poetelia, *Labeo* 19, 306/317.

MACCORMACK, G., (1973b) Witnesses in the Law of the Twelve Tables, *BJDR* 76 , 225/243.

MACDOWELL, D. M.,(1975) Law/making at Athens in the fourth century B.C. *JHS* 95, 62/74.

MACDOWELL, D.M., (1976) Hubris in Athens, *G & R* 23, 14/31.

MACDOWELL, D.M., (1986) *Spartan Law*, Edinburgh.

MACKAY, E.A., ed., (1999) *Signs of Orality. The Oral Tradition and its Influence in the Greek and Roman World,* Leiden.

MACLACHLAN, C., (1988) The Recognition of Aboriginal Customary Law: Pluralism Beyond the Colonial Paradigm / A Review Article. 37 *International and Comparative Law Quarterly*, pt. 2, 368/386.

MAFFI, A. (1990) La consuetudine nella Grecia arcaica e classica, *Recueils de la Societé Jean Bodin*, 52, 61/70.

MAFFI, A., (2002) Studi recenti sulla Grande *Rethra, Dike,* 5, 195/236.

MAGDELAIN, A., (1971) Remarques sur la societé romaine, *REL* 49, 103/127.

MAGDELAIN, A., (1978) *La loi à Rome. Histoire d'un concept*, Paris.

MAGDELAIN, A., (1986) Le ius archaïque, *MEFRA* 98, 265/358.

MAGDELAIN, A.,(1987) Les XII tables et le concept de ius, *Zum römischen und neuzeitlichen Gesetzesbegriff/1. Symposion der Kommission "Die Funktion des Gesetzes in Geschichte und Gegenwart* vom 26. und 27. April 1985. Göttingen, 14/33.

MAGDELAIN, A., (1987) La loi Poetelia Papiria et la loi Iulia de pecuniis mutuis. in *Estudios de derecho romano en honor de Alvaro D'ors*, II. Pamplona, 811/817.

MAINE, H., (1972) *Ancient Law*, London, January, [1861].

MAIR, L., (1988) *Introducción a la Antropología Social,* [Oxford 1965] Barcelona.

MARCOS CELESTINO, M., (2000) La Ley de las XII Tablas, *Helmántica* 155, 362 ss.

MALINOWSKI, B., (1978) *Crimen y castigo en la sociedad salvaje*, [London 1926] Barcelona.

MALINOWSKI, B., (1995) *Los argonautas del Pacífico Occidental. Comercio y aventura entre los indígenas de la Nueva Guinea melanésica,* [London 1922] Barcelona.

MANFREDINI, A. D., (1977) *Contributi allo studio dell'"iniuria" in eta repubblicana.* Milano.

MANFREDINI, A.D., (1979) *La diffamazione verbale nel diritto romano. I. Etá repubblicana*, Milano.

MANTENA, K., (2004) Law and "Tradition": Henry Maine and the Theoretical Origins of Indirect Rule, *Law & History*, Current Legal Issues, vol. 6, A. Lewis & M. Lobban, eds., Oxford, 159/188.

MARKUS, H., (1977) Selfchemata and Processing Information about the self, *Journal of Personality and Social Psychology*, 35, 63/78.

MARTIN, P. M., (1974) Pour une approche du mythe dans sa fonction historique: le mythe d'Evandre, *Caesarodunum* 9, 132/151.

MARTINI, R., (1999) XII tavole e diritto greco, *Labeo* 45,1. 20/37.

MARTINO, F. de, (1972) In torno all'origine della Repubblica romana e delle magistrature, *ANRW* I.1, Berlin /New York, 217/249.

MARTINO, F. DE, (1975) Riforme del IV secolo a. C., *BIDR* 78, 1975, 29/70.

MARTINO, F.DE, (1995) Questioni decemvirali. *Index* 23, 371/376.

MASCHERONI, L.M., (1979) I paragrafi a struttura diacronica delle leggi etee (potere e strumenti di persuasione nell II millennio), *Oriens Antiquus* 18, 29/39.

MASSONNEAU, E., (1933) *Le crime de magie et le droit romain*, Paris.

MATHER, L., & YNGVESSON, B., (1980/1981) Language, Audience and the Transformation of Disputes, *Law and Society Review* 15, 775/821.

MATHEWS, R.H., (1907) Notes on the Arranda Tribe, *Journal and Proceedings of the Royal Societty of New South Wales,* 41, Sydney 145/164.

MATSUDA, M. J. (1988) Native Custom and Official Law in Hawaii. 3 *Internationales Jahrbuch für Rechtsanthropologie* 135/146.

MATTHA, G. & HUGUES, G.R., (1975) *The Demotic Legal Code of Hermopolis West*, Institut français d'archéologie orientale du Cairo, El Cairo.

MATTINGLY, H., (1960) Naevius and the Metelli, *Historia* 9, 414/439.

MAUSS, M., (1991) Ensayo sobre los dones. Razón y forma del cambio en las sociedades primitivas, *Sociología y Antropología,* [Paris 1902/1903] Madrid, 199/258.

MAUSS, M., (1991) Esbozo de una teoría general de la magia, en *Sociología y Antropología,* [Paris 1902/1903] Madrid, 45/151.

MAXWELL/STUART, P.G., (1976) Per lance et licium. A Note, *G & R* 22, 1/4.

MCDONNELL, M., (1996) Writing, copying and autograph Manuscripts in Ancient Rome, *CQ* 46.2, 469/491.

MEEK, Th., tranl., (1955) The Code of Hammurabi, *Ancient Near Eastern Texts relating to the Old Testament,* Pritchard, J.B., ed., Princeton, 163/180.

MEEK, TH. J., transl., (1966) El Código de Hammurabi, *La sabiduría del Antiguo Oriente,* [*Ancient Near Eastern Texts*, J. Pritchard, ed., 1955] Barcelona, 163/195.

MENU, B & HARARI, I., (1974) La notion de propieté privée dans l'Ancien Empire égyptien, *CRIPEL* 2, 125/154.

MERRY, S.E. ed., (2004) *Law and Anthropology: a Reader*, Oxford.

METZGER, E., (2004) Roman Judges, Case Law and Principles of Procedures, *Law & History Review*, 22.2, 243/276;

MICHALOWSKI, P., (1994) Writing and Literacy in Early States: A Mesopotamianist Perspective, *Literacy: Interdisciplinary Conversations*, Cresskill, NJ, 49/70.

MILES, G., (1995) *Livy. Reconstructing Early Rome*, Ithaca.

MIRHADY, D.C., (1990) Aristotle on the Rethoric of the Law, *GBRS* 31, 1990, 393/410.

MIQUEL, J., (1995) *Historia del Derecho Romano,* Barcelona.

MITCHELL, R.E., (1990) *Patricians and Plebeans. The Origin of the Roman State.* Ithaca, London.

MITCHELL, R.E., (1996) *Ager publicus.* Public Property and Private Wealth during the Roman Republic, *Privatization in the Ancient Near east and Classical World*, vol. 1, A Colloquium held at New York University, nov. 17-18, 1994, eds., M. Hudson & B.A. Levine, Cambridge, Ma., 253/ 291.

MODRZEJEWSKI, J., (1967) Introduction bibliographique à l'histoire du droit et à l'ethnologie juridique, *Monde Hellenistique*, A/8, Bruxelles.

MOMIGLIANO, A., (1966) Historiography on Written Tradition and Historiography on Oral Tradition, *Studies in Historiography*, London, 211/220.

MOMIGLIANO, A., (1984) *La historiografía griega*, Barcelona.

MOMIGLIANO, A., (1993) ¿Mentía Fabio Pictor?, *Ensayos de Historiografía antigua y moderna,* [Wesleyan University Press 1977] Mexico, 89/94.

MOMIGLIANO, A., (1994) Origins of Rome, *The Cambridge Ancient History*, VII.2, 52/112.

MOMIGLIANO, A., (2005) The Rise of the plebs in the Archaic Age of Rome, *Social Struggles in Archaic Rome. New Perspectives on the Conflict of the Orders,* Kurt A. Raaflaub, ed., [Berkeley 1986] Oxford, 168/184.

MOMMSEN, Th., (1983) *Droit Public Romain*, [Leipzig 1889], vol. 6.1 y 6.2, Paris.

MOMMSEN,T., KRÜGER, P., eds. (1878/1927) *Collectio librorum iurisanteiustiniani*, 1(7ªed.) 1927; 2 (1878); 3 (1890).

MOORE, S. F. (1970) Law and Anthropology, *Biennial Review of Anthropology* 252/300.

MORET, A., (1940) La doctrine de Maat, *Revue d'Egyptologie*, 4,1/14.

MORGAN, L.H., (1928) Government and Institutions of the Iroquois, *Researches and Transactions of the New York State Archaeological Association,* A.C. Parker, ed., VII, Rochester.

MUNDY, M., ed. (2002*) Law and Athropology*, Burlington, Vermont.

MUÑIZ COELLO, J., (1997) Elaboración, conservación y custodia de las fuentes documentales escritas en la Antigua Roma. Los archivos (I), *HA* XXI, 403/430.

MUÑIZ COELLO, J., (2003) Ap. Claudio Pulcro, cónsul del 54 a. de C., *Gerión*, XXI. 1, 179/202.

MUÑIZ COELLO, J., (2004) Cicerón, Demetrio de Fáleron y la Roma Primitiva, *Revista de Historiografía*, I.1, 164/173.

MUÑIZ COELLO, J., (2004) El proceso de Galba, las "quaestiones" y la justicia ordinaria (Roma, siglo II/I a.C.), *AC* 73, 109/126.

MUÑIZ COELLO, J., (2007) Roma, los *quirites* y la liturgia de los conflictos, *Iura* 56, Palermo (en prensa).

MUÑIZ COELLO, J., (2007) *Las* classes *y el voto electoral de los itálicos en el siglo I a.C. Athenaeum* 95.1, (en prensa).

MURDOCK, G.P., (1981) *Nuestros contemporáneos primitivos*, [New York 1934] Mexico.

MURRAY, O., (1987) La legge soloniana sulla hybris, AION (arch.) 9, 117/125.

MUSS/ARNOLT, W., (1904) *Some Babylonian Laws, Assyrian and Babylonian Literature Selected Transactions,* New York, 445/447.

NADER, L., (1965) The Anthropological Study of Law, *AAnthropologist* 67, pt. 2, 3/32.

NADER, L., (1969) ed., *Law in Culture and Society*, Chicago.

NAP, J.M., (1925) *Die römischen republik um das j.225 v.Chr.,* Leiden.

NAROKOBI, B., (1989) Law and Custom in Melanesia, *Pacific Perspectives*, 14.1, 17/26.

NOAILLES, P., (1942) Le procés de Virginie, *REL*, 106/138.

NOAILLES, P., (1948a) Nexum, Fas et Jus, *Etudes de droit romain*, Paris, 91/146; 147/169, 182/186.

NOAILLES, P., (1948b) L'auctoritas de la loi des XII Tables, *Fas et Jus*, Paris, 223/282.

NOBREGA, V. L. D., (1959) Partis secanto, *Zeitschrift der Savigny/Stiftung für Rechtsgeschichte. Romanistische Abteilung*, 76, 499/507.

NOBREGA, V.L. da, (1966) L'originalite d'Ennius et la date de la fondation de Rome d'apres les Annales, *Melanges d'archeologie et d'histoire offerts a Andre Piganiol* 2, ed. R.Chevaller,Paris 1966, 815/826.

NOBREGA, V. L. D., (1967) L'iniuria dans la loi des XII Tables, *Romanitas*, 6/7, 250/279.

NOÉ, E., (1977) Il tentativo di Appio Erdonio nella narrazione di Dionigi, *RAL* 32, 641/665.

NOÉ, E., (1979) Ricerche su Dionigi d'Alicarnasso: la prima stasia a Roma e l'episodio di Coriolano, *Ricerche di Storiografia Antica I. Ricerche di Storiografia greca di etá romana,* Pisa, 21/116.

OAKLEY, S.P., (1997 *et alii*) *A Commentary on Livy*, vol.1, vi, vol. 2, vii/viii, vol.3, ix/x, vol. 4, x, Oxford University Press.

OBERZINER, G., (1923) Appunti sull'iure papiriano, *Historia, Studi storici per l'Antichitá Classica,* 1, 1, 15/23.

OGILVIE, R.M., (1985) Livy, Licinius Macer and the Libri lintei, *JRS* 48, 40/46.

OGLE, M.D., (1911) The house/door in Greek and Roman Religion and Folklore, *CJ* 32, 251/271.

OLIVER, J.H., (1950) *The Athenian Expounders of the Sacred and Ancestral Law*, Baltimore.

OLIVIERO, G. M. (1997) La lex Icilia de Aventino publicando. *Index,* 25, 1997, 521/535.

ORESTANO, R., (1939) Dal ius al fas. Rapporto fra diritto divino e umano in Roma dall'etá primitiva all'etá classica, *BIDR* 46, 194/273.

ORTEGA CARRILLO DE ALBORNOZ, A., (2002) *Derecho Privado Romano y su práctica,* Málaga.

OSTWALD, M., (1952) *The unwritten Laws and the Ancestral Constitution of Ancient Athens*. Columbia.

PAGLIARO, A., (1973) Testo e esegesi delle XII tavole, La critica del testo, *Atti del secondo congresso internazionale soc. ital. di Storia del Diritto,* I, Firenze, 567/574.

PAIS, E., (1898) *Storia di Roma*, I, 1, Torino.

PAIS, E., (1909), L'etá della redazione e della publicazione delle leggi delle XII tavole, *Studi storici per l'Antichitá Classica,* vol II, 1, Pisa.

PAIS, E., (1915), *Storia critica di Roma*, Roma, vol. II.

PALLASE, M., (1945) *Cicéron et les sources du Droit*, Paris.

PALLOTTINO, M., (1977) Servius Tullius à la lumière des nouvelles découvertes archèologiques et épigraphiques, *CRAI*, 216/235.

PALMER, R.E.A., (1970) *The archaic Community of the Romans*. Cambridge.

PANERO GUTIERREZ, R., (2000) *Derecho Romano*, 2° ed., Valencia.

PANKIEWICZ, R. (1983) Early Roman economy and the origins of the monetary system. *Eos,* 71, 257/264.

PAOLA, S. di, (1948) Dalla lex Papiria al Ius Papirianum, *Studi Solazzi*, Naples, 631/651.

PAOLI, J., (1946/1947) Le "ius papirianum" et la loi Papiria, *RHD* 24/25, 139/140; 157/200.

PAOLI, U.E., (1958) Le fonti del diritto attico, *Studi Senesi* 70,163 ss.

PAOLO, M. Di, (1996) Alle Origini della "lex Poetelia Papiria de nexis, *Index* 24, 275/288.

PAPAKONSTANTINOU, Z., (2002) Written law, literacy and social conflict in archaic and classical Crete, *AHB* 16 (3/4), 135/150.

PARETI, L., (1924) *Studio della leggenda*, Roma.

PARICIO, J., (1988) *Historia y fuentes del Derecho Romano,* Madrid.

PARISE, N. F. (1991) Dal bue al bronzo. La misura del valore a Roma prima della moneta. *Studi Romani* 39, 92/94.

PARKER, R., (2005) Law and Religion, *The Cambridge Companion to Ancient Greek Law*, M. Gagarin & D. Cohen, Cambridge University Press, 61/81.

PARRY, M., /A. LORD, (1974) *Serbocroatian Heroic Songs,* vol.1, Novi Pazar, [Cambridge Mass. & Belgrade 1954], vol.3.

PARRONDO PARDO, J. L.(1988) En torno a los delitos y las penas en la ley de las XII Tablas, *Mélanges J. Iglesias, Estudios en homenaje al profesor Juan Iglesias,* vol. 3, Madrid, 1525/1530.

PASTOR RAMOS, G., (2000) *Conducta interpersonal: ensayo de Psicología Social sistemática,* Salamanca.

PAOLI, J., (1946/1947) Le *ius* papirianum et le loi Papiria, *RD* 24, 157/200.

PAVESE, O., (1992) La rhetra di Licurgo, *RFIC* 120, 260/285.

PAVESE, O., & BOSCHETTI, F., (2003) *A Complete Formular Analysis of the Homeric Poems,* Amsterdam.

PEACHIN, M., (2001) Jurists and the Law in the Early Roman Empire, L. de Blois, ed., *Administration, Prosopography and Appointment Policies in the Roman Empire*, Amsterdam 109/120.

PEPPE, L. (1981) *Studi sull'esecuzione personale. I: debiti e debitori nei primi due secoli della repubblica romana.* Milano, 1981.

PERELSMAN, CH.,/ FORIERS, P., eds., (1974) *Les présomptions et les fictions en droit*, Bruxelles.

PEREMANS, W., (1934) Notes sur l'histoire avant l'invasion des gaulois, *AC* 3, 209/221.

PEROZZI, S., (1928) *Istituzioni di diritto romano*, Roma.

PERRIN, B., (1953) Le délit decemviral de destruction de récoltes, *Annales Saraviensis Universitatis* 34/49; 173/194.

PETZOLD, K./E., (1972) Cicero und Historie, *Chiron* 2, 253/276.

PICCALUGA, G., (1969) Attus Navius, *Studi e materiali di Storia delle Religioni*, 40, 151/208.

PICCALUGA, G., (1993) I testi magico-sacrali, La produzione del testo, *Lo Spazio letterario di Roma Antica,* vol. 1, G. Cavallo et alii, dirs., Roma, 2ª ed., 37/62.

PICCIRILLI, L. (1981) Nomoi cantati e nomoi scritti" *Civiltà classica e cristiana* 2, 7/14.

PIEL, TH., (2002) Réflexions sur la nature du pouvoir en Italie centrale : les cités étrusques et la cité romaine ,VII/III siècles avant J.C., Inglebert, H., ed.,, *Idéologies et valeurs civiques dans le Monde Romain*, Hommage à Claude Lepelley, París, 23/35.

PIERART, M., (1973) Note sur la "prorrhesis" en droit attique, *AC* 42, 427/435.

PINNA PARPAGLIA, P., (1973) *Aequitas in libera republica,* Milan.

PIRENNE, J., (1957) La loi et les décrets royaux en Égypte sous l'ancien empire, *RIDA* 4, 2/31

PIRENNE, J., (1932/1935) *Histoire des institutions et du droit prive de l'ancienne Egypte*, 3 vols., Bruselas.

PIRENNE, J., and Theodorides, A., (1966) *Droit Egyptien*, Bruxelles.

PLÁCIDO, D., (2005) La historiografía de la historia antigua. Las caras del postmodernismo, *Revista de Historiografía*, 3.II, 86/99.

PÓLAY, E., (1965) Der Kodifikationsplan des Pompeius', *AAASH* 13, 1965, 85/95.

PÓLAY, E., (1965) Der Kodiefizierungsplan des Julius Caesar', *Iura* 16, 27/51.

POMA, G., (1984) *Tra legislatori e tirani. Problemi storici e storiografia sull'eta delle XII Tavolo*, Bologna.

POMA, G., (1997) Gaio, Gellio e le XII Tabulae. *Labeo,* 43, 280/291.

POSPISIL, L., (1971) *Anthropology of Law: a Comparative Theory*, New York.

POSTGATE, J.N., (1992) Laws and the Law, *Early Mesopotamia: Society and Economy at the Dawn of History,* 275/291.

POUCET, J., (1985) *Les origines de Rome. Tradition et histoire,* Bruxelles.

POUCET, J., (2000) *Les rois de Rome. Tradition et histoire,* Louvain.

POUND, R., (1920) A Theory of Legal Interests, *American Sociological Society Publications,* 16.

PRINGSHEIM, F., (1957a) Some causes of codification, *RIDA* 3ème s.4, 301/311.

PRINGSHEIM, F., (1957b) Cause, fonti ed effetti della codificazione, *Iura* 8, 546/554.

PUGLIESE CARRATELLI, G., (1987) Primordi della legislazione scritta, G. Pugliese Carratelli, ed., *Magna Grecia. Lo sviluppo politico, sociale ed economico* II, Milano, 99/102.

PUHVEL, J., (1976) The origin of Greek "kosmos" and Latin "mundus", *AJPh* 97, 154/167.

QUASS, F., (1971) *Nomos und psephisma. Untersuchungen zum griechischen Staatsrecht,* München.

QUILICI GIGLI, S., (1978) Consideración sui confini del teritorio di Roma Primitiva, *MEFRA* 90, 567/575.

QUINN, K., (1982) The poet and his audience in the Augustan Age, *ANRW* II, 30.1, Berlin/New York.

RAAFLAUB, K.A., (2000) Poets, Lawgivers and the beginnings of Political Reflection in Archaic Greece, *The Cambridge History of Greek and Roman Political Thought,* C.Rowe & M. Schofield, eds., 23/57.

RADCLIFFE/BROWN, A.R., (1930/1931) The Social Organization of Australian Tribes, *Oceania* I. 1/4, 134/63; 206/46; 322/41; 426/56.

RADCLIFFE/BROWN, A.E., (1952) Primitive Law, *Structure and Function in Primitive Society*, Glencoe, Ill. 233/238.

RADCLIFFE/BROWN, A.E., (1996) *Estructura y función en la sociedad primitiva,* [London 1952] Barcelona.

RAKOVER, N., ed., (1987) *Maimonides as Codifier of Jewish Law*, Jerusalem.

RASCHKE, (1987) "Arma pro amico". Lucilian satire at the crisis of the Roman Republic, *Hermes* 115, 299/318.

RASCÓN GARCÍA, C., (1996) *Manual de Derecho Romano*, Madrid,

RATHJE, A., (2001/2003) Life in Central Italy in the Archaic Period, *Accordia Research Papers* 9, 57/68.

REBILLARD, L., (1989) Exékias apprend àécrire. Diffusion de l'écriture chez les artisans du Céramique au VIe s. av.J./C., en Cl. Baurain, C. Bonnet, V. Krings, ed., *Phoinikeia grammata. Lire et écrire en Méditerrannée.* Actes du Colloque de Liège, 15/18 Novembre, Namur, 549/564.

REICH, N.J., (1933) The Codification of the Egyptian Laws of Darius and the Origins of Demotic Chronicle, *Mizraïm* 1, 178/182.

REINHARDT, T., eds., (2003) *Cicero's Topica*, comm., transl., Oxford Classical Monographs.

RENGER, J.M., (1995) Institutional, Communal and Individual Ownership or Possession of Arable Land in Ancient Mesopotamia from the End of the Fourth to the End of the First Millenium BC", *Chicago/Kent Law Review* 71, 269/319.

RENTELN, A.D. & DUNDES, A., eds., (1995) What is Folk Law ?, en *Folk Law. Essays in the Theory and Practice of Lex non Scripta,* Wisconsin University Press, Introduction, 1/4.

RHODES, P.J., (1981) *A Commentary on the Aristotelian Athenaion Politeia,* Oxford.

RHODES, P.J., (1991) The Athenian Code of Laws, 410/399 B.C., *JHS* 111, 87/100.

RICCOBONO, S., ed., (1949/1969) *Fontes Iuris Romani Anteiustiniani.* Firenze 3 Vols.

RICHARD, J.-CL., (1977) Classis / infra classem, *Revue Philologique* 51, 229/236.

RICHARD, J.-CL., (1978) *Les origines de la plebe romaine. Essai sur la formation du dualisme patricio/plébéien*, Paris/Roma.

RICHARD, J.-Cl.(1988) Historiographie et histoire: l'expedition des Fabii a la Cremere, *Latomus*. 47.3, 526/553..

RIEMSCHNEIDER, K.K., (1977) Prison and Punishment in Early Anatolia, *Journal of the*

Economic and Social History of the Orient 20, 114.

RIHLL, T.E., (1989) Lawgivers and Tyrants (Solon, Frr.9/11 West), *CQ* 39, 277/286.
RIVES, J.B., (2003) Magic in Roman Law: the Reconstruction of a Crime, *CA* 22, 313/319.

ROBB, K., (1994) *Literacy and Paideia in Ancient Greece*; Oxford University Press.

ROBERTS, S., (1979) *An Introduction to Legal Anthropology*, Harmondsworth.

ROBERTS, S., (1979) *Order and Dispute. An Introduction to Legal Anthropology*, London.

ROBERTSON, N. (1986) Solon's axones and kyrbeis and the sixth/century background, *Historia* 35, 147/176.

ROBERTSON, N., (1990) The laws of Athens, 410/399 BC: the evidence for review and publication, *JHS* 110, 43/75.

ROBINSON, O.F., (1997) *The Sources of Roman Law. Problems and Methods for Ancient Historians,* London.

ROBINSON, E.W., (1997) *The First Democracies: Early Popular Government outside Athens,* Historia 107, Stuttgart.

RODGER, A., (1991) Introducing iniuria, *RHD* 59, 1/11.

RODRÍGUEZ ADRADOS, F., (1954) Sobre la retra de Ligurgo, con una nueva conjectura, *Emerita* 22, 1954, 271/277.

RODRÍGUEZ ENNES, L., (1992/1994) Sobre los origenes de la prohibicion legislativa de la *verberatio civis*, *Estudios en homenaje al profesor F. Hernandez/Tejero*, II. Madrid, 483/488.

ROEBUCK, D. (2001) *Ancient Greek Arbitration*. Oxford.

ROMANO, A., (1981) Riflessioni sulla decima tavola, *Atti della Accademia di Scienze morali e politiche della Societá Nazionale di Scienze, Lettere ed Arti di Napoli,* 92, 7/21.

ROMMEN, H.A., (1995) *The Natural Law: a Study in Legal and Social History and Philosophy,* Saint Louis.

RONACELLI, F., (1985) Il liber linteus di Zagabria, *Scrivere etrusco. Dalla leggenda alla conoscenza. Scrittura nei massimi documenti della lingua etrusca,* Milano, 22/24.

RONCONI, A., (1924) Malum carmen e malus poeta, *Synteleia Arangio/Ruiz*, Napoli, 958/971.

ROSS, A., (1994) *Sobre el derecho y la justicia*, [London 1958] Buenos Aires.

ROSTOVZEFF, M.I., (1967) *Historia social y económica del mundo helenístico,* [ed. Oxford 1941] Madrid.

ROTH, M. T., (1995) ed., *Law Collections from Mesopotamia and Asia Minor,* Atlanta.

ROTH, M.T., (1995) Mesopotamian Legal Traditions and the Laws of Hammurabi, *Chicago/Kent Law Review* 71, 13/39.

ROTONDI, G (1966) *Leges publicae populi romani*, [Milano, 1912] Hildesheim.

ROULAND, N., (1988) *Anthropologie juridique*, Paris.

ROWLAND, R. J. Grain for debtors. A note on the Twelve Tables. *CW* 73, 1970, 269.

ROYER, J.P., (1967) Le problème des dettes à la fin de la république romaine. *RDHFE* 45, 191/240; 407/450.

RUIPÉREZ, M.S., (1960) Historia de Themis en Homero, *Emerita* 28, 99/123.

RUIZ CASTELLANOS, A., trad. y ed. (1991) *Ley de las Doce Tablas*, Madrid.

RUSCHENBUSCH, E., (1963) Die Zwölftafeln und die römische Gesandtschaft nach Athen, *Historia,* 12, 250/253.

RUSCHENBUSCH, E., (1966) *Die fragmente des solonischen Gesetzeswerkes mit einer Text/ und Überlieferungsgeschichte,* Wiesbaden.

SACK, P., & ALECK, J., eds.,(1992) *Law and Anthropology*, New York University Press.

SALGADO, J., (1988) Principios básicos e informadores de la política y del Derecho en Roma, *Estudios en homenaje al Profesor Juan Iglesias*, III, Madrid,

SANSEVERINATI, S., (1995) Ermodoro e i decemviri: una questione aperta, *RSA* 25, 55/70.

SANCTIS, G. DE, (1933) Le origini dell'0rdinamento centuriato, *RFIC* 61, 289/298.

SÁNCHEZ SARTO, M., ed., trad., (1940) *Thomas Hobbes. Leviatán*, México.

SANMARTÍN, J., ed. y trad. (1999) *Códigos legales de tradición babilónica*, Barcelona.

SANTALUCIA, B., (1988) Il processo penale nelle XII Tavole, *Societa e diritto nell'epoca decemvirale. Atti del convegno di diritto romano*, Copanello 3/ 7 giugno 1984, 235/265.

SAPIR, E., (1916) The Social Organization of the West Coast Tribes, *Transactions of the Royal Society of Canada,* 3.9, Toronto, 355/374.

SARAT, A., (1997) Vengeance, Victims and the Indentities of Law, *Social and Legal Studies* 6, 163/189.

SARTORI, F., (1973) Considerazioni di storiografia antica, *Historia* 22, 379/397.

SAUVY, A., (1956) *L'opinion publique*, Paris.

SAVUNEN, L., (1993) Debt Legislation in the Fourth Century BC, Senatus populusque Romanus, *Studies in Roman Republican Legislation*, Helsinki, 143/159.

SBORDONE, F., (1964) Per la sintassi delle XII tavole, *Synteleia Arangio/Ruiz*, Napoli, 334/339.

SCHACHERMEYR, F., (1929) Die gallischen Katastrophe, *Klio* 5, 277/305.

SCHAPERA, I., (1957) Malinowski's Theories of Law, *Man and Culture*, dirig. by R.W. Firth, 139/156.

SCHIAVONE, A., (1976) *Nascita della Giuriprudenza: Cultura Aristocratica e Pensiero Guiridico nella Roma Tardo/Repubblicana*. Rome/Bari.

SCHIAVONE, A., (1987) *Giuristi e nobili nella Roma Repubblicana*, Roma/Bari.

SCHIAVONE, A., (1990) Scrittura e Politica fra Appio Claudio e Sesto Elio, *Seminarios Complutenses de Derecho Romano*, I, Madrid, 23/31.

SCHILLER, M. A., (1962) Is Custom an expresion of Authority in Classical Roman Law?, *Travaux et Recherches de l'Institut de droit comparé de l'Université de Paris*, t. XXIII, p.

SCHILLER, A.A., (1995) Custom in Classical Roman Law, *Folk Law. Essays in the Theory and Practice of Lex non Scripta,* A.D. Renteln & A. Dundes, eds., Wisconsin University Press 1995, 33/48.

SCHOELL, R., (1866) *Legis Duodecim tabularum reliquiae*, Leipzig.

SCHULTZ, E., (1911) The Most Important Principles of Samoan Familiy Law, *Journal of the Polynesian Society,* 20, Wellington, 43/53.

SCHULZ, F., (1953) *History of Roman Legal Science*, Oxford.

SCOTT, R.T., (2005) The Contribution of the Archaeology to Early Roman History, *Social Struggles in Archaic Rome. New Perspectives on the Conflict of the Orders,* ed. by Kurt A. Raaflaub, (1986) Oxford, 98/106.

SEAGLE, W., (1947) Gaius, *Men of Law. From Hammurabi to Holmes,* New York.

SEAGLE, W., (1941) *The Quest for Law*, New York.

SEALEY, R., (1994) *The Justice of the Greeks,* The Michigan University Press.

SEGUIN, R., (1988) Remarques sur les origines des pontifes romains: *Pontifex Maximus* et *Rex Sacrorum*, *Res Sacrae: Hommages a Henri Le Bonniec*, Collection Latomus 201, Bruxelles, 405/418.

SEIDL, E., (1950) Derecho egipcio, *El Legado de Egipto*, S.R.K. Glanville, ed., [Oxford 1944] Madrid, 304.

SERRAO, F., (1981) Lotte per la terra e per la casa a Roma dal 485 al 441 a.C., *Legge e Societá nella Repubblica Romana,* vol.1, Naples, 51/196.

SERRAO, F. (1987) Patrono e cliente da Romolo alle XII Tavole, *Studi in onore di A.Biscardi,* vol. 6, Milano, 293/309.

SERRAO, F. (1997) Ius e lex nella dialettica costituzionale della prima repubblica. Nuove riflessioni su un vecchio problema. in *Nozione formazione e interpretazione del diritto dall'eta romana alle esperienze moderne, Mélanges F. Gallo*, vol. II. Naples, 279/317.

SHIPP, G.P., (1978) *Nomos, "Law"*, Sydney.

SHUPAK, N., (1992) A New Source for the Study of the Judiciary and Law of Ancient Egypt: The Tale of the Eloquent Peasant'", *JNES* 51, 1/18.

SICKINGER, J.P., (2002) Literacy, Orality, and Athenian Legislative Procedure, in I. Worthington and J.M. Foley (ed.) *Epea and Grammata. Oral & Written Communication in Ancient Greece*, 147/169.

SIEWERT, P. (1978) Die angebliche Übernahme solonischer Gesetze in die Zwölftafeln. Ursprung und Ausgestaltung einer Legende. *Chiron* 8, 331/344.

SIGNES CODOÑER, J., (2004) *Escritura y literatura en la Grecia Arcaica*, Madrid.

SILVING, H., (1953) The Jurisprudence of the Old Testament, *New York University Law Review* 28, 1129.

SIMPSON, S.P. & FIELD, R., (1946) Law and the Social Sciences, *Virginia Law Review*, 32, 858/867.

SKUTSCH, F., (1953) The Fall of Capitol, *JRS* 43, 77/78.

SKUTSCH, O., (1985) *The Annals of Q. Ennius,* Oxford.

SNYDER, F., (1981) Anthropology, Dispute Processes, and Law: A Critical Introduction, *British Journal of Law and Sociey* 8, 141/80.

SOKOLOWSKI, F., (1969) *Lois sacrées des cités grecques*, Paris.

SPEISER, E.A., (1963) Cuneiform Law and the History of Civilization, *Proceedings of the American Philosophical Society* 107, 536.

STARR, J., (1978) *Dispute and Settlement in Rural Turkey: an Ethnography of Law*, Leiden.

STAVELEY, E.S., (1954/1955) Provocatio during the Fifth and Fourth Centuries BC, *Historia* 3 , 412/428.

STEELE, F.R., (1948) The Code of Lipit/Ishtar, *AJA* 50, 425.

STEINER, D.T., (1994) *The Tyrants's Writ. Myths and Images of Writing in Ancient Greece*, Princeton.

STRATTON, J., (1980) Writing and the Concept of Law in Ancient Greece, *Visible Language* 14, 99.

STRIKER, G., (1986) Origins of the Concept of Natural Law, *Proceedings of the Boston Area Colloquium in Ancient Philosophy* 2, 79/94, reprinted in Striker, 1996, 209/220.

STROUD, D., (1968) *Drakon's Law on Homicide*, Berkeley.

STROUD, D., (1979) *The Axones and Kyrbeis of Drakon and Solon*, Berkeley.

STRZELECKI, L., (1966) De legum XII tabularum memoria apud Festum servata, *Eos* 56, 108/104.

SCHULTZ, E., (1911) The Most Important Principles of Samoan Familiy Law, *Journal of the Polynesian Society,* 20, Wellington.

SYME, R., (1958) The Senator as historian, *Histoire et Historiens dans l¡Antiquité, Entretiens sur l'Antiquité Classique, Fondation Hardt,* IV, Vandeouvres/Géneve, 185/201.

SYME, R., (1989) *La revolución romana*, [Oxford 1939] Barcelona.

SYME, R., (1997) *Tacitus*, [Oxford 1958] Oxford.

SZEGEDY/MASZAK, A., (1978) Legends of the Greek Lawgivers, *GBRS* 19, 199/209.

SZLECHTER, E., (1957) Le côde de Lipit/Ishtar, *RA* 51, 177/196.

SZLECHTER, E., (1962) La loi et la Coutume dans l'Antiquité orientale, *Travaux et Recherches de l'Institut de droit comapré de l'Université de Paris*, t. XXIII.

SZLECHTER, E., (1965) La "loi" dans la Mésopotamie ancienne, *RIDA* 12, 55/62.

SZLECHTER, E., (1969) La procedure accusatoire en droit suméro/babylonien, *RIDA* 16, 73/102.

SZLECHTER, E., (1970) L'interprétation des lois babyloniennes, *RIDA* 17, 81/115.

TALAMANCA, M., & BRETONE, M., (1994) *Il Diritto in Grecia e a Roma,* 2ª ed. Bari/Roma.

THÉODORIDÈS, A., (1967) A propos de la loi dans l'Egypte pharaonique, *RIDA* 14, 107/152, traducido al inglés en *The Legacy of Egypt* , ed. J. R. Harris, Oxford 1988, 291/321.

THÉODORIDÈS, A., (1971) The Concept of Law in Ancient Egypt, J. R. Harris, ed., *The Legacy of Egypt,* Oxford.

THOMAS, C.G., (1977) Literacy and the codification of law, *SDHI* 43, 455/458.

THOMAS, J.A.C., (1963) Custom and Roman Law, *Tijdschrift voor Rechtsgeschiedenis* 31, 39/53.

THOMAS, R., (1992) *Literacy and Orality in Ancient Greece,* Cambridge.

THOMAS, R., (1995) Written in stone? Liberty, equality, orality and the codification of law, *Bulletin of the Institute of Classical Studies* 40, 59/74.

THOMAS, R., (1999) Cultura escrita y ciudad/estado en la Grecia Arcaica y en la Grecia Clásica, en A.K. Bowman y G. Woolf, eds., *Cultura escrita y poder en el Mundo Antiguo,* [Cambridge University Press 1994] Barcelona.

THOMAS, R., (2005) Writing, Law and Written Law, *The cambridge Companion to Ancient Greek Law,* M. Gagarin & D. Cohen, Cambridge University Press, 41/60.

THOMAS, Y., (1995) L'Empire de la fiction romaine et ses limites médiévales, *Droits* 21, 17/63.

THOMAS, Y., (2002) Le valeur des choses. Le droit romain hors la religion, *Annales* 57.6, 1431/1462.

THOMSEN, P., (1978) From Libral "aes grave" to Uncial "aes" Reduction. The Literay Tradition and the Numismatic Evidence, *Les Dévaluations à Rome,* École française de Rome, t.1, 9/30.

TIBILETTI, G.,(1948) Il possesso dell'ager publicus e le norme de modo agrorum sino ai Gracchi, *Athenaeum*, 173/236.

TIMPE, D., (1972) Fabius Pictor und die Anfange der romischen Historiographie, *ANRW* I.2, Berlin & New York, 928/969.

TOBIN, V., (1987) Ma'at and Dike: Some Comparative Considerations of Egyptian and Greek Thought, *Journal of the American Research Center of Egypt* 24, 113/121.

TOHER, M., (2005) The Tenth Table and the Conflict or the Orders, *Social Struggles in Archaic Rome: New Perspectives on the Conflict or the Orders,* ed. K. A. Raaflaub, [Berkeley, 1986] Oxford, 268/292.

TOMASIC R., & FEELY, M., eds., (1982) *Neighborhood Justice*, New York.

TOMULESCU, C. St., (1966) Nexum bei Cicero, *Iura* 17, 39/113

TOMULESCU, C. S. (1974) Les ordalies, le sacramentum et la lex Pinaria. Revue Internationale des Droits de l'Antiquité, 21, 323/335.

TOMULESCU, C.S., (1984) Observations sur la terminologie juridique de Plaute, *Sodalitas* 6. *Scritti in Onore di Antonio Guarino*, Napoli, 2771/2781.

TONDO, S., (1971) Introduzione alle "leges Regiae", *SDHI* 37, 1/73.

TORELLI, M., (1994) Archaic Rome between Latium and Etruria, The Rise of Rome to 220 B.C., *The Cambridge Ancient History*, VII.2, 49/50.

TORRENT, A., (2002) *Derecho Público Romano y sistema de fuentes,* Zaragoza,

TOSCANO, S., (1937) *Derecho y organización social de los aztecas*, México.

TRIANTAPHYLLOPOULOS, J. (1983) "Cantar le leggi" *Atti dell'Academia Mediterranea delle Scienze Catania* 1, 27/34.

TRIANTAPHYLLOPOULOS, J. (1994) Greek Laws in Cicero, *Index* 22, 409/418.

TRIGGER, B.G., *et alii,* (1985) *Historia del Egipto Antiguo*, Barcelona.

TROIANI, L., (1982) Per un'interpretazione delle 'Leggi' ciceroniane, *Athenaeum,* 70, 215/335.

TUPET, A.M., (1986) Rites magiques dans l'Antiquité romaine, en *ANRW* II 16.3, Berlin & New York, 2591/2614.

TURPIN, W.N., (1982) *The Late Roman Law Codes: forms and Procedures for Legislation from the Classical Age to Justianian,* Tesis Doctoral ined., Cambridge University, febrero, nº12174.

TURPIN, W. N., (1987) The Purpose of the Roman Law Codes, *ZSS* 104, 620/630.

TWERSKY, I., (1980) *Introduction to the Code of Maimonides,* New Haven and London.

UNGERN/STERNBERG, J. von, (2005) The Formation of "Annalistic Tradition": the Example of the Decemvirate, *Social Struggles in Archaic Rome. New Perspectives on the Conflict of the Orders,* ed. By Kurt A. Raaflaub, [1986] Oxford, 75/97.

URSO, G., (1996) Trans Tiberim', *Invigilata lucernis* 18/19, 285/295.

USENER, H., (1966) *Dreiheit. Ein Versuch mythologischer Zahlenlehre,* [*RhM,* Bonn, 1903] Hildesheim.

VAIHINGER, H., (1920) *Die Philosophie des Als/Ob: System der theoretischen, praktischen und religiösen Fiktionen der Menschheit auf Grund eines idealistischen Positivismus.* Leipzig.

VAN BERCHEM, D., (1966) Rome et le monde grec au VIe siécle avant notre ére, *Mélanges A. Piganiol,* R. Chevalier, ed., Paris, 739/748.

VANDER ZANDEM, J.W., (1990) *Manual de Psicología Social,* [New York 1977] Barcelona.

VAUX, R. de, (1967) *Institutions de l'Ancient Testament,* 2 vols., Paris.

VÁZQUEZ HOYS, A.Mª., (2001) La magia de la palabra (aproximación a la magia, la brujería y la superstición en la Antigüedad), en P. Caldera, ed., *Magia y religión de la Antigüedad a nuestros días,* Cuadernos Emeritenses 18, 71/113.

VLACHOS, G., (1974) Themis et Nomos, *APhD* 19, 317/338.

VEENHOF, K. R., (1972) *Aspects of Old Assyrian Trade and its Terminology,* Studia et Documenta ad Iura Orientis Antiqui Pertinentia, 10, Leiden.

VENTURA, R., (1983) More Chronological Evidence from the Turin Papyrus", *JNES* 42, 271/278.

VERBRUGGHE, G.P., (1980) Three notes on Fabius Pictor and his history, *Miscellanea di studi classici in onore di Eugenio Manni.* Roma, 2157/2173.

VERSTEEG, R., (1994) Law in Ancient Egyptian Fiction", *Georgia Journal of International and Comparative Law,* 24, 37.

VEYNE, P., (1991) *La sociedad romana,* Madrid.

VIÑAS, A., (1988) *Estudios en homenaje al Profesor Juan Iglesias,* II, 1080/1090.

VOIGT, M., (1876) Über die leges regiae, Abhandlungen der königlichen sächsischen Gessellschaftder Wissenschaften 7, Leipzig, 555/826.

VOIGT, M., (1883) *Die XII Tafeln. Geschichte und System I/II,* Leipzig.

VOLONAKI, E., (2001) The Re/publication of the Athenian Laws in the Last Decade of the Fifth Century B.C. *Dike,* 4, 137/167.

VOLTERRA, E., (1983) Sulla legge delle citazioni, *Atti Acad. Lincei, Mem. della Cl. di Sc. mor., stor. e filol.,* ser. 8, 27.4, 185/267.

WALBANK, F.W., (1984) Macedonia and Greece, *The Cambridge Ancient History,* vii.1, 2nd edition, 221/256.

WALBANK, F.W., (2002) *Polybius, Rome and the Hellenistic World. Essays and Reflections,* Cambridge University Press.

WALSH, P.G., (1955) Livy's Preface and the Distortion of History, *AJPh* 76, 369/383.

WALSH, P.G., (1961) *Livy. His historical Aims and Methods,* Cambridge.

WALZER, M., (1992) The Legal Codes of Ancient Israel", *Yale Journal of Law and the Humanities* 4, 335/350.

WARMINGTON, E.H., M.A., transl. (1979) Lucilius. Twelve Tables, en *Remains of Old Latin*, vol. III., [Oxford 1938] Harvard/London.

WATSON, A., (1972) Roman Private law and the "leges regiae", *JRS* 62, 100/105.

WATSON, A., (1974) *Law making in the Later Roman Republic,* Oxford.

WATSON, A., (1975) *Rome of the XII Tables: Persons and Property,* London.

WATSON, A., (1975) Personal injuries in the XII Tables, *Revue d'Histoire du Droit* 43, 213/222.

WATSON, A., (1980) Le XII Tavole ; caratteri di un'antica codificazione, *Conferenze storico/giuridiche dell'Istituto di storia del diritto e filosofia del diritto*, Perugia: Univ. Perugia, 153/166.

WATSON, A. (1983) Agriculture and law in Rome of the XII Tables, *Les communautés rurales, 2e partie: antiquité,* Paris, 403/409.

WATSON, A., P. KRÜGER, P., MOMMSEN, T., eds. (1985) *The Digest of Justinian.* Philadelphia.

WATSON, A., (1992) *The State, Law and Religion: pagan Rome,* Athens, Georgia.

WEISS, E., (1922) Lance et licio, *ZRG, röm.-abteil.* 43, 455.

WESTERMARCK, E., (1926) *Origin and Development of Moral Ideas*, London.

WESTBROOK, R., (1988) The nature and origins of the Twelve Tables, *Zeitschrift der Savigny/Stiftung für Rechtsgeschichte. Romanistische Abteilung*, 105, 74/121.

WESTBROOK, R., (1989) Cuneiform Law Codes and the Origins of Legislation, *Zeitschrift für Assyriologie un Vordeasiatische Archäologie*, 79, 201/222.

WESTBROOK, R., (1994) What is the Covenant Code?, *Theory and Method in Biblical and Cuneiform Law,* Bernard M. Levinson ed., Sheffield, 15/36.

WESTBROOK, R., (1995) Biblical and Cuneiform Law Codes, *Folk Law. Essays in the Theory and Practice of Lex non Scripta,* A.D. Renteln & A. Dundes, eds., Wisconsin University Press, 495/512.

WESTBROOK, R., (2000) Codification and canonization, *La codification des lois dans l'antiquité.* Actes du colloque de Strasbourg, 27/ 29 nov. 1997, Paris, 33/47.

WESTRUP, C.W., (1950) *Introduction to Early Roman Law. Comparative Sociological Studies.* 2 vols. London/Copenhaguen.

WHATMOUGH, J., (1933) Quemadmodum Pollio reprehendit in Livio Patavinitatem, *HSPh* 44, 95/130.

WHITLEY, C.F., (1963) Covenant and Commandment in Israel, *JNES* 22, 37/48.

WHITLEY, J., (1997) Cretan laws and Cretan literacy, *AJA* 101, 633/661. Reprinted in abridged as *Literacy and law/making. The case of archaic Crete* in Fisher, N.R.E. &

WEES, H. van, (eds) Archaic Greece. New approaches and new evidence, London, 311/332.

WIEACKER, F., (1966) Die XII Tafeln in ihrem Jahrhundert, *Entretiens Fondation Hardt sur l'Antiquité classique XIII*, Les origines de la république romaine 9, 292/362.

WIEACKER, F., (1969/1970) Solon und die XII Tafeln, *Studi in onore di Ed. Volterra*, 3, Milano, 757/784.

WIEACKER, F., (1984) Ius e lex in Roma arcaica, *Sodalitas. Scritti in Onore di Antonio Guarino*, vol.7, Napoli, 3105/3123.

WILLIAMS, M.F., (2003) Lawgivers and the Rule of Law in the Aeneid, *Studies in Latin and Roman History*, C.Deroux, ed., Bruxelles, 208/243.

WILLIAMSON, C., (1987) Monuments of Bronze: Roman Legal Documents on Bronze Tablets, *CA* 6, 160/183.

WILLIAMSON, C., (1989) The Roman aristocracy and positive law, *CPh* 85, 265/276.

WILLIAMSON C., (1995) The Display of Law and Archival Practice in Rome, H. Solin, O.

Salomies, U.-M. Liertz (edd.), *Acta Colloquii Epigraphici Latini.* Helsinki: Societas Scientiarum Fennica, 239/251.

WILLIAMSON, C., (2005) *The Laws of the Roman People: public Law in the Expansion and Decline of the Roman People*, Michigan.

WILLIAMSON, R.W., (1924) *The Social and Political Systems of Central Polynesia,* 3 vols. Cambridge.

WILLIAMSON, H., (1989) Conflicting Claims to the Gardens of the Sea: the Traditional Ownership of Resources in the Trobriand Islands of Papua New Guinea, *Melanesian Law Journal*, 17/26.

WILLETTS, R.F., (1955) *Aristocratic Society in Ancient Crete*, London.

WILLETTS, R.F., (1973) Cretan law and early Greek society, in *Antichita cretesi. Studi in onore di Doro Levi* II, 22/31, Catania, reprint edition, Cronache di Archeologia. Universita di Catania. Istituto di Archeologia 12/13.

WILSON, J.A., (1948) The Oath in Ancient Egypt, *JNES* 7, 129/156.

WILSON, J.A., (1954) Authority and Law in Ancient Egypt, *JAOS* 17, 1/7.

WILSON, R.R., (1993) The Role of Law in Early Israelite Society, *Law, Politics and Society in the Ancient Mediterranean World*, Sheffield, 90/99.

WISEMAN, D.J., (1962) The Laws of Hammurabi, Again, *JSS* 7, 161/172.

WISNIEWSKI, B., (1992) Le probléme de la loi naturelle dans le de legibus de Cicéron, *LEC* 60, 129/138.

WOLF, J.G., (1970) Lanx und licium, *Sympotica Fr. Wieacker*, Göttingen, 59/79.

WOLF, J.G.,(1980) *Die literarische Überliegerung der Publikation der Fasten und Legisaktionem durch Gnaeus Flavius,* Nachr.Akad. wiss. Göttingen, phil./hist.klasse.

WOOLF, G., (2000) Literacy, *Cambridge Ancient History* XI, 875/897.

YARON, R., (1988) *The Laws of Eshnunna*, [1966] Jerusalem.

YARON, R., (1974) Semitic Influence in Erly Rome, *Daube noster*, Edinburgh and London, 323/257,

YOFFEE, N., (1988) Aspects of Mesopotamian Land Sales, *American Anthropologist* 90, 119/130.

ZABLOCKE, M., (2002) Le XII tavole. Fonti dei principi del diritto romano, *Iura* 53, 1/16.

ZEBER, I. (1984) Quelques idees sur la notion de thesmos, in *Studi Biscardi* II, 491/498.

ZECCHINI, G., (1982) Asinio Pollione: dall'attivitá politica alla riflessione storiografica, *ANRW* II.30.2, Berlin/New York, 1265/1295.

ZUCCOTTI, F., (1988) Qui fruges excantassit. Il primigenio significato animistico/religioso del verbo "excanto" e la duplicita delle previsioni di XII Tab. VIII, 8, *Atti del III seminario romanistico Gardesano. Promosso dall'Istituto Milanese di diritto romano e storia dei diritti antichi,* Milano 22/ 25 ottobre 1985, 81/211.

ZUCCOTTI, F., (1992) Qui malam libri censuram obcantassit. *Labeo,* 1992, 361/368.

ZULUETA, F. de, (1946) *The Institutes of Gaius*, Oxford University Press.

VIII
INDICE GENERAL

www.ingramcontent.com/pod-product-compliance
Lightning Source LLC
LaVergne TN
LVHW072250300926
849160LV00018B/1630
* 9 7 8 1 4 0 7 3 0 0 6 3 4 *